AI 시대, 비즈니스 전략

정진선

박영사

머리말

2018년, 회사에 몸담고 있을 때, 세상은 '4차 산업혁명'이라는 말로 시끌벅적했습니다. 언론은 앞다투어 변화를 이야기했고, 학계와 정부는 새로운 시대가 도래했다는 선언을 쏟아냈습니다. 하지만 정작 현업에 몸담은 우리는 그 모든 것이 낯설고 막연하게만 느껴졌습니다. 하루하루 주어진 일을 성실히 해내는 것만으로도 벅찼고, '지금 내가 무엇을, 어떻게 바꿔야 할까?'라는 질문은 답을 찾기 어려운 숙제로 남았습니다. 열심히 달리면서도 어딘가 모르게 거대한 파도가 다가오고 있다는 불안감을 지울 수 없던 기억이 생생합니다.

오늘날 우리는 '인공지능'이라는 발전된 현실을 또 맞이하고 있습니다. 이제는 누구도 AI를 외면할 수 없습니다. 하지만 정작 기업 현장과 조직원들의 마음은 여전히 혼란스럽습니다. AI의 실체가 무엇인지, 어떻게 우리 일과 경영에 접목해야 하는지, 그리고 나는 앞으로 무엇을 준비해야 살아남을지. 질문은 많지만, 명확한 답을 찾기가 쉽지 않습니다.

이 책은 몸담았던 조직과 현장에서의 경험, 그리고 그 속에서 마주했던 혼란과 깨달음을 토대로 시작되었습니다. 지난 20여 년 동안 산업 현장에서 직접 부딪치며 얻은 경험과 수년간 대학교 강의실에서 함께 공부하고 토론하며 쌓은 지식을 담았습니다. 이 책이 AI 시대, 변화를 마주한 기업인과 경영자, 그리고 미래를 준비하는 학생들에게 앞길을 비추는 작은 불빛이 되기를 간절히 바랍니다.

저는 컴퓨터공학으로 기술적 기반을 다졌고, 산업 현장에서 20여 년간 몸으로 부딪치며 경영의 실제를 배웠습니다. 이어 학위 과정을 거쳐 현재는 대학 강단에서 학생들과 연구와 강의를 이어가고 있습니다. 이러한 저의 경험과 지식을 접목해, AI 시대를 맞이한 기업과 조직이 나아갈 길을 함께 모색하고자 합니다. 무엇보다도, 하루하루 치열하게 살아가는 대한민국 (예비) 직장인들의 혼란과 불안을 덜어주고, 스스로의 길을 찾는 데 길잡이가 되기를 바랍니다.

새로운 물결에 관심을 두고 이 책을 선택한 당신은 이미 한발 앞선 사람입니다. 어지러운 변화의 소용돌이 속에서 눈 감지 않고, 미래를 어떻게 준비할지 물으며 서 있기 때문입니다. 변화 앞에서 머뭇거리기보다 스스로 배우고자 하는 이 선택이, 앞으로 다가올 AI 시대를 자신 있게 맞이하는 힘이 될 것입니다.

이 책은 AI를 소개하는 기술서나 학문적 이론만 담은 학술서는 아닙니다. AI가 산업과 경영의 룰을 어떻게 바꾸는지에 초점을 두고, 기업과 개인이 그 속에서 생존하고 성장하기 위해 갖춰야 할 인사이트를 담았습니다. 새롭게 펼쳐질 AI 시대에 전략적 사고를 어떻게 확장해야 할지, 비즈니스 모델 혁신은 어떤 방식으로 전개할지를 고민하며 방향을 찾도록 사고의 확장을 제시합니다.

또한 책 곳곳에 이론이 현실에 어떻게 적용되는지 이해할 수 있도록 산업 현장의 다양한 사례를 담았습니다. 교재답게 이론적 기반을 제공하면서, 동시에 현업에 곧바로 가져다 쓸 수 있는 실전형 제언을 포함했습니다. AI 시대의 전략 안내서이자 생존 지침서로 자리매김하기를 기대합니다. 독자 여러분이 변화의 파도 앞에서 두려움 대신 준비와 자신감 얻기를 진심으로 바랍니다. 그리고 이 책이 세상에 나올 수 있도록 도와주신 박영사 관계자분들께 감사의 인사를 전합니다.

이제 AI 시대의 전략 여정을 시작해 보겠습니다.

2026년 2월

저자 정진선

차례

PART 01 변화하는 경영 환경과 디지털 전환

PART 02 AI 기술과 혁신 동력

It's not the strongest who survive, but those who adapt best to change.

가장 강한 자가 살아남은 것이 아니라, 변화에 가장 잘 적응하는 자가 살아남는다.

– Charles Darwin(찰스 다윈)

변하지 않으면 살아남지 못하는 시대다.

If you don't change, you will not survive.

– 이건희 회장(Lee Kun-hee)

PART

01

변화하는 경영 환경과 디지털 전환

인류 역사에 비해 기업과 산업의 역사는 그리 오래되지 않았다. 약 250년 전, 인간이 기계의 힘을 빌려 재화를 생산하기 시작하며 기업의 역사는 시작됐다. 18세기 후반, 제1차 산업혁명은 경제 활동의 중심을 농업에서 산업으로 옮겼다. 이즈음 우리에게 익숙한 코카콜라가 1886년에, GE[1]는 1892년에 설립되어 130~140년 역사를 오늘까지 이어왔다. 물론 이들이 세계 최초의 기업은 아니다. 이들보다 250여 년 앞선 1602년, 네덜란드 동인도 회사[2]가 설립되었는데, 세계 최초의 주식회사이자 기업공개(IPO)[3]를 시행한 첫 사례로 기록되어 있다. 하지만, 이 기업은 오늘날까지 맥을 잇지는 못했다.

네 차례의 산업혁명은 인간의 삶과 사회 구조 전체를 바꿨다. 농업 사회에서는 땅을 소유한 지주와 왕족이 지배 계층이었지만, 산업 사회로 넘어오며 공장 생산을 통해 자본을 축적한 이들이 부를 중심으로 사회에 영향력을 미치기 시작했다. 지배 권력은 토지에서 자본으로, 생계 수단은 농사에서 공장 생산으로 바뀌었다. 2016년 네 번째 물결, 4차 산업혁명은 오늘날 우리의 일상에 점점 더 깊숙이 들어오며 변화를 이끌고 있다. 이 변화 속, 우리는 무엇을 알아야 하고 어떻게 움직여야 할까?

제1부에서는, 4차 산업혁명이 확산하는 오늘날, AI와 디지털 전환이 가져올 기술, 고객, 시장의 변화와 이 변화가 산업 구조와 기업 전략에 미치는 영향을 알아보고자 한다. 준비된 변화는 혼란과 혼돈을 막아주고 막막함과 답답함을 줄여준다. 기업의 생존과 성장을 위한 전략 방향을 탐구해 보자.

1 GE(General Electronic): 토마스 에디슨 외 설립한 전기조명 회사를 모체로 성장한 미국 기업

2 네덜란드 동인도 회사(Dutch East India Company): 세계 최초의 주식회사이자 다국적 기업

3 IPO(Initial Public Offering): 기업공개로 기업이 설립 후 처음으로 외부 투자자에게 주식을 공개하고 매도하는 업무

CHAPTER 01

4차 산업혁명과 디지털 전환

학습 목표 (Learning Objectives)

1. 4차 산업혁명의 개념과 배경을 설명하고, 이전 산업혁명과의 차이를 구분할 수 있다.
2. 초지능 · 초연결 · 융복합 · 플랫폼이라는 4차 산업혁명의 핵심을 이해하고, 각 축이 기술 · 시장 · 고객에 미치는 영향을 분석할 수 있다.
3. 기술 발전이 시장 구조와 고객 행동을 어떻게 재편하는지 사례를 통해 설명할 수 있다.
4. 디지털 전환(DX)과 디지털화(Digitalization)의 차이를 구분하고, 기업 전략 차원에서 DX가 요구되는 이유를 설명할 수 있다.
5. 변화하는 기술 · 시장 · 고객의 상호작용 속에서 기업이 갖춰야 할 전략적 대응 방향을 도출할 수 있다.

도입 질문 (Opening Questions)

1. 4차 산업혁명은 이전의 산업혁명들과 무엇이 다른가?
2. 알파고와 ChatGPT 사례는 왜 산업과 사회 전반의 전환 신호로 여겨지는가?
3. 왜 오늘날 시장 경쟁자는 같은 산업 내 기업만이 아니라, 전혀 다른 영역의 기업까지 포함되는가?
4. 디지털화(Digitalization)와 디지털 전환(Digital Transformation)은 어떻게 다른 개념인가?
5. 기술 · 시장 · 고객의 변화 속에서 기업이 전략적으로 살아남기 위한 조건은 무엇일까?

1.1 4차 산업이 비즈니스에 미치는 영향

지난 백여 년 산업 역사를 돌아보면 어느 시대를 막론하고 관통하는 한 가지 사실은 '변화'다. 산업도, 기업도, 제품도, 영원한 건 없다. 시장은 언제나 변화를 멈추지 않았고, 기업은 그 변화 속에서 살아남기 위해 끊임없이 제품을 바꿔왔다. 일반적으로 변화는 두 가지 방식으로 다가온다. 작은 물결 같은 **점진적 변화**로 조금씩 달라지거나, 거대한 파도처럼 오는 **급진적 변화**로 이전과 차원이 다르게 나아가기도 한다. 산업은 점진적 변화와 급진적 변화가 교차하며 지금까지 발전해 왔다.

지금, 우리는 4차 산업혁명이라는 거대한 파도를 또 한 번 마주하고 있다. 4차 산업혁명은 지금까지의 산업 기반 자체를 뒤흔든다. 지금까지 익숙한 산업 틀 대신 초지능, 초연결, 융복합, 플랫폼의 새로운 구조가 중심으로 온다. 우리는 이 소용돌이의 한가운데에 서 있으며, 이를 잘 헤쳐 나가야 산업과 비즈니스에서 살아남을 수 있다. 그러기 위해 이 변화의 신호를 놓치지 말아야 한다. 오늘만 살 게 아니라, 내일도 일할 경쟁력을 가지려면 신호를 감지하고 움직여야 한다. 변화 속 제자리걸음은 곧 후퇴다. 모두가 변화를 향해 나아가는데 나만 현재에 머문다면 시간이 흐른 뒤 뒤돌아봤을 때 뒤처진 사람이 되어 있다. 변화 신호를 읽지 못하고 따라가지 않는다면, 결국 도태될 수밖에 없다.

2016년 4차 산업혁명이라는 단어가 등장해 산업으로 확산하기 시작하며 뉴스와 경제지에서는 연일 관련 기사가 쏟아졌고, 세상이 많이 달라질 거라는 이야기도 들려왔다. 한 분야에서 땅을 일구고, 나무를 키우고, 열매를 수확하던 삶이 앞으로는 많이 달라질 거라는 메시지가 반복됐다. 하지만 어떻게 달라지는 건지, 무엇이 바뀌는 건지, 그래서 나(우리)는 무엇을 준비해야 하는지, 명확한 답은 주어지지 않았다. 거대한 외부 물결에도 불구하고 우리의 일상은 바쁘게 돌아간다. 회사 안의 목표와 과제는 빽빽하고 그 안에서 미래를 준비할 여유를 갖기는 좀처럼 쉽지 않다. 특히, 기업인들은 변화는 실감하지만, 준비할 시간도 방향도 잡지 못한 채 불안을 안고 지낼 수밖에 없었다. 하지만, 이는 어느 날 하늘에서 떨어진 완전히 새로운 현상은 아니다. 아래 내용을 통해 4차 산업이 기업 경영 환경과 인간의 삶에 미치는 영향을 살펴보자.

4차 산업혁명은 2016년 세계경제포럼에서 클라우스 슈밥(Klaus Schwab)이 처음 언급했다. 기계화의 1차, 대량 생산의 2차, 정보화의 3차 산업혁명에 이어 네 번째 도래한 산업혁명은 **정보통신기술**(ICT[4])**의 융합과 첨단 기술의 폭발적인 발전**을 특징으로 한다. 4차 산업혁명은 **물리적, 생물학적 세계가 디지털 기술과 융합되어 경제와 사회 전반에 혁신적인 변화를 일으키는 새로운 산업 시대**이다. 이러한 4차 산업혁명은 초지능, 초연결, 융복합, 플랫폼화를 핵심 키워드로 하고 있다.

그림 1　4차 산업혁명의 핵심 키워드

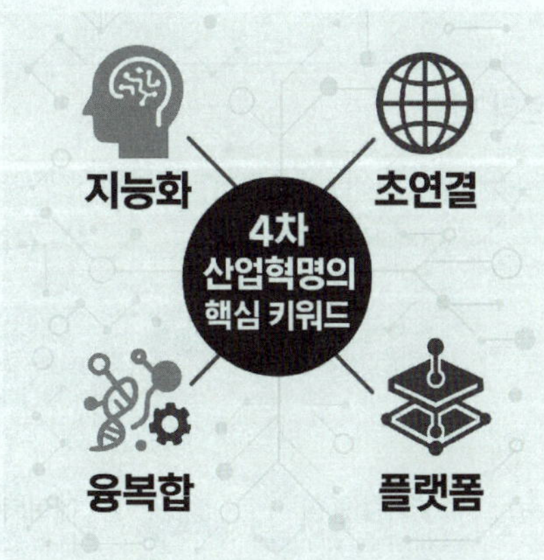

4 ICT(Information and Communication Technology): 정보통신기술

4차 산업혁명은 다양한 기술들이 연결되고 융합되며, 산업 구조는 물론 인간의 일상과 비즈니스 작동 방식까지 바꾸고 있다. 과거 산업혁명이 기계로 인간 노동을 대체하고, 디지털 기술로 업무 효율을 높였다면, 지금의 변화는 비즈니스 전제를 바꾸고 있다. 과거에는 자동차 회사는 자동차를 만들고, 전자 회사는 가전을 만들고, 미디어 회사는 콘텐츠를 만들었다. 하지만 지금은 어떤가? 자동차 회사는 모빌리티 플랫폼을 설계하고, 전자 회사는 AI로 집 전체를 연결하며, 미디어 회사는 데이터 분석으로 고객 행동을 예측한다.

또, 산업의 경계가 흐릿해졌고, 기술은 융합을 전제로 발전하고 있다. 자동차와 반도체, 의료와 정보통신, 금융과 콘텐츠, 유통과 물류 등 서로 다른 산업이 충돌하고, 엮이고, 융합하며 새로운 산업 구조가 등장하고 있다. 이 변화는 제품이나 서비스 차원이 아니라, 산업의 기본 단위 자체가 재정의되고 있다. 아래 그림처럼, 3차에서 4차 산업 시대로 건너오며 산업은 가치 전달 방식, 경쟁력의 근원, 시장 연결 구조가 바뀌고 있다. 가치 전달 방식은 **제품 중심에서 경험 중심으로**, 경쟁력의 근원은 **기능 중심에서 데이터 기반으로**, 시장 연결 구조는 **거래 중심에서 플랫폼 중심**으로 작동 원리가 달라지고 있다.

그림 2 산업의 작동 원리 변화

	3차 산업 시대		4차 산업 시대
가치 전달 방식	**제품 중심** Product-centric	→	**경험 중심** Experience-centric
경쟁력의 근원	**기능 중심** Function-centric	→	**데이터 기반** Data-driven
시장 연결 구조	**거래 중심** Transaction-centric	→	**플랫폼 중심** Platform-centric

4차 산업의 기술은 산업을 바꾸는 데 그치지 않는다. 인간 삶의 패턴을 바꾸고 고객 행동을 새롭게 정의하고 있다. 우리는 더 이상 구매를 위해 매장에 가지 않고, 정보를 얻기 위해 검색창을 열지 않는다. 필요를 느끼기 전에 알고리즘이 먼저 제안하고, 콘텐츠는 사용자 취향을 예측해 자동으로 추천된다. 필요한 물건은 쿠팡이나 네이버에서 먼저 찾고, 인스타그램은 시시때때로 관심 가질 만한 상품을 노출해 주며, 유튜브는 내가 좋아할 콘텐츠를 계속 전송하고 있다. 이렇게 기술이 정보와 소비 흐름, 구매 결정 구조를 바꾸는 시대에 기업은 무엇을 어떻게 해야 할까?

최신 기술을 도입하는 것만으로는 충분하지 않다. 기술이 만들어내는 구조적 변화를 읽고, 그 변화에 맞춰 전략을 세우고 비즈니스 모델을 새롭게 설계해야 한다. 기술은 더 이상 바깥에서 불어오는 바람이 아니고, 비즈니스의 안쪽에서 시작하는 대지진의 진원이다. 산업이 바뀌면 비즈니스의 작동 구조와 가치 창출 방식이 달라진다. 그 신호를 읽지 못하거나 읽고도 대응하지 않거나 혹은 어떻게 대응할지 모르는 기업은 기술 부족이 아니라 구조 부재로 무너질 수 있다.

즉, 4차 산업혁명은 산업과 기업의 기반 구조를 다시 짜는 큰 틀에서 변화를 이끈다. 기업 경영이 마주한 과제는 어떤 기술을 쓸 것인가가 아니라, 초지능, 초연결, 융복합, 플랫폼이라는 네 가지 핵심 축 속에서 자사의 가치 창출 방식을 어떻게 재정의할 것인지다. 이 축들은 서로 독립적으로 작용하지 않고 유기적으로 맞물리며 시장과 고객의 기대를 재편하고 경쟁의 규칙을 바꾼다. 다음에서 각 축이 비즈니스와 산업 구조에 어떤 변화를 일으키는지, 그리고 기업이 이를 전략적으로 활용하기 위해 무엇을 준비해야 하는지를 살펴보자.

1.2 초지능(Superintelligence)

인공지능(AI) 기술의 고도화로 기계와 시스템이 인간의 인지, 학습, 판단, 추론 능력을 점점 더 정교하게 모방하고 구현하고 있다. '인공지능'이라는 용어 자체는 낯선 개념이 아니다. 이미 1956년 다트머스 회의에서 존 매카시(John McCarthy)가 '인공적인 두뇌를 만드는 기능성에 대한 연구' 논문에서 인공지능 개념이 제시되었다. 인공지능은 SF 영화에서 오랜 시간 상상력의 대상으로 어떤 장면에서는 인간의 명령 없이 스스로 판단하고 행동하거나, 때로는 인간과 감정적 관계를 맺는 존재로 그려지기도 했다. 또, 인공지능과 사랑에 빠지는 이야기는 사람들에게 큰 반향을 불러일으켰다. 이후 기술이 인간의 예상을 뛰어넘을 때면 여러 차례 반복해 주목받아 왔는데, 오늘날 인공지능을 향한 인간의 상상은 점차 현실이 되고 있다.

최근 인공지능 기술의 발전을 일반 대중이 실감한 두 사건이 있다. 구글 딥마인드의 '알파고(AlphaGo)'와 오픈AI의 'ChatGPT'이다. 2016년, 세계 바둑 챔피언 이세돌 9단과 구글 딥마인드가 개발한 인공지능 알파고의 대국은 전 세계인의 이목을 집중시켰다. 바둑은 직관, 전략, 수읽기 등 인간의 고차원적인 인지 능력이 요구되는 게임으로 오랫동안 인공지능의 최후 장벽으로 여겨 왔다. 하지만 알파고는 이세돌과의 5번 대국에서 4승 1패로 승리하며, 인공지능이 복잡한 추론과 판단 영역에서도 인간을 능가할 수 있음을 입증했다. 이는 수백만 개의 가능성을 탐색하고 강화학습을 통해 최적의 수를 두는 딥러닝 기반 알고리즘의 승리였다.

알파고와 이세돌 9단의 바둑 대국을 통해 우리는 다음의 시사점을 얻을 수 있었다.

- **AI의 문제 해결 능력 확장:** 인공지능이 단순 계산이나 규칙 기반 문제를 뛰어넘어, 직관, 전략, 창의성이 필요한 복잡한 영역에서도 인간 수준을 뛰어

넘을 수 있음을 확인했다.

- **딥러닝과 강화학습의 잠재력 입증:** 방대한 데이터 학습과 스스로 개선하는 알고리즘이 결합되면, 예측 불가능한 상황에서도 최적 해법을 찾아내는 강력한 AI 시스템을 구현할 수 있음을 입증했다.
- **산업과 사회 전반의 패러다임 전환 신호:** 지식과 판단이 필요한 전문 영역마저 자동화 가능성이 열리며, 산업 구조와 직업, 경쟁 규칙이 AI 중심으로 재편될 수 있다는 경고이자 기회를 보았다.

두 번째 사건은 2022년 11월 등장한 오픈AI가 개발한 ChatGPT이다. 이전의 인공지능은 주어진 데이터를 기반으로 정해진 명령어나 알고리즘에 따라 계산된 결과를 반환하는 방식이었다. 하지만 ChatGPT는 인간의 언어를 이해하는 자연어 처리(NLP)[5]와 대규모 텍스트 데이터로 훈련된 대규모 언어 모델(LLM)[6] 기반으로, 마치 사람과 대화하듯 유연하게 소통하고 스스로 문맥을 판단해 적절한 응답을 생성하기 시작했다. 이전에 입력된 데이터베이스에서 최적해를 찾는 것이 아니라, 스스로 정보를 조합하고 분석하고 판단해 새로운 결괏값을 만들어내는 생성형 AI 시대가 본격적으로 열린 것이다. 이는 인간과 기계의 상호작용 방식에 큰 변화를 불러왔고, 인공지능이 기계로서의 단순한 도구가 아니라, 지능적 파트너로 진화하고 있음을 실감하게 했다.

ChatGPT 등장을 통해 우리가 얻을 수 있는 시사점은 다음과 같다.

- **인간과 기계의 상호작용 패러다임 전환:** 기계가 인간의 명령 수행을 넘어, 맥락을 이해하고 자연스러운 대화를 이어가는 지능적 파트너로 진화함을 확인하였다.

---

5 NLP(Natural Language Processing): 자연어 처리로, 인간의 언어를 컴퓨터가 이해하고 해석하며 생성하도록 하는 기술. 텍스트 분석, 기계 번역, 음성 인식, 감성 분석, 챗봇 등 다양한 응용 분야에서 활용

6 LLM(Large Language Model): 대규모 언어 모델로, 방대한 양의 텍스트 데이터를 학습해 인간과 유사한 언어 이해와 생성을 수행하는 인공지능 모델. 질문 답변, 글쓰기, 번역, 요약 등 다양한 자연어 처리 작업에 활용

· **지식 활용 방식의 변화:** 검색, 문서 작성, 정보 분석 등 기존의 정보 활용 방식이 '질문-대화-결과' 중심으로 재편되면서, 정보 탐색과 지식 생산의 속도와 범위가 크게 확장되었다.

· **전문 영역의 생산성 및 창의성 증대:** 교육, 연구, 콘텐츠 제작, 소프트웨어 개발 등 고부가가치 영역에서 업무 효율을 높이고, 창의적 아이디어 발굴을 지원하는 도구로 자리매김하고 있다.

· **AI 활용 윤리와 신뢰성 이슈 부각:** 생성형 AI가 만들어내는 정보의 정확성, 저작권, 편향성, 책임 소재 등 새로운 사회적·법적 과제가 대두되며, 이를 해결하기 위한 규범과 제도 정비 필요성이 커졌다.

그림 3　알파고와 ChatGPT 시사점

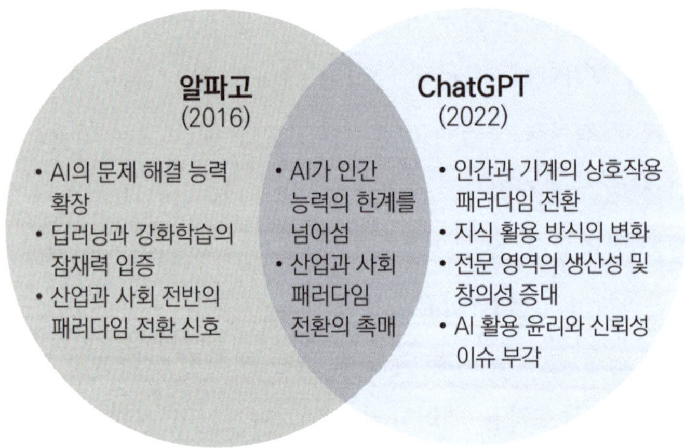

고도화된 AI는 산업 전반에 빠르게 확산하며 다양한 방식으로 응용된다. 제조 현장에서는 공정 자동화와 생산 최적화를 실현하며 스마트 팩토리를 구현하고, 고객 접점에서는 챗봇과 음성 인식 시스템을 통해 실시간 고객 응대의 효율성과 품질을 높인다. 또한 디지털 마케팅 영역에서 고객의 관심사, 행동 데이터,

구매 이력 등을 바탕으로 개인 맞춤형 콘텐츠를 제공하고 실시간으로 마케팅 캠페인 자동화를 이룬다. 이처럼 오늘날 기업들은 AI 시스템을 활용해 실시간으로 예측하고 즉각 대응할 뿐 아니라, 개인화된 상품 및 서비스를 진행하고, 조직 내 의사결정에도 광범위하게 적용하며 활용 분야와 범위를 계속해 확장하고 있다.

초지능화는 산업 구조와 인간 사회의 작동 원리를 근본적으로 바꾸는 흐름이다. 알파고와 ChatGPT가 보여준 것처럼, AI는 이제 규칙 기반을 넘어 스스로 학습하고 판단하며, 인간과 함께 문제를 해결하는 동반자로 자리매김하고 있다. 이러한 변화는 기업의 경쟁 우위를 좌우할 뿐 아니라, 개인의 일과 삶의 방식, 나아가 사회 전체의 가치 체계에도 영향을 미친다. 앞으로 지능화는 더욱 고도화되어 예측 불가능한 문제를 해결하고, 산업 간 경계를 허물며, 인간의 창의성과 결합해 새로운 가능성을 만들어갈 것이다. 중요한 것은 이를 어떤 구조와 전략 속에서 활용하고, 윤리적·사회적 책임과 균형을 어떻게 설계하느냐에 달려 있다. 지능화의 미래는 기술 발전이 아니라, 우리가 그 기술로 어떤 세상을 만들 것인가에 대한 선택의 결과물이다.

1.3 초연결(Hyperconnectivity)

3차 산업혁명이 컴퓨터, 인터넷, 모바일 기술의 발전으로 디지털 전환의 토대를 마련했다면, 4차 산업혁명은 이 기술들을 초지능화하고 초연결로 통합하여 우리 삶을 새로운 차원으로 이끈다. 스마트워치가 나의 건강 상태를 실시간으로 점검해 이상이 감지되면 의사에게 데이터를 전송하고, 자율 주행 버스와 드론 택시가 우리의 이동 방식을 바꾸고 있다. 이처럼 **초연결은 사람, 사물, 공간 등 모든 대상이 네트워크로 연결되어 정보가 생성, 수집, 공유, 활용되는 현상**을 말한다.

초연결 사회는 유무선 네트워크 인프라의 광범위한 구축 덕분에 가능해졌지만, 보급 역사는 비교적 길지 않다. 한국의 경우, 1990년대에는 일반 가정에서 전화선을 활용한 모뎀 방식으로 유선 인터넷에 접속했지만, 속도가 느리고 요금은 비쌌으며 전화와 인터넷 사용을 동시에 사용하지 못하는 제약이 있었다. 1998년 전후로 광통신 기반의 고속 유선 인터넷이 보급되어 가정과 사무실에서 더 안정적으로 빠른 인터넷 접속이 가능해졌다. 하지만 유선 연결은 선이 설치된 고정 장소에서만 사용할 수 있는 한계가 있었다. 2000년대 중반에 이르러 무선 인터넷(Wi-Fi)의 대중화와 모바일 기기의 급속한 확산이 맞물리며 이러한 한계가 해소되었다. 사용자는 장소나 기기에 구애받지 않고 상시 네트워크에 접속할 수 있게 되었고, 스마트폰, 태블릿, IoT 기기 등 인터넷 연결이 가능한 기기의 종류와 수가 매해 폭발적으로 증가했다.

여기서 잠깐, 지금 당신의 네트워크에 연결된 기기가 몇 대인지 세어보자. 필자의 경우, 스마트폰, 태블릿, 노트북, 블루투스 스피커, 스마트 체중계, 스마트워치, 무선이어폰, CCTV, 반려동물 자동 급식기, 스마트TV, 로봇청소기, 냉장고, 건조기, 거실 월패드 등 14개 이상의 기기가 네트워크로 연결되어 있다. 과거에는 사람과 컴퓨터, 혹은 사람과 기기 간의 연결이 주된 형태라면, 이제는 사람, 사물, 공간, 데이터가 유무선 네트워크를 통해 실시간 전방위적 연결 구조로 확장되었다. 즉, 인간과 인간, 인간과 사물, 사물과 사물 간의 다차원적 연결이 점점 더 일상화되고 있다.

이러한 변화는 기기 연결의 양적 증가에서도 확인된다. 2020년 기준, 전 세계 인터넷 사용자 수는 약 35억 명, 네트워크에 연결된 기기는 약 600억 개에 달하는 것으로 추산된다. 국내 역시 유사한 흐름을 보인다. 2000년대 초반만 해도 국민 1인당 평균 0.3~0.5개의 디지털 기기가 인터넷에 연결되었는데, 2023년에는 그 수가 약 12.1대로 증가했다.

초연결 사회의 중심에는 사물인터넷(IoT, Internet of Things)이 자리한다. **사물인**

터넷은 센서, 소프트웨어, 네트워크 연결 기능을 탑재한 물리적 기기들이 인터넷을 매개로 상호 연결되어 데이터를 수집-전송-처리하는 기술을 의미한다. 기존의 연결 구조가 주로 사람과 사람, 사람과 정보 기기 간의 상호작용이었다면, 앞으로의 연결 범위는 아래 그림처럼 자동차, 가전, 가구, 인프라 시설 등 물리적 사물은 물론 콘텐츠, 서비스, 공공장소와 같은 무형 자산까지 확장될 것이다. 다양한 형태의 사물이 네트워크를 통해 상호작용을 함으로써, 새로운 가치 창출과 서비스 혁신이 가능해질 것으로 전망된다.

그림 4 사물인터넷(IoT)

출처: sap.com

사물인터넷은 센서, AI, 클라우드 컴퓨팅, 빅데이터 분석 등 첨단 기술과 융합해 사회 전반과 인간 일상을 초연결 구조로 묶어 이전에 존재하지 않던 새로운 서비스와 비즈니스 모델을 창출하고 있다. 사물인터넷은 다음 그림과 같이 센서로부터 실시간 데이터를 수집하고, 이를 분석 및 처리한 뒤, 그 결과에 따라 지정된 명령을 수행하는 구조로 전개된다. 대표적인 응용 분야로 스마트홈, 스마트그리드, 스마트헬스케어가 있다.

그림 5 사물인터넷의 주요 4단계

출처: sap.com

스마트홈(Smart Home)은 가정 내 TV, 청소기, 에어컨, 냉장고, 세탁기뿐 아니라, 전기, 수도, 냉난방 설비, CCTV, 출입문 잠금장치, 보안 시스템 등 모든 전자기기와 설비를 네트워크로 연결해 통합적으로 제어하고 실시간 모니터링하는 환경을 구현한다. 사용자는 스마트폰이나 태블릿과 같은 모바일 기기를 통해 외부에서도 집 안 상태를 확인하고, 개별 장치의 전원 제어, 설정 변경, 자동화 스케줄 관리 등을 수행할 수 있다. 이는 에너지 절감, 보안 강화, 생활 편의 증대라는 측면에서 높은 부가가치를 제공한다.

스마트그리드(Smart Grid)는 차세대 전력망 혹은 지능형 전력망으로, 전력 공급과 소비의 효율 극대화를 목표로 한다. 기존 전략망은 한국전력과 같은 소수의 중앙 공급원에서 전력을 공급하는 구조로, 전력 수요가 공급량을 초과하면 정전이나 공장 가동 중단 등의 피해가 발생하고, 반대로 공급량이 초과하면 잉여 전력을 폐기해야 하는 비효율이 존재했다. 스마트그리드는 가정, 건물, 산업 현장의 전력 사용량을 센서로 실시간 수집하고, 이를 기반으로 전력을 수요에 맞춰 동적으로 배분한다. 더 나아가 축적된 빅데이터를 기상 정보, 계절별 소비 패턴, 산업 가동률 등 외부 변수와 결합해 정교한 전력 수요 예측을 가능하게 한다. 이를 통해 전력 낭비를 최소화하고 재생에너지의 활용도를 높일 수 있다.

스마트 헬스케어(Smart Healthcare)는 IoT 기술을 기반으로 개인 맞춤형 건강 관리와 의료 서비스를 제공하는 차세대 헬스케어 모델이다. 웨어러블 기기나 센서를 통해 심박수, 혈압, 혈당, 산소포화도, 체온, 수면패턴 등 생체 데이터를 실시간으로 수집하고, 이를 클라우드 플랫폼이나 의료기관에 전송한다. 의료진은 데이터를 분석해 조기 진단, 질병 예측, 맞춤형 치료 계획에 활용하며, 환자는 실시간 피드백과 생활 습관 개선 안내를 받을 수 있다. 또한 스마트 헬스케어는 재택의료, 원격 진료, AI 기반 건강 상담 등으로 확장되어 고령화 사회와 의료 인력 부족 문제의 대안으로 주목받고 있다.

사물인터넷은 초연결 사회를 구현하는 동력으로 사람, 사물, 공간, 데이터가 경계 없이 실시간으로 연결되어 가치를 창출하게 한다. 이 연결의 범위와 밀도는 기하급수적으로 확장하고 있다. 초연결은 더 많은 기기를 연결하는 기술적 현상을 넘어, 물리적 대상은 물론 데이터, 콘텐츠 같은 무형의 정보까지 네트워크 안에 통합해 이전과는 비교할 수 없는 연결 구조를 형성한다. 사람과 사람, 사람과 사물, 사물과 사물 간의 실시간 연결은 정보 흐름을 가속화하고, 데이터 기반의 의사결정을 일상화하며, 이전 익숙한 산업과 생활의 경계를 허문다. 연결은 경제 효율성을 높이는 동시에 새로운 시장과 가치를 창출하는 원동력이다. 초연결은 4차 산업혁명의 다른 기술들을 관통하며, 미래 사회의 경쟁력을 좌우하는 패러다임으로 자리매김하고 있다.

1.4 융복합(Convergence & Integration)

융복합은 융합(融合, Convergence)과 복합(複合, Integration)의 두 개념을 결합한 용어다. **융합은 서로 다른 분야나 기술이 결합해 기존에 없던 새로운 특성과 기능을 만들어내는 현상을 말하고, 복합은 이질적 혹은 유사한 요소들이 결합하되, 각자의 특성을 유지하면서 시너지를 창출하는 방식을 말한다.** 이러한 융합과 복합은 새로운 가치 창출과 문제 해결 방식을 제시하며 4차 산업혁명의 대표적 특징으로 부각되었다. 특히, 3차 산업혁명에서 발전한 ICT(정보통신기술)를 기반으로, 물리적 공간, 디지털 기술, 생물학적 영역 간의 경계가 점점 흐려지고 있다. 기술 진보 차원을 넘어 산업 간 경계가 허물어지고, 새로운 패러다임이 등장하는 전환적 변화가 나타나고 있다. 실제로 사물인터넷, 인공지능, 빅데이터, 로봇공학, 생명공학, 나노기술 등 이질적인 기술 간의 연결과 융합으로 이전에는 상상하지 못한 새로운 서비스와 산업이 탄생하고 있다.

스마트폰, 센서, 가전제품, 웨어러블 기기 등 다양한 기기로 수집된 데이터는 클라우드 시스템에 저장되며, 언제 어디서든 접근하여 처리할 수 있는 유연한 환경을 제공한다. IoT 확산으로 인간의 일상 곳곳에서 방대한 데이터가 실시간으로 생성되고 있다. 이렇게 축적된 대규모 데이터는 빅데이터(Big Data)로 불리며 AI의 핵심 자원으로 이용된다. AI는 빅데이터를 활용해 고도의 학습과 정교한 예측으로 의사결정을 수행하며, 데이터 패턴을 스스로 학습하고 판단하는 알고리즘으로 진화하고 있다. 즉, IoT가 데이터를 생성하고, 클라우드가 이를 저장해 빅데이터가 생성되며, AI는 이를 분석해 다양한 방면으로 활용하고 있다. 기술 간의 유기적 융합으로 새로운 지능화 사회의 기반을 형성하고 있다. 기술의 융복합은 기술 발전이나 혁신을 넘어 산업 구조 재편까지 이끌고 있다.

기술 간 융합뿐 아니라, 산업 간 융합도 빠르게 진전되고 있다. 핀테크는 금융과 ICT, 스마트 물류는 물류와 ICT, 스마트 제조는 제조와 ICT, 스마트 헬스케어는 헬스케어와 ICT의 융복합을 뜻한다. 이처럼 산업의 많은 분야에 ICT 기술이 접목되며 기존 산업의 한계를 뛰어넘는 새로운 가치와 서비스가 나오고 있다.

핀테크(FinTech)는 Finance와 Technology의 합성어로, 금융 서비스와 첨단 디지털 기술이 융합해 기존 금융의 한계를 극복하고 새로운 가치를 창출하는 산업을 의미한다. 전통 금융이 오프라인 창구 중심으로 운영되던 시절과 달리, 오늘날의 핀테크는 인공지능, 빅데이터, 블록체인, 클라우드 컴퓨팅, 사물인터넷 등과 결합해 금융의 구조와 작동 방식을 근본적으로 바꾸고 있다. AI는 신용평가, 투자 자문, 사기 탐지에서 고도화된 분석을 제공하고, 빅데이터는 고객 행동과 시장 동향을 기반으로 맞춤형 상품 설계를 가능하게 한다. 블록체인은 거래의 투명성과 보안을 강화하며, 클라우드는 금융 서비스의 확장성과 민첩성을 높인다. 이러한 변화는 금융과 ICT, 데이터 분석, 보안 기술, 유통, 소셜 미디어 등 다양한 산업이 결합한 융복합 현상의 대표다. 전자상거래와 결제 서비스의 결합, 소셜 네트워크와 소액투자 서비스의 융합, 매장의 생체인식 결제 도입 등이 그 예다. 핀테크는 금융 포용성을 확대하고, 글로벌 송금, P2P 대출, 크라우드 펀딩 등 대안 금융을 활성화하며, 언제 어디서나 접근 가능한 실시간 금융이라는 초연결 사회의 인프라로 자리매김하고 있다.

스마트 물류(Smart Logistics)도 한번 살펴보자. 물류 산업은 인류 역사와 함께 발전해 온 기능으로, 고대에는 주로 군수 물자 운송이나 식민지에서 확보한 자원의 이동 수단으로 활용되었다. 현대에 들어서는 기업의 생산, 유통, 소비를 연결하는 핵심 인프라로 자리매김하며, 글로벌 공급망의 효율과 안정을 좌우하는 전략 분야로 부상했다. 전통 물류는 도로, 철도, 선박 등 물리적 운송 수단과 인력에 의존했으나, ERP[7], SCM 등의 정보통신시스템의 도입으로 운영 효율성과 정밀성이 크게 향상되었다. 4차 산업혁명 시대에 접어든 오늘날, 물류 산업

7 ERP(Enterprise Resource Planning): 전사적 자원 관리로, 기업의 인사, 재무, 생산, 물류, 판매 등 주요 자원을 통합적으로 관리해 효율성을 높이는 정보 시스템. 부서 간 데이터를 공유하고 업무를 표준화하여 의사결정과 운영을 지원

은 구조적 전환을 맞고 있다. 배송 상태는 실시간으로 추적되고, 창고에는 로봇과 자율주행 차량이 투입되어 물류 자동화가 가속되고 있다. AI는 재고 예측, 입출고 관리, 수요 변화 대응 등 복잡한 의사결정을 자율적으로 수행하며, 운영의 정확성과 속도를 동시에 향상시키고 있다. 이러한 변화의 중심에 융복합 현상이 있다. 스마트 물류는 아래 그림처럼 물리적 운송 기술과 정보통신기술, 인공지능, 로봇공학, 사물인터넷 등 이질적인 기술과 산업이 결합해 만들어진 결과다. 물류 프로세스 효율화를 뛰어넘어, 제조-유통-소비 전 과정을 하나의 데이터 네트워크로 통합하는 새로운 가치사슬을 창출한다. 융복합을 기반으로 한 스마트물류는 신산업 창출, 산업 구조 재편, 나아가 경제 전반의 생산성 향상이라는 사회·경제적 파급 효과를 실현하고 있다.

그림 6 스마트 물류

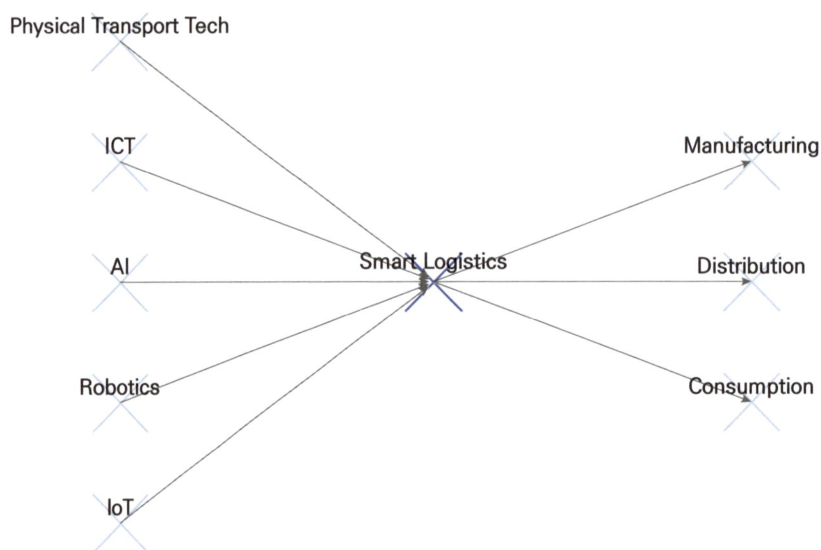

기술과 산업의 융복합은 디지털 전환 시대의 필연적 귀결이다. 디지털화, 네트워크화, 데이터화가 가속되면서 기술 간 물리적·기능적 경계가 허물어지고, 표준화와 모듈화로 인해 서로 다른 기술의 결합이 손쉬워졌다. 동시에 고객은 단일 기능보다 문제를 종합적으로 해결하는 통합형 솔루션을 요구하며, 이는 기존 산업만으로는 충족하기 어려운 복합적 수요를 만들어낸다. 여기에 글로벌 경쟁 심화로 산업 간 경계가 무너지고 생태계 단위의 경쟁이 부상하면서, 서로 다른 산업과 기술이 결합해 새로운 가치사슬과 비즈니스 모델을 창출하는 현상이 나타나고 있다. 융복합은 기술의 경계 해체, 시장 수요의 다차원화, 산업 경쟁의 생태계화라는 흐름이 맞물려 나타나는 구조적 변화이다.

1.5 플랫폼(Platform)

PC가 등장한 이후 기존에 없던 소프트웨어와 서비스가 시장에 등장하며 디지털 플랫폼 사업의 서막이 열렸다. 이후 모바일 기술과 네트워크 인프라의 발달로, 오프라인에서 이뤄지던 활동들이 대거 온라인으로 이동했다. 쇼핑, 금융, 교육, 회의, 커뮤니케이션, 채용, 의료 상담, 미팅과 협업 등의 영역은 이미 온라인 전환이 정착되었으며, 그 외에도 다양한 오프라인 활동들이 새로운 플랫폼 서비스 형태로 디지털 공간에 등장하고 있다. 계속해 오프라인의 일상이 온라인으로 옮겨가고 있다.

오늘날 또 하나 주목할 변화는 플랫폼(Platform)이다. 플랫폼은 원래 기차역에서 열차를 타고 내리는 승강장을 의미한다. 사람들이 머물고 이동하는 물리적 공간이던 개념이 오늘날 **서로 다른 집단이 만나 상호작용과 거래를 가능하게 하는 디지털 환경으로 확장되었다. 이는 생산자와 소비자, 공급자와 수요자, 사용**

자 간 연결을 중개하는 구조를 기반으로 한다. 구매자와 판매자를 연결하는 전자상거래 플랫폼인 아마존, 쿠팡, 네이버 스마트스토어가 있고, 콘텐츠 제작자와 시청자가 만나는 동영상 플랫폼인 유튜브와 틱톡, 사용자 간 소통과 네트워킹을 위한 소셜 커뮤니케이션 플랫폼인 카카오톡과 인스타그램이 있다.

온라인 플랫폼은 아래 그림처럼 언제, 어디서나, 누구나 접속할 수 있는 높은 접근성이 큰 강점이다. 또, 물리적인 상품뿐 아니라 디지털 콘텐츠와 서비스까지 거래하거나 공유할 수 있어 새로운 부가가치 창출의 기반이 된다. 다양한 이해관계자가 상호작용하며 가치를 창출하는 디지털 기반의 생태계로 진화하고 있다. 이처럼 플랫폼을 중심으로 한 경제 활동이 확대되면서 플랫폼 기업의 가치 역시 비약적으로 상승하고 있다. 실제로 25년 상반기 글로벌 시가총액 상위 기업인 애플(Apple), 구글(Google, Alphabet), 아마존(Amazon), 메타(Meta, 구 페이스북), 마이크로소프트(Microsoft), 엔비디아(NVIDIA)는 모두 플랫폼에 기반한 비즈니스 모델을 중심으로 한 기업들이다. 이들은 다수의 사용자와 공급자 간 상호작용을 매개하고, 네트워크 효과를 극대화함으로써, 오늘날 빅테크(Big Tech)라는 이름으로 세계 경제를 주도하고 있다.

그림 7 플랫폼

출처: 삼성 뉴스룸

플랫폼화가 가능하고 가속된 배경에는 디지털 기술의 성숙과 인프라 확충이 있다. 초고속 유무선 네트워크, 클라우드 컴퓨팅, 모바일 디바이스의 보급은 대규모 사용자와 거래를 실시간으로 동시에 처리할 수 있는 기반을 마련했다. 여기에 더 많은 참여자가 모일수록 플랫폼의 가치가 커지는 네트워크 효과가 작동하며, 소규모 이용자 기반이 단기간에 대규모 생태계로 성장했다. 플랫폼 가치는 곧 사용자 규모에 비례하므로, 플랫폼 기업들은 이용자 확보를 위해 공격적인 마케팅과 이벤트를 전개하며, 상당수 서비스는 무료로 제공된다.

산업 구조 또한 수직 통합에서 개방형, 참여형 생태계로 전환되며 단일 기업이 모든 가치를 제공하기보다 다양한 주체가 협력과 경쟁을 병행하는 구조가 일반적인 방식으로 자리 잡았다.

디지털 기술과 네트워크 인프라를 바탕으로 플랫폼화가 가속되며 다양한 주체들이 하나의 장(場)에 모여 실시간으로 상호작용하고 가치를 교환하는 구조가 확대되고 있다. 산업은 더 이상 공급자에서 소비자로 흐르는 선형적 가치사슬이 아니라, 다수의 참여자가 동시적으로 연결되고 상호작용하는 네트워크 구조로 바뀌었다. 이는 새로운 경제 질서와 산업 생태계를 만들며, 물리적 공간 제약 없이 고객, 데이터, 자원이 교차하는 플랫폼 기반으로 많은 산업을 전환하고 있다. 사람들의 경제 활동과 일상이 계속해 플랫폼 위로 옮겨가며 산업의 패러다임을 바꾸고 있다는 말이다.

표 1 4차 산업의 키워드 요약

구분	초지능	초연결	융복합	플랫폼
핵심 개념	인간의 인지·학습·판단을 모방하는 고도화된 인공지능 기술	사람·사물·공간·데이터가 실시간으로 유무선 네트워크에 연결	이질적인 기술과 산업이 결합하여 새로운 가치와 기능을 창출	다양한 주체가 디지털 공간에서 상호작용하며 가치를 교환하는 디지털 생태계
기술 기반	AI, 머신러닝, 딥러닝, 자연어처리, LLM 등	유무선 네트워크, 센서, 5G/6G, IoT, 모바일 기기 등	AI, IoT, 클라우드, 빅데이터, 생명공학, 로봇공학 등	디지털 네트워크, 모바일 앱, 클라우드, API, 데이터 분석 등
핵심 특징	자율적 판단, 예측, 학습 기능 강화	전방위 실시간 연결, 다차원적 통신	기술 간 유기적 연결, 경계 파괴, 신산업 창출	참여자 간 상호작용 극대화, 네트워크 효과, 생태계 중심
산업 변화	자동화·지능화된 생산 운영 시스템 확산	실시간 데이터 기반 운영, 예측 및 반응성 증대	산업 간 경계가 허물어짐, 융합형 비즈니스 탄생	가치사슬에서 네트워크 중심 구조로 전환, 참여형 경제로 재편
사회 영향	인간-기계 협업 확대, 지식노동의 자동화	사람·기기·공간의 경계가 희미해짐, 초실시간 사회 도래	기술 진보가 개인 삶과 노동 방식을 바꿈	소비자·생산자가 모두 플랫폼의 주체가 되는 다중 참여 구조
향후 전망	AI가 조직 내 의사결정 파트너로 진화	공간 제약이 없는 연결 사회, 데이터 기반 일상 확대	모든 산업의 융복합화, 다기능 제품과 서비스의 출현	대부분의 비즈니스가 플랫폼화로 재편, 플랫폼 기업 중심 질서 강화

1.6 기술의 발전

얼마 전 이사를 위해 짐을 정리하던 중 2000년대 초중반에 사용한 전자기기들을 발견했다. 워크맨, MP3 플레이어 여러 대, CD 플레이어, 전자사전, 디지털 카메라, 내비게이션, 그리고 2세대 아이폰까지. 수십만 원에 달하는 전자기기를 산다는 건 큰 결심이었는데, 20여 년이 지난 지금, 이 제품들을 다시 꺼내 사용할 일이 없다. 여전히 잘 작동하고 멀쩡하지만 굳이 여러 불편과 제약을 감수하며 사용할 이유가 없기 때문이다. 워크맨과 CD 플레이어는 카세트 테이프와 CD가 없고, MP3 플레이어에는 최신곡을 담을 수 없다. 전자사전은 흑백 화면과 불편한 조작에 사용이 어렵고, 디지털 카메라는 해상도가 낮아 굳이 사용할 필요가 없다. 또, 내비게이션은 실시간 교통 상황을 알려주는 앱에 비해 불편하고, 게다가 수년 동안 도로 정보가 업데이트되지 않아 사실상 쓸모가 없다. 2세대 아이폰은 충전 잭을 찾지 못해 서랍 안으로 다시 들어갔다. 불과 20년 전만 해도 최신 기술의 결정체로 불린 기기들이 이제는 추억 속 물건으로만 남았다. 오늘날 기술 변화의 속도를 여실히 보여준다.

기술은 멈추지 않는다. 그 변화는 종종 우리가 익숙한 질서를 단숨에 무력화하기도 한다. 이동통신 기술은 지난 30여 년 급격한 발전을 이뤘다. 1990년대 말, 전 세계 이동통신은 2G(세대) 기반이었다. 문자 메시지(SMS), 벨소리 다운로드, 간단한 모바일 인터넷이 가능했지만, 데이터 속도는 64Kbps[8] 수준에 머물렀다. 64Kbps는 3MB MP3 음악 파일 하나 다운로드에 5~6분이 걸리는 속도다. 2001년 3G 기술이 상용화되며 통신 기술과 인접 산업은 급격히 발전하기 시작했다. 384Kbps 이상의 전송 속도로 큰 불편 없이 모바일 데이터 통신이 가능해졌고, 2007년 2Mbps까지 통신 속도의 향상과 스마트폰의 대중화는 휴대

8 Kbps(Kilo bit per second): 데이터 전송 속도를 나타내는 단위로, 1초에 1,000비트(bit)가 전송됨을 의미. 주로 인터넷 속도나 네트워크 대역폭을 표현할 때 사용

전화를 통신 기기가 아니라 인터넷, 음악, 영상, SNS, 쇼핑, 금융까지 포괄하는 플랫폼으로 발전시켰다.

그림 8 이동통신 기술의 진화 과정

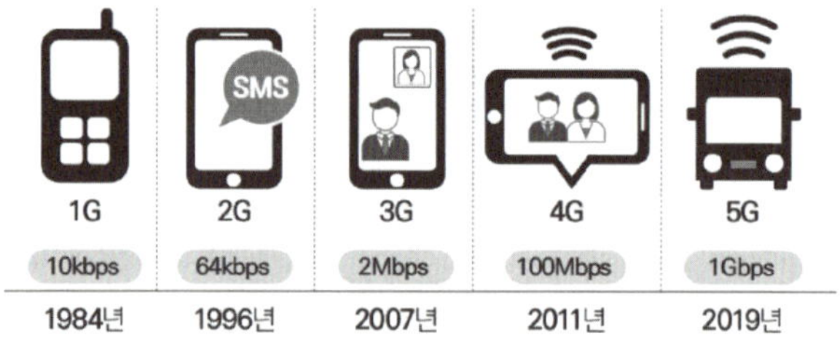

출처: 이코노미스트

하지만, 스마트폰으로의 전환 시점에 일부 기업은 이 신호를 제때 읽지 못했다. 오히려 잘 작동하던 기존 전략에 안주한 나머지, 외부 변화에 민감하게 반응해야 할 더듬이가 무뎌져 있었다. 당시 휴대폰 시장의 선두 기업인 노키아(Nokia)는 하드웨어 경쟁에, 모토로라(Motorola)는 디자인 차별화에, LG전자는 외형 기술 혁신에 집중했다. 시장 강자인 휴대폰 제조사 대부분이 제품과 기술 중심 전략에 머물렀다. 반면 PC 산업에 있던 애플(Apple)은 아이팟(iPod)과 아이튠즈(iTunes)로 모바일 시장 진입에 성공한 이후, 아이폰(iPhone)을 연이어 출시하며 하드웨어는 물론 소프트웨어, 콘텐츠, 유통까지 통합한 플랫폼 구조를 설계했다. 산업 생태계를 재구성한 새로운 비즈니스 모델을 시장에 내놓았다. 통합 생태계를 구축한 애플은 혁신적인 비즈니스 모델을 통해 시장 구조를 재편한 기업의 성과를 입증했다.

기술 변화에 따라 시장 주도권이 바뀐 기업 사례는 어렵지 않게 목격할 수 있다. 1990년대까지 필름 카메라로 시장을 압도한 코닥(Kodak)은 디지털 카메라 기술을 보유하고도 필름 사업에 집착하며 외부 변화를 따라가지 못해 시장 지위를 잃어버렸다. 2000년대 중반까지 비디오 대여 시장의 선두였던 블록버스터(Blockbuster) 역시, 넷플릭스(Netflix)가 주도한 온라인 스트리밍 전환에 대응하지 못해 결국 시장에서 사라졌다.

그렇다면 기술은 왜 변화하는 것일까? 앞서 살펴본 몇 사례처럼 기술 변화의 결과는 기업과 산업에서 자주 목격할 수 있는데, 과연 기술 변화의 원인이 무엇인지 의문이 생긴다. 아래 세 가지 측면에서 살펴보자.

첫째, 기술 변화의 근본 동력은 **과학적 발견과 지식의 축적**이다. 인류는 끊임없이 연구하고 실험하며 새로운 원리와 재료, 공정을 발견해 왔고, 성과를 산업 현장과 제품에 적용해 기술 혁신을 일으켰다. 인간의 지적 호기심과 창조적 능력이 존재하는 한, 새로운 기술과 이전보다 향상된 기술은 필연적으로 탄생할 것이다. 기술 지식은 시간이 지날수록 누적되어 임계점을 넘어서면 변화 속도가 급격히 빨라졌다. 반도체 소재 혁신이 고성능 컴퓨팅의 비약적 발전을 이끈 것처럼, 한 분야의 발전이 인접 분야의 발전을 자극하고, 기술들끼리 서로 영향을 주고받으며 동반 진화해 왔다.

또 다른 동력은 **경쟁과 시장 차별화 압력**이다. 오늘날 기업이 속한 산업은 끝없는 경쟁의 장이며, 경쟁은 피할 수 없는 전제다. 시장에서 살아남기 위해 반드시 차별화를 꾀해야 하며, 이는 기업이 R&D에 투자하고 기술 발전을 가속화하는 강력한 동인이다. 기업은 계속 더 나은 성능, 더 낮은 비용, 더 새로운 경험을 제공하기 위해 경쟁하며, 이러한 환경에서 기술은 단순한 선택지가 아니라 생존 도구로 역할을 한다. 남보다 앞선 기술, 남과 다른 기술을 서둘러 제품과 서비스에 적용하려는 이유가 여기에 있다. 자동차 제조사들이 전기차와 자율주행 기술 개발 경쟁에 몰입하는 것도 같은 맥락이다.

그리고 **인간의 욕구와 사회 변화** 역시 기술 발전의 한 요인이다. 사회는 끊임없이 변하며 사람들은 더 빠르고 더 편리하고 더 안전한 삶을 원한다. 이러한 욕구는 기존 기술의 한계를 넘어서려는 동력이 되고 새로운 기술 발전을 촉진한다. 끊임없이 새로운 문제가 등장하고 이를 해결하기 위해 기업들은 더 효율적인 도구와 시스템을 찾는다. 이 과정에서 기술 혁신은 필연적으로 뒤따른다. 인구 구조 변화, 환경 문제, 규제 강화와 같은 사회적 요인은 기술의 방향과 속도를 직접적으로 바꾼다. 기후 변화, 고령화, 도시화와 같은 거시적 변화는 새로운 기술 수요를 만들어내며, 탄소중립 규제가 재생에너지와 전기차 기술 발전을 가속하고 있다.

기술은 다양한 동력에 의해 변화하며, 새로운 제품과 서비스를 만들어내고 있다. 이러한 기술 변화는 사회 전반의 소비 행태와 산업 질서를 바꾸며, 고객의 소비 패턴을 변화시키고 시장 흐름과 산업 구조를 재편한다.

오늘날 기업은 시장과 기술, 고객의 변화를 주기적으로 점검하고 전략에 반영하는 순환형 체계를 갖춰야 한다. 기술 변화가 전제가 된 시대에서 기업 경영 환경은 더 민첩하고 유연해야 하며, 이를 통해 지속적인 경쟁력을 확보하는 전략을 세워야 한다.

1.7 시장의 진화

시장은 재화와 서비스가 거래되고 그 가치가 형성되는 공간이자 관계망이다. 시장에서는 기업, 고객, 경쟁자 외 다양한 이해관계자가 만나 상호작용하며 가치교환이 이루어진다. 현대의 시장은 오프라인뿐 아니라 온라인, 플랫폼, 커뮤니티 등 가상의 네트워크까지 포함하는 가치교환의 장이다. 시장은 고정된 구조가 아니라, 기술 발전, 고객 취향과 정책 환경의 변화 속에서 끊임없이 재편된다. 참여자, 거래, 규칙이 얽혀 끊임없이 움직이는 생태계이다.

아래 시장 진화의 특징과 모습을 살펴보자.

오늘날 두드러진 시장 현상 중 하나는 **이전의 경계가 희미해진 것이다.** 더 이상 경쟁자는 같은 산업에만 있지 않다. 제조 기업은 플랫폼 기업과, 금융사는 빅테크 기업과, 자동차 제조사는 모빌리티 플랫폼과 경쟁한다. 나이키는 디지털 플랫폼을 통한 맞춤형 경험을 제공하며 콘텐츠 구독과 몰입을 중시하는 넷플릭스와 소비자의 여가 시간을 두고 경쟁한다. 전통 은행은 결제, 송금, 자산 관리까지 통합 제공하는 페이 서비스와 맞서야 하고, 현대차는 자동차 판매뿐 아니라 이동 서비스를 장악하려는 우버와 같은 모빌리티 플랫폼과 경쟁 구도를 형성한다. 산업 간 경계가 흐려지며 다른 출발점을 가진 기업들이 같은 시간 고객의 지갑과 시간을 두고 맞붙는다.

또, **카테고리 킬러와 슈퍼 앱은 한 번에 여러 시장을 잠식하며 경쟁 구도를 뒤흔들고 있다.** 아마존은 온라인 서점에서 출발해 전자상거래 전반은 물론, 클라우드, OTT, 스마트홈으로 확장하며 유통, IT, 미디어 산업의 경계를 허물었다. 알라바바는 B2B 전자상거래에서 시작해 타오바오와 티몰, 알리페이, 클라우드, 물류, 엔터테인먼트를 아우르는 거대 플랫폼 생태계를 구축했다. 쿠팡은 이커머스에서 로켓배송, 쿠팡이츠, 쿠팡플레이로 사업을 넓혀 한국인의 생활과 소비 패턴을 바꾸는 도전장을 내밀었다. 카카오는 메신저 카카오톡을 중심으로 결제 금융, 모빌리티, 콘텐츠, 커머스 영역을 통합하며 한국형 슈퍼 앱으로 자리 잡았다. 위챗은 메신저로 시작해 결제, 쇼핑, 예약, 뉴스, 게임, 교통 등 앱 안의 앱 구조로 중국인의 일상 전반을 흡수했다. 이처럼 한 영역에서 출발한 기업들이 인접하거나 전혀 다른 영역까지 빠르게 흡수하며 기존 시장의 경계와 경쟁 규칙을 바꾸고 있다.

그리고, 시장은 **기술에 의해 새로운 규칙**을 만든다. AI, IoT, 블록체인, 클라우드 등은 제품과 서비스 개선 수준을 넘어, 시장의 가치사슬과 경쟁 구조를 다시 설계하고 있다. 먼저 제품 중심의 차별화에서 서비스 차별화로, 다시 고객 경험 차별화로 진화하는 흐름 속에서 오프라인 리테일(소매) 시장은 옴니채널을 거쳐 리테일테크 시대로 진입했다. 옴니채널은 매장, 온라인몰, 모바일 앱 등 모든 판매 채널을 연결해 고객이 언제 어디서나 동일한 경험을 하도록 한 전략이다. 여기에 AI, IoT, 빅데이터, AR·VR[9] 같은 기술이 결합하면서 리테일테크가 등장했다. 매장 내 동선 분석, 실시간 재고 관리, 개인 맞춤형 프로모션 제공 등 기술을 활용해 쇼핑 효율성과 경험을 극대화하고 있다. 리테일은 상품 판매 공간에서 데이터와 기술이 이끄는 체험형 플랫폼으로 변모하고 있다. 스포디피이(Spofity)는 AI 추천 알고리즘을 통해 고객의 취향과 이용 패턴을 정밀하게 분석하고, 각 개인에게 전혀 다른 음악 콘텐츠 경험을 제공함으로써 모든 고객이 다른 서비스를 받는 시장 규칙을 만들었다. 그리고, 최대 규모의 NFT[10] 마켓플레이스인 오픈씨(OpenSea)는 블록체인 기술을 적용해 NFT 거래 플랫폼에서 소유권과 거래 이력을 투명하게 기록해, 신뢰를 중개자가 아닌 기술이 보장하는 거래 질서를 만들고 있다.

그뿐만 아니라, 오늘날 시장은 **글로벌화와 지역화가 동시에 진행**되고 있다. WTO 체제 아래 세계는 자유 무역을 기반으로 통합해 왔고, 기업들은 앞다퉈 글로벌 시장으로 진출하며 규모를 확대하고 브랜드를 강화했다. 여기에 디지털 플랫폼이 결합하며 국경 없는 경쟁이 가능해졌다. 그러나 팬데믹 이후 공급망의 취약성이 드러나고, 지정학적 갈등과 보호무역 강화가 맞물리면서 공급망 재편, 리쇼어링[11], 현지화 전략이 다시 부상하고 있다. 이로 인해 글로벌 브랜드들은 세계 시장을 대상으로 기회를 추구하는 동시에, 각 지역의 정치·경제 환경, 소비문화, 규제 차이에 맞춘 세밀한 대응이 불가피해졌다. 글로벌 기업의 경쟁력

---

9 AR(Augmented Reality): 증강현실, 현실 세계에 가상의 정보나 이미지를 겹쳐 보여주는 기술
VR(Virtual Reality): 가상현실, 컴퓨터로 생성한 가상 환경에 사용자가 몰입해 체험하도록 하는 기술

10 NFT(Non-fungible Token): 블록체인 기술로 디지털 자산의 소유주를 증명하는 대체 불가능 토큰으로, 디지털 파일의 고유한 원본성과 소유권을 나타냄

11 리쇼어링(Reshoring): 해외로 이전했던 생산시설을 자국으로 다시 가져오는 것

은 표준화된 글로벌 모델을 효율적으로 운영하는 역량과 지역 맞춤형 전략을 얼마나 균형 있게 갖추느냐에 달려 있다.

끝으로, **경쟁 규칙이 가치 중심과 관계 기반**으로 변하고 있다. 단기적인 가격 경쟁은 점차 힘을 잃고, 고객이 장기적으로 체감하는 가치와 경험이 승부를 가른다. 정보의 비대칭성이 줄고 제품 간 품질 차이가 빠르게 따라잡히는 환경에서 가격과 품질만으로는 차별화가 어려워졌다. 여기에 디지털 전환과 데이터 분석 기술이 발전하면서 고객은 자신에게 맞춤화된 서비스와 지속적인 관계를 기대하고 있다. 그리고 구독 모델, 공유 경제, 플랫폼 등은 시장 진입과 확장 방식을 바꾸고, 경쟁은 단발적인 판매보다 장기적인 관계를 설계하고 고객 경험 전반을 관리하는 구조로 바뀌고 있다. 시장에서 우위를 점하려면, 지속 가능한 차별적 구조를 설계하고 이를 유연하게 운영하는 능력이 필요해졌다.

시장은 기술, 경제, 사회 변화가 얽히며 끊임없이 재편된다. 산업 경계가 허물어지고, 새로운 규칙이 생기고, 글로벌화와 지역화가 공존하는 오늘날의 시장은 과거와는 다른 경쟁 환경을 만든다. 시장 진화는 아래 그림처럼 기술 발전과 고객 변화와 맞물려 상호작용한다.

그림 9　기술-시장-고객의 순환적 상호작용 관계

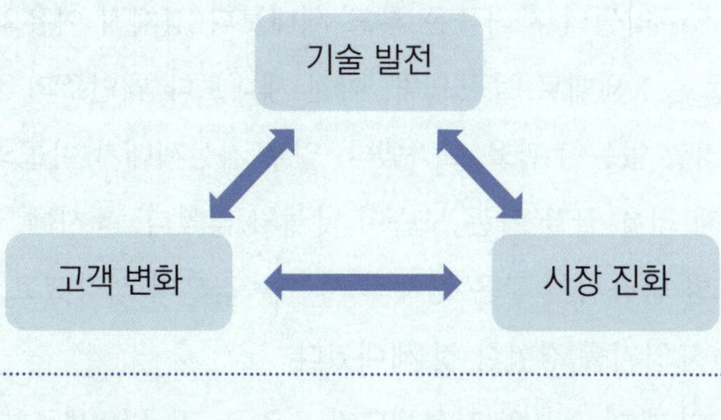

기술은 시장의 구조를 바꾸고, 진화한 시장은 고객 행동과 기대를 재형성하며, 다시 변화한 고객이 새로운 기술과 시장의 방향을 결정짓는다. 이 순환 고리를 읽지 못하면 변화 속도에 뒤처질 수밖에 없다. 기업은 시장 변화를 개별 현상이 아닌 기술-고객과 연결된 하나의 흐름 속에서 이해하고, 그 변화의 파동을 기회로 전환해야 한다.

1.8 고객의 변화

어느 시대에나 세대 차이는 존재한다. 세대 차이는 단지 나이만이 아니라, 세대 간 보이는 감정, 가치관, 문화, 행동 양식의 차이를 포함한다. 공통된 시대 경험은 유사한 반응을 보이는, 즉 세대를 구분 짓는 하나의 경계가 된다. 이 구분은 변화하는 고객을 이해하는 출발점이다. 세대별로 미디어 사용 패턴, 구매 채널, 브랜드 충성도, 가치관이 다른 경우가 많아 마케팅과 제품 설계 전략에 반영해야 한다. 예를 들면, Z세대의 가치 소비나 베이비부머의 안정 지향은 세대별 특징에서 비롯된 소비 트렌드로, 같은 메시지도 세대에 따라 다른 언어와 이미지로 전달해야 효과가 극대화된다.

전쟁을 겪고 거의 폐허가 된 동양의 작은 나라가 고속 경제 성장을 이루던 시기, 산업을 일군 주역들의 자녀들은 부모 세대보다 경제적 여유와 물질적 풍요를 누렸다. 이들은 X세대로 불렸으며, 이전 세대보다 개인주의 성향이 강했고 자기표현에 거리낌 없는 주관을 드러냈다. 일부 기성세대가 이들의 개성 넘치는 모습이 못마땅해 혀를 끌끌 차는 모습이 낯설지 않았다. 동시에, X세대는 IMF 외환위기, 글로벌 금융위기 같은 경제적 시련을 겪으며 성장했고, PC와 인터넷 등 디지털 기술 도입기를 경험한 첫 세대였다.

그 X세대가 이제 쉰 전후의 기성세대가 되었고, 지금은 새로운 도전 앞에 서 있다. 바로 1990년대 후반부터 2010년대 초반 사이에 태어난 Z세대와 함께 일해야 한다는 거다. Z세대는 나이가 많다는 이유로 무조건 따르지 않고, 조직의 이익보다 개인의 성과와 보상을 중시하고, 재미와 경험, 가치 있는 일, 디지털 친화적인 환경을 우선순위에 둔다. 또한, 이들은 소유보다 공유를, 상품보다 경험을 선호하며, 디지털 환경 적응이 탁월하다. 이런 Z세대를 팀원으로 둔 X세대 부장은 자주 고개를 절레절레 젓는다. 그들의 사고방식과 동기부여 요인이 자주 이해되지 않기 때문이다.

세대 차이는 이상한 일이 아니다. 다른 사회·문화적 환경에서 자라며 경험한 사건과 사용한 기술의 차이가 결과적으로 다른 생각과 행동을 낳기 때문이다. 앞으로도 이러한 차이는 존재할 것이다. 이는 시장에서 물건을 살 때도 드러난다. 이어지는 이야기를 통해 서로 다른 3세대가 어떻게 물건을 선택하고 사는지 살펴보자. 어떻게 소비 흐름과 행동 방식에 영향을 주는지 알아보자.

70대 할아버지는 필요한 물건이 있으면 오프라인 매장에 들러 직접 실물을 확인한다. 직원의 설명을 들으며 꼼꼼히 비교한 뒤, 물건을 고르고, 현금이나 카드로 결제한 뒤, 물건을 챙겨 손에 들고 매장을 나온다. 실물을 직접 보고 신중히 결정하는 게 익숙한 소비 방식이다.

40대 아버지는 필요를 느끼는 순간 스마트폰부터 꺼낸다. 검색과 비교는 기본이고, 유튜브로 사용법을 살핀 뒤 SNS 댓글과 별점을 훑는다. 이 과정은 지하철 안, 커피숍, 회의 전 5분 동안 이뤄진다. 클릭 한 번이면 다음날 제품이 도착하고 만족 여부에 따라 후기를 남긴다. 그에게는 온라인에서 정보를 탐색하고 바로 최저가를 찾아 구매로 잇는 소비가 자연스럽다.

20대 아들은 물건을 고를 때 가격과 품질만이 아니라, 자신의 라이프 스타일과 잘 어울리는지 확인한다. 제품의 기능뿐 아니라 브랜드가 지닌 스토리와 가치, 그것이 자신이 추구하는 정체성과 맞닿아 있는지도 중요하다. 검색보다는 추천 알고리즘이 자연스럽게 상품을 제안해 주고, 구매는 앱 내 콘텐츠를 보다가 자연스레 이어진다. 그에게 소비는 신중한 선택의 순간이 아니라 일상 속 자연스럽게 흘러드는 경험의 일부다.

이는 오늘날 공존하는 여러 세대 소비자의 모습이다. 어떤 세대는 오프라인 매장에서 직접 보고 고르며, 또 다른 세대는 온라인에서 비교 후 구매하고, 어떤 세대는 알고리즘이 먼저 추천한 상품을 자연스럽게 선택한다. 선택의 기준 또한 다르다. 누군가는 뛰어난 품질을, 누군가는 편리함과 빠른 배송을, 또 다른 누군가는 브랜드가 자신의 일상 경험에 얼마나 스며드는지를 중시한다. 각 세대가 경험해 온 구매 환경에 따라 기업의 접근 방식도 달라져야 한다. 타깃 세대가 누구냐에 따라 마케팅 전략과 메시지, 채널, 경험이 달리 운영되어야 한다. 정보를 접하는 방식과 기대치, 상품을 평가하는 기준이 다르고, 구매를 결정하는 이유 또한 다르기 때문이다.

그림 10 세대 간 쇼핑 방식의 변화

고객은 삶의 방식과 일하는 환경, 기술을 받아들이는 속도, 사회와 환경 이슈에 대한 인식 등 수많은 요인에 따라 계속 변하고 있다. 누군가는 가격에 민감하고, 누군가는 지속 가능성과 사회적 가치를 우선하며, 또 다른 이는 새로운 기술과 서비스를 먼저 시도한다. 디지털 전환과 플랫폼 확산, 개인화된 경험의 일상화는 고객의 기대와 행동을 끊임없이 재구성하고 있다. 이러한 고객 변화 속에서 기업은 특정 집단의 특성을 외우는 일이 아니라, 변화의 신호를 포착하고 그 흐름 속에서 고객이 무엇을 중요하게 여기는지 읽어내는 일을 해야 한다. 변화하는 고객을 이해하는 기업이 변하지 않는 고객 충성도를 얻을 수 있다.

1.9 디지털 전환과 기업 전략

코로나 팬데믹은 시장 전반에 크고 작은 변화를 야기했고, 그중에서도 오프라인 매장의 기능과 역할이 많이 달라졌다. 은행 서비스의 변화를 살펴보자. 과거에는 은행 업무를 보기 위해서는 신분증을 들고 번호표를 뽑아 대기 창구에 줄 서는 게 일반적이었다. 번화가 1층 잘 보이는 공간에 널찍한 은행이 자리 잡았고, 사람들은 직접 방문해 예금, 송금, 상담 등의 업무를 처리했다.

하지만 지금은 어떤가? 최근 6개월 사이 당신은 은행에 몇 번 가보았는가? 이제는 연간 은행 창구를 직접 찾는 횟수와 ATM 이용이 손에 꼽을 만큼 줄었고, 직접 은행을 방문하려면 2층이나 건물 안쪽으로 들어가야 한다. 대부분의 금융 서비스는 스마트폰 앱을 통해 24시간 언제 어디서든 접속해, 송금, 조회, 결제는 물론 대출 신청과 계좌 개설까지 해결할 수 있다. 카카오뱅크, 토스, 네이버페이처럼 물리적 창구가 없는 인터넷 전문 금융 서비스 기업들이 나타나며, 은행의 개념이 공간에서 플랫폼으로 옮겨갔다. 우리는 이러한 변화를 디지털 전환(Digital Transformation, DX)이라 부른다.

디지털 전환(DX)은 인공지능, 클라우드, 빅데이터, 사물인터넷 등 첨단 디지털 기술을 활용해 기업과 조직, 더 나아가 사회 전반의 비즈니스 모델, 업무 프로세스, 조직문화, 고객 경험 등을 근본적으로 혁신하는 과정을 말한다. 기존 사업 방식이 아닌 새로운 수익 구조와 고객 접근으로 비즈니스 모델을 재정의하고, 제품이나 서비스 자체보다 고객 경험과 데이터 등을 활용해 새로운 가치를 창출하는 방식으로 나아가고 있다.

지금까지의 디지털화(Digitalization)는 정보를 빠르고 정확하게 전달하며, 사람이 하던 반복적인 일을 시스템이 대신 처리하는 효율성 제고에 초점을 둔 기능 중심의 접근이었다. 정보통신기술의 발전으로 필요한 정보를 더 빠르고 정확하게 전달할 수 있게 되었고, 업무 프로세스가 자동화되고 간소화되면서 비용과 시간을 절감했다.

그림 11 디지털화와 디지털 전환

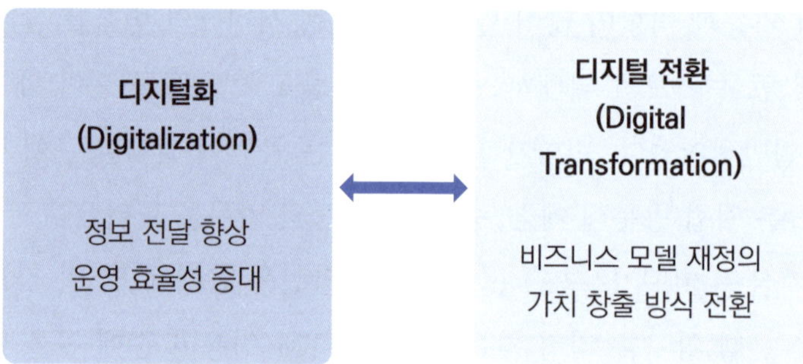

오늘날 디지털 전환은 더 이상 선택의 문제가 아니다. 기술 발전의 속도와 범위가 과거와 비교할 수 없을 정도로 가속화되고 있다. 고객 행동은 모바일, 데이터, 그리고 네트워크를 기반으로 빠르게 재편되고, 산업의 경계는 허물어지며 새로운 경쟁자가 시장에 진입하고 있다. 과거에는 기존 사업 모델을 조금씩 개선하는 방식으로 충분히 생존할 수 있었지만, 이제는 전환 속도가 경쟁력이자 생존 조건이 되고 있다.

오늘날 우리가 말하는 DX는 기존 업무에 새로운 기술을 '복붙(복사하여 붙여넣기)'하는 수준을 넘어선다. 이전에 회계 업무를 더 빠르게 하려고 엑셀과 회계 프로그램을 도입했다면, 이제는 AI가 매출 흐름을 분석해 미래의 현금 흐름을 예측하고, 그 예측 결과에 따라 재고를 미리 조정하거나 인력을 탄력적으로 배치할 수 있다. 또, 온라인 쇼핑몰은 온라인 주문을 받고 상품을 배송하는 것에 머물지 않고, 추천 알고리즘을 통해 고객이 찾기도 전에 필요한 상품을 먼저 보여주고 구매 후에는 자동화된 챗봇이 A/S를 처리하며, 고객 행동 데이터를 분석해 서비스와 마케팅 전략을 재설계하고 있다.

디지털 전환을 통한 기업 경쟁력과 가치 창출은 IT 시스템 업그레이드나 자동화 수준에 그치지 않는다. 그 본질은 기업 운영 방식과 비즈니스 모델을 근본적으로 바꾼다. 즉, 단순히 최신 기술을 붙이는 게 아니라, 기업 가치사슬 전반과 비즈니스 모델, 고객 경험을 재설계하게 한다. 그리고 이 과정은 데이터 기반으로 이루어진다. 따라서, 고객 접점에서 발생하는 방대한 데이터를 수집하고, 이를 분석해 인사이트를 도출하여, 조직의 주요 의사결정과 실행에 반영하며 이를 전략화하는 선순환 체계를 구축해야 한다. 디지털 기술을 조직과 사업의 작동 구조에 통합하고, 그에 따라 운영 방식과 비즈니스 모델을 새롭게 설계해야 한다.

이러한 디지털 전환은 아래 네 가지 축을 중심으로 전개된다.

첫째, **고객 경험의 혁신**이다. 온라인과 오프라인을 넘나드는 옴니채널, 개인화된 추천, 고객 여정 관리는 기업이 고객과의 관계를 재정의하는 방법이다. 도미노피자는 피자 회사에서 테크 기업으로 변신하며 고객 경험을 바꾸고 있다. 모바일 앱뿐 아니라 스마트워치, 스마트TV, 자동차 인포테인먼트 시스템 등 다양한 디지털 채널에서 주문할 수 있고, 주문부터 배달까지 실시간 트래킹을 제공하고 있다. 여기에 AI 음성인식 비서 'Dom'을 도입해 대화로 주문할 수 있게 하며 고객 체감 편의성을 한 단계 끌어올리고 있다.

둘째, **운영 효율화**다. 로보틱 프로세스 자동화, 예측 유지보수, 공급망 최적화는 비용 절감을 넘어 시장 대응 속도를 높인다. UPS는 경로 최적화 시스템인 ORION(오리온)을 활용해 하루 수백만 건의 배송 경로를 실시간 계산하고 조정한다. 이 시스템 덕분에 UPS는 연간 수백만 리터의 연료를 절약하고 수천만 달러의 운영 비용을 절감했으며 온실가스 배출량까지 줄였다. 비용 절감뿐 아니라 환경 지속 가능성과 시장 경쟁력까지 높일 수 있었다.

셋째, **비즈니스 모델의 혁신**이다. 디지털 전환은 제품 판매 중심의 수익 구조를 구독 모델, 다면 경제, 데이터 기반 서비스로 바꾸고 있다. 엔진 분야 세계 2위 기업인 롤스로이스(Rolls-Royce)는 항공기 엔진을 판매하는 대신, 사용 시간당 요금을 부과하는 'Power by the Hour'라는 구독 모델로 전환했다. 엔진 상태를 IoT 센서로 실시간 모니터링하고 예측 유지보수를 수행해 가동률을 극대화했다. 이를 통해 항공사는 예측 가능한 비용 구조와 안정적인 운영을, 롤스로이스는 장기 계약을 통한 반복 수익과 방대한 운항 데이터라는 자산을 얻었다. 제조업에서 서비스 중심 모델로 전환해 경쟁력과 고객 관계를 동시에 강화했다.

넷째, **조직문화의 전환**이다. 애자일 방식, 크로스펑셔널 팀, 실험과 학습을 장려하는 문화는 기술 혁신만큼이나 중요하다. 마이크로소프트(Microsoft)는 사티아 나델라(Satya Nadella) CEO 취임 전까지 부서 간 경쟁과 사일로(Silo) 문화로 협업이 원활하지 못했다. 나델라는 성장 마인드셋(Growth Mindset)을 핵심 가치로 채택하고 실패를 학습 기회로 받아들이는 문화를 장려했다. 부서 간 장벽을 허물고 애자일 조직을 도입한 결과, 클라우드 중심 전략이 빠르게 정착하며, 기업 실적과 직원 만족도 모두 크게 향상되며 제2의 마이크로소프트 시대를 만들고 있다.

이러한 전환을 성공적으로 이끌기 위해서는 전략, 기술, 조직의 정렬이 필요하다. 기술 투자 방향은 전략에 기반한 기업의 비전과 일치해야 하며, 기술 전환은 한 번에 전사로 적용하기보다 작은 실험을 통해 성과와 학습을 쌓아 확산하는 방식이 효과적이다. 또, 내부 조직 역량이 부족하다면 파트너십과 생태계를 적극적으로 활용할 수 있다. 전환 과정에서의 성과는 KPI[12]와 OKR[13] 등을 통해

12 KPI(Key Performance Index): 핵심 성과 지표로, 조직이나 개인의 목표 달성 정도를 측정하는 정량적 지표. 전략적 목표와 연계되어 성과를 관리·평가하는 데 활용

13 OKR(Objectives and Key Results): 목표와 핵심 결과로, 조직이나 개인이 달성하고자 하는 목표

데이터 기반으로 관리해야 한다.

디지털 전환에도 리스크는 있다. 초기 투자 대비 ROI 불확실성, 변화에 대한 내부 저항, 데이터 보안 및 규제 이슈 등은 기업이 반드시 관리해야 할 과제다. 이를 극복하려면 리더십의 지속적인 메시지, 빠른 실험과 학습, 그리고 변화에 맞는 거버넌스 구축이 필요하다.

오늘날 기업에 디지털 전환은 도착점이 아니라 지속적 적응의 시작점이다. AI, IoT, 메타버스, 블록체인 등 다음 물결은 이미 시야에 들어와 있다. 전환은 프로젝트가 아니라 조직의 DNA가 되어야 하며, 기업은 끊임없는 변화의 흐름 위에서 자신만의 전략과 구조를 진화시켜야 한다. 이것이 4차 산업혁명 시대에, 디지털 전환 시대에 기업이 살아남고 성장하는 전략적 방향이다.

자기진단 체크리스트(Self-Assessment Checklist)

1. 4차 산업혁명의 네 가지 키워드(초지능 · 초연결 · 융복합 · 플랫폼)를 명확히 설명할 수 있는가?
2. 알파고와 ChatGPT 사례가 산업 · 고객 · 사회 변화에 주는 의미를 이해하고, 이를 다른 사례와 연결 지어 설명할 수 있는가?
3. 기술 변화가 시장 구조와 고객 행동을 어떻게 재편하는지 구체적인 사례를 떠올릴 수 있는가?
4. 디지털화와 디지털 전환의 차이를 구분하고, DX가 기업 생존 전략으로 불가피한 이유를 설명할 수 있는가?
5. 기술–시장–고객의 순환적 상호작용 속에서 기업 전략 수립 시 고려해야 할 핵심 요인을 정리할 수 있는가?

(Objectives)와 측정하는 핵심 결과(Key Results)를 함께 설정해 성과를 관리하는 방법론. 목표는 방향성을 제시하고, 핵심 결과는 실행과 성취 수준을 수치로 평가

CHAPTER 02

전략이론의 진화와 재해석

학습 목표 (Learning Objectives)

1. 시대별 산업 환경 변화에 따라 전략이 어떻게 진화했는지 설명할 수 있다.
2. 전통적 전략 도구의 역할과 한계를 이해하고, 전략적 사고의 필요성을 구분할 수 있다.
3. 전략과 실행 사이에 간극이 발생하는 이유를 분석하고, 이를 극복하기 위한 구조적 조건을 설명할 수 있다.
4. 혁신이 기업 전략과 어떻게 통합되어야 하는지, 제품 · 아이디어 중심 혁신과 구조적 혁신의 차이를 이해할 수 있다.
5. 디지털 전환 시대 기업 생존 전략을 제시할 수 있다.

도입 질문 (Opening Questions)

1. 왜 전략은 시대에 따라 다른 모습으로 진화해 왔는가?
2. 전략 도구와 전략적 사고는 어떻게 다르고, 왜 둘을 혼동하면 안 되는가?
3. 많은 전략이 실행되지 못하고 보고서에 머무르는 이유는 무엇일까?
4. 왜 한 번의 혁신 제품보다 혁신이 반복되는 구조가 더 중요할까?
5. 디지털 전환 시대, 기업 생존을 위해 반드시 재설계해야 할 전략적 축은 무엇인가?

2.1 시대 변천에 따른 전략의 변화

시대가 바뀌어도 전략은 기업 경영에서 중요하다. 기업이라는 거대 조직이 수많은 직원과 복잡한 이해관계를 조율하며 한 방향으로 나아가기 위해, 전략은 공통의 언어이자 집단의 나침반 역할을 한다. 한 방향으로의 움직임은 추진력을 높여 실행력을 향상한다. 전략은 또한 미래를 거머쥐기 위해 오늘을 설계하는 것이다. 기업이 어떤 제품을 기획하거나 신시장을 준비하는 데에는 수개월에서 수년이 걸린다. 그런데 산업 변화나 시장 전환이 본격화된 뒤에 움직이기 시작하면 늦다. 결실을 수확하는 기업은 늘, 그보다 먼저 씨앗을 뿌린 조직이다. 그러므로 전략은 현재가 아닌 미래를 위한 설계이자, 선제적 구조화의 언어이다.

다양한 전략 유형은 당시 산업 환경을 전제로 한다. 1960~80년대의 전략은 정적인 산업구조를 전제로 했다. 산업의 경계는 명확했고, 경쟁 도구는 비교적 예측 가능했으며, 기업은 일정한 계획과 자원 배분을 통해 안정적인 성장을 추구하였다. 이 시기에 나온 여러 전략은 그 구조 위에서 잘 작동했다. 그러나 1990년대 이후 산업 환경은 변하기 시작했다. 인터넷과 정보통신기술의 확산으로 하이테크 산업이 본격화되며 기존 전략 도구가 흔들리기 시작했다. 살아남기 위한 기업 전략은 정적인 설계도 기반에서 유동적이고 적응적인 구조로 진화해야 했다. 이 시기에 티스(David Teece) 등은 동적 역량(Dynamic Capabilities) 개념을 제시했다. 기업은 빠르게 변화하는 환경에서 기존 자원을 잘 활용해야 할 뿐 아니라, 조직 역량과 자산을 지속해서 재구성하고 통합하며 변화시킬 수 있어야 한다고 주장했다. 경쟁 우위는 무엇을 가지고 있는가가 아니라 그것을 얼마나 유연하게 변화시킬 수 있는가의 관점이다.

전략은 그 시대가 만든 기업 환경에서 살아남기 위한 해답이었다. 그러므로 전략을 제대로 활용하기 위해서는, 그 전략이 등장한 시대적 배경과 전제조건을 함께 이해해야 한다. 등장 맥락을 모른 채 전략 도구만 이용하는 건 계절이 바뀐 줄 모르고 철 지난 옷장을 그대로 여는 것과 같다. 왜 이 전략이 유효한지 효과성을 제대로 활용하지 못하는 거다.

전략은 시대 문제를 해결하기 위한 청사진이었다. 전략 경영의 선구자인 알프레드 챈들러(Alfred Chandler)는 전략을 기업이 직면한 환경 속에서 선택과 행동의 패턴으로 정의했고, 헨리 민츠버그(Henry Mintzberg) 역시 전략은 변화하는 환경에 적응하고 대응하는 조직 학습 과정이라 강조했다. 다시 말해, 전략은 시대적 맥락과 긴밀히 연결된 경영의 언어이자 사고법이다.

이러한 전략은 각 시대의 산업 환경과 경영 과제를 반영하며 진화해 왔다. 1960년대부터 최근까지 산업 환경 변화에 따라 대두된 전략의 특징을 살펴보자.

1960년대는 제2차 세계대전 이후의 경제 안정기에 장기 성장을 목표로 한 **계획 전략** 중심이었다. GE, IBM, 듀폰(DuPont) 등 당시 기업들은 5~10년 단위의 장기 사업계획을 수립하고 이를 조직 전체에 적용하는 방식으로 경영 체계를 구축했다.

1970년대는 복수의 사업을 운영하는 기업들이 등장하면서, 한정된 자원을 효과적으로 배분하기 위한 **포트폴리오 전략**이 주류를 이루었다. 이 시기에 개발된 BCG 매트릭스와 GE 매트릭스는 자원 배분과 투자 우선순위 판단의 도구로 널리 활용되었다.

1980년대는 일본 제조업의 약진과 글로벌 경쟁 심화로, 기업들은 **경쟁 우위 확보**를 핵심 전략으로 삼기 시작했다. 마이클 포터는 산업구조 분석과 경쟁 전략의 개념을 정립하며, 비용 우위, 차별화 전략 등을 통해 시장 내 지위를 확보하는 방향을 제시했다.

1990년대에는 인터넷이 보급되며 정보의 비대칭이 빠르게 해소되어 기업과 고객 간의 거리가 좁아지기 시작했다. 하이테크 산업의 대표 주자인 정보통신 기술은 생산, 유통, 조직 운영 전반을 자동화하고 고도화했다. 이 시기에는 기업 내부의 **핵심 역량**(Core Competence)을 중심으로 지속 가능한 경쟁력 확보가 중요한 전략 과제가 되었고, 자원 기반 관점(RBV)이 부상했다.

2000년대 이후, 급변하는 시장과 기술은 전례 없이 빠르게 변화하기 시작했다. 이에 대응하기 위해 전략은 더욱 유연하고 민첩하며 **혁신 중심**의 접근으로 전환되었다. 새로운 기술이나 혁신이 기존 산업 질서를 무너뜨리고 새로운 시장을 창출하는 창조적 파괴 개념이 주목받기 시작했고, 제품과 프로세스, 점진적 혁신과 급진적 혁신, 연속적 혁신과 불연속 혁신 등 다양한 형태의 혁신 분류 체계가 등장하며, 전략의 중심축이 어떻게 새롭게 설계할 것인가로 이동하기 시작했다.

2010년대에 들어서면서는 **플랫폼** 기반 기업들이 산업 전반을 재편하며, 네트워크 효과, 양면 시장, 생태계 중심 구조가 새로운 전략의 중심 개념으로 자리잡았다. 사용자와 공급자를 연결하는 구조 속에서, 참여자 수가 늘수록 가치가 증폭되는 네트워크 효과는 기업 경쟁 우위를 강화하는 원천이 되었다. 또한 플랫폼은 단일 제품이나 서비스가 아닌 복수의 참여자 간 상호작용을 촉진하고 확장 가능한 생태계를 설계함으로써 전통 기업들과 다른 방식의 전략 구조를 만들어냈다.

2020년대에 들어 기업 전략은 또 한 번 전환점을 맞이했다. **디지털 전환**은 더 이상 선택이 아닌 전제가 되었고, 비즈니스 모델은 단순한 청사진이 아니라 전략의 실체로 부상하고 있다. 디지털 전환은 단순한 기술 도입이 아니라, 조직 운영 방식, 고객 접점, 수익 창출 등 구조 전반을 기존 산업 논리에서 벗어나 데이터 기반의 흐름, 실시간 반응 체계, 고객 중심 설계로 전환하는 전략이다. 그리고 이 전환의 중심에 있는 **비즈니스 모델 전략**은 전략 그 자체를 설계하는 도구가 되었다. 디지털 기술은 가능성을 제공하고, 그 가능성은 비즈니스 모델 전략으로 구조화되어 작동한다.

시대에 따라 변해 온 주요 전략과 특징은 다음 표를 통해 다시 한번 확인하자.

표 2 주요 전략의 변화

시대	산업 특징	주요 전략	대표 키워드
1960년대	경제 안정기, 장기 성장	계획 전략	장기 계획, 목표 수립
1970년대	기업의 해외 진출 본격화	포트폴리오 전략	다각화, 우선 순위, 자원 배분
1980년대	글로벌 경쟁, 일본 제조업 약진	경쟁 전략	경쟁 우위 확보, 비용과 차별화
1990년대	인터넷 보급, 정보통신기술 발전, 하이테크 산업 확산	핵심 역량 전략	핵심 역량 집중, 내부 역량 강화
2000년대	급변하는 시장 환경	혁신 전략	빠른 대응력, 지속적 혁신, 창조적 파괴
2010년대	무한 경쟁, 플랫폼 기반 산업의 확산	플랫폼 전략	양면 시장, 네트워크 효과, 생태계 설계
2020년대	4차 산업혁명 확산	디지털 전환 전략 비즈니스 모델 전략	디지털 전환, 비즈니스 모델

2.2 전략 도구와 전략적 사고

전략은 도구 형태로 전해져 활용되었다. SWOT, STP, 5 Forces, BCG 매트릭스, GE 매트릭스, Ansoff 매트릭스, 전략 지도(Strategy Map) 등 수많은 프레임워크가 그것이다. 이들은 복잡한 기업 환경과 내부 역량을 구조화해 설명하고 시각화하는 데 도움을 주었다. 또한, 조직 내부에 전략을 공유하는 공통 언어를 제공하고, 전략적 사고를 훈련하는 도구로 기능해 왔다. 구조화된 사고를 돕고 조직이 자신의 위치를 진단하거나 외부 환경을 분석할 수 있게 해주었다. 숫자, 표, 그래프는 명확성을 부여하고 경영진과 실무진 간의 커뮤니케이션을 용이하게도 한다. 문제는 이 도구들이 어느 순간 전략 그 자체로 받아들여지기 시작했다는 데 있다. 전략 도구는 사고를 보조하기 위한 프레임일 뿐인데 말이다. 전략 도구를 활용한 분석이 빈칸 채우기 작업에 머무르면 그저 보고서에 불과하다. 진짜 전략은 정보를 넘어선 의미를 추출하고, 문제를 꿰뚫어 통찰을 제시하고, 작동하는 구조를 설계하는 것이다.

오늘날 대부분 기업은 비슷한 데이터를 보고 비슷한 도구를 사용하고 있다. 시장 분석 자료나 각종 산업 리포트는 공개되어 원하면 접근할 수 있고, ERP, SCM, CRM 같은 기업 정보 경영 시스템도 대부분 기업이 활용한다. 이제 기업 간 정보와 도구 차이가 줄었다. 경쟁자도 나도 같은 데이터를 보고 비슷한 트렌드를 읽고 고객을 바라본다. 그런데, 어떤 기업은 데이터와 도구를 분석하는 데서 멈추고, 어떤 기업은 새로운 해석을 도출해 차별화된 전략을 만든다. 바로 전략적 사고의 차이다.

정보를 어떻게 다르게 해석하고, 어떤 방향으로 연결하느냐가 중요해진다. 남들과 같은 판단은 레드오션으로 들어가는 길이며 비슷한 전략은 비슷한 결과로 이어진다. 남들과 다른 사고에 기반한 전략은 불확실한 시장 상황에서 유의미한 기회를 포착하는 중요한 역량이다.

전략을 수립할 땐 데이터나 도구 자체에 매몰되기보다 그 안의 흐름을 읽고, 틀에 갇히기보다 틀 밖에서 문제를 바라볼 수 있어야 한다. 같은 데이터를 보더라도 어떤 흐름을 읽어내느냐, 어디에 집중하느냐, 무엇을 연결하느냐에 따라 전혀 다른 전략이 만들어진다. 전략적 사고를 가진 사람은 도구나 데이터에 의존하기보다 이를 목적에 맞게 변형하고 새롭게 조합한다.

많은 전략 기획 문서는 정교한 분석으로 가득하지만, 그래서 우리는 무엇을 해야 하는가, 이 질문에도 제대로 답하지 못한다. 전략을 짤 때 도구부터 꺼내

들고, 빈칸 채우듯 구성하기 때문이다. 복잡한 현실을 프레임에 끼워 맞추는 것만으로는 실행을 만들 수 없다. 현장의 흐름, 고객의 리듬, 수익의 구조까지 설계하려면 사고가 프레임 바깥으로 확장되어야 한다.

분석은 출발점이고 통찰은 방향키다. 오늘날 전략은 무엇을 분석했는가보다 무엇을 발견했는가로 평가받아야 한다. 기업에 필요한 건 도구의 숙련도가 아니라 전략을 설계하는 사고법이다. **전략적 사고란, 변화하는 환경을 감지하고 흐름을 읽으며, 실험을 통해 학습하고 설계할 수 있는 역량이다.** 이는 난순한 분석이나 도식화를 넘어, 기업 내부 현황과 외부 환경을 제대로 감지해 문제를 올바르게 정의하고, 새로운 시도의 실험과 학습 구조를 설계하고, 현장에서 실행까지 포괄하는 통합적 사고다.

도구 중심 전략은 분석에서 멈추지만 전략적 사고는 구조로 확장된다. 프레임워크는 산업 분석, 경쟁자 분석, 내부 진단을 위한 절차는 제공하지만, 어떤 흐름을 만들 것인가, 그 흐름을 어떻게 구조화할 것인가라는 질문은 사고의 힘으로 풀어야 한다. 전략은 경영자가 수립해 하달하는 계획표가 아니라, 전 조직이 함께 묻고, 실험하고, 학습하며 완성해 가는 집단 지성의 산물이어야 한다.

이제 전략은 문서나 계획이 아닌, 사고법으로 전환해야 한다. 여기서 말하는 사고법이란 일회성 계획이 아니라 상황을 판단하고 우선순위를 정하며 구조를 설계하는 일련의 사고 과정으로 받아들이는 태도다. 경영 환경이 급변하고 기존 질서가 무너진 지금, 전략적 사고는 더 이상 '정답'을 찾는 방식이 아니라, 끊임없이 질문하고, 구조를 설계하고, 작동 여부를 실험하며 수정해 가는 사고법이어야 한다. 틀에 끼워 넣는 사고가 아니라, 흐름을 새로 그리는 사고다. 정리된 도표가 아닌 작동하는 흐름, 예측보다 실험, 계획보다 구조로 전략은 설계의 시대를 지나 작동의 시대에 들어섰다.

2.3 전략 도구의 한계와 실행의 간극

기업 경영 환경이 변했음에도 불구하고, 많은 조직은 과거의 전략 도구와 프레임워크에 의존하고 있다. 산업 환경이 복잡하고 유동적으로 바뀌었음에도 기업들은 정적인 구조 위에서 설계된 전략 도구를 그대로 활용하는 경우가 많다. 전략 도구 자체의 문제가 아니라, 그 시대의 전제를 끌고 와 적용하는 데서 오는 괴리다. 이러한 전략 도구의 적용 오류는 곧 실행 불가능한 전략 혹은 실행되지 않는 전략으로 이어진다.

전략을 시험 문제지의 정답 선택이나 표면적인 이해만으로 적용하니, 오늘날 많은 조직에서 전략은 실행의 도구보다 보고서의 언어로 활용되는 경향이 짙다. 사업계획서나 컨설팅 자료에는 정제된 다양한 전략 방법론과 분석 매트릭스가 빠지지 않지만, 실제 현장에서 실행으로 나아가지 못하는 경우가 빈번하다. <하버드 비즈니스 리뷰(HBR)>에 따르면 대기업 2/3에서 3/4은 전략 실행에 어려움을 겪고 있다고 조사된 바 있다. 이는 전략 도구가 그럴듯한 설명은 제공해도 실제 작동 가능한 구조를 설계해 주지는 못하는 한계를 보여준다.

오늘날의 경영자는 더 이상 과거의 전략을 반복 학습하는 사람이어서는 안 된다. 작동하는 흐름을 설계하고, 전략 위에 구조를 올릴 줄 아는 사람, 그리고 변화 속에서 전략을 실험하고 확장할 수 있는 사람이어야 한다. 전략이 실행되려면 전략이 설 수 있는 구조적 기반이 마련되어야 한다. 독특한 아이디어와 뛰어난 기술은 일시적인 성공을 가져올 수 있지만, 그 성공을 유지하거나 다음 단계로 전환하는 데 필요한 진화 가능성을 담고 있지는 않다. 제품이 일시적으로 성공하더라도, 고객의 피드백을 수용하고 구조적으로 혁신할 수 있는 체계가 없다면, 성장은 정체되고 시장 변화 속도에 밀려 도태된다.

싸이월드(Cyworld)는 이러한 구조 부재의 한 사례다. 2000년대 초, 싸이월드는 미니홈피와 도토리(가상화폐) 기반의 자기표현 기능으로 10~20대의 열광적인 지지를 받았다. 1999년 KAIST 학생들의 프로젝트로 시작한 이 서비스는 2003년 SK커뮤니케이션즈에 인수된 이후 본격 성장했고, 2009년에는 대한민국 인구의 65%에 달하는 약 3,200만 명의 가입자를 기록하며 전 국민 플랫폼이 되었다. 그러나, 스마트폰 보급과 함께 SNS의 중심이 모바일로 이동할 때, 싸이월드는 여기에 적절히 대응하지 못했다. PC 중심 서비스에 머물며 모바일 최적화에 실패했고, 페이스북, 인스타그램 등 새로운 플랫폼에 사용자를 빼앗기기 시작했다. 더 큰 문제는 외부 개발자와의 협업 생태계나 API[14](디지털 인터페이스) 제공을 통한 구조적 확장에 소극적이었다는 점이다. 기술 혁신도 정체되었고, 사용자 요구에 유연하게 반응하는 구조를 갖추지 못했다.

싸이월드는 변화에 대응할 수 있는 플랫폼 설계와 개방형 전략의 취약성이 드러나며 사람들의 추억으로 사라졌다. 한때 시장을 지배했더라도, 일시적인 기술력과 인기만으로는 지속 가능한 경쟁력을 유지할 수 없다. 변화하는 시장 환경에 유연하게 대응하는 구조적 설계와 생태계 구축이 무엇보다 중요하다.

이 사례는 경영자에게 다음의 통찰을 제시한다. 무엇을 잘하느냐가 아니라, 어떻게 작동하도록 만들 것인가. 강점 자체보다는 그 강점이 구조 속에서 얼마나 반복 가능하게 설계되어 있는가. 설계되지 않은 경쟁력은 생존을 담보하지 않는다. 오늘날 산업은 사용자 중심 서비스 설계, 개방형 플랫폼 전략, 지속적인 기술 혁신이 경쟁력의 핵심 요소로 작용하고 있다. 설계된 경쟁력이 생존을 만든다. 이제 기업은 성공을 목표로 하기보다, 생존을 구조화하고 경쟁력을 설계할 수 있어야 한다.

C사는 1년 전, 외부 컨설팅 업체와 함께 '디지털 전환 마스터플랜'을 수립했다. 수십 개 KPI, AI 기반 추천 시스템, 데이터 기반 의사결정, 전사적 디지털 문화 장착 등 전략이 100페이지 보고서에 담겼다. 임원 회의에서는 이제 실행

14 API(Application Programming Interface): 서로 다른 소프트웨어끼리 데이터를 주고받거나 기능할 수 있게 해주는 중간 연결자

만 남았다고 선언했으나 1년 뒤, 실행된 건 거의 없다. 보고서에는 고객 데이터를 수집하고 분석하는 체계가 정교하게 설명되어 있지만, 현장 직원들은 여전히 POS[15] 시스템을 수기로 입력하고, 마케팅팀은 쿠폰 전단에 의존하고 있다. IT팀은 ERP 시스템 유지만도 버거워했고, AI는 먼 얘기이다. 무엇보다 보고서를 제대로 읽은 사람조차 없었다. 핵심 전략을 현장 언어로 바꿔주고, 구체적 실행 흐름을 만들어준 이가 없어 컴퓨터 메모리에 저장되어 있었을 뿐이다.

전략은 본래 실행을 위해 존재하지만, 기업 현장에서는 실행보다 설명을 위한 도구인 경우가 많다. 기획보고서에 등장하는 다양한 분석 프레임, 다층적 목표 체계, 수십 개에 이르는 KPI(핵심 성과 지표)와 전략 지도는 그럴듯해 보이지만, 실행을 유도하진 못한다. 전략은 나침반으로서의 방향이 아니라 명분이 될 뿐, 현장은 그 전략의 의미와 연결 고리를 찾지 못해 헤맨다.

멋진 전략이 의도대로 실행되지 않는 이유는 다음과 같다.

첫째, **전략에 너무 많은 걸 담아서이다.** 전략은 조직의 누구나 이해할 만큼 단순하고 명확해야 한다. 하지만 현실에서는 모든 가능성과 모든 이해관계자를 고려하다 보니 지나치게 복잡해지고, 전략 수립자만 아는 용어로 정리되는 경우가 많다. 전략 수립자는 다 중요하다고 말하고, 조직은 어디에 우선순위를 둘지 알지 못한 채 혼란에 빠진다. 결국 전략은 실행에 집중하지 못하는 구조를 만들어낸다. 모든 게 중요하다는 말은 어느 것도 우선이 아니라는 뜻이다. 전략은 종합계획이 아니다. 선택과 집중을 위한 결단이며, 실천할 수 있는 우선순위를 위한 설계여야 한다.

둘째, **전략과 실행 사이의 간극이 존재하기 때문이다.** 정밀한 분석과 화려한 프레임워크로 정리된 전략은 보고서로는 그럴듯해 보이지만, 현장은 그 전략이 실제로 작동할 수 있는지 묻는다. 전략은 대개 경영진의 언어로 수립되지만, 실행은 한 올 한 올 구슬을 꿰는 직원이나 고객을 응대하는 실무자의 손끝에서 이

15 POS(Point of Sale): 판매 시점 정보 관리로, 상품이나 서비스가 고객에게 판매되는 시점의 거래를 기록하고 관리하는 시스템. 매출 집계, 재고 관리, 결제 처리 등을 통합적으로 지원해 소매·유통 업계에서 널리 활용

뤄진다. 아무리 정교한 전략도 실행을 뒷받침하는 구조와 흐름이 없다면 조직은 움직이지 않는다. 게다가 경영진과 실무진 사이에는 전략 용어에 대한 해석, 실행 속도, 의사결정의 리듬 자체가 다르다. 전략이 실행되지 않는 이유는 분석이 부족해서가 아니라, 현장과 연결되지 않기 때문이다.

셋째, **전략 메시지의 일관성이 부족해서다.** 근사한 경영 용어와 이론 표현으로 정리된 전략은 조직 내에서 해석이 분산되기 쉽다. 전략이 조직 곳곳에 전달되기까지는 시간이 걸리는데, 그 사이 마음 급한 경영진에 의해 메시지가 수정되고 교체되는 일이 반복된다. 이렇게 수시로 업데이트되는 전략은 전달 과정에서 부서마다 담당자마다 다르게 해석하다 핵심이 흐려지며 실행력을 약화한다. 전략이 실행되기 위해서는 명확하게 정의되고, 반복적으로 공유되며, 전 조직이 같은 언어로 내면화할 수 있어야 한다. 그렇지 않으면 전략은 위에서 떨어진 지시로 현장에는 의미 없이 소모되는 말뿐인 선언으로 받아들여진다.

아마존은 물류 효율성이라는 단일 경쟁 우위를 넘어, AWS, 프라임, 마켓플레이스를 중심으로 유통, 기술, 서비스가 상호 보완하며 작동하는 구조를 설계했다. 넷플릭스 또한 DVD 대여 서비스로 시작했지만, 데이터 기반 추천 시스템, 구독 기반 수익 모델, 자체 콘텐츠 제작이라는 구조를 단계적으로 구축하며 단순 스트리밍 플랫폼에서 글로벌 콘텐츠 생태계로 나아갔다. 오늘날 선도 기업들의 경쟁력은 개별 제품이나 기술이 아니라, 설계된 구조와 흐름 속에서 반복적으로 작동하는 가치 시스템에 기반한다.

문제는 많은 기업이 여전히 경쟁력을 성과의 결과물로 받아들인다는 점이다. 그러나 진정한 경쟁력은 전략과 실행 사이를 메우는 구조적 연결 고리에서 비롯된다. 전략이 아무리 훌륭해도 실행되지 않으면 의미가 없고, 실행이 가능하다는 건 곧 설계되어 있다는 뜻이다. 실행은 직원의 충성심이나 리더의 열정만으로 이루어지지 않는다. 누가, 무엇을, 언제, 어떻게 수행할 것인가를 구조적으로 설계하는 것, 바로 그것이 실행 가능성을 담보하는 기반이다.

2.4 전략과 혁신의 통합

오늘날 기업 환경은 고객 니즈 변화, 기술 발전, 경쟁 심화로 전례 없는 속도로 변하고 있다. 변화에 적응하지 못하고 정체된 기업은 시장에서 도태될 수밖에 없다. 이러한 상황에서 혁신(Innovation)은 더 이상 선택이 아닌, 기업 생존과 지속 성장의 핵심 전략이다. **혁신이란 기존의 것을 변화시켜 이전과 차별화된 새로운 가치나 문제 해결 방식을 창출하는 과정**을 의미한다. 혁신은 생산자와 소비자 모두에게 새로운 가치를 제공하며, 시장에 변화를 일으키고 사람들의 행동과 삶의 방식을 바꾼다. 이는 단순한 개선을 넘어 제품, 서비스, 비즈니스 모델, 조직문화, 프로세스 전반에서 발생하는 구조적 변화이며, 창의적인 아이디어를 실질적인 성과로의 전환을 목표로 한다.

기업 관점에서 혁신은 경쟁 우위를 확보하고, 새로운 성장 동력을 마련하는 기반이다. 신제품 개발이나 신시장 개척, 새로운 운영 방식의 도입을 통해 기업은 경쟁자보다 한발 앞서나갈 수 있으며, 이는 기업 내부의 성장뿐 아니라 사회 전체의 발전과 가치 창출로 이어진다. 무엇보다 불확실성이 큰 경영 환경에서 미래를 주도적으로 설계하고 지속 가능성을 확보하기 위해 기업은 구조적이고 체계적인 혁신 역량을 갖춰야 한다.

이제 혁신은 단순한 아이디어나 창의성 문제가 아니라, 조직 내부에 어떻게 혁신이 반복되고 축적되는 구조를 설계하느냐의 문제다. 혁신을 가능케 하는 것은 한 번의 번뜩임이 아니라, 그것이 지속될 수 있는 구조적 기반이다. 많은 기업이 혁신을 시도하는데, 그 성공 여부는 무엇을 혁신했는가보다 어떻게 혁신이 작동하도록 설계했는가에 달려 있다. What보다 How에 달려 있다. 실제 기업 사례를 보면, 단발적인 성공으로 끝나는 경우와 지속 가능한 혁신 시스템을 구축한 경우는 명확히 구분된다.

고프로(GoPro)는 2000년대 초반, 소형 액션 카메라 시장을 개척하며 주목받은 혁신 기업이다. 서핑 등 익스트림 스포츠 활동 중 고품질의 사진과 영상을 직접 촬영할 수 있도록 우수한 카메라 성능, 방수 기능, 마운트형 디자인을 탑재한 이 제품은 스포츠 애호가와 여행자들 사이에서 폭발적인 반응을 이끌었다. 모험을 기록한다는 감성적 메시지와 함께, 고프로는 단숨에 글로벌 브랜드로 도약했고, 한때 미국 증시에서 시가총액 1조 원 이상에 도달하며 제품 중심 혁신의 성공 사례로 평가받았다.

그러나, 화려한 출발과 달리, 고프로의 성장세는 오래가지 못했다. 후발주자들이 유사 제품을 잇달아 출시하면서 시장은 빠르게 포화되었고, 경쟁 심화 속에서 고프로는 가격 경쟁력과 기술 차별화 모두에서 점차 밀려났다. 비용 절감, 신제품 출시, 구독 서비스 확대 등으로 위기 상황을 모면하기 위해 노력했지만, 전반적인 매출은 감소세를 보이며 정체 국면에 진입했다. 고프로는 뛰어난 제품력에도 불구하고 생태계 확장과 커뮤니티 설계에 실패함으로써 구조적 한계를 드러냈다. 액션캠과 일부 액세서리에 국한된 제품군은 소프트웨어, 앱, 클라우드, 드론 등으로 확장한 경쟁사에 비해 고객 접점과 락인 효과에 뒤처졌고, 자체 플랫폼이나 서비스 연동도 제한적이었다. 그 결과 사용자 접점 확보와 시장 변화 대응력이 약화되었다. 또, 초기 열성 팬층과 커뮤니티를 기반으로 빠르게 성장했지만, 이후 사용자 참여를 유도하고 브랜드 충성도를 강화할 수 있는 플랫폼 구축에 소홀했다. 시장 변화에 대한 적응력과 지속 가능한 성장을 이끄는 기반이 부족했다.

오늘날 한 제품이 소비자의 큰 관심을 끌면 경쟁자들이 곧이어 유사 제품을 출시하여 시장에 경쟁자는 많아지고 제품 간 기능 격차는 줄어든다. 또, 기술은 수명이 있어 한 시점의 압도적인 기술도 시간이 지나면 평이한 기술이 된다. 2000년대 초반 선풍을 일으킨 MP3 플레이어와 전자사전은 이제 추억의 상자 속에 보관되어 레트로 감성을 자극할 뿐이다. 그리고 브랜드 인지도는 높아도 고객과의 연결 구조나 반복 수익 모델이 부족하면 곧 한계를 드러낸다. 좋은 제품만으로는 기업을 지속 가능하게 만들 수 없다는 것을 보여준다.

뛰어난 제품은 한때의 화제성으로 주목받지만, 유통, 수익화, 고객 유지, 생태계 등 구조가 뒷받침되지 않으면 금세 경쟁에 밀리거나 시장에서 잊힌다. 혁신의 성패는 아이디어나 제품 그 자체보다, 그것의 작동과 확장을 뒷받침하는 구조의 유무에 달려 있다. 혁신은 아이디어에서 출발하지만, 그 아이디어가 지속되고 진화하는 힘은 구조에서 나온다. 남다른 아이디어나 뛰어난 제품으로 한 번의 성공은 달성할 수 있지만, 반복 가능한 성공은 반드시 구조가 뒷받침되어야 한다. 재현과 확장은 우연이 아닌 누가 해도 비슷한 결과를 내는 조건과 흐름인 시스템에서 나온다. 또, 시장, 고객, 기술이 끊임없이 바뀔 때 일관된 성과를 내려면 변화에 유연하게 반응하는 구조가 있어야 한다. 그뿐만 아니라, 제품은 모방할 수 있지만, 구조는 모방하기 어려워 경쟁자에 의해 쉽게 정복되지 않는다. 구조는 기초 체력처럼 위기 상황을 버티는 힘이 되고 우연을 의도된 흐름으로 바꾸는 시스템 역할을 한다.

즉, 혁신의 본질은 무엇을 만들었는가가 아니라, 어떻게 지속 가능한 방식으로 만들어지고 운영되는가에 있다. 진짜 혁신은, 일회성 성과가 아니라 구조화된 경쟁력의 설계에서 시작된다. 혁신 전략은 오늘날 기업이 생존하기 위한 대표 경영 방침인데, 구조를 설계하는 사고를 기반으로 해야 한다.

혁신 전략을 수립하고 실행할 때 중요한 건 간결함, 연결성, 작동성이다. 좋은 전략은 복잡한 현실을 단순하게 설명하고, 조직 전체가 이해할 수 있으며, 각자의 위치에서 작동 가능한 흐름을 제시해야 한다. 여기서 말하는 단순함은 단순화가 아니라 본질에 집중한 설계의 결과다. 전략이 모든 가능성을 고려한 정교한 계획이 되어선 안 된다. 전략은 무엇을 할 것인가 보다, 어떻게 실제로 움직일 것인가를 설계하는 일로 진화해야 한다. 실행 가능성이 없는 전략은 계획일 뿐, 그 자체로는 아무 힘이 없다. 전략이 작동하려면 전략이 뿌리내릴 구조가 필요하다. 전략과 구조가 함께 설계되어야 하는 시대에 우리는 살고 있다.

빠르게 변하는 비즈니스 환경에서 살아남는 기업에는 일정한 공통점이 있다. 그들은 한 번의 아이디어나 일시적인 성공에 기대지 않는다. **한 번의 성공에 안주하지 않고 끊임없이 도전하며 혁신이 반복하는 구조를 설계한다.** 반복 가능하고, 진화할 수 있으며, 설계된 구조로 가치 창출이 지속되는 시스템을 갖춘다. 가치는 우연히 발생하지 않는다. 반복 가능하고 진화할 수 있는 구조 안에서만 지속된다. 이는 경쟁력이 우연한 결과가 아니라, 의도적으로 설계되고 구조화된 경영 자산임을 보여준다. 우연한 성공은 가능하지만, 지속 가능한 생존과 성장은 결코 설계 없이 이루어지지 않는다.

2.5 파괴적 혁신과 경쟁의 룰

기업은 보통 기존 경쟁 구도 안에서 더 잘하려고 한다. 더 좋은 제품, 더 낮은 가격, 더 많은 고객 접점, 이런 요소들이 기존 산업의 룰을 구성해 왔다. 그러나 시장을 근본적으로 뒤흔든 기업을 보면, 그들은 룰 자체를 바꿨다. 이들이 도입한 파괴적 비즈니스 모델은 기존 산업의 작동 방식을 다시 설계하고, 경쟁력 요소를 재정의해 버렸다.

파괴적 혁신(Disruptive Innovation)은 하버드대 클레이튼 크리스텐슨(Clayton M. Christensen) 교수가 제시한 개념으로, **기존 시장의 주요 기업들이 간과하거나 무시해 온 저가 시장이나 틈새 영역에서 출발한 새로운 기술이 전혀 다른 가치 제안과 작동 구조로 점차 시장을 잠식해, 결국 시장 주류가 되는 현상**을 말한다. 이는 단순한 성능 개선이나 기술 진보가 아니라, 새로운 비즈니스 모델을 기반으로 경쟁 구도의 판 자체를 바꾸는 구조적 전환이다. 파괴적 혁신은 기존 경쟁 조건과 기준 자체를 무력화하는 점에서 경쟁력의 정의를 구조적으로 재편하는 설계다. 이 개념은 오늘날 주요 산업을 재편한 기업들에 그대로 구현되어 있다.

에어비앤비(Airbnb)는 호텔 업계가 오랫동안 유지해 온 자산 보유, 브랜드 신뢰, 대규모 운영이라는 기존 경쟁 요소를 개인 간 공유 플랫폼으로 전환했다. 숙박 품질, 가격, 접근성이라는 핵심 요소는 여전히 중요하지만, 그것이 제공되는 구조가 달라졌고, 이에 따라 소비자 기대와 경쟁 기준이 재정의되었다.

우버(Uber) 역시 전통적인 택시 산업이 의존해 온 면허 제도, 호출 방식, 고정 요금 체계를 무력화시켰다. 앱 기반 실시간 호출, 위치 공유, 자동 결제 기능을 하나의 플랫폼 구조로 통합하고, 운송 서비스 공급자를 전문 운전자가 아닌 일반 차량 소유자로 확장하며 운송 서비스의 작동 방식을 새롭게 설계했다. 운송수단 이용과 서비스 전달 방식이라는 작동 구조를 바꾸었다. 그 결과 고객 경험이 재구성되었고, 경쟁 기준이 차량 수나 요금에서 플랫폼 작동 구조로 이동했다.

파괴적 혁신 모델이 경쟁의 룰을 바꾸는 이유는 기존 산업이 전제하고 있던 경쟁 공식 자체를 무력화시키기 때문이다. 기존 기업들은 오랜 시간 자산 보유, 유통망 확보, 브랜드 인지도, 품질 경쟁력 등 누적된 강점을 바탕으로 시장을 지배해왔다. 그러나 파괴적 모델은 이를 성공 조건으로 보지 않는다. 에어비앤비와 우버가 바꾼 건 경쟁자 순위가 아니라 경쟁 방식 자체다. 즉, 파괴적 모델은 게임의 룰을 새롭게 설계함으로써 기존 경쟁 구도를 무력화시킨다. 핵심은 단순한 차별성이 아니라, 작동 구조의 재설계에 있다. 제품이나 서비스의 뛰어난 성능만큼, 그 가치가 어떤 흐름을 통해 고객에게 전달되는가, 즉 고객, 수익, 운영, 기술이 어떻게 연결되고 작동하는가가 경쟁력을 결정짓는 요소로 부상했다.

오늘날 경쟁은 제품과 제품 간의 단순 비교가 아니다. 이제는 비즈니스 모델 대 비즈니스 모델, 생태계 대 생태계의 싸움이다. 고객이 경험하는 흐름, 기업이 수익을 창출하는 방식, 파트너와 협업하는 구조, 기술이 통합하는 방식, 이 모든 것을 어떻게 설계하고 연결하느냐에 따라 경쟁 규칙과 기준이 달라지는 시대다.

전통 기업들이 파괴적 혁신 모델을 만들어내지 못하는 이유는 기존 구조와 작동 방식을 유지한 채 일부 기능만을 벤치마킹하기 때문이다. 기존 하던 대로 제품과 서비스를 개선하거나, 현재 구축된 구조를 유지한 채 전략을 수행하기 때문에, 파괴적 혁신 모델을 만들 수 없다. 파괴적 모델은 단일 기능이나 영역의 개선이 아니라, 전체 작동 체계를 다시 설계하는 것으로, 이러한 구조적 전환은 기존 기업이 따라올 수 없는 새로운 기준과 경쟁 구도를 만든다.

끊임없이 파괴적 혁신이 등장해 산업 구조를 바꾸고 기업 순위를 재편했다. 기업은 이제 어떻게 더 잘할 것인가보다 경쟁 룰 자체를 어떻게 새롭게 설계할 것인가를 물어야 한다. 파괴적 모델은 단순한 혁신이 아니라, 기존 질서를 무력화하고 새로운 구조로 시장을 재정렬하는 전략적 설계다. 이제 경쟁력은 아이디어의 우위가 아니라, 그 아이디어가 얼마나 반복 가능하고 구조적으로 작동하는가로 평가된다.

2.6 기업의 전략 속도

기술과 시장은 오늘도 숨 가쁘게 움직이고 있다. 인공지능, 플랫폼, 구독 모델 같은 변화는 몇 년이 아니라 몇 달, 심지어 몇 주 만에 산업 판도를 바꾸기도 한다. 급변하는 시장 환경에서 기업은 어떻게 해야 할까? 디지털 전환의 흐름 속에서 기업의 경쟁 우위는 누가 더 좋은 전략을 세웠는가에서 누가 더 빠르게 실행하는가로 한발 더 나아가야 한다. 전략의 완성도만큼이나 시장에 먼저 진입하고 고객과 함께 학습하며 수정하고 보완하는 민첩성이 더 힘을 발휘한다.

하지만 현실에서 기업 전략은 변화 속도에 발맞추지 못한 채 과거의 리듬으로 움직이는 경향이 짙다. 보고서와 회의실 안에서는 변화의 필요성을 인지하고 말하지만, 익숙한 방식과 절차, 오래된 의사결정 구조가 여전히 조직을 지배하며 변화에 필요한 실행 속도를 끌어내지 못하기 때문이다. 전략 방향이 맞더라도 전략 실행 속도가 뒤처지면 시장은 기다려주지 않는다. 그렇다면 무엇이 기업 전략을 느리게 만드는가?

기업 전략이 기술과 시장의 변화 속도를 따르지 못하고 제자리걸음인 대표적인 이유는 다음과 같다.

첫째, **기존 성공 공식에 대한 집착이다.** 기업은 한 번의 성공을 통해 효과적인 전략이 무엇인지 경험적으로 학습한다. 그 성공 경험은 조직 내부에 암묵적 공식으로 굳어지고, 환경이 달라졌음에도 과거의 공식을 재사용하려는 관성이 강하게 작동한다. 우리는 이 방식으로 잘해왔다는 인식은 새로운 신호를 무시하게 만들고, 변화 속도에 둔감해지는 조직을 만든다. 이는 크리스텐슨(Clayton Christensen)이 『혁신기업의 딜레마(The Innovator's Dilemma)』에서 말하는 바와 맞닿아 있다. 성공한 기업일수록 기존 공식의 반복에 익숙해지고, 그 공식이 새로운 신호를 가장 늦게 감지하게 만든다. 혹은 기존 성공 방식을 지키고자 하는 의지에 변화를 외면하기도 한다. 코닥이나 노키아처럼 가장 잘했던 기업이 산업 변화 시기에 먼저 무너지는 이유다.

둘째, **전략이 관리의 언어로 변질되어 조직 탄력성을 떨어뜨리기 때문이다.** 전략은 원래 방향을 설정하고 자원을 집중시키는 선택의 도구다. 그러나 어느 순간 전략은 성과지표, 계획 수립, 예산 통제의 틀 안에 갇혀 보고서용 문서로 전락하기도 한다. 이렇게 되면 전략은 변화에 대응하기보다 정합성과 성과관리를 위한 체계로 굳어진다. 그 결과 조직에서 도전, 실험, 유연성, 피드백 같은 속성이 사라진다. 인정받는 사람은 새로운 시도와 실패를 감수하는 사람이 아니라, 정해진 절차를 따르고 문제없이 현재를 유지하는 사람이 된다. '관리를 잘하는 사람 = 일 잘하는 사람'이라는 인식이 굳어지며, 전략은 현실을 이끌기보다 현실을 이상적인 계획에 끼워 맞추는 도구로 쓰이게 된다.

셋째, **외부 환경 변화에 대한 오판 또는 과소평가에 기인한다.** 많은 기업은 변화의 신호를 조기에 포착하지 못하거나 설사 인지하더라도 우리 업계에는 해당하지 않는다는 근거 없는 확신으로 이를 외면한다. 단순한 실수나 판단력 부족 때문만은 아니다. 조직이 클수록, 과거에 성공한 경험이 많을수록, 그리고 기존 권한과 영향력이 클수록 변화는 기존 질서에 대한 방해물이며 위협으로 인식하는 경향이 높아진다. 기득권을 가진 사람은 종종 자신이 만든 구조가 계속 유지되길 바라는 심리에 갇혀, 보고 싶은 것만 보고, 듣고 싶은 것만 듣는다. 이런 태도를 심리학에서는 확증 편향(Confirmation bias)과 인지 부조화 회피(Cognitive dissonance avoidance) 현상으로 설명하고 있다. 확증 편향은 자신의 신념과 일치하는 정보만 받아들이고 반대되는 정보는 무시하려는 경향을 말하고, 인지 부조화는 자신의 신념이나 행동이 서로 모순될 때 느끼는 심리적 불편을 해소하려는 현상을 뜻한다. 결국, 기술 발전, 시장 진화, 고객 변화와 같은 중요한 신호조차 위협이 아닌 조정 대상 정도로 축소 해석된다. 결과적으로 기업은 중요한 변곡점에서 결정적인 타이밍을 놓친다.

넷째, **조직 내부의 사일로(Silo) 현상이다.** 사일로는 원래 곡식을 저장하는 독립된 창고를 뜻하는데, 경영과 조직에서는 부서 간 단절 현상을 의미한다. 각 부서나 팀이 자신들의 목표와 업무만을 우선시하여 다른 부서와 정보 공유나 협업이 부족한 상태를 말한다. 조직 내 사일로가 생기면 각 기능이 고립된 섬처럼 작동하여 전략은 방향성을 잃고 일관성을 갖지 못한다. 전체 흐름이 아닌 파편화된 관점으로 조직을 움직이게 만든다. 부서 간 연계와 협업은 전략을 조직 전체의 힘으로 묶어내는 연결 고리다. 제품 개발에서 마케팅, 고객 서비스까지 이어지는 흐름이 끊기지 않고 정보가 순환해야, 고객 요구와 시장 변화에 빠르게 대응할 수 있다. 한 부서에서 감지한 기회나 위기 신호가 다른 부서로 전달되지 않으면 기업은 변화의 순간을 놓치고 경쟁자보다 늦게 반응하게 된다. 부서 간 연계와 협업 없이는 어떤 전략도 성공적으로 수행해낼 수 없다.

끝으로 **실패에 대한 두려움이다.** 사람은 본능적으로 도전보다 안정을 추구한다. 익숙한 방식이 주는 안전함은 불확실한 시도보다 편하고 덜 위험해 보이기 때문이다. 조직 역시 마찬가지다. 조직 일부에서는 혁신과 변화를 외치지만, 조직원 대부분은 실패를 두려워하고 회피하고 싶어 한다. 조직 규모가 커질수록 안전과 안정을 추구하는 경향이 커진다. 실패는 곧 평가 하락, 책임 추궁, 커리어 리스크로 인식되어 많은 이들은 앞장서고 싶어 하지 않는다. 그래서 과감한 실험보다는 검증된 방식과 안정적인 선택에 의존하게 된다. 새로운 아이디어가 제안되어도 '이거 실패하면 누가 책임질 건가?' 혹은 '내가 이거 이미 해봤는데 안 돼.'라는 말로 도전 상황을 흐지부지하게 만든다. 실패를 두려워하는 조직은 실험과 학습의 기회를 잃고, 점진적 변화조차 추진하기 어려워진다. 변화는 내부에서 설계하는 게 아니라, 외부에서 강제로 밀려와 겨우 대응하는 일이 되고 만다. 그러나 디지털 시대에는 완벽한 계획보다 빠르게 시도해 배우는 유연한 태도가 필요하다. 실패는 피해야 할 재난이 아니라 잘 설계된 실험 안에서 반복되는 학습의 일부여야 한다.

표 3 기업 전략이 변화 속도를 따라가지 못하는 이유

구분	핵심 요인	설명
1	기존 성공 공식에 대한 집착	과거에 통했던 전략과 프로세스를 고수해 새로운 시도와 실험을 주저함
2	전략의 관리 언어화	전략이 실행 지침이 아닌 보고서용 관리 문서로 변질되어 조직의 민첩성이 떨어짐
3	외부 환경 변화의 오판	기술·시장 변화의 속도와 영향력을 과소평가하거나 잘못 해석함
4	사일로(Silo) 현상	부서 간 단절로 정보와 자원이 원활히 흐르지 않아 전략의 일관성과 실행력이 약화됨
5	실패에 대한 두려움	실패 가능성을 피하려다 시도가 늦어지고, 학습과 개선의 기회를 놓침

기업 전략이 변화의 속도를 따라가지 못하는 이유는 위와 같이 다섯 가지로 정리할 수 있다. 이 장애물을 제거하지 않는 한, 전략은 종이에만 머물 뿐 현장에서 작동하지 않는다. 그렇다면 이 장애물을 어떻게 극복할 것인가? 이를 위해 기업은 무엇을 해야 하는가? 다음 기업 생존 전략에서 그 해법과 구체적인 방법을 살펴보자.

2.7 기업 생존 전략

변화 속도는 이제 기업 생존을 가르는 기준이 되고 있다. 전략의 방향이 아무리 훌륭해도, 변화 속도에 발맞추지 못하면 시장에서 살아남을 수 없다. 변화의 본질을 이해하는 걸 넘어, 그 변화 속에서 살아남고 성장할 수 있는 전략을 갖추는 게 중요하다.

3차 산업혁명 시대의 디지털화는 특정 기능이나 특정 부서 개선에 초점을 두었다. 회계팀에 전산 시스템을 도입하거나, 일부 생산 라인에 자동화 설비를 적용하는 것처럼, 아날로그 기반 시스템 위에 디지털 기술을 덧입히는 방식으로 업무 효율을 추구했다. 하지만, 4차 산업혁명 시대는 차원이 다르다. 산업과 사회의 기반 자체가 디지털로 전환되고 있으며, 그 위에서 인간의 활동과 경제적 행위가 실시간 데이터에 의해 작동하는 새로운 구조로 나아가고 있다. 이제 우리는 디지털 기술을 활용하는 걸 넘어 디지털이 곧 사회와 산업의 바탕이자 작동 원리가 되는 시대에 들어섰다. 생산, 소비, 유통, 의사결정, 심지어 인간의 행동 패턴까지도 새로운 질서 속에서 재편되고 있다.

스타벅스(Starbucks)의 리워드 앱은 디지털 전환이 고객 경험, 운영 효율, 수익 구조를 동시에 재설계할 수 있음을 보여준다. 이 앱은 주문-결제-픽업의 과정을 디지털로 통합한 플랫폼으로, 소비자의 구매 이력, 선호도, 위치 정보를 기반으로 실시간 개인 맞춤형 추천과 서비스를 제공한다. 고객은 필요를 인식하기 전에 제안받고 예상하지 못한 관심까지 경험하며 브랜드와의 연결을 강화한다. 동시에, 매장에서는 어떤 재료가 언제 얼마나 필요한지, 직원이 어느 시간에 더 필요한지 등을 예측해 매장 운영, 재고 관리, 인력 배치 등 백엔드 영역에서도 데이터 기반으로 운영을 최적화하고 있다. 디지털 전환은 고객 행동 데이터와 매장 운영 시스템이 실시간으로 연동하며, 고객, 브랜드, 운영을 유기적으로 연결하는 구조로 작동하게 하고 있다.

제조업에서도 DX는 가시적인 성과를 보이고 있다. 독일 지멘스(Siemens)의 암베르크(Amberg) 공장은 4차 산업혁명 시대를 대표하는 스마트 팩토리로, DX가 실제 산업 현장에서 어떻게 작동하는지 잘 보여준다. 이곳은 디지털 트윈(가상공장 모델), IoT, AI, 빅데이터 기술을 전 공정에 적용하여 다품종 대량 생산과 초저불량률, 실시간 생산 최적화를 동시에 실현했다. 하루 약 1,200개 종류의 제품, 연간 1,700만 개 이상의 제품군을 생산하는 자동화 제어장치 공장이다. 모든 생산 과정은 실시간으로 모니터링되고 공장 내 장비의 75%는 자동화, 설비 가동률은 무려 99.99885%에 달한다. 생산량은 1970년 대비 7배 증가, 불량률은 0.00115% 이하로 유지되고 있다. 게다가 AI 기술이 기계 고장을 미리 감지해 필요한 정비 시점을 예측해 주기 때문에 기계가 멈추는 일도 거의 없다. 사람과 기계가 함께 일하는 구조로 효율성과 안정성 모두를 확보했다. 지멘스 암베르크 공장은 기계의 자동화 수준을 지나 디지털 전환으로 공장 전체가 스스로 판단하고 움직이는 시스템으로 진화하고 있다.

스타벅스와 지멘스의 사례는 디지털 전환이 산업과 업종을 가리지 않고 고객 경험, 운영 효율, 수익 구조를 동시에 혁신할 수 있음을 보여준다. 스타벅스는 리워드 앱을 통해 고객 데이터를 실시간으로 분석하고 활용하여 개인화된 서비스를 제공하고, 매장 운영까지 데이터 기반으로 최적화했다. 지멘스는 스마트

팩토리를 통해 생산 전 과정을 디지털화하고 설비 가동률과 품질을 극대화했으며 예측 유지보수로 안정성을 확보했다. 두 기업 모두 기술을 개별 기능 개선에 머물지 않고 전사적 구조 속에 통합함으로써 고객-운영-데이터가 유기적으로 연결된 반복 가능한 경쟁 우위를 만들어냈다.

디지털 전환 시대, 살아남기 위한 기업의 전략적 방향을 다음에서 살펴보자.

먼저, 전략은 **고객 중심으로 전개되어야 한다.** 새로운 프로세스를 설계해 새로운 제품과 서비스를 창출하고, 고객 맞춤형 경험을 정교하게 구현해야 한다. 기존 고객 응대 방식을 그대로 따라서는 안 된다. 디지털 전환 시대의 기업 경쟁력은 고객을 얼마나 깊이 이해하고, 그들의 기대를 앞서 충족시키느냐에 달려 있다. 이를 위해 고객 접점에서 발생하는 데이터를 수집하고 분석해 니즈를 선제적으로 포착하고, 개인화된 경험을 설계해야 한다. 고객 요청을 대응하는 일차적 수준을 넘어, 고객이 필요를 인식하기 전에 제안하고, 예상치 못한 만족을 경험하게 해야 한다. 이를 통해 브랜드와 고객 사이의 연결을 강화하고 장기적인 충성도를 확보할 수 있다.

아마존은 추천 알고리즘, 원클릭 결제, 빠른 배송, 자동화 물류 등의 기술을 개별적으로 운영하지 않고, 고객 경험, 데이터, 물류, 유통이 유기적으로 연결된 초연결 구조 속에 통합했다. 이를 바탕으로 고객 중심 전략, 운영 효율성, 빅데이터 기반 의사결정, 글로벌 물류 공급망 인프라를 설계하며 다양한 사업으로 확장해 세계 1위 전자상거래 기업이 되었다.

다음으로, **운영 효율성을 극대화해야 한다.** AI, IoT, 자동화 기술은 공급망, 재고, 인력 운용의 효율성을 실시간으로 높인다. 예측 분석을 통해 어떤 재료가 언제 얼마나 필요한지, 어느 시점에 인력이 더 필요한지를 미리 파악할 수 있으며, 이를 기반으로 불필요한 비용을 줄이고 운영 속도를 높일 수 있다. 운영 효율의 향상은 비용 절감뿐 아니라, 시장 변화와 수요 변동에 기민하게 대응하는 민첩성을 제공한다.

예전에는 소매 판매의 리테일 기업이 CRM[16] 시스템으로 고객 데이터를 분석했다면, 지금은 실시간 고객 행동 데이터를 기반으로 서비스가 자동 실행되고, 가격이 조정되며, 개인화된 상품 추천이 즉각 이루어진다. 제조업도 마찬가지다. IoT와 AI를 활용해 스마트 팩토리를 구현하고 있으며, 설비 이상을 사전에 예측해 정비하고, 생산 과정을 실시간으로 최적화하며, 생산성과 품질을 동시에 끌어올리고 있다. 디지털 기술은 더 좋은 제품을 만들거나 더 잘 팔기 위한 도구뿐 아니라, 제품과 서비스의 가치를 생성하고 전달하는 흐름을 관장하는, 즉 운영 효율을 향상하는 주요 원천으로도 작용해야 한다.

또, **데이터 기반 의사결정 체계를 갖춰야 한다.** 데이터 기반 의사결정은 기업의 판단 구조를 바꾼다. 과거에는 의사결정이 경험과 직관, 일부 제한된 통계자료에 의존했다면, 이제는 실시간으로 수집 분석되는 방대한 데이터를 기반으로 최적의 선택지를 도출할 수 있다. AI는 데이터 속에서 숨은 패턴과 상관관계를 찾아내고, 미래 시나리오를 예측해 의사결정권자에게 즉각적인 인사이트를 제공한다. 이처럼 자동화되고 지능화된 의사결정 체계는 속도와 정확성을 동시에 확보하게 하며, 불확실성이 큰 환경에서도 리스크를 최소화해 기회를 선점할 수 있는 역량을 만들어준다.

이는 다양한 산업 현장에서 가시적인 성과로 나타나고 있다. 제조업에서는 설비 센서 데이터를 활용해 고장을 사전에 감지하고 정비 일정을 자동화해, 불시에 발생하는 가동 중단을 막는다. 금융업에서는 AI 리스크 분석이 대출 승인과 사기 거래 탐지를 실시간으로 처리해 안전성과 효율을 높이고, 헬스케어 분야에서는 환자 모니터링 데이터와 진단 알고리즘을 결합해 신속하고 정밀한 치료 방안을 제시한다. 물류·유통 기업은 수요 예측과 배송 경로 최적화를 통해 비용을 절감하고 납기를 단축한다. 이처럼 AI와 데이터 분석은 산업의 성격을

16 CRM(Customer Relationship Management): 고객 관계 관리 시스템으로, 고객의 정보와 상호작용을 통합적으로 관리해 맞춤형 마케팅, 판매, 서비스 전략을 지원하는 정보 시스템

가리지 않고, 경영 전반의 판단 속도와 질을 한 단계 끌어올리는 핵심 자산이 되고 있다.

그리고, **비즈니스 모델을 혁신해야 한다.** 비즈니스 모델은 기업이 가치를 창출·전달·수익화하는 구조를 말한다. 기술, 시장, 고객이 빠르게 변하는 오늘날, 과거 방식으로는 고객에게 최상의 가치를 제공하는 데 한계가 있다. 신기술 발전 속도는 기존 모델이 변화에 적응하기도 전에 표준을 바꿔놓고, 신규 진입자들은 새로운 가치로 경쟁 구도를 수시로 재편한다. 어기에 새로운 기술과 서비스를 접한 고객이 요구하는 경험과 만족하는 가치는 이전 비즈니스 모델로 충족이 어렵다. 기술 변화 속도와 고객 기대치의 상승은 기술과 데이터와 고객 경험을 유기적으로 결합한 새로운 구조 설계를 통해서만 지속적인 경쟁력과 차별화된 가치를 만들어낼 수 있다.

비즈니스 모델 혁신에 성공하면 기업은 고객 요구와 시장 변화를 구조적으로 반영해 시장 적응력이 강화되어 위기 대응 속도가 빨라지고, 새로운 수익원으로 수익 다각화를 실현해 경영 안정성을 높인다. 또, 차별화된 가치 제안은 고객 충성도를 제고해 장기 고객 관계를 구축할 수 있다. 그뿐만 아니라, 반복 가능한 구조와 확장 가능한 모델로 장기 경쟁 우위를 유지해 지속 성장 기반을 확보하게 된다. 비즈니스 모델 혁신은 앞선 고객 전략, 운영 효율, 데이터 기반 의사결정의 성과를 시장 경쟁력으로 연결하는 고리가 된다.

끝으로, **유연한 조직문화가 필요하다.** 디지털 전환은 산업과 기업 외부에만 나타나는 변화가 아니라 조직 내부 구조도 변해야 한다는 신호를 보낸다. 변화에 민첩하게 대응하기 위해서는 부서 간 경계를 허물고, 정보와 자원을 자유롭게 공유하는 협업 구조가 필요하다. 애자일 방식의 도입과 크로스펑셔널 팀 운영으로 다양한 전문성을 결합하고 실험과 학습을 장려함으로써 실패를 빠른 개선의 기회로 전환해야 한다.

유연한 조직문화는 지속적인 혁신을 가능하게 하는 토양이며, 변화하는 시장에 오래 생존할 수 있는 체질을 만든다. 조직문화, 운영 구조, 고객 전략, 지속 가능성까지 조직 내 대대적인 변화가 필요할 수도 있다. 지금까지 하던 대로 일하면 변화가 불러오는 커다란 기회가 손 안의 모래처럼 빠져나가 버린다.

디지털 전환 시대에 기업이 살아남기 위해서는 고객 중심, 운영 효율, 데이터 기반 의사결정, 비즈니스 모델 혁신, 유연한 조직문화라는 다섯 요인이 균형 있게 작동해야 한다. 최신의 새로운 기술만 도입하는 게 아니라, 기업의 가치 창출 구조 전체를 다시 설계하는 전략적 변화가 요구된다. 디지털 전환은 첨단 디지털 기술을 활용해 기업의 비즈니스, 운영 방식과 고객 경험 전반을 재설계하는 혁신 과정이다. 즉, 비즈니스의 흐름과 구조를 다시 그려야 한다. 그 신호를 제대로 읽고 구조를 바꾸는 기업은 다음 시대의 기회를 선점할 수 있다. 변화하는 시장과 고객 요구에 능동적으로 대응할 수 있도록 조직 구조와 운영 체계를 재편하고, 디지털 기술을 중심에 둔 새로운 사고방식과 실행 체계를 갖춰야 한다.

자기진단 체크리스트 (Self-Assessment Checklist)

1. 1960년대부터 2020년대까지 전략의 시대적 변화 흐름을 간단히 정리해 설명할 수 있는가?
2. 전략 도구와 전략적 사고의 차이를 사례를 들어 구분할 수 있는가?
3. 전략이 실행되지 않는 대표적인 세 가지 이유를 설명할 수 있는가?
4. 고프로 · 싸이월드 사례를 통해 구조적 혁신의 필요성을 설명할 수 있는가?
5. 디지털 전환 시대 기업 생존 전략의 다섯 가지를 실제 산업 사례와 연결해 설명할 수 있는가?

CHAPTER 03

산업 환경 분석과 대응

학습 목표 (Learning Objectives)

1. 기업이 환경 변화에 대응해 온 전통적 접근(적응, 예측, 선도)의 의미와 사례를 설명할 수 있다.
2. PEST 분석과 시나리오 플래닝 등 외부 환경 분석 도구의 구조와 실제 활용 사례를 이해할 수 있다.
3. 포터의 5 Forces와 산업 수명주기 이론의 의의와 한계를 파악하고, AI 시대에 맞게 활용할 수 있다.
4. 전통적 경쟁 전략과 포지셔닝 틀을 AI 맥락에서 보완하는 방법을 제시할 수 있다.
5. AI 시대 산업 구조 변화를 이해하고, 이에 적합한 전략적 대응을 설계할 수 있다.

도입 질문 (Opening Questions)

1. 기업은 환경 변화에 어떤 방식으로 대응해 왔는가?
2. PEST 분석과 시나리오 플래닝은 어떤 상황에서 효과적으로 활용되었는가?
3. 포터의 5 Forces와 산업 수명주기 이론은 오늘날에도 유효할까, 아니면 수정이 필요할까?
4. AI와 디지털 전환은 경쟁 전략과 포지셔닝의 어떤 전제를 흔들고 있는가?
5. 앞으로의 산업 경쟁은 기업 간 경쟁이 아니라 생태계 간 경쟁이라는 말은 무슨 뜻일까?

3.1 환경 변화 대응 전략의 전통적 접근

사람이 일생을 사는 데 있어 중요한 능력 가운데 하나는 환경을 잘 읽는 거다. 사회 변화, 경제 흐름, 기술 발전, 그리고 정치·문화적 격변은 개인 삶에 직간접적으로 영향을 미친다. 진학, 직업 선택, 투자 결정부터, 일상적인 소비와 생활 습관까지 환경 요인을 제대로 이해하느냐에 따라 삶의 방향은 크게 달라진다. 환경을 오판하면 잘못된 선택이 오랜 시간 영향을 미치기도 한다. 반대로, 흐름을 제대로 읽고 준비한 사람은 변화를 기회로 전환해 한 단계 도약할 수 있다.

기업도 마찬가지다. 기업 전략은 결국 시장과 사회라는 외부 환경 위에서 펼쳐진다. 기술 혁신, 소비자 가치관 변화, 지정학적 불확실성, 규제와 제도의 변화는 기업의 존속과 성장을 좌우하는 변수다. 이를 무시하거나 안일하게 대응한 기업은 서서히 경쟁력을 잃고 시장에서 도태된다. 하지만 흐름을 읽고 다양한 가능성을 준비한 기업은 위기 속에서 오히려 새로운 기회를 포착한다.

이처럼 환경 분석은 개인 삶은 물론 기업 전략에서도 생존과 성장을 좌우하는 과제다. 변화는 절대 멈추지 않고 미래에 대한 예측은 언제나 불완전하다. 그렇다면 기업 전략에서 환경 분석은 지금까지 어떤 방식으로 이루어져 왔으며, 앞으로 다가올 AI 시대에는 어떻게 달라져야 할지 살펴보자.

기업 전략의 시작은 환경을 읽는 것이다. 시장, 기술, 정책, 사회 변화는 기업이 설계한 전략의 운명을 좌우한다. 특히 외부 환경은 기업이 직접 통제하기 어려운 변수로, 잘 대응하면 기회가 되지만 간과하면 위협으로 작용한다. 전략 수립 과정에서 환경 분석이 첫 단추로 자리 잡은 이유가 여기에 있다.

경영 환경은 늘 불확실성과 변동성을 내포한다. 20세기 후반까지만 해도 산업 주기의 변화 속도는 비교적 완만했다. 자동차, 가전, 철강과 같은 전통 제조업은 수십 년에 걸쳐 변화에 적응할 여유가 있었다. 그러나 현재는 세계화, 디지털화, 규제 변화가 맞물리면서 외부 환경의 변동 폭과 속도가 급격히 커졌다. 환경 변화를 간과한 기업은 시장에서 빠르게 퇴출될 수밖에 없다.

전통적인 환경 변화 대응에는 세 가지 방식이 있다.

첫째, **적응(Adaptation).** 변화에 발맞추어 전략을 조정하는 것이다. 이는 대체로 시장의 변화를 수용하는 반응형 접근이다. 적응은 환경 변화에 맞추어 기업의 전략과 운영 방식을 조정하는 대응 방식이다. 이는 환경을 통제하거나 주도하기보다는, 변화된 조건을 빠르게 수용하고 그 속에서 새로운 균형점을 찾는 반응형 접근이다. 기업은 외부 환경이 요구하는 규칙과 조건을 분석하고, 그에 맞게 제품·서비스, 조직 구조, 운영 프로세스를 수정함으로써 생존과 경쟁력을 확보한다.

적응은 단기적으로는 위험을 회피하고 안정성을 확보하는 효과가 있으며, 장기적으로는 시장 흐름과 조화를 이루면서 점진적인 발전을 가능케 한다. 2008년 금융위기 당시 은행들은 강화된 규제와 자본 건전성 요구에 맞추어 대출 구조를 개편하고, 위험 관리 체계를 강화하며, 수익 모델을 다각화했다. 혹은, 소비자 트렌드가 친환경으로 전환하자 다수의 자동차 기업들이 기존 내연기관 중심 전략을 조정해 하이브리드 및 전기차 라인업을 확대한 것도 적응의 한 예다.

기업은 환경 변화를 피할 수 없는 현실로 받아들이고, 그 변화에 걸맞게 전략을 조정할 수 있는 유연성을 가져야 한다. 변화 자체를 거부하거나 과거의 성공 공식에 집착하면, 급변하는 시장에서는 도태될 수밖에 없다. 변화의 흐름을 민감하게 감지하고, 빠른 실행력을 통해 대응함으로써 생존을 도모해야 한다. 적응은 환경 변화를 기회로 전환하기 위한 최소한의 생존 조건이며, 전략적 대응의 출발점이라 할 수 있다.

둘째, **예측(Prediction).** 미래 환경 변화를 사전에 파악해 선제적으로 대응하는 것이다. 예측은 환경 변화를 단순히 받아들이는 수준을 넘어, 앞으로 다가올 변화의 방향성을 사전에 읽고 준비하는 대응 방식이다. 기업은 기술 발전 속도, 고객 트렌드, 정책 변화, 거시경제 흐름을 분석해 미래 시나리오를 도출하고, 이를 바탕으로 기술 로드맵이나 시장 전망 보고서를 작성한다. 이러한 예측은 불확실성을 완전히 제거할 수는 없지만, 가능한 미래를 가늠하고 대비책을 미리 마련한다는 점에서 중요한 의미를 가진다.

삼성전자 반도체 사업부는 반도체 미세공정, 차세대 메모리, 시스템 반도체 등 기술 발전 속도를 장기적으로 예측하고 로드맵을 수립해, 수십조 원 단위의 선제적 투자를 진행해 왔다. 이러한 예측 기반 전략 덕분에 메모리 반도체 시장에서 수년간 글로벌 1위를 유지할 수 있었다.

예측은 기업이 현재 변화에 적응하는 수준에서 벗어나 선제적으로 기회를 선점할 수 있게 한다. 불확실성을 완전히 없애주지는 않지만, 장기적 투자를 정당화하고 위험을 관리하는 역할을 한다. 그러나 동시에, 지나치게 예측에 의존하면 실제 환경 변화가 다른 방향으로 전개될 때 큰 리스크를 떠안을 수도 있다. 따라서 예측은 단일한 미래를 확정하는 도구가 아니라, 여러 가능성 중 우선순위를 정해 대비하는 과정으로 활용되어야 한다.

셋째, **선도(Proactiveness).** 변화를 스스로 만들어내고 시장을 주도하는 것이다. 선도는 변화에 적응하거나 예측하는 차원을 넘어, 환경 변화를 기업이 직접 만들고 시장 규칙을 새롭게 정의하는 방식이다. 이는 반응적이거나 선제적인 준비를 넘어, 경쟁자보다 먼저 새로운 기준과 생태계를 제시함으로써 산업 전체의 방향을 주도한다는 점에서 가장 적극적인 형태의 전략적 대응이다. 선도적 기업은 새로운 시장을 창출하거나, 시장의 패러다임을 바꿔 다른 기업들이 따라올 수밖에 없는 환경을 만든다.

휴대폰 시장은 2007년 노키아, 모토로라 같은 강자들이 지배하고 있었으나, 애플이 스마트폰 개념을 새롭게 제시하며 시장 규칙을 바꿨다. 앱스토어라는 새로운 생태계를 만들어 소비자와 개발자, 기업을 연결하는 플랫폼을 주도했다.

테슬라도 전기차 산업에서 정부 규제나 소비자 수요에 끌려가기 전에 먼저 전기차의 가능성을 현실화해, 충전 인프라와 배터리 기술까지 선도하며 산업 전체의 기준을 새롭게 세웠다.

변화를 선도하는 기업은 흐름을 따라가는 수동적 존재가 아니라, 변화 자체를 만드는 주체다. 선도는 리스크가 크지만, 성공했을 때 얻게 되는 경쟁 우위는 압도적이고 장기적이다. 특히 AI 시대처럼 기술이 빠른 속도로 발전하는 환경에서는 새로운 기준을 제시하고 생태계를 선점한 기업이 시장 규칙을 좌우한다.

기업은 환경 변화에 대응하며 다양한 형태의 전략을 수행한다. 전통적 전략 이론은 환경 변화 분석을 위해 거시환경과 미시환경으로 구분해 접근했다. 거시환경 분석은 정치, 경제, 사회, 기술 등 광범위한 요인을 포괄하고, 미시환경 분석은 산업 구조, 경쟁자, 공급자, 고객 등 기업 경영에 직접적으로 연관된 영역을 다룬다. 이를 체계화한 도구가 PEST, 시나리오 플래닝, 5 Forces, SWOT 등이다. 비록 세부 구조와 적용 방식은 다르지만, 이 도구들의 공통 전제는 환경은 전략의 제약이자 기회라는 점이다.

그림 12 기업 내·외부 환경 분석

환경 분석은 기업이 빼놓을 수 없는 전략 과업이다. 기업은 정치, 경제, 사회, 기술 등 다양한 외부 요인에 영향받으며, 그 속에서 가치를 창출하고 전달해야 하기 때문이다. 특히, AI와 같은 기술 혁신은 산업 구조와 시장 질서를 근본적으로 재편한다. 이런 시대에 대응하기 위해서는 단순한 현황 파악을 넘어, 속도, 규모, 정밀도 등 새로운 기준 위에서 환경 분석을 실시해야 한다. 변화가 실시간으로 일어나고, 파급 범위가 산업 전반을 가로지르며, 세밀한 패턴까지 포착해야만 경쟁 우위를 확보할 수 있다. 이어, 지금까지 전략 분야에서 널리 활용된 PEST 분석과 시나리오 플래닝을 살펴보고, 이를 어떻게 AI 시대에 맞게 확장할 수 있을지 논의해 보자.

3.2 PEST 분석과 AI 시대 재해석

기업이 외부 환경을 분석할 때 가장 널리 활용되는 툴 중 하나가 PEST 분석이다. 정치(Political), 경제(Economic), 사회문화(Sociocultural), 기술(Technological)의 네 가지 거시환경 요인을 체계적으로 살펴봄으로써, 기업이 직면한 외부 조건을 이해하고 전략 방향을 설정하는 방법론이다.

정치 요인은 규제, 정책, 법률, 국제 관계와 같은 요소를 포함하며, 경제 요인은 경기 변동, 금리, 환율, 물가와 같은 거시경제 지표를 다룬다. 사회문화 요인은 인구 구조, 문화, 소비자 가치관과 행동 변화를 포함하고, 기술 요인은 기존 기술의 발전 정도, 신기술의 출현, 디지털 인프라의 성숙도 등을 분석한다.

PEST 분석은 거시 환경을 점검해 기업 전략의 방향을 잡는 데 활용되어 왔다. 기업들은 이를 신시장 진입, 장기 투자 결정, 규제 대응, 그리고 지속가능한 전략 수립 등 다양한 상황에 실무적으로 적용하고 있다. 예를 들어, 국내 자동차 회사가 해외 신시장 진입 전략을 수립할 때면, 해당 지역의 정치적 안정성, 관세

제도와 같은 정부 정책, 환율과 경제성장률 같은 거시 경제 변수, 소비자들의 소득 수준과 교통 문화, 그리고 기술 인프라 수준을 종합적으로 검토한다. 이러한 분석을 통해 현지에 적합한 생산 전략과 제품 라인업을 설계할 수 있으며, 이는 시장 안착의 중요한 기반이 된다.

글로벌 IT 기업들 역시 PEST 분석을 장기 전략과 투자 방향을 결정할 때 활용한다. 빅테크 기업들은 클라우드 및 AI 사업 확장을 추진하면서 각국의 데이터 규제, 경제 성장률, 사회적 원격근무 확산 추세, 그리고 기술적 수용 수준을 체계적으로 분석해 왔다. 이러한 거시환경 분석은 데이터 센터의 최적 입지 선정, 파트너십 체결, 장기 투자 방향 결정에 중요한 역할을 한다.

글로벌 제약사들은 정책 변화 대응과 리스크 관리를 위해 의약품 허가 제도, 보험 정책, 고령화와 같은 인구 구조 변화, 환율 변동과 연구개발 비용, 그리고 바이오·AI 신기술의 진화 등을 점검한다. 이를 통해 규제 리스크를 사전에 관리하고, 동시에 사회적 수요에 맞는 신약 개발과 마케팅 전략을 구체화한다.

소비재 기업의 경우, 오늘날 PEST는 ESG 경영과도 밀접히 연결된다. 기업들은 기후변화, 친환경 규제, 윤리적 소비 성향, 친환경 포장 기술과 같은 요소들을 체계적으로 검토해 친환경 전략을 강화하고 있다. 이는 단순히 마케팅 차원의 움직임이 아니라, 기업의 지속가능성을 위한 전략적 선택으로 이어졌다.

PEST 분석은 기업 외부 환경을 정치, 경제, 사회, 기술 요인으로 구분해 체계적으로 정리하는 데 유용하지만, AI 시대에는 몇 가지 제약이 드러난다. 기술과 시장 변화 속도가 분 단위로 빨라지고 있음에도 정기 보고서 형태로 운영되는 경우가 많아 실시간 변화 포착에 한계를 보인다. 또한 정치, 경제, 사회, 기술 요인이 서로 얽혀 복합적으로 작용하는 오늘날, 이를 인위적으로 분절해 바라보는 건 변화의 본질을 놓칠 위험을 안는다. 더 나아가 생성형 AI와 같이 돌발적으로 확산되는 혁신은 기존 PEST 프레임워크로는 충분히 예측하기 어렵다. 따라서 AI 시대의 환경 분석은 PEST를 기반으로 하되, 속도와 연결성, 그리고 불확실성을 동시에 고려하는 보완적 접근이 필요하다.

AI 시대의 PEST 분석은 이러한 한계를 극복하기 위해 다음과 같은 방향으로 활용해야 한다.

첫째, **실시간 업데이트.** 정기 보고서에 머무르지 말고 AI 기반 데이터 분석과 트렌드 모니터링 도구와 결합해 실시간 업데이트 체계로 운영해야 한다. AI 시대의 변화는 과거처럼 몇 년이나 몇 개월 단위가 아니라 몇 주, 심지어 며칠 만에도 산업 지형이 바뀔 수 있다. 경영자는 기존 정기 보고서 방식 대신 AI 기반 분석과 트렌드 모니터링을 결합해 변화를 실시간으로 추적하고 즉각 전략에 반영할 수 있는 체계를 마련해야 한다.

둘째, **연결과 파급 파악.** 정치·경제·사회·기술 요인을 각각 따로 보기보다, 이들 사이의 연결과 파급 경로를 지도화함으로써 복합적 변화를 파악해야 한다. 각 요인 간 상호작용을 지도나 시뮬레이션 형태로 시각화해, 정치적 규제가 투자 흐름과 기술 발전에 어떤 연쇄 반응을 일으키는지 가시적으로 파악해야 한다. 이렇게 도출한 연결망은 위기 대응 시나리오 설계나 신사업 기회 발굴의 출발점으로 활용될 수 있다.

셋째, **맞춤형 지역 분석.** AI를 활용해 국가, 지역별로 특화된 맞춤형 PEST 분석을 수행할 수 있다. 글로벌 환경에서 동일한 정치, 경제, 사회문화, 기술 요인이라도 지역에 따라 영향력과 속도가 다르게 나타난다. 방대한 현지 데이터를 자동으로 수집·분석하여 각 시장의 특성과 맥락을 반영한 시뮬레이션을 제공할 수 있다. 기업은 시장별로 차별화된 대응 전략을 설계하고 실행해야 한다.

넷째, **예측 시나리오.** AI 기반 예측 분석(Predictive Analytics)을 통해 미래 시나리오를 준비해야 한다. 과거와 현재 데이터를 학습한 AI는 정치·경제·사회·기술 요인의 변화를 조합해 향후 시장 환경이 어떻게 전개될지 다양한 시나리오를 제시할 수 있다. 이를 통해 경영자는 불확실성을 수동적으로 받아들이는 대신, 변화가 현실화되기 전에 대응 전략을 사전에 설계하고 실행해야 한다.

그림 13 AI 시대 외부 환경 분석 활용 방향

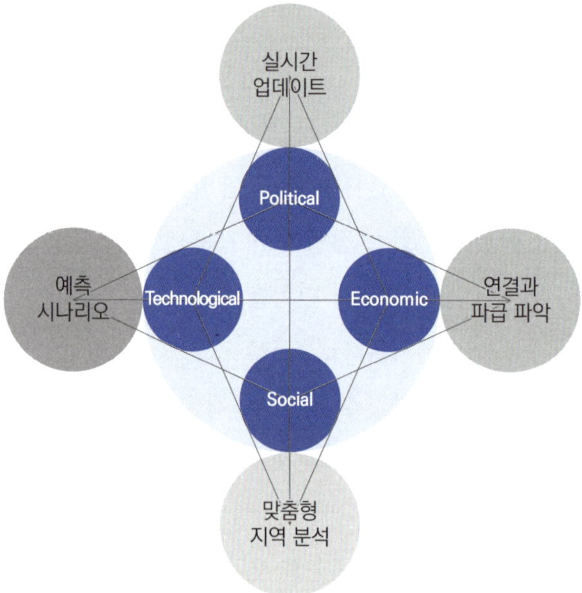

외부 환경 분석은 주변을 살피는 보조 작업이나 보고서 맨 앞자리에 의례적으로 차지하는 게 아니라, 기업이 생존하고 성장하기 위해 꾸준히 수행해야 하는 전략의 출발점이다. 시장과 고객, 기술과 제도의 변화는 기업 내부 역량만으로는 감지하기 어렵고, 시야에서 놓친 외부 요인이 위기 상황에 가장 먼저 모습을 드러낸다. 경영자는 외부 환경을 정기적으로 점검하는 동시에, 이를 경영 의사결정과 실행 구조에까지 긴밀히 연결해야 한다.

AI 시대의 외부 환경 분석은 이러한 요구를 충족시키며 진화해야 한다. 과거의 PEST가 거시적 변화를 정리하는 정적 도구였다면, 이제는 AI를 활용해 실시간으로 데이터를 업데이트하고, 요인 간 복잡한 연결을 해석하며, 시장별 맞춤형 시뮬레이션을 제공하고, 미래 시나리오까지 제시하는 동적 분석 프레임워크로 발전해야 한다. 이는 불확실성과 복잡성이 지배하는 시대에 기업이 전략적 통찰과 실행력을 동시에 확보하는 조건이 된다.

3.3 AI 기반 시나리오 플래닝의 진화

시나리오 플래닝(Scenario Planning)은 불확실성이 높은 환경에서 미래 상황을 설정하고 이에 따른 전략적 대응을 모색하는 기법이다. 단일한 예측에 의존하지 않고, 가능한 여러 가지 미래 상황을 가정해 각각에 대한 대응 전략을 마련하는 것이 핵심이다. 이는 미래를 정확히 맞히기 위해서가 아니라, 다양한 미래를 대비하기 위해 사용하는 접근이다.

1970년대 초반, 석유 산업은 누구나 안정적인 미래를 점쳤다. 세계 경제는 성장세에 있었고, 산유국들은 꾸준히 공급을 확대해 갔다. 대다수 석유 기업들은 현재의 구조가 계속 유지될 것이라 믿으며 생산과 유통 체계를 확장하는 데 집중했다. 그러나 석유 에너지 기업 Shell은 달랐다. 이들은 불확실한 미래를 단일한 예측으로 바라보지 않았다. "만약 산유국들이 갑자기 석유 공급을 줄인다면?", "만약 지정학적 긴장이 고조된다면?"과 같은 질문을 던지며, 여러 개의 가능한 미래를 시나리오로 설계했다.

1973년, 중동 전쟁과 함께 OPEC[17]이 석유 공급을 제한하면서 전 세계는 오일쇼크에 빠져들었다. 갑작스러운 가격 폭등과 공급 부족으로 대부분의 석유 기업들이 큰 타격을 입었지만, Shell은 달랐다. 오일쇼크 가능성을 예측해 원유 확보, 정유 공장 가동, 가격 전략을 포함한 전사적 계획을 미리 수립해 운영했다. 시나리오에 기반한 대응책을 준비하고 있었기에, 경쟁사보다 빠르게 의사결정을 내

17 OPEC(Organization of the Petroleum Exporting Countries): 석유 수출국 기구

리고 공급망을 재편할 수 있었다. 그 결과 Shell은 업계 7위에서 단숨에 2위로 올라섰고, 이는 시나리오 플래닝의 교과서적 사례로 명성을 얻게 되었다.

환경 분석은 단순히 현황을 정리하는 보고서가 아니다. 그것은 불확실한 미래를 헤쳐 나가기 위한 나침반이자, 위기를 기회로 전환하는 도구다. 환경 변화는 언제나 예측 불가능한 방식으로 다가오므로, 기업은 하나의 확정적 미래만 바라볼 것이 아니라, 다양한 가능성을 준비해야 한다.

불확실한 미래를 대비하기 위해 시나리오 플래닝 절차에 따라 미래 예측을 진행할 수 있다. 먼저, 기업이 다루고자 하는 핵심 이슈를 명확히 정의하고, 그 이슈에 영향을 줄 정치, 경제, 사회, 기술적 요인을 폭넓게 분석한다. 이 중에서 특히 예측하기 어려우면서도 영향력이 큰 불확실 요인을 선별해 시나리오 축을 설정하고, 이를 바탕으로 가능한 미래 전개 방향을 설계한다. 이렇게 도출된 축을 토대로 구체적인 시나리오를 작성하고, 각 시나리오가 어떤 방식으로 전개될지 이야기 형태로 정리한다.

다음 단계에서는 도출된 시나리오들을 평가하고, 현실 가능성과 잠재적 충격을 기준으로 우선순위를 매긴다. 이를 통해 가장 유력한 시나리오뿐 아니라 발생 확률은 낮지만 충격이 큰 시나리오에도 대비할 수 있다. 이어서 시나리오별 전략적 시사점을 도출하고, 기회와 위협을 체계적으로 검토한다. 또한 특정 시나리오가 현실화되는 신호를 미리 포착할 수 있도록 조기 경보 지표를 설정하고, 마지막으로 이를 실제 의사결정, 투자 계획, 위기 대응 전략에 반영함으로써 단순 예측 훈련을 넘어 실행 가능한 전략 도구로 기능하게 된다. 다음 그림에서 미래 예측과 전략 수립을 위한 시나리오 플래닝의 절차를 확인할 수 있다.

그림 14 시나리오 플래닝 절차

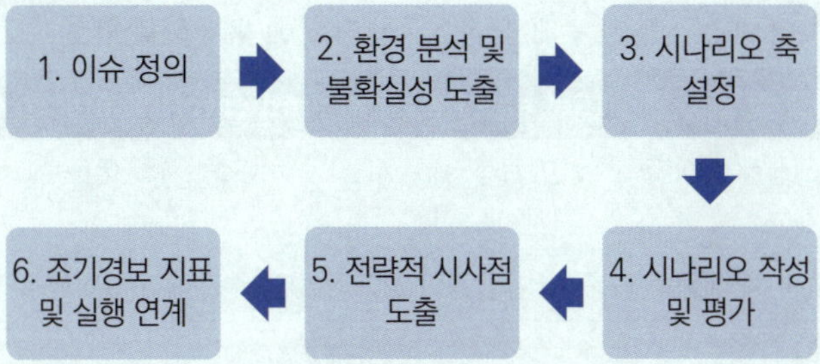

표 4 시나리오 플래닝 단계별 정의

1. 이슈 정의 (Define the focal issue)
시나리오를 통해 다루고자 하는 전략적 질문이나 의사결정 주제를 명확히 규정한다. 예: 향후 10년간 에너지 수급 전략, 신흥시장 진입 전략
2. 환경 분석 및 불확실성 도출 (Analyze environment & identify uncertainties)
정치 · 경제 · 사회 · 기술 요인을 포함한 거시환경을 분석하고, 그중에서 결과를 크게 좌우하지만 예측하기 어려운 핵심 불확실성을 도출한다. 예: AI 기술 상용화 속도, 탄소 규제 강화 여부
3. 시나리오 축 설정 (Develop scenario framework)
도출된 불확실성을 축으로 설정하여 가능한 미래 전개 방향을 구조화한다. 2×2 매트릭스를 활용해 3~4개의 대표 시나리오를 만든다. 예: 규제 완화 vs 규제 강화와 기술 확산 빠름 vs 느림을 교차시킨 네 가지 시나리오
4. 시나리오 작성 및 평가 (Build and assess scenarios)
각 시나리오가 전개되는 과정을 스토리라인 형태로 작성하고, 현실 가능성과 전략적 중요도를 함께 평가한다. 예: 가능성이 높은 시나리오, 발생 확률은 낮지만 충격이 큰 시나리오를 구분해 우선순위를 설정

5. 전략적 시사점 도출 (Derive strategic implications)

각 시나리오가 기업 전략에 주는 기회와 위협을 분석하고, 그에 맞는 대응 전략을 도출한다.
예: 신규 투자 확대 vs 보수적 자원 배분, 파트너십 강화 vs 독자 기술 확보

6. 조기경보 지표 및 실행 연계 (Set early warning indicators & link to execution)

시나리오가 현실화되는 신호를 미리 정의하고, 이를 정기적으로 모니터링해 전략 실행과 연결한다.
예: 특정 법안 통과 시 대응책 가동, 기술 상용화 지표가 일정 수준에 도달하면 투자 계획 전환

AI 등장으로 시나리오 플래닝 역시 변화를 맞이하고 있다. 방대한 정치, 경제, 사회, 기술 데이터를 AI가 실시간으로 수집 분석하면서, 과거에는 상정하기 어려웠던 수많은 미래 경로가 빠르게 시뮬레이션된다. 또한 특정 정책 변화나 기술 혁신이 시장과 사회에 미치는 파급 효과를 계산 모델로 구현할 수 있어, 변화가 가져올 연쇄 반응을 보다 구체적으로 예측할 수 있다.

AI 기반 시나리오 플래닝의 장점은 다음과 같다. 첫째, **속도**다. 과거에는 수개월 걸리던 시나리오 설계 과정이 며칠 혹은 몇 시간 단위로 가능해졌다. 방대한 데이터를 실시간으로 수집 분석할 수 있기 때문이다. 둘째, **정밀성**이다. AI는 인간이 간과하기 쉬운 미세 패턴이나 약한 신호를 탐지하고, 머신러닝 기반 시뮬레이션을 통해 주요 변수의 변화를 입력하면 수백, 수천 개의 시나리오를 단시간에 산출한다. 또한 각 시나리오의 발생 확률도 계산해 의사결정자가 보다 합리적으로 우선순위를 정할 수 있도록 돕는다. 셋째, **다양성**이다. 산업·지역·정책 등 여러 층위의 변수를 동시에 고려해 복합적이고 입체적인 시나리오를 설계할 수 있다. 단일 가정에 매몰되지 않고 다양한 미래 경로를 대비할 수 있다. 넷째, **적응성**이다. 새로운 데이터가 유입되면 시나리오가 실시간으로 업데이트되어 변화하는 환경에 즉각 대응할 수 있다. 즉 빠르고, 정밀하며, 다변적이고, 진화하는 미래 예측의 도구다.

이미 여러 산업에서 이러한 변화가 나타나고 있다. 에너지 기업은 기후 정책, 기술 혁신, 자원 가격 변동을 조합한 시뮬레이션을 통해 장기 투자 전략을 재설계하고, 금융 산업에서는 AI가 지정학적 리스크, 금리 변동, 사회적 트렌드를 통합 분석해 미래 투자 포트폴리오를 설계한다. 도시나 정부 차원에서도 인구 구조 변화, 기후 리스크, AI 노동시장 충격 등을 종합해 장기 정책 방향을 시나리오 형태로 검토하는 시도가 확산되고 있다.

인간-AI 협업형 시나리오 설계도 가능하다. AI는 데이터 기반의 시나리오 초안을 빠르게 만들어내고, 인간은 그 안에 담긴 사회·문화·정치적 맥락을 해석하며 실행 가능성을 검증하는 것이다. 이를 통해 데이터와 인간적 통찰이 결합된 보다 정교한 전략이 완성된다. 예를 들어, AI가 팬데믹 발생 시 글로벌 공급망 붕괴 가능성을 제시하면, 경영진은 그 결과를 토대로 구체적인 실행 계획으로 대체 공급선 확보, 생산 거점 다변화, 재고 전략 조정안 등을 마련할 수 있다.

이처럼 AI 기반 시나리오 플래닝은 단순히 몇 가지 대안을 그려보는 전통적 접근을 넘어, 수많은 미시적 시나리오를 실시간으로 탐색하고 전략 실행과 긴밀히 연결하는 단계로 진화하고 있다. 이는 불확실성이 극대화된 시대에 기업과 정부가 전략적 통찰과 실행을 동시에 확보하는 도구이자, 변화의 파도 속에서 길을 잃지 않도록 이끄는 전략적 내비게이션이다.

3.4 산업 구조 분석 이론

기업이 속한 산업은 개인이 살아가는 사회와 비슷하다. 사회적 제도와 문화가 개인의 선택과 기회를 규정하듯, 산업 구조는 기업의 전략적 선택지를 제약하거나 확장한다. 다양한 요소들이 기업의 시장 위치를 결정짓는 힘으로 작용한다. 산업 구조를 오판하면 치명적인 결과로 이어진다. 경쟁 우위가 없는데 무모하게 진입하거나, 변화하는 대체재의 위협을 간과한 기업은 경쟁력을 잃는다. 반대로, 산업 구조를 명확히 이해한 기업은 기회를 더 잘 포착한다. 진입 시점과 확장 전략을 정교하게 설계하고, 공급망 재편이나 차별화된 가치 제안을 통해 구조적 우위를 구축할 수 있다. 산업 구조 분석은 기업이 시장에 발을 들이고 성장하는 과정에서 반드시 거쳐야 한다.

기업은 언제나 불확실한 외부 환경에서 경쟁한다. 시장에 어떤 기회가 존재하는지, 위험 요인은 무엇인지, 그리고 경쟁의 본질이 어디에 있는지 파악하지 못하면 전략은 모래 위에 쌓은 탑과 같다. 이러한 이유로 경영학에서는 산업 구조를 분석하는 다양한 틀을 제시해 왔다. 산업 구조 분석은 개별 기업의 내부 역량을 넘어, 기업이 속한 판이 어떤 규칙으로 작동하는지 이해하는 데 초점을 둔다.

계속해 전통적으로 사용되어 온 산업 구조 분석의 틀을 살펴보고, 이를 통해 기업이 어떤 전략적 통찰을 얻어왔는지 이해해 보자. 산업 구조 분석이란 특정 산업을 구성하는 경쟁 요인과 힘의 상호작용을 체계적으로 파악하는 활동이다. 그 목적은 크게 두 가지다. 첫째, **산업의 매력도를 평가하여 진입과 투자 여부를 결정**하기 위해서다. 시장 규모와 성장 가능성뿐 아니라 진입 장벽, 경쟁 강도, 수익성 구조 등을 종합적으로 판단해 들어갈 만한 판인지 가늠한다. 둘째, 동일 산업 내 기업들이 **어떻게 차별화하고 경쟁 우위를 확보하는지 이해**하게 한다. 경쟁의 본질이 가격인지, 품질인지, 서비스인지 파악하고 자사의 강점을 어디에 집중해야 할지 전략적 방향성을 제시한다.

산업 구조 분석은 전략 수립의 기반이자, 기업이 직면한 게임의 규칙을 읽는 과정이다. 산업이라는 울타리 안에서 경쟁이 어떻게 형성되고 작동하는가를 파악하는 도구다. 이를 통해 기업은 다음과 같은 전략적 판단을 내릴 수 있다. '해당 산업이 매력적인가?, 어떤 요인이 수익성을 높이거나 낮추는가?, 경쟁자 대비 어떤 위치를 차지할 수 있는가?'

산업 구조 분석의 대표적인 툴은 마이클 포터(Michael Porter)가 제시한 '5 Forces Model'로, 포터는 산업 내 수익성을 결정하는 힘을 다섯 가지로 정리했다. 이후 이 모델은 산업 내 경쟁 요인이 어떻게 작동하는지 분석하고, 이를 통해 경쟁 요인별로 진입 장벽의 수준과 구조적 특성을 파악하여 산업 매력도를 평가하는 도구로 자리 잡아 기업 전략 수립 과정에 폭넓게 활용되었다. 다섯 가지 경쟁 요인은 아래와 같다.

- 신규 진입자의 위협: 진입 장벽이 낮을수록 산업 내 경쟁은 심화된다.
- 대체재의 위협: 기술 혁신과 소비자 변화는 기존 제품을 빠르게 대체할 수 있다.
- 공급자의 교섭력: 원자재나 핵심 부품의 공급자가 제한적일 경우 가격과 품질 협상에서 불리하다.
- 구매자의 교섭력: 대규모 구매자나 정보력이 높은 소비자는 가격 인하 압력을 행사한다.
- 기존 경쟁자의 경쟁 강도: 경쟁자가 많거나 제품 차별화가 어려울수록 가격 경쟁이 치열해진다.

또 다른 분석 툴로 산업 수명 주기(Industry Life Cycle) 이론이 있다. 산업은 도입기-성장기-성숙기-쇠퇴기라는 일정한 패턴을 따른다고 본다. 도입기에는 혁신적 제품과 기술이 시장을 형성하고, 성장기에는 진입 기업이 늘어나며 경쟁이 격화된다. 성숙기에는 시장이 안정되며 가격 경쟁과 효율화가 중요해지고, 쇠퇴기에는 수요가 줄고 산업이 재편된다. 이 이론은 현재 기업이 위치한 단계에 따라 어떤 전략을 취해야 하는지 시사점을 제공했다.

이 이론의 장점은 무엇보다 산업의 전반적인 흐름을 구조적으로 파악할 수 있게 한다는 점이다. 기업은 자신이 속한 산업의 위치를 진단함으로써, 현재 시점에서 적합한 전략적 선택이 무엇인지 가늠할 수 있다. 도입기에는 혁신과 시장 창출, 성장기에는 점유율 확대와 차별화, 성숙기에는 비용 효율성과 서비스 강화, 쇠퇴기에는 철수, 재편, 신시장 탐색과 같이 단계별 전략 지침을 제공한다. 장기적 시야 속에서 전략적 대응을 준비하는 역할을 해 왔다.

그러나, 이 두 이론은 빠르게 변하는 오늘날 산업 현장에 취약점을 보인다. 먼저, 포터의 5 Forces 모델은 산업 경계가 뚜렷하던 시대에 적합했다. 그러나 AI와 디지털 기술이 산업 간 장벽을 허물며 산업 경계 자체가 모호해진 상황에서는 분석력이 떨어진다. 금융 산업은 은행과 증권사의 영역이었으나, 카카오페이, 삼성페이, 애플페이 같은 빅테크가 결제와 데이터, 전자상거래를 결합한 복합 생태계를 만들면서 전통적 산업 분석 틀로는 경쟁 구도를 설명하기 어려워졌다. 그리고 산업 수명 주기 이론은 비교적 선형적인 발전 단계를 전제로 한다. 하지만, 오늘날 일부 산업은 성숙기에서 갑자기 성장기로 회귀하거나 쇠퇴기로 접어든 듯하다가 새로운 기술과 융합해 재도약하는 등 비선형적 궤적을 더 빈번히 보인다. 음성 인식 기술이 스마트폰 보급과 함께 성장하다가 일정 시점에 정체되었지만, 생성형 AI와 결합하며 다시 성장세를 보이는 것처럼.

산업 구조 분석은 일반적으로 정태적인 관점에서 출발했다. 즉, 산업의 구조는 비교적 안정적이며, 주요 경쟁 요인은 예측 가능하다는 전제다. 하지만 디지털 전환과 AI 시대에 이 구조는 훨씬 더 빠르게 변하며, 분석 주기 또한 짧아지고 있다.

그렇다고 기존 이론이 무의미한 건 아니다. 두 이론을 재해석해 활용하는 지혜가 필요하다. 5 Forces 모델은 산업 구조의 고정된 틀이 아니라, 끊임없이 변화하는 역동적 힘의 상호작용을 보는 시각으로 확장해야 한다. 예컨대 대체재 위협은 과거 동일 산업 내 다른 제품에 국한되었지만, 이제는 전혀 다른 산업의 AI 기반 서비스가 위협 요인으로 등장한다. 산업 수명 주기 이론 역시 직선적 단계가 아니라, 순환과 변형의 가능성을 열어둔 유연한 시각에서 접근해야 한다. 기업은 AI가 기존 산업의 성장 경로를 어떻게 바꾸고 있는지, 새로운 성장 국면을 창출하는 요인이 무엇인지 질문해야 한다.

오늘날 산업 구조를 분석할 때는 전통적 틀 위에 다음의 변화를 반영해야 한다.

- **산업 경계의 붕괴:** 자동차 기업이 모빌리티 플랫폼으로, 은행이 빅데이터 기업으로 변모한다.
- **생태계 중심 구조의 부상:** 개별 기업보다 생태계 전체가 경쟁 단위가 된다.
- **네트워크 효과와 규모의 경제 재해석:** 사용자 수와 데이터 양이 경쟁력을 가속한다.
- **속도 경쟁:** 시장의 기회 창이 짧아지며, 분석-전략-실행 사이클이 실시간화된다.

산업 구조 분석은 기업이 속한 산업의 경쟁 환경을 이해하고, 그 환경 속에서 지속 가능한 경쟁 우위를 확보하기 위해, 필요한 전략을 설계하는 과정이다. 개별 기업의 성과는 경영자의 역량이나 자원의 질에 의해서만 결정되는 것이 아니라, 산업 전체의 구조적 특성에도 크게 영향을 받는다. 따라서 전략 수립의 시작은 외부 환경, 즉 산업 구조를 읽는 데서 시작한다. 다만, 과거의 정태적 분석 틀을 그대로 적용하기보다 변화의 속도와 산업 경계의 재편을 반영해 재해석하는 것이 필요하다. 포터의 5 Forces와 산업 수명 주기 이론은 여전히 기업이 산업을 이해하는 출발점이다. 그러나 AI가 만든 새로운 경쟁 구도와 생태계적 협력 가능성을 고려할 때 기업은 이 두 이론을 경직된 규칙이 아니라 변화의 신호를 읽는 프레임으로 활용할 수 있다.

AI 시대의 산업 구조 분석은 과거의 안정적 구조를 읽는 작업이 아니라, 변화의 방향과 속도를 파악하는 작업으로 진화해야 한다. 기업은 전통적 모델을 이해하는 동시에, 이를 디지털과 데이터 기반 환경에서 재해석할 수 있어야 한다.

3.5 경쟁 전략과 포지셔닝

시장에서의 경쟁 우위(Competitiveness) 확보는 더 많은 판매만을 의미하지는 않는다. 이는 고객이 인식하는 가치, 비용 구조의 효율성, 그리고 장기적 성장 가능성까지 포함하는 포괄적 개념이다. 경쟁이 치열한 시장에서 기업이 지속적으로 생존하고 성장하기 위해서는 명확한 경쟁 전략과 포지셔닝이 필요하다. **경쟁 전략이란 기업이 시장에서 경쟁 우위를 확보하기 위해 선택하고 실행하는 일련의 방향성과 방법을 의미**한다. 따라서 경쟁 우위는 기업 전략의 궁극적 목표이자, 모든 경영 활동이 지향해야 할 기준이다. 산업 구조 분석이 경쟁 환경을 객관적으로 진단하는 과정이라면, 경쟁 전략은 그 진단 결과를 토대로 '어떤 방식으로 경쟁할 것인가'를 결정하는 단계이다.

기업이 경쟁 우위를 확보하기 위해서는 전략적 선택이 필요하다. 경쟁 전략의 목적은 기업이 제한된 자원과 역량을 효과적으로 배분하여 장기적인 수익성과 시장 지위를 확보하는 데 있다. 이를 위해 경쟁 환경에서 기업이 차지할 위치를 명확히 정의하고, 해당 위치를 유지하거나 강화하기 위한 실행 방안을 설계해야 한다.

전통적으로 마이클 포터가 제시한 세 가지 전략이 경영에서 널리 활용된 경쟁 우위 전략이다. 첫째, **원가 우위 전략(Cost Leadership)**은 규모의 경제, 효율적 운영, 공급망 관리 등을 통해 경쟁사보다 낮은 비용으로 제품과 서비스를 제공하는 방식이다. 둘째, **차별화 전략(Differentiation)**은 기술, 품질, 디자인, 서비스와 같은 독자적 요소를 통해 고객이 더 높은 가치를 지각하도록 만드는 것이다. 셋째, **집중 전략(Focus Strategy)**은 특정 세분 시장이나 틈새 시장에 집중하여 경쟁 우위를 확보하는 방식이다.

포지셔닝(Positioning)은 경쟁 전략의 실행을 고객 인식 차원에서 구체화하는 과정이다. 포지셔닝은 특정 기업이나 제품이 고객 마음속에서 어떤 위치를 차지하는지 정의하며, 일반적으로 STP(Segmentation-Targeting-Positioning) 과정 속에 자리한다. 기업은 시장을 세분화하고 목표 고객을 선택한 후, 자사의 제품이나 서비스가 어떤 속성에서 차별적 위치를 가질지 결정한다. 이를 시각적으로 표현한 포지셔닝 맵에는 가격-품질, 전통-혁신, 감성-합리성 등 다양한 축이 사용된다. 예컨대, 코카콜라와 펩시는 비슷한 제품군 안에서도 전통과 상징성 vs. 젊고 역동적 이미지라는 서로 다른 포지셔닝을 구축하며 경쟁해왔다. 또, 스마트폰 시장에서는 애플이 프리미엄, 혁신 지향 포지셔닝을 굳혀왔다면, 샤오미는 가성비라는 뚜렷한 이미지를 구축함으로써 서로 다른 고객층을 확보했다.

이러한 전통적 경쟁 전략과 포지셔닝 역시 오늘날 디지털 전환과 AI 확산 속에서 한계를 드러내고 있다.

우선, **산업 경계가 모호해져 경쟁의 기준이 달라졌다.** 경쟁자는 더 이상 동일 산업 안에만 존재하지 않고, 전혀 다른 산업의 기업이 새로운 위협으로 등장한다. 이로 인해 전통적인 경쟁 전략만으로는 시장 변화를 충분히 설명하거나 대응하기 어렵다. 과거처럼 동일 산업의 경쟁자를 대상으로 원가 우위, 차별화, 집중 전략을 구사하는 방식은 오늘날의 역동적 환경에서 한계를 보인다.

또, 고객 인식이 과거보다 훨씬 **다층적이고 유동적으로 변하고** 있다. 소비자는 이제 가격이나 기능 같은 단일 요소만으로 제품을 평가하지 않는다. 사용 경험, 사회적 가치, 브랜드가 추구하는 철학과 정체성까지 고려해 선택한다. 비슷한 성능의 스마트폰이라도 어떤 기업은 혁신과 디자인을, 또 다른 기업은 합리적 가격과 실용성을 강조하며 시장 내 포지셔닝하고 있다. 그리고 젊은 세대를 중심으로 친환경, 윤리적 생산 여부가 구매의 중요 기준으로 떠오른 것도 같은 맥락이다. 즉, 오늘날 고객의 머릿속 포지셔닝 지도는 단순히 가성비 vs. 프리미엄으로만 설명되기 어렵고, 다양한 층위의 가치가 동시에 작용하고 있다.

그리고, **변화의 속도가 계속해 빨라지고 있다.** 산업 수명 주기 이론이 전제하는 선형적 도입-성장-성숙-쇠퇴 단계는 이제 모든 산업에 일반화하기 어렵다. LED 조명 산업만 보더라도, 2010년대 정부 지원과 친환경 트렌드에 힘입어 급격한 성장기를 맞이했지만, 곧 신규 진입자가 대거 몰리며 공급 과잉으로 급속히 쇠퇴 국면으로 이동했다. 그런데 최근 들어 다시 스마트홈, IoT, 친환경 규제와 결합하며 새로운 성장 동력을 얻고 있다. 이처럼 산업의 궤적은 단순한 직선적 곡선이 아니라, 여러 외부 요인과 기술 변화가 맞물리며 급격히 방향을 바꾸는 비선형적 궤적을 보인다. 따라서 기업은 과거의 주기적 예측에만 의존하기보다, 변화 신호를 실시간으로 탐지하고 전략을 유연하게 조정해야 한다.

AI 시대에는 경생 전략과 포지서닝 역시 새로운 방식으로 보완되어야 한다. 데이터와 알고리즘을 활용한 실시간 고객 분석은 기업이 포지셔닝을 고정된 틀로 유지하기보다, 고객 행동과 환경 변화에 맞춰 동적으로 조정할 수 있게 한다. 온라인 플랫폼은 고객의 검색 기록과 구매 이력을 즉시 분석해 메시지나 광고를 조정하고, 실시간으로 업데이트되는 시장 데이터를 반영해 가격 전략까지 수정할 수 있게 한다. 이처럼 AI는 정적인 시장 조사보다 빠르고 정밀하게 고객 인식을 추적할 수 있게 하며, 기업은 현재 고객이 무엇을 원하고 있는가라는 질문에 대응할 수 있다.

AI 기반 추천, 개인화된 서비스, 플랫폼 전략과 같은 요소들은 기존의 원가 우위나 차별화 전략과 결합해 새로운 경쟁 우위를 만들어낼 수 있다. 전자상거래 기업은 대규모 데이터를 바탕으로 고객별 맞춤 추천을 제공하면서도, 효율적 물류와 자동화된 운영을 통해 원가 경쟁력을 동시에 확보한다. 스트리밍 서비스는 차별화된 콘텐츠를 제공하는 동시에, 고객 데이터를 기반으로 AI 추천 알고리즘을 적용하여 고객의 몰입도를 높이며 기존 차별화 전략을 한층 강화한다.

AI는 전통적 전략 요소를 대체하는 것이 아니라, 데이터 기반 개인화와 네트워크 효과를 결합해 새로운 차원의 경쟁력을 만들어내는 촉매제 역할을 한다. 요컨대, AI 시대 경쟁 전략은 산업 내부의 정적 경쟁 구도를 전제하는 것이 아니라, 끊임없이 재편되는 디지털 생태계 속에서 유연하게 진화하는 체계로 이해될 필요가 있다.

3.6 AI 시대의 산업 구조와 생태계

전통적인 산업 구조 분석은 특정 시점에서의 경쟁 구도를 정적으로 파악하는 데 초점을 맞추었다. 포터의 5 Forces 모형은 산업 내 수익성을 결정하는 다섯 가지 힘을 분석해 기업 전략의 기초 도구로 자리 잡았고, 포지셔닝 전략은 경쟁 구도 속에서 자사 브랜드와 제품의 차별적 위치를 설계하는 프레임워크로 활용되어 왔다. 그러나 이러한 분석 틀은 기본적으로 산업과 시장이 비교적 안정적으로 유지된다는 전제 위에서 효과를 발휘한다. AI 기술이 산업 전반을 재편하는 오늘날, 이 전제는 더 이상 성립하기 어렵다. 산업 경계는 허물어지고, 경쟁의 단위도 기업 간의 직접적 대결에서 플랫폼과 생태계 경쟁으로 옮겨가고 있기 때문이다. 다시 말해, 산업 구조는 고정된 것이 아니라 기술과 시장 변화에 따라 지속적으로 재편되는 동적 구조로 작동한다.

AI 시대 산업 구조 변화의 특징은 다음과 같다.

첫째, **산업 경계의 붕괴와 융합.** 과거 구분된 산업 간 경계가 허물어지고 새로운 조합이 만들어졌다. 산업 경계가 빠르게 붕괴되고 있다. 과거에는 제조업과 서비스업, 오프라인과 온라인, IT 산업과 비(非)IT 산업이 뚜렷하게 구분되었다. 하지만 AI와 디지털 기술은 이 경계를 허물고 새로운 조합을 만들어낸다. 자동차 기업은 이제 단순한 제조업체가 아니라 소프트웨어와 데이터 기업으로 전환하고 있으며, 유통 기업은 물류 네트워크에 더해 클라우드와 데이터 분석 역량을 경쟁력으로 삼고 있다.

둘째, **플랫폼 중심화.** 가치사슬이 아닌 네트워크 기반 플랫폼이 산업 구조의 중심으로 부상했다. 플랫폼이 산업 구조의 중심으로 부상하고 있다. 기존 가치사슬이 공급자와 구매자 사이의 일방향적 흐름이었다면, 이제는 플랫폼을 매개로 한 다자간 네트워크 구조(Value Network)가 경쟁의 무대가 된다. 플랫폼은 더 많은 참여자가 모일수록 가치가 커지는 네트워크 효과를 가지며, 특정 기업의 독점적 우위를 강화한다. 구글, 애플, 아마존, 네이버, 카카오와 같은 테크 기업들은 산업 구조 속에서 하나의 생태계를 지배하는 플랫폼 운영자로 자리 잡았다.

셋째, **데이터 기반 경쟁.** 데이터 축적과 활용 역량이 새로운 진입 장벽이자 경쟁 우위의 원천이 되었다. 데이터는 새로운 경쟁의 기반이 되고 있다. 과거에는 생산 설비나 자본 규모가 기업의 진입 장벽이었다면, 앞으로는 데이터의 축적과 활용 역량이 산입 구조를 좌우할 것이다. 데이터가 많을수록 더 정교한 알고리즘과 개인화된 서비스를 제공할 수 있고, 이는 다시 더 많은 사용자를 끌어들이는 선순환을 만들어낸다. 데이터와 학습 효과가 산업 내 지배력을 강화하는 핵심 축으로 작동한다.

넷째, **동적 구조화.** 기술, 규제, 사회 변화로 산업 구조가 정적이지 않고 끊임없이 재편되었다. 산업 구조는 정적이 아니라 동적으로 변화한다. 기술 혁신, 규제 변화, 사회적 요구가 끊임없이 맞물리면서 경쟁 구도는 안정되지 않고 지속적으로 재편된다. 금융 산업이 빅테크와 핀테크 기업의 도전으로 전통 은행 구조가 흔들린 예나, 미디어 산업에서 스트리밍 기업이 전통 방송사를 대체한 현상이 있다.

이러한 변화 속에서 기업이 취해야 할 전략적 대응은 다음과 같다.

첫째, **환경 적응(Environmental Fit).** 산업 구조와 외부 환경 변화를 읽고, 변화에 맞춰 전략과 조직 구조를 조정하는 것이다. AI와 디지털 기술이 산업 구조를 빠르게 재편하는 상황에서, 기업이 해야 할 일은 외부 환경을 민감하게 읽고 그에 적합하게 전략을 조정하는 것이다. 산업 구조는 더 이상 고정된 질서가 아니라, 기술 발전, 규제 변화, 사회적 요구에 따라 끊임없이 움직이는 무대다. 따라서 기업은 환경을 단순한 배경이 아닌 전략 수립의 출발점으로 삼아야 한다.

상황적합이론(Contingency Theory)은 전략과 조직 구조가 환경의 안정성과 복잡성 수준에 따라 달라져야 한다는 점을 강조했다. 즉, 안정적 환경에서는 관료적 구조가 효율적이지만, 급격한 변화 환경에서는 유연한 구조가 필요하다는 것이다. 전통 제조업체들은 환율, 무역 규제, 경기 변동 같은 외부 요인을 세밀하게 분석해 가격 정책과 생산 전략을 세웠다. 이는 환경을 통제할 수 없는 조건으로 보고, 그 조건 안에서 최적의 포지션을 찾는 방식이었다.

AI 시대에는 환경 변화 속도가 비약적으로 빨라졌기에, 기업은 분석과 적응을 일회성 과제가 아니라 실시간 순환적 과제로 내재화해야 한다. 환경을 읽고 적응하는 능력은 기업이 생존을 넘어 성장하기 위해 반드시 확보해야 할 전략적 조건이다.

둘째, **역량 재구성(Dynamic Capability).** 급변하는 환경에 맞추어 자원과 역량을 지속해서 재배치하고 혁신해야 한다. AI와 디지털 기술이 몰고 온 변화는 기존 자원 최적화 수준으로는 대응할 수 없다. 여기서 동태적 역량이론을 주목할 필요가 있다. 이는 기업이 가진 자원과 역량을 지속해서 재구성하고 새로운 환경에 맞추어 학습하고 혁신해야 한다는 주장이다.

전통적인 자원 기반 이론(Resource-Based View)이 현재의 강점을 활용하는 데 초점을 맞췄다면, 동태적 역량은 변화 자체를 경쟁력의 원천으로 본다. 즉, 기업이 보유 자원을 효율적으로 사용할 뿐 아니라, 끊임없이 새로운 역량을 창출하고 기존 자원을 재배치하는 능력을 갖춰야 한다. IBM은 한때 하드웨어 중심의 기업이었지만, 시장 변화에 맞춰 정보기술 서비스와 컨설팅 기업으로 재편해 장기적 경쟁력을 확보했다.

AI 시대의 급격한 변화 속에서 기업은 내부 자원을 능동적으로 재구성하는 혁신자로서 움직여야 하며, 학습과 변화 그 자체를 조직의 DNA로 삼아야 한다.

셋째, **불확실성 관리(Scenario Planning).** 미래를 단일 예측이 아닌 복수의 시나리오로 상정하고, 각각에 대응하는 전략 옵션을 준비해야 한다. 산업과 기업의 불확실성은 계속 커지고 있다. 변화의 방향과 속도가 불규칙적이어서 하나의 예측에 모든 전략을 걸 수 없다. 이때 중요한 접근이 시나리오 플래닝이다. 시나리오 플래닝은 미래를 단일한 예측이 아니라 복수의 가능한 경로를 설정하고,

각 시나리오에 대응할 전략 옵션을 준비하는 방식이다.

오늘날 기업이 직면한 팬데믹, 기후 위기, 지정학적 갈등, 기술 혁신의 불확실성은 그 어느 때보다 변화무쌍하다. 단일 예측에 의존하는 기업은 위기 앞에서 속수무책이 될 수 있지만, 다양한 가능성을 미리 준비한 기업은 충격을 흡수하고 회복력을 확보할 수 있다.

불확실성을 제거하기보다, 불확실성을 전제로 관리해야 한다. 전략은 확정적 계획이 아니라, 변화 가능성에 대응할 수 있는 유연한 준비 체계가 되어야 한다.

넷째, **생태계 전략(Ecosystem Strategy).** 기업은 독립적 존재가 아니라 자원과 네트워크에 의존하는 산업 생태계의 일부이다. AI와 디지털 기술이 확산된 오늘날, 일부 기업은 필수 자원과 역량을 외부 네트워크에 의존하며, 생태계의 일부로서 움직인다. 자원의존이론(Resource Dependence Theory)은 기업이 환경적 불확실성을 극복하기 위해 자본, 인력, 기술 같은 핵심 자원을 획득하고 통제해야 함을 강조했고, 조직생태학(Organizational Ecology)은 기업을 환경 속 생태계의 일부로 보며, 변화에 적응하지 못한 기업은 자연스럽게 도태된다고 설명했다.

AI 시대 생태계 전략은 플랫폼 중심의 상호의존적 네트워크를 어떻게 설계하고 참여할 것인가로 확장된다. 애플의 앱스토어, 아마존의 AWS, 구글의 안드로이드, 엔비디아의 CUDA[18] 생태계는 단일 기업의 역량으로 유지되는 게 아니라, 수많은 보완재 제공자와 파트너 기업이 참여하는 구조에서 성장했다.

오늘날 산업 내 경쟁은 개별 기업 단위가 아니라 생태계 단위에서 이루어진다. 기업이 스스로 모든 것을 할 수 없으며, 효과적으로 네트워크를 설계하고 파트너십을 확장하는지가 생존과 성장을 좌우한다. 기업은 생태계를 어떻게 구성할지를 전략의 한 축으로 삼아야 한다.

---

18 CUDA(Compute Unified Device Archtecture): GPU와 CPU를 통합적으로 활용할 수 있도록 설계된 아키텍처로, 2004년 엔비디아가 개발했음

그림 15 **AI 시대 산업과 생태계 전략**

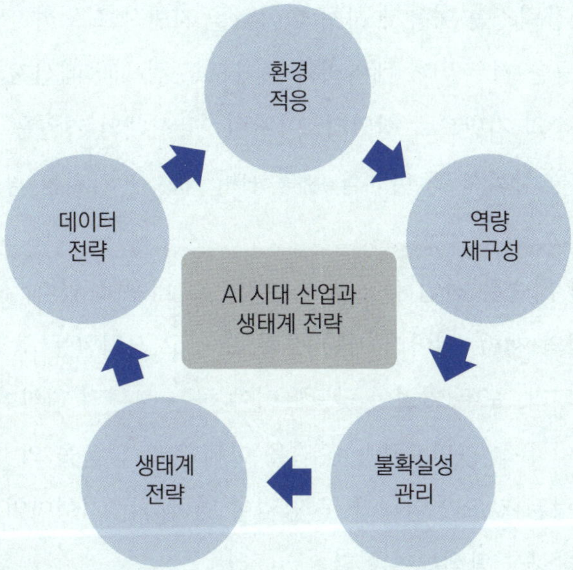

다섯째, **데이터 전략(Data Strategy)**. AI 시대 경쟁력은 데이터를 얼마나 효과적으로 수집해 활용하느냐에 달려있다 해도 과언이 아니다. 과거 자본과 설비가 기업의 핵심 자원이었다면, 오늘날에는 데이터가 그 자리를 대체하고 있다. 데이터는 고객 행동을 이해하고, 운영 효율을 높이며, 새로운 비즈니스 모델을 창출한다. 데이터는 기업의 전략적 자산으로 인식되어야 한다.

데이터 전략은 많은 양의 데이터를 축적하는 게 아니라, 품질과 활용성을 높이는 데 있다. 불완전하거나 왜곡된 데이터는 잘못된 의사결정으로 이어지므로, 데이터 거버넌스 체계를 구축하고 수집-저장-분석-활용의 전 과정에 명확한 기준과 원칙을 마련해야 한다. 또한 개인정보 보호와 윤리적 활용 문제를 고려하지 않는 데이터 전략은 지속 가능성을 확보하기 어렵다. 이는 조직 전체가 공유해야 할 원칙과 문화의 문제다.

선도 기업들은 데이터 전략을 통해 새로운 경쟁 우위를 창출하고 있다. 아마존은 방대한 고객 데이터를 실시간 분석해 개인화된 추천과 효율적인 물류 운영을 구현했고, 넷플릭스는 이용자 시청 데이터를 기반으로 오리지널 콘텐츠 제작을 결정하며 성공을 거두었다. 네이버와 카카오도 검색과 메신저 데이터를 플랫폼 비즈니스 확장의 기반으로 삼았다. 이처럼 AI 시대의 기업은 데이터 전략을 통해 분석 역량을 강화하고, 미래를 예측하며, 새로운 가치를 창출하는 체계를 갖추어야 한다.

AI와 디지털 기술은 산업 구조를 근본적으로 바꾸고 있다. 산업 경계의 붕괴, 플랫폼 중심의 재편, 데이터 기반 경쟁, 그리고 끊임없는 구조적 재편은 예외적 현상이 아니라, 모든 기업이 맞닥뜨려야 하는 보편적 현실이다. 이는 기업이 기존의 정적인 분석 틀만으로는 산업을 이해할 수 없음을 의미한다. 산업 구조는 하나의 고정된 지도가 아니라, 끊임없이 변화하는 지형이며, 기업은 이 속에서 끊임없이 방향을 탐색해야 한다.

기업 전략은 단순한 환경 적응을 넘어, 역량 재구성, 불확실성 관리, 생태계 전략, 데이터 전략 내재화로 확장되어야 한다. 이는 전략을 계획서가 아닌 살아있는 운영 체계로 전환하라는 요구다. 변화하는 환경을 읽고, 내부 자원을 혁신하며, 불확실성을 대비하고, 생태계 속에서 협력하고, 데이터로 의사결정을 뒷받침하는 기업이 새로운 시대의 경쟁 우위를 확보할 수 있다. 요컨대, AI 시대의 산업 구조는 단순히 산업을 분석하는 대상이 아니라, 기업이 끊임없이 학습하고 재구성하며 주도적으로 개입해야 하는 전략적 장(場)이 된 것이다.

변화 속 경쟁우위를 확보하고 지속 성장하기 위해서는 변화를 가능하게 하는 동력을 이해해야 한다. 오늘날 그 동력의 중심에 인공지능이 있다. AI는 데이터 분석을 넘어, 고객 경험 혁신, 운영 효율 극대화, 새로운 비즈니스 모델 창출까지 기업 전략 전반을 재구성하는 데 힘을 제공한다. 제2부에서 AI 기술의 본질과 전략적 의미를 깊이 살펴보며 변화의 속도를 끌어올릴 기반을 마련해 보자.

자기진단 체크리스트 (Self-Assessment Checklist)

1. 환경 변화 대응 방식(적응–예측–선도)의 개념과 사례를 구분해 설명할 수 있는가?
2. PEST 분석과 시나리오 플래닝의 절차와 한계를 설명할 수 있는가?
3. 5 Forces와 산업 수명주기 이론이 AI 시대에 어떻게 재해석되어야 하는지 이해하고 있는가?
4. 전통적 경쟁 전략(원가 우위 · 차별화 · 집중)과 포지셔닝을 AI 기반 경쟁 구도 속에서 어떻게 보완할 수 있는가?
5. 산업 경계 붕괴, 플랫폼 중심 경쟁, 데이터 기반 경쟁, 생태계 전략이라는 키워드를 실제 산업 사례와 연결해 설명할 수 있는가?

제1부 학습 요약

1) 산업의 역사는 끊임없는 변화의 연속이며, 4차 산업혁명은 거대한 변화의 물결이다.
2) 4차 산업혁명의 핵심 키워드는 초지능, 초연결, 융복합, 플랫폼으로, 이 네 축이 산업과 비즈니스의 구조를 새롭게 정의한다.
3) AI의 발전은 단순 계산을 넘어 인간의 학습·판단·창의성을 모방하며, 산업과 사회 전반의 패러다임을 바꾸고 있다.
4) 초연결은 사람·사물·공간·데이터가 실시간으로 연결되는 구조를 만들며, IoT는 이를 가능하게 하는 핵심 기술이다.
5) 융복합은 서로 다른 기술과 산업이 결합하여 새로운 가치와 기능을 창출하며, 기존 경계를 허무는 전환적 변화를 이끈다.
6) 플랫폼은 다양한 주체가 디지털 공간에서 상호작용하며 가치를 교환하는 구조로, 오늘날 글로벌 기업의 대표적인 비즈니스 모델이다.
7) 기술 발전의 동력은 과학적 발견의 축적, 치열한 경쟁, 사회·환경 변화 대응에서 비롯되며, 이는 산업 구조와 기업 전략을 끊임없이 재편한다.
8) 시장은 기술 발전과 고객 변화에 따라 끊임없이 진화하며, 산업 간 경계가 허물어지고 새로운 경쟁 규칙이 만들어지고 있다.
9) 고객은 세대·가치관·기술 친화도에 따라 소비 기준과 행동이 달라지며, 기업은 변화의 신호를 읽고 맞춤형 전략을 설계해야 한다.
10) 디지털 전환(DX)은 단순한 자동화가 아니라 기업의 가치사슬과 비즈니스 모델을 근본적으로 재설계하는 과정으로, 4차 산업혁명 시대 생존과 성장을 위한 핵심 전략이다.

11) 전략은 기업이 미래를 설계하고 집단을 한 방향으로 이끄는 나침반이며, 시대적 배경에 따라 진화해 왔다.

12) 1960~80년대 전략은 안정적 산업 구조를 전제로 장기계획·포트폴리오·경쟁 전략이 중심이었으나, 1990년대 이후 ICT 확산과 함께 역량과 혁신 중심으로 이동했다.

13) 2010년대에는 플랫폼과 네트워크 효과가 경쟁 우위를 재편했고, 2020년대에는 디지털 전환과 비즈니스 모델 전략이 핵심으로 부상했다.

14) 많은 기업이 전략 실행에 실패하는 이유는 전략이 복잡하거나 현장과 단절되어 실행의 언어로 전환되지 못하기 때문이다.

15) 경쟁력은 일시적 아이디어나 기술이 아니라, 반복 가능하고 유연하게 작동하는 구조적 설계에서 나온다.

16) 혁신은 무엇을 만들었는가보다 어떻게 지속적으로 작동하고 확장되도록 구조화했는가에 따라 성패가 갈린다.

17) 파괴적 혁신은 기존 경쟁 구도를 무력화하고 게임의 룰 자체를 바꾸는 비즈니스 모델 설계에서 비롯된다.

18) 디지털 전환 시대의 생존 전략은 고객 중심, 운영 효율, 데이터 기반 의사결정, 유연한 조직문화의 네 축을 균형 있게 작동시키는 것이다.

19) 기업 전략의 출발점은 환경을 읽는 것이며, 변화에 민감하게 대응하지 못한 기업은 시장에서 빠르게 도태된다.

20) 환경 변화 대응 방식은 적응(Adaptation), 예측(Prediction), 선도(Proactiveness)의 세 가지 접근으로 구분된다.

21) PEST 분석은 정치·경제·사회·기술 요인을 체계적으로 살펴보는 틀이지만, AI 시대에는 속도와 연결성을 반영한 동적 분석으로 진화해야 한다.

22) 시나리오 플래닝은 단일 예측에 의존하지 않고 다양한 미래 가능성에 대비하도록 해 위기 대응과 기회 포착의 나침반 역할을 한다.

23) AI 기반 시나리오 플래닝은 데이터 수집·분석 속도를 높이고, 미세한 신호까지 탐지하며, 수백 개의 시나리오를 실시간으로 탐색할 수 있게 한다.

24) 산업 구조 분석은 기업 내부가 아닌 산업 전체의 경쟁 규칙을 읽는 과정으로, 포터의 5 Forces와 산업 수명주기 이론이 대표적 방법론이다.

25) 오늘날 산업은 경계가 모호해지고 성장 경로가 비선형화되면서 전통적 산업 분석 이론만으로는 설명이 충분하지 않다.

26) AI 시대의 경쟁 전략은 원가 우위·차별화·집중 전략을 넘어, 데이터 기반 개인화, 플랫폼 효과, 네트워크 확장을 결합하는 방식으로 진화해야 한다.

27) 산업 구조는 더 이상 고정된 지도가 아니라 끊임없이 변화하는 지형이며, 기업은 환경 적응·역량 재구성·불확실성 관리·생태계 전략·데이터 전략을 통해 지속적 경쟁 우위를 확보해야 한다.

사고 확장 질문

1) 산업의 경계가 사라지는 시대에, 여러분이 '재정의해야 한다'고 생각하는 산업은 무엇이며, 그 이유는 무엇인가?

2) 전통적 전략 도구가 AI 시대에도 여전히 유효하려면 어떤 요소가 보완되어야 할까?

3) 파괴적 혁신은 기술에서 비롯되는가, 아니면 비즈니스 모델 설계에서 비롯되는가? 사례를 들어 논의해보라.

4) 고객 중심·운영 효율·데이터 기반·유연한 문화라는 네 축이 충돌할 때, 기업은 무엇을 우선시해야 할까?

토론 주제

「2045년, 가상 도시 '넥스폴리스'」

넥스폴리스는 2045년에 세계에서 가장 빠르게 성장하는 도시다. 이곳에서는 모든 사물이 초연결망에 연결되어 있고, 시민들은 AI 비서와 함께 생활한다. 하지만 한 가지 문제가 발생했다. 도시 내 교통 서비스 플랫폼 3개사가 데이터를 독점하려 경쟁하면서, 도로 위의 차량들은 서로 다른 네트워크에 묶여 충돌과 혼란이 늘어났다.

시 당국은 긴급히 데이터 통합 의회를 열어 해결책을 찾으려 한다. 기업들은 각자 우리가 가진 플랫폼이 표준이 되어야 한다고 주장하고, 시민 단체는 데이터를 공공재로 개방해야 한다고 맞선다.

여기서 질문이다. 만약 여러분이 넥스폴리스의 전략가라면, 데이터 독점 경쟁을 넘어 생태계 전체의 지속 가능성을 어떻게 설계할 것인가?

공공재 모델?

기업 간 연합 플랫폼?

완전한 분산형 블록체인 시스템?

당신의 선택에 도시의 미래와 기업의 운명이 걸려 있다.

Without change there is no innovation, creativity, or incentive for improvement. Those who initiate change will have a better opportunity to manage the change that is inevitable.
변화 없이는 혁신도 없으며, 변화를 주도하는 자가 예측 불가능한 미래를 더 잘 관리할 수 있다.

- William Pollard(윌리엄 J. 폴라드)

Artificial intelligence is not a substitute for human intelligence; it is a tool to amplify human creativity and ingenuity.
AI는 인간 지능을 대체하는 것이 아니라, 창의력과 독창성을 증폭시키는 도구다.

- Fei-Fei Li(페이페이 리)

PART

02

AI 기술과 혁신 동력

2054년 워싱턴 D.C. 범죄율은 제로다. 경찰은 이제 사건 현장에 출동하지 않는다. 범죄가 일어나기도 전에 범인을 체포하기 때문이다. 그 비결은 바로 '프리크라임(Pre-Crime)'이라는 인공지능 시스템. 초능력자 프리콕(PreCog)이 본 미래 장면을 방대한 데이터 분석 알고리즘이 정밀하게 해석해 범죄 발생 시각과 위치, 범인을 예측한다. 덕분에 살인은 사라지고 시민들은 안심하며 살아간다.

이는 필립 K. 딕의 단편 소설 마이너리티 리포트를 원작으로 스티븐 스필버그가 연출하고 톰 크루즈가 주연을 맡은 SF영화 <마이너리티 리포트(Minority Report, 2002)>의 스토리다.

영화 속 이야기는 한때 먼 미래 상상처럼 보였지만, 오늘날 우리는 그 초입에 서 있다. AI와 빅데이터 기술은 이미 범죄 예측에 버금가는 정밀함으로 고객 행동, 시장 변화, 사회 현상을 미리 읽어내고 있다. 개인화 광고, 수요 예측, 추천 시스템, 질병 발병 예측까지, 기술은 미래를 설계하는 도구로 진화하고 있으며 그 속도는 가속하고 있다.

제2부에서는 이러한 AI 기술이 어떻게 탄생하고 발전해 왔는지, 그리고 현재의 혁신이 어디서 비롯되었는지 살펴 AI 진화의 흐름을 단계별로 이해해 보자.

CHAPTER 04

AI 기술의 발전과 생태계 구조

학습 목표 (Learning Objectives)

1. AI 기술 발전의 흐름을 이해하고, 각 시기의 특징과 한계를 설명할 수 있다.
2. AI 혁신의 세 축을 분석하여, 산업과 사회 전반에 미치는 의미를 설명할 수 있다.
3. AI 기술의 계층 구조를 파악하고, 가치사슬 관점에서 기업 전략과 연결할 수 있다.
4. AI 알고리즘의 진화를 통해 생성형 AI, 멀티모달, 에이전트형 AI의 미래 발전 방향을 이해할 수 있다.
5. AI 생태계 확장과 융합 사례를 학습하여, 기업이 어떻게 전략적 파트너십과 생태계적 사고를 설계해야 하는지 설명할 수 있다.

도입 질문 (Opening Questions)

1. 왜 지금 AI가 과거와 달리 대중과 기업 모두에게 실체적 충격을 주고 있을까?
2. AI 혁신의 세 축(속도 · 범위 · 구조 변화)은 기업 전략에 어떤 함의를 가지는가?
3. AI 기술 계층 구조는 어떤 요소들로 이루어져 있으며, 어디에서 기업의 경쟁력이 발생할까?
4. 규칙 기반 AI와 오늘날 생성형 AI는 어떤 철학적 · 기술적 차이를 지니고 있을까?
5. 앞으로의 경쟁은 개별 기업이 아니라 AI 기반 생태계 간 경쟁이라는 말은 무슨 뜻일까?

4.1 AI 기술의 가속과 확산

4차 산업혁명 시대가 공식적으로 선언된 이후, 산업 전반에 새로운 물결을 대응하려는 움직임이 본격화되었다. 그리고 포스트 코로나 시대를 지나며, 4차 산업혁명의 대표 기술 중 하나가 전면에 떠올랐다. 사람들의 대화와 관심, 기업 전략과 정부 투자의 중심에 인공지능, AI(Artificial Intelligence)가 자리 잡았다.

일상 대화 속에서, 교육 플랫폼에서, 심지어 뉴스에서도 반복 언급될 정도로 오늘날 AI에 대한 관심은 뜨겁다. 한국 정부는 AI에 수조 원 규모의 투자를 발표했고, 기업들은 앞다퉈 AI 인재 확보에 나서고 있다. 직장인, 프리랜서, 학생 등 다양한 계층이 ChatGPT로 검색하고 AI 교육 프로그램을 찾아 나서고 있다.

왜 이렇게 AI 열풍이 부는 걸까? 이 열풍 안에는 열망과 위기의식, 기대와 전략이 복합적으로 작용하고 있다. 이 열풍 속에서 사람들은 자신의 역할을 다시 세우고, 기업들은 기회를 놓치지 않기 위해 움직인다. 그렇다면 이 관심의 본질은 무엇일까? 근본적인 이유를 알아야 앞으로 다가올 시간을 잘 준비할 수 있다. 아래 AI에 관심이 큰 배경의 이유를 살펴보자.

첫째, **AI가 실체로서 체감되기 시작했기 때문이다.** 오랫동안 AI는 미래의 기술이었다. 과학자나 연구기관의 전유물이었고, 일반인에게는 영화 속 상상에 가까웠다. 특히, 일반인은 AI로 무엇을 할지 명확하지 않았다. 하지만 이제는 다르다. 과거의 AI가 기술적 결과물을 만드는 데 활용되었다면, 오늘날 AI는 직접 사용자와 상호작용하고 있다. ChatGPT를 켜면 AI가 글을 써주고 그림을 그리고 코딩도 해준다. 마치 사람과 대화하듯 자연스럽게 의사소통하며, 검색보다 더 편리하고 번역기보다 매끄러운 결과물을 얻고 있다. 굳이 AI와 소통하기 위해 프로그래머처럼 명령어나 규칙을 학습하지 않아도 충분히 사용할 수 있다. 이처럼, 오늘날 AI는 기술을 위한 기술로서 존재하는 게 아니라, 인간의 일상에 스며들어 상호작용하고 있다. 이 경험은 사람들, 즉 대중에게 신선한 충격과 흥분을 동시에 안겨주었다. 이 체감이 관심과 몰입, 그리고 행동으로 이어지고 있다.

둘째, **AI를 잘 활용하면 앞설 수 있다는 기대감이 커진 데 있다.** 오늘날 많은 이들은 AI를 개인의 역량을 보완하고 확장하는 생산성 도구로 활용하고 있다. 직업과 분야를 불문하고 AI 덕분에 시간을 절약하고 더 높은 수준의 결과물을 만들어내고 있다. 복잡한 시장조사부터 전략 수립, 마케팅, 코딩, 글쓰기, 디자인 등 다양한 일에 비서처럼 쓰고 있다. AI를 통해 양질의 아이디어와 결괏값을 더 빠르게 얻을 수 있어, 잘 쓰면 일의 질이 달라질 거라는 기대를 하고 있다. 이전 AI가 전문가를 위한 보조수단으로 역할을 했다면, 지금은 일반인의 손에 쥐어진 유능한 디지털 비서이다. AI를 익히고자 하는 열기는 바로 이런 실용적 기대감에서 비롯된 거다.

셋째, **AI가 산업과 직업 생태계를 재편하고 있어서다.** 과거의 AI가 단순 반복 업무를 자동화했다면, 최근은 지식노동의 영역까지 빠르게 침투하고 있다. 코딩, 보고서 작성, 통계 분석, 전략 수립은 물론 의료 진단과 법률 상담과 같이 전문성이 필요한 분야에도 영향력을 넓히고 있다. 심지어, AI가 쓴 논문을 판별하는 AI까지 등장하며, AI가 AI를 감시하는 시대라는 말까지 나온다. 이처럼 역할이 전방위로 확장되니 사람들은 자연스레 내 직업도 안전하지 않다는 위기의식을 느끼고 생존의 방법을 찾기 위해 AI 곁으로 더 다가설 수밖에 없다. AI는 경쟁자나 위협자가 아니라, 변화에 적응하고 새로운 기회를 만들기 위해 익혀야 할 생존 역량으로 받아들이고 있다.

넷째, **AI는 정부, 기업, 개인 모두가 주목하는 전략적 중심축이 되고 있다.** 한국 정부는 2030년까지 100조 원 규모로 국가 AI 투자 계획과 인재 양성 정책을 발표했으며, 전 세계 주요 국가들도 AI를 국가 전략 기술로 공식 선언하였다. 기업들 역시 AI 도입에 속도를 내고 있으며 일부 기업은 직원 대상 AI 교육을 의무화하고 있다. 프롬프트 엔지니어링, 생성형 AI 활용법 등 실무 중심 학습이 직장인 사이에서도 빠르게 확산 중이다. 이러한 현상은 산업 구조가 빠르게 AI 중심으로 재편될 수 있음을 간접적으로 보여준다. 많은 이들의 관심이 모이면 발전이 이루어지고, 발전은 그 가치를 높이며, 높아진 가치는 또다시 관심을 불러 모은다. 즉, 확대된 관심은 투자와 혁신을 촉진하고, 혁신은 가치를 상승시키며, 상승한 가치는 다시 시장의 관심과 자금을 끌어들이는 선순환을 만든다. 정부는 국가 경쟁력을 위해, 기업은 시장 생존을 위해, 개인은 자신의 자리를 잃지 않기 위해 AI를 선택이 아닌 필수로 받아들이고 있다.

마지막으로, **AI는 불확실한 미래 속에서 기회로 작동한다.** 지금까지 많은 기술이 산업 구조를 변화시켜 왔지만, AI는 그 차원을 뛰어넘을 것으로 예측된다. 인간의 사고방식, 언어 구조, 창작 개념 자체를 흔들며, 삶과 일, 지식과 표현 방식까지 바꾸고 있다. AI는 더 이상 일부 개발자나 전문가의 영역이 아니라, 모든 사람에게 영향을 미치는 시대 전환의 초입에 서 있다. 동시에 우리는 고용 불안, 경제 침체, 인구 절벽, 기술 격차 등 위기에 놓여 있다. 이런 상황에서 AI는 어떤 사람에게는 두려운 변화지만, 또 어떤 이에게는 도약의 사다리가 된다. AI를 활용해 방대한 정보를 조사해 요약하고, AI 학습 후 커리어 확장에 성공하고, 혼자서 교육 콘텐츠를 만들고, 소자본으로 창업하고, 온라인 비즈니스를 운영하는 사람들. 이들은 AI를 통해 새로운 기회의 흐름을 타고 있다. 사람들은 AI를 통해 바뀌는 세상에서 살아남거나 더 잘 살아가기 위해 스스로 준비하고 있다.

한때 미래 기술로 불리던 AI는 이제 비즈니스 지형도 바꾸고 있다. 고도화된 알고리즘, 폭발적인 데이터 생성 그리고 대규모 언어모델 등장은 AI를 기술의 한계를 넘어 산업의 룰 자체를 재편하는 주체로 만들고 있다. 이에 기업들은 AI 도입을 위한 전략 수립에 나서고 있다. 그러나 단순히 기술을 갖는 것만으로 충분하지 않다. 어떻게 전략적으로 통합하고, 어떤 구조 속에서 실질적으로 작동시킬지 설계하며 조직 전반에 녹여내야 한다. 지금까지 제품력, 기술력, 마케팅, 유통 인프라, 브랜드 파워 등이 경쟁력을 결정짓는 요소였다면, 앞으로는 지능 기반의 구조 설계와 이를 실행으로 옮기는 능력이 핵심 경쟁력으로 부상할 것이다. 이미 일부 산업에서는 이 차이가 뚜렷한 결과로 나타나고 있다.

그림 16 AI 기술의 가속과 확산 이유

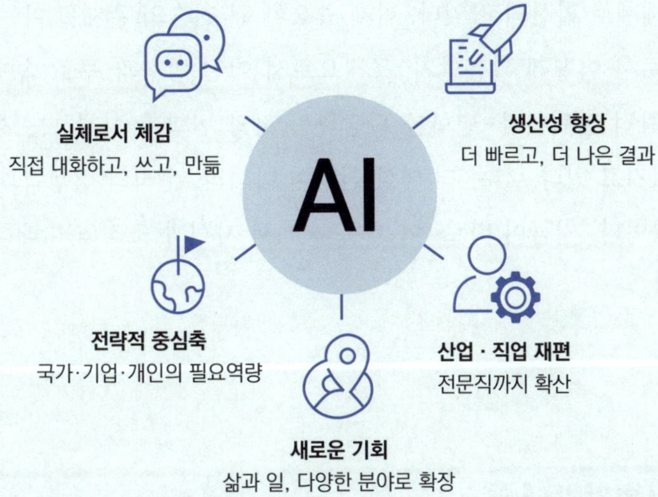

JP모건 체이스(JPMorgan Chase)는 미국의 다국적 금융 기업이자 세계 최대 규모의 은행 중 하나다. 이 기업은 AI를 전사 경쟁력의 핵심 인프라로 규정하고, 180억 달러 규모의 기술 예산 중 상당 부분을 AI와 데이터 플랫폼에 투입하고 있다. 이를 통해 20만 명 이상의 직원이 활용할 수 있는 내부 AI 허브를 구축하고, 100개 이상의 AI 기반 도구를 개발해 운영하고 있다. AI는 고객 서비스, 리스크 관리, 자산운용, 법률 검토 등 거의 모든 부문에 통합되어 조직 구조와 업무 흐름을 재설계하는 데 활용되고 있다. 이러한 전략적 통합의 결과, 고객 서비스 비용 30% 절감, 사기 탐지 정확도 향상, 자산관리 부문 업무 생산성 3배 증가, 신규 고객 온보딩 비용 40% 절감 등 가시적인 성과를 거뒀다. JP모건 체이스의 AI 기술 선제 도입과 이를 조직 전반에 체화한 노력은 운영 효율성과 고객 가치 창출 모두에서 두드러진 성과를 이끌며 글로벌 금융사로서의 입지를 더욱 확고히 했다.

AI 기술의 발전과 확산은 이미 시작된 흐름이자 멈추지 않는 궤도 위에 있다. 새로운 알고리즘과 서비스가 매일 등장하고, 그 파급력은 산업 경계를 무너뜨리며 전 세계로 확산되고 있다. 이제 중요한 건 기술의 존재를 아는 것이 아니라, 개인으로서 어떻게 활용할지, 조직으로서 어떤 방향과 구조 속에 녹여낼지에 대한 전략적 선택이다. 변화를 관망하는 자와 변화를 설계하는 자의 격차는 빠르게 벌어지고 있다. AI는 더 이상 선택이 아니라, 우리의 경쟁력과 생존을 좌우하는 역량이다. 지금이 바로, 이 흐름 속에서 자신과 조직의 미래를 설계해야 할 순간이다.

4.2 AI 혁신의 세 축

AI는 단순히 기술의 고도화가 아니라, 사회와 산업의 운영 방식을 재정의하고 있다. 오늘날 AI는 기존 작업을 자동화하는 것을 넘어, 전통적인 업무 구성과 기업의 가치 창출 방식까지 재설계하고 있다. 이것이 바로 AI 혁신이 기술 혁신을 넘어 전략 혁신으로 간주되는 이유다.

AI 혁신은 다음의 세 축으로 가속화되고 있다.

첫째, **기술 진화의 속도**다. 하드웨어와 알고리즘, 데이터 접근성, 오픈소스 툴, 클라우드 연산 환경 등 AI 기술의 작동을 구성하는 모든 요소가 기하급수적으로 발전하고 있다. 대규모 언어모델(LLM)은 매년 매개변수(parameter) 수가 10배 이상 증가하고 있으며, 자연어 처리, 이미지 생성, 음성 합성 등 다양한 영역에서 사람과의 경계를 허물고 있다. 또한, 트랜스포머(Transformer)[19], 합성곱 신경망(CNN)[20], 생성적 적대 신경망(GAN)[21] 등 AI 알고리즘의 발전은 더 적은 데이터와 연산으로 더 높은 품질의 결과를 내고 있다.

둘째, **AI 적용의 확산 범위와 깊이**다. AI는 이제 특정 산업에 국한되지 않는다. 제조, 물류, 금융, 헬스케어, 교육, 콘텐츠, 농업, 공공행정에 이르기까지 거의 모든 산업에 AI가 적용 가능한 비즈니스 단위가 생겨나고 있으며, 단위 프로세스를 넘어 전체 운영 체계를 AI 중심으로 재편하는 흐름도 나타나고 있다. 예컨대, 금융 산업에서는 AI가 신용평가, 이상 거래 탐지, 자산 포트폴리오 관리에 사용되고 있고, 헬스케어 산업에서는 영상 판독, 진단 보조, 신약 개발까지 담당하고 있다. 생산 현장에서는 예지 정비와 공정 최적화를 통해 운영 효율성과 리스크 관리를 동시에 달성하고 있다.

셋째, **비즈니스와 산업 구조 재편 속도**다. AI는 개별 기업의 경쟁력을 높이는 데 그치지 않는다. 업의 정의 자체를 바꾸고, 산업 간 경계를 허물며, 플랫폼 중심의 생태계 경쟁 체제를 만들어가고 있다. AI를 통해 새로운 수요를 창출하고, 기존 공급망을 재구성하며, 데이터 기반 서비스로 수익 모델을 재편하는 기업들이 늘고 있다. 예컨대, OpenAI는 챗봇 제공을 넘어, API를 통해 외부 개발자와 기업들이 AI를 자사 서비스에 통합할 수 있는 생태계를 조성하고 있다. 이런 변화는 과거의 IT 기업뿐 아니라, 제조업과 전통 산업에도 AI를 어떻게 내재화할 것인가라는 전략적 질문을 던지게 한다.

---

19 트랜스포머(Transformer): 문장 속 단어들이 서로 어떻게 연결되는지를 한꺼번에 파악해, 문맥을 잘 이해하고 새로운 문장을 만들어내는 인공지능 모델이다.

20 합성곱 신경망(CNN, Convolutional Neural Network): 사진이나 영상에서 중요한 패턴(모양, 색, 경계선 등)을 자동으로 뽑아내서 무엇이 있는지 잘 구분하도록 돕는 신경망이다.

21 생성적 적대 신경망(GAN, Generative Adversarial Network): 가짜를 만드는 모델과 가짜를 잡아내는 모델이 서로 경쟁하며 학습해, 진짜 같은 새로운 이미지나 데이터를 만들어내는 신경망이다.

그림 17 AI 혁신의 세 축

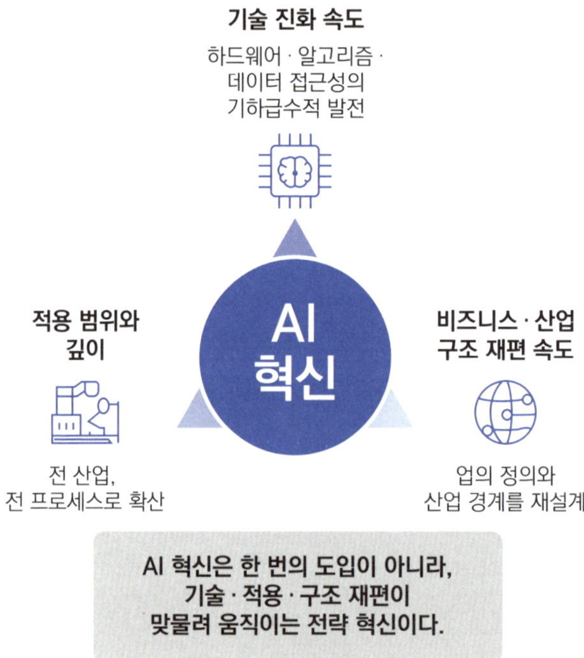

기업 입장에서 AI 혁신은 얼마나 빠르게, 전략적으로, 그리고 구조적으로 AI를 흡수하고 있느냐가 생존과 지속 성장의 핵심 변수가 되고 있다. 특히 대기업과 중소기업, 선도 기업과 후발 주자 간의 격차는 자본이나 기술 격차보다도 AI 통합 능력의 격차에서 더 크게 벌어지고 있다. 전략 수립 시점부터 AI를 포함하는 기업과, 사후적으로 도입하려는 기업은 속도뿐 아니라 실행력과 데이터 구조, 고객 접점 설계 등 모든 측면에서 차이를 보인다.

AI의 발전은 앞으로도 계속될 것이다. 기술적으로는 멀티모달 AI, 에이전트형 AI, 엣지AI, 인간-AI 협업 시스템 등으로 확장되고 있으며, 사회적으로는 AI 거버넌스, 윤리, 데이터 소유권, 일자리 재편과 같은 복잡한 이슈들을 수반한다.

그러므로 기업은 AI를 기술 투자 대상을 넘어 전략 설계의 축으로 받아들여야 한다.

AI 혁신은 한 번의 기술 도입으로 끝나지 않는다. 비즈니스 모델, 조직, 고객 접점, 가치 제안 방식까지 전면적인 재구성을 요구한다. 이 변화의 물결 속에서, 누가 더 빠르게 흐름을 읽고 구조를 설계하는가가 미래의 경쟁 우위를 좌우할 것이다. AI의 질주는 이미 시작되었다. 기술 전문가의 영역에 머무르지 않고, 일반 대중의 일상에 깊이 파고들고 있다. AI는 사람들의 생산성과 사고방식, 기업의 운영 전략, 정부의 투자 방향에도 큰 영향을 미치고 있다. 이러한 흐름은 더욱 가속화될 전망이다.

그렇다면 AI 시대, 기업은 어떤 전략을 가져야 할까?

변화 속에서 기업이 살아남고 지금의 경쟁력을 어떻게 더 공고히 할 것인가라는 질문은 모든 경영자와 실무자에게 주어진 과제다. 이 책은 그 해답을 찾아가고자 한다. 하나씩 짚어가며, AI 시대에 필요한 전략과 조직 사고방식을 이어 살펴보자.

4.3 컴퓨터의 태동과 규칙 기반 AI

AI 역사는 컴퓨터 과학의 역사와 맞물린다. 즉, 인공지능은 처음부터 '기계가 인간처럼 사고할 수 있는가?'라는 질문에서 출발했으며, 이 질문은 계산하는 기계의 발명과 함께 기술적 시도로 이어졌다.

1940년대, 세계 최초의 전자식 범용 컴퓨터인 ENIAC[22]이 등장하면서 인간의 계산 능력을 기계로 대체하려는 시도가 본격화되었다. 당시 컴퓨터는 군사적

22 ENIAC(Electronic Numerical Integrator and Computer, 에니악): 1945년에 완성된 세계 최초의 범용 전자식 디지털 컴퓨터

목적, 예를 들어 탄도 계산이나 암호 해독 같은 작업에 활용되었지만, 곧 논리적 문제 해결, 언어 처리, 게임 전략 등 인간의 인지 기능을 구현해 보려는 실험으로 확장되었다. 앨런 튜링(Alan Turing)은 1950년 "기계는 생각할 수 있는가?"라는 질문을 던지며, 오늘날 인공지능 철학의 기초를 놓았다. 그는 인간과 기계의 구별이 불가능할 정도로 정교한 대화가 가능하다면, 그 기계는 '생각한다'고 간주할 수 있다는 Imitation game(모방 게임) 개념을 소개했고, 후에 이는 튜링 테스트(Turing Test)로 불리게 되었다. 이것은 AI 연구의 가장 초기 철학적 토대로, 이후 수십 년간 AI 발전의 기준선이 되었다.

AI라는 용어 자체는 1956년, 존 매카시가 주도한 다트머스 회의에서 처음 제안되었다. 이 회의에서는 '모든 측면의 학습이나 지능의 특징은 기계로도 정밀하게 기술될 수 있는가?'라는 문제의식하에 기계가 인간처럼 학습하고 추론하는 방안을 모색하기 위한 연구 프로젝트들이 논의되었다. 이로써 인공지능은 하나의 학문 분야로 독립적인 출발을 하게 된다. 초기의 AI는 심볼릭 AI(symbolic AI), 혹은 규칙 기반(rule-based) AI로 불린다. 이 방식은 인간의 사고를 일련의 논리적 규칙과 기호 조작으로 환원할 수 있다고 전제한다. 즉, 문제 해결을 위해 필요한 모든 규칙을 컴퓨터에 명시적으로 입력해 주면, 컴퓨터는 이 규칙들을 바탕으로 추론하고 판단할 수 있다는 접근이다. 당시 개발된 시스템들은 대부분 'if-then' 형식의 조건문으로 구성되었으며, 전통적인 논리학과 수학 기반의 사고 구조를 따른다.

이 시기를 대표하는 AI 시스템 중 하나가 엘리자(ELIZA)다. 엘리자는 1966년 조셉 바이젠바움(Joseph Weizenbaum)이 개발한 심리상담 시뮬레이터로, 정해진 문장 패턴을 바탕으로 사용자의 입력에 반응하는 단순한 대화형 프로그램이었다. 겉보기에는 마치 사람과 대화하는 듯한 느낌을 주었지만, 실제로는 "네가 그렇게 느낀 이유는 뭐니?" 같은 틀에 박힌 문장을 반복할 뿐이었다. 그럼에도 불구하고 당시에는 큰 반향을 일으켰고, 기계가 인간 언어를 흉내 내는 것만으로도 놀라운 성과로 평가되던 시기였다.

또 다른 사례는 SHRDLU[23]라는 프로그램이다. 이 프로그램은 제한된 블록 세계(block world) 내에서 명령을 이해하고, 기호 기반 추론을 통해 블록을 이동하거나 질문에 답변하는 기능을 수행했다. SHRDLU는 인간의 언어와 논리적 명제를 연결한 대표적인 규칙 기반 AI로 평가받는다.

하지만 이러한 초기 AI들은 근본적인 한계를 안고 있었다. 현실 세계는 수많은 변수와 예외 상황으로 구성되어 있는데, 이 모든 것을 명시적인 규칙으로 정의하는 것은 거의 불가능했기 때문이다. 게다가 입력된 규칙만으로는 새로운 상황에 학습하거나 유연하게 대처할 수 없었다. 결국 이 시기의 AI는 특정 상황에서는 매우 정교하게 작동했지만, 일반적인 환경에서는 응용력이나 확장성이 떨어졌고, 이는 1974~1980년경 연구 열기가 식어가는 첫 번째 AI 겨울을 초래하게 된다.

그러나, 이 시기의 AI는 지능이란 무엇인가에 대한 기술적 상상력과 시도를 현실화한 중요한 출발점이었다. 특히 기계도 인간처럼 추론할 수 있다는 믿음은 이후 AI 발전에 지속적으로 영향을 주었고, 오늘날 등장한 거대한 언어모델들도 결국, 초기의 규칙 기반 접근에서 시작된 언어와 사고의 기계화의 연장선에 있다.

4.4 개인용 컴퓨터와 전문가 시스템 부상

1970~1980년대는 인공지능이 초기 이론적 연구 단계를 넘어, 현실 문제에 적용 가능한 기술로 발전하던 시기였다. 이 변화의 중심에는 개인용 컴퓨터의 등장과 확산, 그리고 전문가 시스템(Expert System)이라는 새로운 형태의 AI 응용이 자리하고 있었다.

23 SHRDLU(슈르들루): 영어 타자기 자판에서 가장 많이 쓰이는 철자 조합에서 따온 이름

1971년, 인텔이 세계 최초의 상용 마이크로프로세서 4004를 발표하면서 컴퓨터는 대형 기업과 정부 기관의 전유물에서 점차 개인과 소규모 조직의 도구로 확산되기 시작했다. 이후 Apple II, IBM PC 등의 등장으로 개인용 컴퓨터 시대가 본격화되며, 컴퓨팅 환경의 접근성과 사용성이 획기적으로 향상되었다. Apple II(1977)는 개인용 컴퓨터 시장 성장에 중요한 전환점이었으며, IBM PC(1981)는 사실상 산업 표준 시대를 열었다. 이 변화는 AI에도 중요한 기회를 제공했다. 이전까지는 고가의 메인프레임에서만 실험되던 AI 기술이 일반 연구 기관, 기업, 학교에서도 현실 적용 가능한 기술로 실험되기 시작한 것이다.

이 시기 AI 연구자들은 "기계가 전문가처럼 판단하고 조언할 수 있다면?"이라는 질문에 주목했다. 이 물음에 대한 해답으로 등장한 것이 바로 전문가 시스템이다. 전문가 시스템은 특정 분야의 인간 전문가가 사용하는 판단 기준, 규칙, 경험 등을 일련의 지식 규칙(Knowledge Rules)으로 전산화하여 컴퓨터에 내장하고, 이를 기반으로 문제 해결, 진단, 추천 등의 기능을 수행하도록 설계된 시스템이다. 이러한 방식은 지식은 분리 가능한 자산이며, 컴퓨터에 입력하여 운용할 수 있다는 전제에 기반한다.

대표적인 예로는 MYCIN[24]과 DENDRAL[25]이 있다. MYCIN은 스탠포드 대학에서 개발된 의료 진단용 전문가 시스템으로, 혈액 감염증의 진단과 항생제 추천을 수행했다. MYCIN은 500개 이상의 규칙을 사용하며, 전문가 수준의 진단 정확도를 보여줬다. DENDRAL은 화학 구조 분석에 특화된 시스템으로, 분광 데이터를 바탕으로 화합물의 분자 구조를 추론했다. 이는 당시 화학자들이 수행하던 복잡한 추론 작업을 AI가 일정 수준까지 대체할 수 있다는 가능성을 보여주었다.

24 MYCIN(마이신): 항생제 이름에서 착안, 1970년대 스탠퍼드 대학에서 개발한 전문가 시스템으로 세균 감염 진단 및 항생제 처방 지원

25 DENDRAL(덴드럴): 1960년대 스탠퍼드에서 개발한 AI 프로그램으로 화합물의 분자 구조를 추론

이러한 전문가 시스템들은 산업 현장과 기업 경영의 다양한 영역에 도입되기 시작했다. 제조업에서는 장비 고장 진단, 금융에서는 신용 평가, 법률에서는 판례 분석에 이르기까지 AI가 사람의 판단을 흉내 내는 기술로서의 가능성이 대대적으로 실험되었다. 1980년대 중반에는 전문가 시스템이 상업화되면서, XCON[26] 같은 시스템이 연간 수천만 달러 이상의 비용 절감 효과를 거두기도 했다. 당시 대기업들은 AI 개발팀을 구성하고, 기업용 AI 솔루션을 확보하는 경쟁에 나섰다. 일부 컨설팅 기업은 AI 기반 시스템 구축을 핵심 역량으로 내세우며 지식 경영(Knowledge Management)이라는 새로운 흐름을 만들어내기도 했다.

하지만 이러한 열기에도 불구하고 전문가 시스템은 곧 근본적인 한계에 봉착하게 된다. 무엇보다도, 인간 전문가가 지닌 '직관', '맥락 판단', '학습'의 영역을 컴퓨터에 완전히 옮기는 것은 불가능에 가까웠다. 전문가가 가진 암묵지(tacit knowledge)를 명시적 규칙으로 전환하는 데는 시간과 비용이 과도하게 소모되었고, 시스템이 처리할 수 있는 상황의 범위도 매우 제한적이었다. 또한, 환경이 조금만 바뀌면 기존 규칙은 무력화되었고, 스스로 학습하거나 적응하는 능력이 없는 유연성의 부재가 치명적이었다.

결국, 1987년 무렵부터 전문가 시스템은 시장성과 기술적 한계로 인해 빠르게 위축되었고, 두 번째 AI 겨울을 맞이하게 된다. 투자자와 기업의 기대가 한순간에 사라지고, 연구자들조차 관심을 잃는 시기가 이어졌다. 하지만, 이 시기의 경험이 무의미하지만은 않다. AI를 이론이 아닌, 비즈니스 현장에 적용해 보려는 최초의 시도였으며, AI 기술이 성공하기 위해서는 지속적인 학습, 데이터 기반 추론, 유연한 의사결정 구조가 필요하다는 교훈을 남겼다. 이는 훗날 머신러닝, 딥러닝, 생성형 AI로 이어지는 기술 진화에 있어 반복되지 않아야 할 실패 사례이자 반면교사가 되었다.

26 XCON(eXpert CONfigurer, 엑스콘): 1980년대 DEC(Digital Equipment Corporation)에서 개발한 서버 구성 추천 전문가 시스템

4.5 인터넷과 클라우드 기술의 확산

1990년대는 인공지능이 이전의 기대를 채우지 못한 채 침체기인 AI 겨울 시기를 지나고 있었다. 하지만 그와 동시에, AI의 르네상스를 가능하게 할 두 가지 핵심 기반 기술이 조용히 성장하고 있었다. 바로 인터넷의 대중화와 클라우드 컴퓨팅의 빌진이다. 이 두 기술은 AI 기술 그 자체를 진보시켰다기보다는, AI가 작동할 수 있는 생태계적 기반과 스케일을 만들어준 인프라 혁명이다.

(1) 인터넷: 데이터의 폭발적 증가와 연결의 시대

1990년대 중반 이후 인터넷이 전 세계적으로 빠르게 보급되면서 이전과는 비교할 수 없는 양의 데이터가 생성되기 시작했다. 웹사이트, 이메일, 온라인 쇼핑, 디지털 금융, 소셜 미디어의 등장 등은 정형·비정형 데이터를 포함한 광범위한 정보의 디지털화를 이끌었고, 이는 곧 AI 연구자들과 기업에게 학습할 수 있는 세계를 열어주었다.

AI는 본질적으로 **데이터에서 패턴을 학습하는 시스템**이다. 하지만 그 이전까지의 AI는 배울 데이터가 부족했고, 학습하려면 인간이 규칙을 일일이 알려줘야만 했다. 인터넷은 그 전제 자체를 바꾸었다. 모든 것이 디지털화되며 축적되자, AI는 스스로 데이터를 분석하고 규칙을 발견할 수 있는 환경으로 나아가기 시작했다. 이러한 흐름은 규칙 기반(rule-based) 접근에서 데이터 기반(data-driven) 접근으로의 전환을 이끈 결정적인 계기였다.

또한, 인터넷은 AI 기술을 공유하고 확산하는 방식에도 변화를 주었다. 오픈소스 커뮤니티, 온라인 논문 저장소, 글로벌 협업 플랫폼이 등장하면서 AI 알고리즘과 데이터셋은 연구실에서 벗어나, 전 세계 연구자와 개발자들이 함께 개선하고 실험하는 개방형 생태계로 진화했다.

(2) 클라우드: 연산 인프라의 민주화

인터넷이 데이터와 연결 기반을 만들었다면, 클라우드는 계산 자원의 접근성을 혁명적으로 바꿔놓았다. 2000년대 중반, 아마존 웹서비스(AWS)를 필두로 마이크로소프트의 Azure(애저), 구글 클라우드 플랫폼(GCP) 등이 본격적으로 확산되면서 고성능 연산이 필요한 AI 학습과 모델 실행이 더 이상 일부 대기업의 전유물이 아니게 되었다.

AI 알고리즘, 특히 머신러닝과 딥러닝은 수많은 반복 연산과 대규모 매트릭스 계산을 필요로 한다. 이는 고사양 GPU[27]와 대량의 저장 공간, 병렬 처리 환경이 필수적이라는 뜻이다. 클라우드는 이러한 인프라를 필요한 만큼, 유연하게, 저비용으로 제공함으로써 스타트업이나 연구소, 대학, 개인 개발자들에게도 AI 실험과 상용화의 기회를 제공했다.

또한, 클라우드 환경은 AI를 서비스(API) 형태로 활용하는 구조도 가능하게 했다. 예컨대, 구글의 번역 API, IBM Watson의 자연어 처리 엔진, AWS의 예측 모델 등은 AI 알고리즘을 자체 개발하지 않더라도, 클라우드 기반으로 쉽게 호출하고 응용할 수 있게 해주었다. 이는 AI의 도입 장벽을 획기적으로 낮췄고, 누구나 AI를 사용할 수 있는 시대, 즉 AI as a Service(AIaaS)의 문을 열었다.

인터넷과 클라우드의 발전은 단순히 기술적 편의성을 넘어서, AI의 철학과 접근 방식을 근본적으로 바꾸는 기폭제가 되었다. 이전에는 인간이 규칙을 심어줘야 작동하던 AI가, 이제는 데이터에서 스스로 규칙을 학습할 수 있는 AI, 즉 머신러닝(Machine Learning) 기반의 접근으로 넘어가게 되었다.

2000년대 중반부터 AI는 다시 주목받기 시작했다. 이메일 스팸 필터링, 검색 엔진 결과 개선, 온라인 추천 시스템, 이미지 분류 등 비즈니스와 소비자 경험에

27 GPU(Graphics Processing Unit): 그래픽 처리를 위한 병렬 연산 장치. 최근에는 AI 연산 가속에도 광범위하게 사용.

직접 영향을 주는 기술들이 점점 현실화되었고, AI는 다시금 산업과 기업의 전략적 관심사로 떠오르기 시작했다.

이 시기의 변화는 겉으로 보기에 조용했지만, 이후 딥러닝과 생성형 AI의 폭발을 가능하게 한 모든 기반을 차곡차곡 마련한 시기였다. 다시 말해, 인터넷과 클라우드는 AI가 가능성에서 실행력으로 진화하는 데 결정적 역할을 한 인프라 환경이었다.

4.6 딥러닝과 생성형 AI 시대

그림 18 생성형 AI, 딥러닝, 머신러닝, 인공지능의 차이

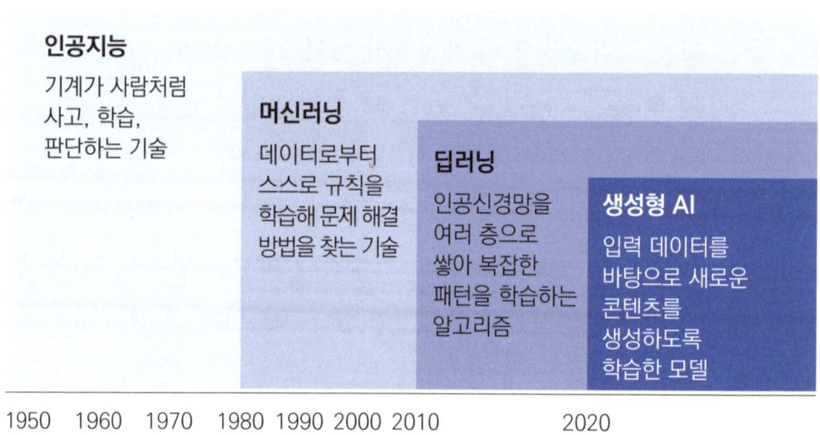

2012년은 인공지능 역사에 결정적인 전환점으로 기억된다. 그 해, 캐나다 토론토 대학의 제프리 힌턴(Geoffrey Hinton) 연구팀이 개발한 'AlexNet' 딥러닝 모델이 세계 이미지 인식 경진대회인 ImageNet Challenge에서 기존 알고리즘

을 압도적인 성능 차이로 제치며 1위를 차지한 것이다. 이 사건은 AI가 다시 주목받는 계기가 되었을 뿐 아니라, AI 연구와 산업 응용의 방향을 심볼릭/전문가 시스템 기반에서 딥러닝(Deep Learning) 중심의 데이터 기반 AI로 완전히 재편하는 계기가 되었다.

딥러닝은 인간 뇌의 뉴런 구조를 본뜬 인공신경망(ANN: Artificial Neural Network)을 다층 구조로 쌓아(deep) 더 정교하고 복잡한 패턴 인식이 가능하도록 만든 기술이다. 전통적인 머신러닝이 특징(feature)을 사람이 직접 설계해야 했다면, 딥러닝은 데이터를 통해 스스로 특징을 추출하고 학습한다. 이 특징은 이미지 인식, 음성 인식, 자연어 처리와 같은 분야에서 인간 수준 혹은 그 이상의 정확도를 달성하게 했다.

딥러닝의 등장으로 AI는 보조 기술에서 문제를 직접 해결하는 주체적 기술로 전환했다. 자율주행차, 음성비서, 얼굴인식, 의료 영상 분석, 이상 징후 탐지 등 사람이 하던 복잡한 인지적 판단을 기계가 수행하는 것이 가능해졌고, AI는 기업의 제품과 서비스 구조를 바꾸는 중심 기술로 떠오르게 되었다.

그리고 2020년대에 들어서면서, 우리는 다시 한번 AI의 진화를 목격하고 있다. 바로 생성형 AI(Generative AI)의 부상이다. 기존 AI가 데이터를 분류하고 예측하는 데 중점을 두었다면, 생성형 AI는 주어진 입력으로부터 새로운 텍스트, 이미지, 음성, 코드, 영상 등을 창조할 수 있다. 이는 AI가 단순한 분석 도구를 넘어서, 창의적 생산자의 영역으로 진입하고 있다는 점에서 혁신적이다.

생성형 AI의 대표 기술은 대규모 언어모델(LLM)이다. 수백억에서 수조 개의 매개변수를 가진 LLM은 대규모 언어 자료(텍스트 코퍼스, text corpus) 기반으로 학습하며, 이전의 규칙 기반 언어처리 방식과는 비교할 수 없는 문맥 이해력과 생성 능력을 보인다. OpenAI의 ChatGPT, Google의 Gemini, Anthropic의 Claude, Meta의 LLaMA, 네이버의 하이퍼클로버X 등이 대표적이다.

이러한 모델은 고객 응대, 보고서 작성, 마케팅 카피 작성, 코드 생성, 자동 번역, 기획 아이디어 발상 등 다양한 영역에서 사람의 창의적 노동을 보조하거나 대체하고 있다. 기업은 이를 통해 비용 절감, 속도 향상, 고객 경험 개선 등의 전략적 효과를 실현하고 있다. 또한 텍스트를 넘어서, 멀티모달 생성형 AI도 빠르게 발전 중이다. 이미지 생성, 음성 합성, 영상 생성, 3D 오브젝트 생성 등 다양한 영역에서 입력과 출력의 형식을 넘나드는 AI가 등장하고 있으며, 이는 산업 구조, 콘텐츠 생산 방식, 제품 개발 주기를 혁신적으로 바꾸고 있다.

생성형 AI 시대는 기술만의 문제가 아니다. 이제는 조직 진략, 비즈니스 모델, 가치사슬의 재설계가 필요한 시점이다. AI를 도입하느냐보다 중요한 것은, AI를 어디에, 어떻게 통합하고, 어떤 경쟁우위를 설계하는가이다. 예를 들어, AI를 통해 단순 고객 응대만 자동화하는 기업과 AI를 제품 설계, 마케팅, 생산, 운영까지 전방위로 통합한 기업은 전혀 다른 전략적 성과를 내게 된다.

표 5 AI 컴퓨팅 기술의 발전 역사

구분	시기	컴퓨팅 기술	AI 접근 방식	대표 기술/사례
컴퓨터 태동기	1940s–1960s	진공관·트랜지스터 컴퓨터, 초기 메인프레임	규칙 기반 AI (심볼릭 AI), 논리 추론	튜링 테스트, ELIZA, SHRDLU
개인용 컴퓨터와 전문가 시스템	1970s–1980s	마이크로프로세서, 개인용 컴퓨터(PC) 보급	전문가 시스템 (Expert System)	MYCIN, DENDRAL, XCON
인터넷과 클라우드 환경	1990s–2000s	인터넷 대중화, 클라우드 인프라 등장	머신러닝 기반 접근, 통계적 모델링	스팸 필터, 추천 시스템, IBM Watson
딥러닝과 생성형 AI	2010s–현재	GPU, 클라우드 기반 연산, API 기반 LLM	딥러닝, 생성형 AI, 멀티모달 AI	ChatGPT, DALL·E, MS Copilot

이제 AI는 도입할지 말지를 논의하는 기술이 아니라, 어떻게 활용할지, 얼마나 내재화할지를 고민해야 하는 전략의 중심이다. 딥러닝과 생성형 AI는 이 전환을 가능하게 한 기술적 기둥이며, 기업은 이 변화의 흐름을 구조적으로 읽고, 자사의 비즈니스 모델과 조직 구조에 맞게 설계된 통합 전략을 수립해야 한다.

4.7 AI 기술의 계층 구조

2022년 11월 한 인공지능 서비스가 세상에 모습을 드러냈다. 바로 ChatGPT. 출시 후 5일 만에 100만 명의 사용자를 확보했고, 2개월 만에 월간 활성 사용자 수가 1억 명을 넘어섰다. 질문에 답하고 글을 쓰고 코딩을 하며, 심지어 유머와 농담까지 구사하는 ChatGPT는 사람들에게 AI가 더 이상 전문가를 위한 연구실 속 기술이 아님을 보여주었다.

이러한 ChatGPT 뒤에는 AI 생태계가 존재한다. 데이터와 연산 인프라, AI 알고리즘, 그리고 이를 다양한 서비스와 산업으로 확장하고 융합시키는 기술들이 맞물려 돌아가고 있다. 마치 보이지 않는 거대한 도시처럼, 수많은 구성 요소가 연결되고 상호작용하며 하나의 AI 서비스를 움직인다. 앞 절에서 컴퓨팅의 거시적 역사를 따라가며 AI 기술이 어떻게 태어나고 발전해왔는지 살펴보았다. 이제 시선을 돌려 오늘날의 AI가 어떻게 작동하는지 그 속을 들여다보자.

오늘날 ChaGPT와 같은 AI는 음성 인식, 이미지 분류 및 생성, 자동 번역, 챗봇과 같은 애플리케이션으로 많이 사용되고 있다. 이 이면에는 복잡하고 유기적으로 연결된 다층적 생태계 구조가 존재한다. AI는 하나의 알고리즘으로 완성되는 게 아니라, 데이터, 컴퓨팅 인프라, 알고리즘과 툴킷, 플랫폼, 사용자 인터페이스, 응용 서비스까지 수많은 기술과 자원이 계층적으로 쌓이고, 상호작용하는 구조 위에서 작동한다. 이 구조를 이해하면 AI가 어떻게 만들어지고, 누구에 의해, 어떤 경로를 거쳐 사용자에게 전달되는지 파악할 수 있다.

AI 기술 구조는 크게 다섯 개의 주요 구성 요소로 구분할 수 있다.

그림 19 AI 기술 구조

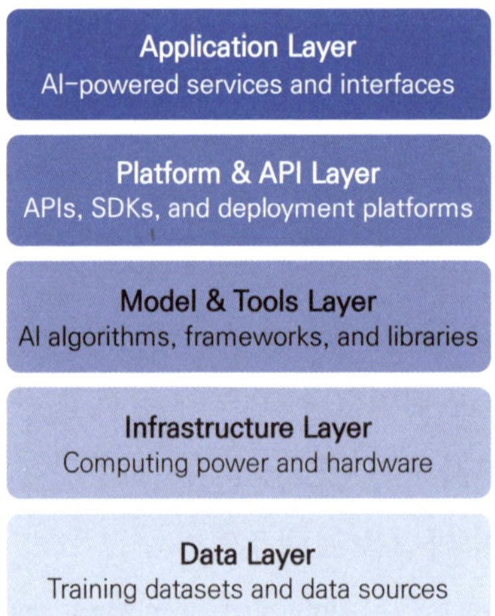

(1) 데이터 층(Data Layer)

AI가 똑똑해지려면 먼저 배울 재료가 필요하다. 이 재료가 바로 데이터이다. 숫자, 글, 사진, 소리, 영상처럼 세상에 있는 모든 정보가 포함된다. 번역 AI는 수많은 문장을 보고 배워야 하고, 사진 속 동물을 구분하는 AI는 다양한 고양이와 강아지 사진을 많이 봐야 한다. 즉, 데이터 층은 AI의 연료에 해당한다. 숫자, 로그와 같은 정형 데이터부터 텍스트, 이미지, 음성, 영상 등 비정형 데이터까지 다양한 형태의 대규모 데이터셋이 모델 학습의 기반이 된다. 성능은 데이터의 양뿐 아니라 문제 적합성, 품질, 다양성에 크게 의존한다. 데이터는 많다고 좋은 것은 아니며, 목적과 맥락에 맞게 잘 구조화되어 있어야 한다.

예) OpenAI, Google, Meta, 네이버, 카카오 등

(2) 인프라 층(Infrastructure Layer)

AI가 공부하고 일하려면 연산 능력이 필요하다. 이를 인프라라 한다. AI를 학습시키는 고성능 컴퓨터, 데이터를 저장하는 공간, 클라우드 서비스, 네트워크 등 물리적 기반이 여기에 속한다. GPU는 AI가 수많은 계산을 빠르게 할 수 있게 해주는 엔진이다. 운동장이 넓고 에너지가 많을수록, AI는 더 큰 문제를 풀고 더 빠르게 성장한다. 즉, 인프라 층은 AI 학습과 실행을 위한 엔진이다. 과거에는 슈퍼 컴퓨터나 자체 데이터센터가 필수였지만, 현재는 AWS, Azure, GCP 등 클라우드 플랫폼이 유연하고 확장 가능한 연산 환경을 제공한다. 엔비디아(NVIDIA)는 GPU 시장을 사실상 독점하며 이 층에서 막강한 영향력을 행사하고 있다.

예) NVIDIA GPU(그래픽 처리 장치), Amazon AWS(클라우드 컴퓨팅), Microsoft Azure(AI 연산 및 데이터 저장), KT Cloud, 네이버 클라우드 등

(3) 모델과 툴 층(Model & Tools Layer)

AI가 문제를 해결할 때 사용하는 공식이나 방법을 알고리즘이라 한다. 예를 들어, 사진 속 사람을 찾는 법, 문장의 뜻을 파악하는 법, 새로운 그림을 그리는 법이 여기에 해당한다. 이러한 알고리즘을 설계하고 시험하는 데 필요한 도구상자가 바로 개발 프레임워크다. 알고리즘이 데이터를 학습하여 패턴과 규칙을 익힌 결과물이 모델이며, 이 모델이 실제 문제 해결에 쓰인다. 마치 요리사가 레시피와 주방 도구를 함께 써서 요리를 만들 듯, AI도 알고리즘과 프레임워크를 함께 사용해 원하는 결과를 만들어낸다. 이 층은 AI의 두뇌에 해당하며, AI가 얼마나 똑똑하고 효율적으로 작동하는지 좌우한다.

예) Google DeepMind, OpenAI GPT/DALL·E, Meta LLaMA, 네이버 클로바, 카카오브레인 KoGPT 등

(4) 플랫폼과 API 층(Platform & API Layer)

AI를 직접 만들기 어렵더라도, 플랫폼을 통해 빌려 쓸 수 있다. 예를 들어, OpenAI의 GPT API, 구글의 Vertex AI, Meta LLaMA 같은 서비스는 복잡한 AI를 쉽게 불러다 쓸 수 있게 한다. 개발자는 API라는 배달 서비스를 통해 AI 기능을 자기 앱이나 웹사이트에 붙일 수 있다. 이 층이 있으면 AI를 활용하는 속도와 범위가 훨씬 넓어진다. 즉, 플랫폼과 API 층은 AI를 빌려 쓰는 배달 창구 같은 곳이다. 복잡한 AI 모델을 API, SDK[28], 플랫폼 형태로 제공해 외부 개발자와 기업이 쉽게 활용하도록 하는 계층이다. 이 층은 생태계 확장과 시장 진입 속도를 좌우하는 전략적 거점이 된다.

예) OpenAI GPT API, Google Vertex AI, AWS Bedrock, 네이버 클로바 AI API, 카카오 i Open Builder

(5) 응용 서비스 층(Application Layer)

사용자와 AI가 실제로 만나는 지점이다. AI 챗봇, 음성 비서, 문서 작성 도우미, 자동 번역기, 추천 시스템 등 산업별 특화 서비스들이 여기에 속한다. 사용자 친화적인 UX/UI 설계, 도메인 지식, 사용자 피드백 루프가 중요하며, AI의 활용도와 확산 속도를 결정짓는다.

예) OpenAI ChatGPT, Google Gemini, Apple Siri, Amazon Alexa, 루닛(Lunit) AI 기반 영상 판독 등

---

28 SDK(Software Development Kit): 특정 플랫폼이나 응용 프로그램을 개발할 수 있도록 제공되는 도구 모음으로, 라이브러리, API, 예제 코드, 문서 등이 포함되어 개발자가 손쉽게 기능을 구현하고 테스트할 수 있게 해준다.

AI 기술의 가치사슬 구조를 이해하는 건 AI 시대에 전략적 위치를 확보하는 출발점이 된다. 데이터부터 인프라, 모델과 툴, 플랫폼, 응용 서비스에 이르기까지 각 층이 어떻게 맞물려 돌아가는지 알면, 어떤 계층에서 기회가 열리고 어느 영역이 경쟁의 중심이 되는지 판단할 수 있다. 이를 통해 기업은 자신이 경쟁 혹은 협력해야 할 파트너를 명확히 정하고, 어떤 층을 내부 역량으로 확보할지, 어떤 층은 외부와 연계할지 전략적으로 결정할 수 있다. 개인 역시 AI 배경 구조를 이해함으로써 어떤 기술을 배우고, 어떤 서비스와 연결할지를 설계할 수 있다. AI 기술 구조를 아는 것은 기술의 겉모습을 넘어 그 작동 원리와 힘의 흐름을 읽는 일이며, 이는 앞으로 AI를 보다 깊이 이해하고 현명하게 활용하는 방안이 된다.

표 6 AI 기술 구조

계층	역할	생태계 측면
1. Data Layer(데이터 층)	AI 학습의 원료 제공	기초 자원
2. Infrastructure Layer(인프라 층)	학습과 추론 실행	물리적 기반
3. Model & Tools Layer(모델과 툴 층)	AI의 지능을 구현	기술의 두뇌
4. Platform & API Layer(플랫폼/API 층)	기술을 서비스로 전달	확산 구조
5. Application Layer(응용 서비스 층)	사용자 접점 및 실제 사용	시장과 고객의 접점

4.8 AI 알고리즘의 진화

AI 역사를 기술 관점에서 바라볼 때, 극적인 변화를 만들어온 건 알고리즘의 진화다. 아무리 데이터가 많고 연산 인프라가 좋아도 문제를 해결하는 방법이 발전하지 않으면 AI 성능에는 한계가 있다. 알고리즘은 AI가 세상을 이해하고 판단하며 창조하는 방식을 규정하는 두뇌이자 설계도다. 지난 수십 년간 AI 알고리즘은 아래 그림처럼 단순한 규칙 집합에서 스스로 학습하고 창조하는 존재로 진화해 왔다.

그림 20 AI 알고리즘의 진화

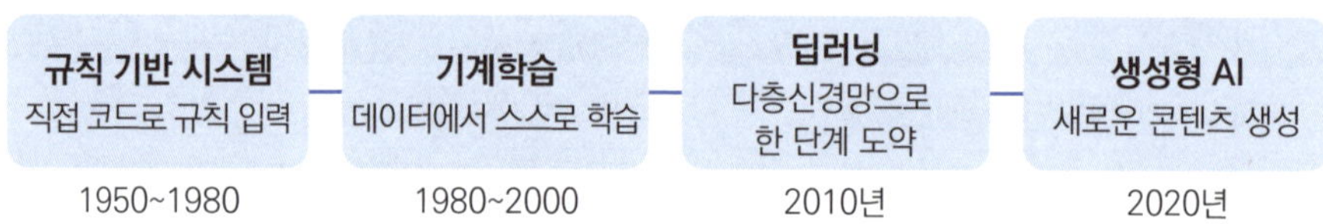

첫 번째 단계는 **규칙 기반 시스템**(Rule-based System)이다. 1950년대부터 1980년대까지 AI는 사람이 만든 규칙을 코드로 입력하는 방식이었다. '만약 X면 Y를 실행한다'라는 논리 구조로 규칙을 수백, 수천 개 나열하고, 기계는 이 규칙에 따라 판단을 내렸다. 이 방식은 미리 정해진 범위 안에서는 꽤 잘 작동했지만, 예외 상황이나 처음 보는 문제에는 대처하지 못했다. 초기 AI는 단순하고 반복적인 환경에서는 유용했지만, 현실 세계처럼 복잡하고 변수가 많은 상황을 다루기에는 한계가 있었다.

두 번째 단계는 **기계학습, 즉 머신러닝**(Machine Learning)이다. 1980년대 후반부터 2000년대에 걸쳐 AI는 데이터에서 스스로 패턴을 찾아내는 능력을 갖추기 시작했다. 이전 단계처럼 사람이 모든 규칙을 일일이 짜주는 대신, 컴퓨터가 데이터 속에서 규칙을 발견하는 방식이다. 데이터가 많을수록 성능이 좋아져 더 똑똑해졌지만, 여전히 사람이 어떤 구조로 학습할지, 어떤 특징을 볼지 설계해 줘야 했다. 이 시기의 머신러닝은 스팸메일 필터링, 추천 시스템, 음성 인식 등 다양한 분야에서 활용되며 AI의 실용성을 크게 끌어올렸다.

대표적인 학습 방식은 다음과 같다.

- 지도학습(Supervised Learning): 정답이 있는 데이터를 학습해 새로운 데이터를 예측하거나 분류
- 비지도학습(Unsupervised Learning): 정답 없는 데이터에서 숨겨진 패턴이나 구조를 찾아냄
- 강화학습(Reinforcement Learning): 보상을 받으며 행동 전략을 점점 더 최적화

세 번째 단계는 **딥러닝(Deep Learning)**의 시대다. 2012년, 이미지넷 대회에서 딥러닝 기반 알고리즘인 알렉스넷(AlexNet)이 기존 방식을 압도적으로 제치며, 딥러닝이 AI의 주류로 부상했다. 딥러닝은 인간의 뇌 구조를 모방한 인공신경망을 수십 개 층으로 깊게 쌓아 올린 알고리즘으로, 이미지 인식, 음성 인식, 자연어 처리 등에서 혁신적인 성과를 만들어냈다.

이 시기에 발전을 가능하게 한 요인은 크게 세 가지다.

- GPU 연산 성능의 비약적 향상
- 대규모 데이터셋의 등장
- 신경망 구조와 학습 기법의 고도화

딥러닝은 데이터의 전처리 과정을 최소화하면서도 높은 정확도를 달성할 수 있었고, 특히 음성, 이미지, 언어처럼 비정형 데이터 처리에서 강점을 보였다.

다음은 딥러닝에서 많이 사용하는 주요 신경망 아키텍처로, 딥러닝 안에서

데이터를 처리하는 모델 설계 방식 또는 구조이다.

- CNN(Convolutional Neural Network): 이미지 분석, 자율주행, 의료 영상 분석 등
- RNN(Recurrent Neural Network): 자연어 처리, 시계열 예측 등 순차 데이터 분석
- LSTM(Long Short-Term Memory)/GRU(Gated Recurrent Unit): RNN의 장기 의존성 문제를 해결한 구조
- Transformer: 언어 모델링과 생성형 AI의 기반을 만든 구조

네 번째 단계는 현재 진행 중인 **생성형 AI(Generative AI)**다. 2020년대 들어 AI는 단순히 데이터를 분석하거나 분류하는 수준을 넘어, 새로운 텍스트, 이미지, 음성, 영상을 직접 만들어내기 시작했다. 기술은 이제 사람의 언어와 창의적 활동을 모방하는 단계를 지나 새로운 형태의 창작을 가능하게 했다. 이들은 대규모 데이터로 사전학습(pretraining)을 거쳐 언어의 구조와 의미를 익힌 뒤, 질문에 대한 답변, 요약, 번역, 창작 등 다양한 언어 생성 작업을 수행한다. 나아가 프로그래밍 코드 작성, 이미지 생성, 음악 작곡, 제품 설계 등 창의성이 요구되는 영역으로 확장되고 있다.

아래는 현재 생성형 AI를 가능하게 하고 발전시키는 기술 요소다.

- Transformer 기반 LLM: 문장 속 단어 간 관계를 주의(attention) 메커니즘으로 분석해, 긴 문맥도 정확하게 이해하고 처리하는 구조로 생성형 AI의 언어 처리와 창작의 중심 기술임
- Diffusion 모델: 이미지를 노이즈(잡음)로 변환했다가 점차 제거하면서 새로운 이미지를 생성하는 방식으로 세밀하고 사실적인 이미지와 영상 생성에 강점을 가짐
- 멀티모달[29] 확장: 텍스트, 이미지, 음성, 영상 등 서로 다른 형태의 데이터를 한 모델에서 동시에 이해하고 생성하는 다양한 데이터 형식을 융합하는 방

29 멀티모달(Multi-modal): 텍스트, 이미지, 음성, 비디오 등 다양한 형태의 데이터를 함께 처리하고 이해하는 인공지능 기술

향성을 가짐

- 프롬프트 기반 상호작용: 사용자가 자연어로 지시(프롬프트)를 내리면 AI가 해당 의도를 해석해 결과를 제공하는 방식으로 생성형 AI의 대중화를 가능하게 한 인터페이스임

오늘날 생성형 AI는 텍스트, 이미지, 음성, 영상 등 다양한 콘텐츠를 높은 품질로 만들어내며 산업 전반에 파급력을 넓히고 있다. 그러나 기술은 여전히 발전 중이며 앞으로는 단순한 생성 능력을 넘어 아래 그림과 같이 인간의 작업을 능동적으로 지원하는 단계로 발전할 것이다.

그림 21 생성형 AI 발전 방향

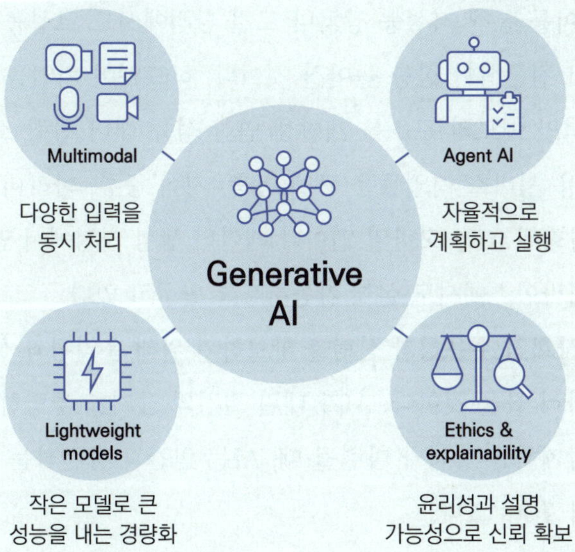

우선, **멀티모달 기술을 기반으로 사람처럼 다양한 정보원을 종합해 이해하는 방향으로 진화할 전망**이다. 예를 들어, 텍스트 설명과 이미지를 함께 분석해 상

황을 판단하고, 음성과 영상으로 즉시 대응하는 서비스가 가능해질 것이다. 멀티모달 기술이 본격화되면 스마트 의료 진단, 자율주행차의 실시간 상황 인식, 지능형 교육 서비스, 맞춤형 가상 쇼핑 어시스턴트 등 산업 전반에서 새로운 형태의 서비스가 탄생할 것이다.

또한, 스스로 목표를 설정하고 실행 계획을 세워 행동하는 **에이전트형 AI가 본격화되면, 사람의 세세한 지시 없이도 업무를 끝까지 수행하는 자율형 동료가 등장할** 것이다. 이미 일부 기업과 연구기관에서는 이를 구현하기 위한 시도가 진행 중이다. 기업 현장에서는 고객 상담, 시장 조사, 보고서 작성 등 반복적이며 복합적인 업무를 자동화하는 에이전트 기반 솔루션이 등장하고 있으며, 앞으로는 이러한 기능이 사무, 제조, 서비스 등 전 산업 영역으로 확산될 가능성이 크다.

이와 함께, **연산 비용과 에너지 소비를 줄이는 경량 모델과 최적화 기술**의 중요성도 커진다. 이를 통해 저성능 장치나 로컬 환경에서도 고성능 AI를 활용할 수 있게 되어, AI 접근성이 한층 높아질 것이다. 하드웨어 기업들은 저전력 AI 전용 칩과 효율적인 메모리 구조를 개발해 연산 성능 대비 전력 소모를 최소화하고 있으며, 응용 서비스 기업들은 모델 압축, 지식 증류, 파라미터 최적화 기법을 적용해 경량화된 AI를 모바일 앱이나 데이터 생성 지점에서 연산과 판단을 수행하는 엣지 디바이스에서도 실행 가능하도록 만들고 있다.

마지막으로, **사회적 수용성과 신뢰를 확보하기 위해 윤리성과 설명 가능성**이 필수 요건으로 자리 잡을 것이다. AI가 내린 결정의 근거를 투명하게 제시하고, 편향과 남용을 방지하는 장치가 마련될 때, AI는 인간과 공존하는 신뢰할 수 있는 핵심 파트너가 될 수 있다.

4.9 AI 생태계 확장과 융합

독립적으로 존재하던 다양한 기술들이 AI와 연결되면서 융합형 기술 생태계(Convergent Tech Ecosystem)를 형성하며, 이 융합은 새로운 서비스와 산업을 끊임없이 탄생시키고 있다. AI의 진화는 알고리즘 자체의 발전뿐 아니라, 다른 기술과의 융합을 통해 실현되는 확장성에서도 그 진가를 드러낸다.

AI 생태계란 인공지능 기술이 개발, 운영, 활용되는 전 과정을 뒷받침하는 기술, 데이터, 인프라, 인력, 규제, 시장 참여자들의 유기적 네트워크를 말한다. 즉, 알고리즘뿐 아니라, 이를 학습시킬 데이터, 실행할 연산 자원, 상용화할 플랫폼, 이를 활용하는 산업, 기업, 사용자까지 모두 포함하는, **AI가 작동하는 환경 전체**를 의미한다.

오늘날 AI가 직면한 문제들은 단일 기술로 해결하기 어려울 만큼 복잡하고 규모가 크다. 산업 전반에서 디지털 전환(DX)이 가속화되면서 AI 적용 범위는 빠르게 확대되고 있다. 자율주행차는 AI만으로 구현될 수 없으며, 센서, 지도 데이터, 통신망, 차량 제어 시스템 등 다양한 기술이 유기적으로 결합해야 비로소 구현된다. 이러한 흐름은 서로 다른 기술과 산업 간 경계를 허무는 융합으로 이어지고 있다.

AI 생태계 확장의 필요성은 두 가지 측면에서 뚜렷하다. 첫째, **기술적 측면에서 AI는 더 많은 데이터와 다양한 입력을 통해 정확도와 적응력을 높일 수 있다.** 예를 들어, 의료 영상 진단 AI는 영상 데이터뿐 아니라 환자의 생체 신호, 유전자 정보, 과거 진료 기록 등을 결합할 때 더욱 정밀한 진단이 가능해진다. 또한, 다양한 센서와 IoT 기기에서 수집된 실시간 데이터는 AI가 변화하는 환경에 신속하게 대응하도록 돕는다. 둘째, **비즈니스 측면에서 AI는 다른 기술과 결합해 지속적인 경쟁력과 새로운 수익 모델 창출의 기반을 마련할 수 있다.** 예를 들어, 소매 유통 기업이 AI와 AR(증강현실)을 결합하면 매장에서 개인 맞춤형 쇼핑 경험을 제공할 수 있으며, 제조 기업은 AI와 로보틱스를 통합해 생산성을 극대화하고 예지 정비 서비스를 부가 수익원으로 만들 수 있다.

이처럼 AI의 가치는 독립된 기술에서 나오는 것이 아니라, 다른 기술 및 산업과의 연결 속에서 폭발적으로 확장된다. AI 기술은 **첨단 ICT 기술과 결합**을 통해 적용 범위와 영향력을 빠르게 확장하고 있다. AI는 이제 특정 산업이나 분야에만 국한된 기술이 아니라, 디지털 전환의 시대 모든 기술의 중심 허브로 자리 잡았다. 이는 기술적 통합을 넘어, 기술 간 기능의 재조합과 역할 재정의를 수반한다.

사물인터넷은 AI의 눈과 귀가 된다. 전 세계에 설치된 센서가 수집한 데이터를 AI가 실시간 분석함으로써 스마트홈, 스마트시티, 스마트팩토리와 같은 지능형 환경이 구현된다. 초고속 초저지연의 통신 네트워크는 이 데이터를 지체 없이 전송해 자율주행차, 원격 수술, 실시간 번역 등 즉시성이 중요한 서비스를 가능하게 한다. 클라우드와 엣지 컴퓨팅은 AI 모델을 대규모로 학습하고 배포하며 확장하는 기반을 제공하고, 블록체인은 데이터의 무결성과 보안을 강화해 AI 의사결정의 신뢰도를 높인다.

AI는 모든 디지털 기술과 맞물려 플랫폼화되고 있으며, 그 중심에는 '데이터-연산-지능'이라는 새로운 가치사슬이 자리하고 있다. 이를 구체적으로 살펴보면 다음과 같다.

- AI + 빅데이터: 대규모 데이터 분석, 예측 및 패턴 인식 강화
- AI + 클라우드 컴퓨팅: AI 모델의 대규모 학습·배포 인프라 제공
- AI + 사물인터넷(IoT): 실시간 데이터 수집 및 분석, 지능형 엣지 디바이스 구현
- AI + 로보틱스: 자율주행, 물류 자동화, 인간-기계 협업으로 진화
- AI + 통신: 초저지연 및 고속 네트워크 기반의 실시간 AI 처리 구현

또한 **AI는 첨단 산업과 결합**해 가치를 확장하고 있다. 산업 융합(Industry Convergence)을 주도하며, 제조, 의료, 교육, 금융, 유통 등 거의 모든 산업이 변모하고 있다. 기존 산업 간 경계가 점점 모호해지고 있다.

제조업에서는 AI가 설비 고장을 사전에 예측하고, 카메라와 센서를 통해 불량품을 실시간 검출하며, 생산 계획을 자동으로 최적화한다. 의료 분야에서는 AI 진단 보조, 환자 맞춤 치료 계획 수립, 신약 후보 물질 발굴이 활발히 진행 중이다. 모빌리티 분야에서는 자율주행과 차량-인프라 통신이 발전하고, 에너지 산업에서는 AI가 재생에너지 수급을 예측하고 스마트그리드 운영 효율을 높인다. 금융 분야에서는 개인 맞춤형 자산 관리와 사기 거래 탐지가 고도화되고 있다.

이러한 산업 융합은 기존 업무 효율성을 높이는 데 그치지 않고, 각 산업에 지능을 부여함으로써 비즈니스 모델을 재설계하고 고객 경험을 새롭게 구성하는 등의 변화를 이끌고 있다. 아래는 AI 기반 융합 산업 사례이다.

- 스마트 제조(Manufacturing + AI): 공정 최적화, 예지 정비, 품질 검사 자동화 등
- 핀테크(Finance + AI): 신용평가, 이상 거래 탐지, 투자 알고리즘 개발 등
- 스마트 헬스케어(Healthcare + AI): 영상 판독, 질병 예측, 디지털 치료제 개발 등
- 에듀테크(Education + AI): 맞춤형 학습 경로 설계, AI 튜터, 자동 평가 시스템 등
- 리테일테크(Retail + AI): 수요 예측, 고객 맞춤 마케팅, 스마트 매장 등

그리고, **창의·문화 산업과 AI의 결합**은 콘텐츠 제작 방식을 바꾸고 있다. 과거 기획-제작-편집-배포가 순차적으로 진행되던 프로세스가 AI를 통해 실시간으로 맞춤화되어 자동으로 생성하는 방식으로 전환되고 있다. 이는 창작자의 생산성을 극대화할 뿐 아니라, 소비자에게는 이전보다 훨씬 개인화된 경험을 제공한다.

게임 산업에서는 AI가 캐릭터 행동과 대사를 실시간 생성하고, 플레이어의 선택에 따라 스토리라인을 동적으로 변화시킨다. 영화와 음악 분야에서는 시나

리오 기획, 스토리보드 제작, 사운드트랙 작곡, 후반 편집까지 AI가 지원하거나 자동화한다. 메타버스와 가상 세계에서는 사용자 취향과 활동 기록을 분석해 맞춤형 3D 환경과 아바타가 즉시 구현된다. 마케팅 분야에서도 소비자별 관심사와 구매 이력을 바탕으로 이미지, 영상, 카피가 자동으로 생성되어 다채널로 배포된다.

이러한 변화는 제작 속도를 높이는 수준이 아니라, 창작의 개념과 가치사슬을 재정의하고 있다. 창작자가 아닌 AI가 아이디이를 제시하고 사용자가 실시간 피드백을 제공해 함께 완성하는 협업형 창작이 새로운 표준으로 자리 잡아가고 있다. AI 기반 창의·문화 산업 융합 사례 아래를 참조하자.

- 게임(Game + AI): 실시간 스토리 생성, NPC[30] 행동과 대사 자동화 등
- 영화·음악(Film/Music + AI): 시나리오 작성, 사운드트랙 작곡, 편집 자동화 등
- 메타버스(Metaverse + AI): 개인 맞춤형 3D 환경과 아바타 생성, 몰입형 상호작용 구현 등
- 마케팅(Marketing + AI): 개인화 광고와 콘텐츠 자동 제작 및 배포 등

AI 생태계가 기술과 산업 전반으로 확장·융합하는 시대를 맞아, 기업에는 전략적 사고의 근본적인 전환이 요구된다. 변화의 속도가 빨라질수록 개별 제품이나 기술 중심 접근만으로는 지속적인 경쟁 우위를 확보하기 어렵다. 이제 경영자는 AI를 가치 창출을 위한 연결 구조로 바라봐야 한다.

AI 활용 전략은 다음 그림과 같이 점진적으로 성숙해가는 과정을 거친다. 1단계 기술 중심 사고에서는 AI를 개별 기술 도입과 자동화 수준으로 이해하며, 비용 절감이나 업무 효율에 초점이 맞춰진다. 2단계 생태계 중심 사고에서는 AI를 기업 내부뿐 아니라 파트너, 고객, 플랫폼과 연결된 네트워크 속에서 활용해,

30 NPC(Non-Player Character): 플레이어가 아닌 캐릭터로 게임 내에서 프로그램에 의해 움직이고 대사하는 인물

데이터와 자원을 공유하며 새로운 가치를 창출한다. 마지막으로 3단계 융합 중심 전략에서는 AI가 다른 기술과 비즈니스 모델, 조직문화와 융합해 전사적 혁신을 이끌고, 산업 경계까지 넘는 새로운 경쟁 질서를 만드는 데 기여한다. AI 활용은 기술 도입에서 출발해, 생태계와 융합을 통한 전략적 전환으로 진화하고 있다.

그림 22 단계별 AI 활용 전략

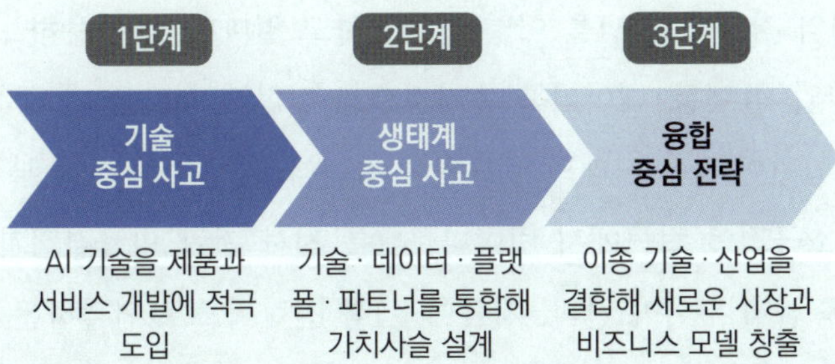

AI 생태계 확장과 융합 시대를 맞아 기업은 아래와 같은 전략적 사고 전환이 필요하다.

첫째, AI 시대의 전략은 **생태계적 사고(Ecosystem Thinking)로 전환**돼야 한다. 과거의 기술 전략이 제품이나 서비스 단위에 머물렀다면, 이제는 다양한 기술·기업·데이터·플랫폼이 얽혀 가치를 창출하는 생태계를 설계하고 주도해야 한다. 엔비디아는 GPU 하드웨어, CUDA 소프트웨어, AI 프레임워크, 개발자 커뮤니티를 아우르는 GPU 중심 AI 생태계를 구축했고, 테슬라는 차량·소프트웨어·데이터를 통합해 자율주행 생태계를 만들었으며, 오픈AI는 ChatGPT를 API 플랫폼으로 확장해 개발자를 생태계로 끌어들이고 있다. 이처럼 AI는 산업 전반의 핵심 인프라 제공자로 자리 잡으며 플랫폼 전략의 중심축에서 연결과 확장을 이끌고 있다. 경영자는 이제 자사 제품과 기술을 중심으로 한 관점에서 비즈니스 생태계를 설계하고 운영하는 전략을 고민해야 한다.

둘째, **융합 기술 전략이 미래 경쟁력**이 된다. 디지털 트윈과 만나 현실을 복제하고 예측하며, 블록체인과 융합해 신뢰 기반 협업 구조를 만들고, 양자컴퓨팅과 결합해 연산 속도를 비약적으로 끌어올리고 있다. 이러한 융합은 선택이 아니라 생존의 조건이며, 산업의 구조 자체를 재편할 파괴력을 지닌다. 따라서 기업은 AI를 독립 기술로 취급하는 관점에서 벗어나, 자사 핵심 역량과 융합할 수 있는 기술 지도를 작성하고 이를 토대로 미래 지향적 전략 파트너십을 설계해야 한다.

셋째, **미래의 경쟁력은 AI를 어떻게 연결하고 얼마나 잘 활용하느냐**에 달려 있다. 기술·산업·플랫폼·데이터를 유기적으로 결합해 새로운 가치사슬을 창출할 수 있는 기업만이 다음 시대의 주도권을 잡는다. 경영자는 기술 부서에 AI 도입을 맡기는 소극적인 접근에서 벗어나, AI를 전사 전략 의사결정과 비즈니스 모델 설계의 중심에 두어야 한다. 지금이 AI를 전략적으로 연결하는 기업과 AI에 종속되는 기업이 갈라지는 시점이다.

AI 생태계 확장과 융합 기술의 시대는 전략의 패러다임 전환을 요구한다. 미래의 승자는 AI를 단일 도구로 쓰는 기업이 아니라, 이를 연결하고 설계해 운영하며 끊임없이 진화하는 비즈니스 생태계를 구축하는 기업이다. 경영자는 기술 변화의 속도에 뒤처지지 않도록 지속적인 학습과 실험을 조직문화로 만들고 생태계 중심의 장기 전략을 실행에 옮겨야 한다. 이제 AI는 언제 어떻게 도입할까의 문제가 아니라, 어떤 전략으로 연결할까의 과제가 되었다.

자기진단 체크리스트 (Self-Assessment Checklist)

1. AI 기술 발전 과정을 단계별 구분해 설명할 수 있는가?
2. AI 혁신의 세 축이 각각 무엇이며, 구체적인 산업 적용 사례를 말할 수 있는가?
3. AI 기술의 다섯 계층을 구분하고 핵심 개념을 설명할 수 있는가?
4. 생성형 AI의 핵심 기술을 설명하고, 전통적 AI와 비교할 수 있는가?
5. AI 생태계 확장과 융합 사례를 들어, 기업이 어떤 전략적 사고 전환이 필요한지 말할 수 있는가?

CHAPTER 05

AI 기술의 산업별 적용 사례

학습 목표 (Learning Objectives)

1. 주요 산업별 AI 적용 방식과 혁신 사례를 설명할 수 있다.
2. 각 산업에서 AI가 예측 · 지능화 · 개인화 · 정밀 분석 · 윤리적 행정 등에서 구체적으로 어떤 가치를 창출하는지 분석할 수 있다.
3. 산업별 AI 도입의 효과와 한계를 구분하고 설명할 수 있다.
4. AI가 산업 가치사슬 통합과 생태계적 혁신을 어떻게 촉진하는지 파악할 수 있다.
5. AI 활용의 미래 방향을 전망하고, 전략적 시사점을 도출할 수 있다.

도입 질문 (Opening Questions)

1. 왜 AI는 산업 전반에서 단순한 도구를 넘어 구조적 혁신을 이끄는 핵심 동력이 되었는가?
2. 제조와 물류에서 AI는 어떻게 예측과 자동화를 통해 경쟁 우위를 만들어내고 있는가?
3. 마케팅과 유통은 왜 AI 기반 개인화 · 추천 · 옴니채널 전략으로 전환되었는가?
4. 금융과 헬스케어에서 AI 활용은 왜 신뢰 · 규제 · 데이터 보호 문제가 핵심 과제로 따라붙는가?
5. 공공과 사회 영역에서 AI가 산업적 효율성보다 포용 · 윤리 · 신뢰를 우선해야 하는 이유는 무엇인가?

5.1 제조와 물류: 예측과 자동화의 혁신

기술은 그 자체로는 인간이 직접 활용할 수 없는 잠재적 도구이다. 아무리 정교한 기능과 뛰어난 성능을 지녔다 해도, 이를 실제 문제 해결에 적용할 수 있는 형태로 구현하지 않으면 가치는 머릿속 아이디어나 실험실의 프로토타입에 머문다. 인류의 역사는 새로운 기술을 '쓸 수 있는 형태'로 변환해 생활과 산업에 녹여낸 과정의 연속이었다. AI 역시 마찬가지다. 알고리즘과 데이터, 연산 자원만으로는 무언가 될 수 없다. 그 기술이 의료 현장에서 환자의 생명을 살리고, 공장에서 생산성을 높이며, 금융 시장에서 위험을 줄이는 형태로 전환될 때 비로소 현실의 변화를 이끈다.

앞서 살펴본 것처럼, 오늘날 AI와 4차 산업혁명의 핵심 기술들은 이미 전 산업 분야에 스며들기 시작했고, 그 속도와 깊이는 갈수록 가속되고 있다. 더 이상 AI는 특정 산업의 부가적 도구가 아니라, 산업 구조와 경쟁 판도를 재편하는 동력으로 자리 잡았다. 이제 각 산업별, 응용처별로 AI가 어떤 방식으로 적용되고 있으며, 어떤 변화를 만들어내고 있는지 살펴보자.

제조와 물류 산업은 오랫동안 인력 중심의 운영과 경험 기반의 의사결정에 의존해 왔다. 그러나 글로벌 경쟁 심화, 공급망 복잡성, 고객 요구의 세분화 및 맞춤화가 급격히 진행되면서, 기존 방식으로는 효율성과 대응 속도를 확보하기 어려워졌다. 이러한 변화 속에서 AI는 예측과 자동화를 중심으로 제조와 물류의 구조적 혁신을 주도하고 있다.

제조업은 원자재와 부품을 가공해 제품을 생산하는 산업으로 자동차, 전자, 기계, 화학 등 국가 경제의 뼈대를 이루는 분야로 부가가치 창출과 고용 기여도가 높아 주요국 GDP[31]에서 큰 비중을 차지한다. 특히 근래는 글로벌 공급망을

31 GDP(Gross Domestic Product): 국내총생산

통해 세계 경제를 움직이는 중심축 역할을 한다. 4차 산업혁명을 맞아 제조업은 생산 중심 구조에서 데이터 기반의 지능형 산업으로 빠르게 전환하고 있다. 과거에는 자동화 설비와 효율적 공정 관리가 경쟁력이었다면, 오늘날에는 사물인터넷 센서, 빅데이터, 클라우드, 인공지능이 결합되어 공장의 모든 요소가 실시간으로 연결되고 학습하는 스마트팩토리로 진화하고 있다. 생산 설비는 스스로 상태를 진단하고 유지보수를 예측하며, 품질 관리와 재고 운영도 데이터 분석에 의해 최적화된다. 글로벌 공급망 또한 실시간 네트워크로 조율되면서 제조업은 기술, 데이터, 서비스가 결합한 고부가가치 산업으로 재정의되고 있다.

제조 현장에서 AI의 대표적 활용은 **예측과 품질 관리**다. 예측 유지보수(Predictive Maintenance)는 설비 센서 데이터를 분석해 고장 징후를 사전에 감지하고 계획된 정비로 생산 중단을 방지한다. 컴퓨터 비전은 초고해상도 이미지를 활용해 불량품을 자동 검출하고, 공정 내 품질 편차를 실시간 제어한다. 여기에 디지털 트윈(Digital Twin) 기술을 접목하면 공정을 가상 환경에서 시뮬레이션해 설계 변경이나 최적화를 사전에 검증할 수 있다. 실제로 삼성전자는 반도체 제조 과정 전반에 AI를 적용해 생산성과 품질 경쟁력을 높이고 있다. 설비·계측·생산·테스트 단계에서 발생하는 데이터를 실시간 분석해 불량 징후를 조기 탐지하고, 웨이퍼 손실과 운영 비용을 최소화하는 체계를 마련했다. 또한 2023년 외부 AI 모델과 자체 개발한 DS 어시스턴트(DS Assistant)를 병행 활용해 이미지 분석, 코드 생성, 데이터 해석 등 다양한 업무를 자동화하고 있으며, 이는 반도체 산업 특성상 수율을 좌우하는 정밀 품질 관리에서 결정적인 경쟁력으로 작용하고 있다.

다음 그림은 제조 실행 시스템과 AI 서비스 플랫폼이 연계되는 구조를 보여준다. MES[32]가 생산, 설비, 자재, 품질 관리 데이터를 통합하면, AI 플랫폼이 이

32 MES(Manufacturing Execution System): 공장에서 생산이 제대로 진행되도록 실시간 관리하는 시스템으로, 작업 지시, 자원 배분, 품질 관리, 설비 운영 등을 실시간으로 관리·통제하여, 계획된 생산 일정이 현장에서 효과적으로 실행되도록 지원

를 빅데이터와 분석하고 모델링을 통해 예측, 최적화, 품질 향상 등 다양한 서비스를 제공하는 흐름을 나타낸다.

그림 23 제조 부문의 AI 서비스 플랫폼

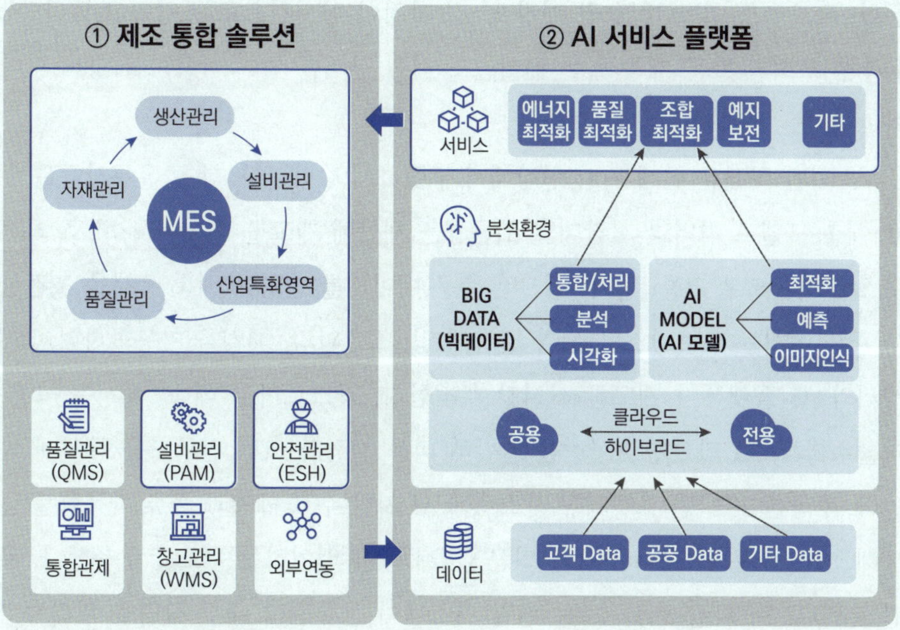

출처: 한솔PNS

AI 기술이 적용된 제조업 (Manufacturing)

- 산업적 위상: 자동차·전자·기계·화학 등 국가 경제의 뼈대, 주요국 GDP에서 큰 비중 차지
- 4차 산업혁명 변화: 자동화 중심에서 IoT·빅데이터·AI 기반 스마트 팩토리로 전환
- AI 응용 사례: 예측 유지보수, 비전 AI 품질 검사, 디지털 트윈 기반 공정 시뮬레이션
- 기업 사례: 삼성전자 – 반도체 생산 전반에 AI 도입, 불량 조기 감지 및 수율 극대화
- 미래 방향: 자율 최적화 공정, 융합 AI 시스템 확산

물류업은 생산된 재화와 서비스를 필요한 시점에 필요한 곳으로 이동 관리하는 산업으로, 전자상거래와 글로벌 교역 확대 속에서 단순 운반을 넘어 고객 경험과 시장 경쟁력을 결정하는 요소가 되고 있다. 4차 산업혁명을 거치며 물류는 인력과 차량 중심의 효율적 이동에서 디지털 지능형 물류로 빠르게 변모하고 있다. AI, 빅데이터, IoT, 로봇 기술이 결합되어 수요 예측, 경로 최적화, 창고 자동화, 로보틱스 기반 피킹 및 패킹 등 전 과정이 실시간으로 조정되고 있다. 자율주행 트럭과 드론 배송 같은 신기술도 시험 단계를 넘어 상용화를 향해 나아가고 있다.

AI 기반 혁신은 실제 기업 현장에서 뚜렷하게 나타난다. 대형 유통사들은 수요 예측 모델로 지역과 시간대별 주문량을 계산해 재고를 배치하고, 경로 최적화 알고리즘으로 교통, 날씨, 실시간 주문 데이터를 반영해 배송 동선을 조정한다. 창고에서는 로보틱스와 AI가 결합해 입출고, 피킹, 패킹을 자동화하며, IoT 센서와 AI 플랫폼이 재고를 실시간 추적한다. 라스트마일 배송[33]에서는 드론, 자율주행차, AI 라우팅 기술[34]을 결합해 비용 절감과 고객 만족도를 동시에 높인다. 쿠팡은 2024년 로켓배송 시스템에 AI 기반 수요 예측과 물류 자동화를 접목해, 고객 주문 전 이미 상품을 인근 물류센터에 배치하는 구조를 구축했다. 무인 운반 로봇, 피킹 로봇, 자동 진열 시스템이 물류센터 내부 작업을 처리하며 하루 수백만 건의 주문을 신속 정확하게 처리하고 있다. AI가 배송 속도만 아니라 물류 효율성과 고객 경험을 동시에 혁신하고 있다.

다음 그림은 스마트 물류 플랫폼의 구조와 기능을 보여준다. 물류 현장에서 발생하는 데이터를 5G와 IoT를 통해 실시간 수집하고, 빅데이터 분석 기반으로 가공하여 스마트 물류 플랫폼에 전달한다. 플랫폼은 이를 토대로 물류 자원과

33 라스트 마일 배송(Last mile delivery): 전자상거래에서 물류센터나 허브에서 소비자 집 앞까지, 즉 최종 목적지까지 상품을 전달하는 마지막 단계

34 AI 라우팅(Routing) 기술: 인공지능을 활용해 데이터, 업무, 고객 요청 등이 가장 효율적인 경로로 전달되도록 자동으로 결정하는 기술.

운송을 최적화하고, 모빌리티 서비스 및 모니터링 기능을 제공한다. 즉, 주문 관리, 재고 관리, 운송 효율화, 화물 안전 관리 등 다양한 물류 서비스를 지능적으로 지원해 효율성과 가시성을 높이는 통합 물류 생태계를 구현한다.

그림 24 스마트 물류 플랫폼

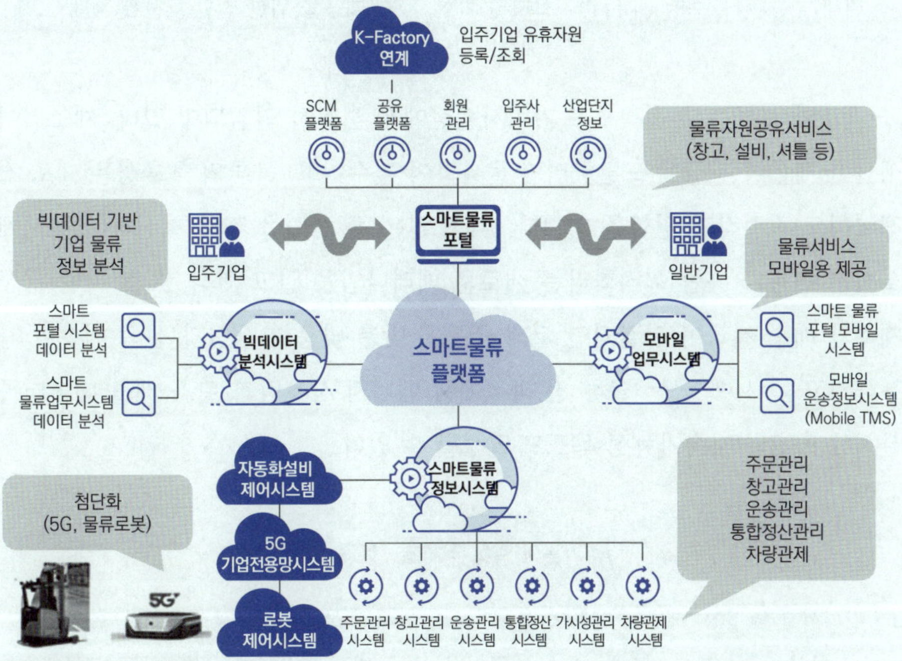

출처: LG유플러스

AI 기술이 적용된 물류업 (Logistics)

- 산업적 위상: 운송·보관·유통 관리 포함, 전자상거래 확산과 더불어 고객 경험과 시장 경쟁력의 핵심 요소
- 4차 산업혁명 변화: 인력·차량 중심에서 AI·IoT·로봇 기반 지능형 물류로 전환
- AI 응용 사례: 수요 예측, 경로 최적화, 자동화 창고, 로봇 피킹·패킹, 드론·자율주행 배송
- 기업 사례: 쿠팡 – 로켓배송에 AI 기반 수요 예측·자동화 시스템 적용, 하루 수백만 건 처리
- 미래 방향: 자율주행 물류·라스트마일 혁신, ESG 내응을 위한 친환경 물류 체계

제조와 물류는 본질적으로 가치사슬상에서 긴밀히 연결되어 있다. 제조업이 생산한 제품이 시장에 도달하려면 물류망이 필수이고, 물류의 효율성은 제조 경쟁력에도 직접적인 영향을 미친다. AI 도입은 두 산업을 각각 혁신하며 동시에 실시간 연동과 통합 최적화라는 새로운 패러다임을 열고 있다. 예측 기반 생산 계획과 배송 계획이 연결되면 고객 주문에 맞춘 맞춤형 생산과 신속 배송이 가능해지고, 동시에 생산–물류 전 과정에서 에너지 사용량과 탄소 배출 데이터를 분석해 ESG와 지속가능성 목표도 달성할 수 있다.

AI 기술이 적용된 제조 · 물류 통합

- 가치사슬 연결성: 제조된 제품이 시장에 도달하려면 물류가 필수, 효율성 상호 영향
- AI 혁신 효과: 생산 계획과 배송 계획의 실시간 연동 → 맞춤형 생산과 신속한 배송 가능
- 지속가능성 기여: 전 과정 에너지 및 탄소 데이터 분석 → ESG 목표 달성 지원
- 새로운 패러다임: AI 매개 지능형 공급망 등장
- 과제와 기회: 데이터 표준화, 초기 투자, 인력 재교육, 예측과 자동화를 구현한 기업이 경쟁 우위 확보

앞으로 제조와 물류의 AI 활용은 **자율화와 연결화**로 발전할 전망이다. 제조에서는 디지털 트윈을 활용한 자율 최적화 공장이 등장하고, 물류에서는 주문부터 배송까지 실시간으로 조율하는 완전 자동화 공급망이 구축될 것이다. 더불어 탄소중립과 ESG 요구 강화 속에서 AI는 단순한 효율 향상을 넘어 친환경적 운영 체계 설계에 중요한 역할을 담당할 것이다. 물론 데이터 표준화 부족, 초기 투자 비용, 인력 재교육 등 과제도 남아 있지만, AI, IoT, 로보틱스의 융합이 이루어지면 제조와 물류는 **지능형 공급망**(Intelligent Supply Chain) 시대를 열어갈 것이다. 예측과 자동화를 통해 민첩하고 지속 가능한 운영 체계를 선도하는 기업이 AI 시대의 경쟁에서 우위를 차지할 수 있다.

5.2 마케팅과 유통: 개인화와 추천의 진화

마케팅과 유통은 오랫동안 제품을 알리고 전달하는 역할을 했다. 그러나 디지털 기술의 확산, 고객 요구의 다양화 및 개인화는 이 전통 구조를 흔들고 있다. 오늘날 고객은 일방적으로 제공되는 메시지에 머물지 않고 자신에게 맞춤화된 경험과 편리한 구매 경로를 기대한다. 이 과정에서 AI는 마케팅과 유통 방식을 바꾸며 **개인화와 연결성**을 중심으로 새로운 혁신을 이끌고 있다.

마케팅에서 AI는 고객 이해와 소통 방식을 바꾸고 있다. 지금까지 마케팅은 대중 광고나 특정 기준으로 세분화한 시장 그룹별로 각기 다른 캠페인을 운영했지만, 이제는 다음 그림과 같이 고객 개개인의 행동 데이터를 분석해 정밀한 타기팅을 기반으로 한 맞춤형 경험을 제공하는 구조로 옮겨가고 있다. **개인화 마케팅**으로의 진화는 AI의 데이터 처리와 학습 능력 덕분이다. 전통적 시장 세분화가 연령, 성별, 지역 같은 고정적 기준에 머물렀다면, 오늘날의 AI는 고객의 실시간 행동 데이터와 외부 환경 변수를 반영해 마이크로 세그먼트를 형성한다.

머신러닝 알고리즘은 고객 세분화와 수요 예측을 정밀하게 수행하고, 추천 시스템은 고객의 취향과 맥락을 실시간으로 반영한다.

AI는 **데이터 기반 자동화된 의사결정**을 가능하게 하며, 실시간 행동 분석을 통해 고객이 특정 제품을 장바구니에 담았다가 포기했는지, 어떤 페이지에 오래 머물렀는지 등 즉각적인 신호를 포착해, 최적의 메시지와 프로모션을 가장 적절한 시점과 채널로 전달한다. 추천 알고리즘은 고객의 구매 가능성, 이탈 위험, 가격 민감도를 예측하고, **개인화된 콘텐츠를 세작하거나 추천**하여 고객별 맞춤형 경험을 제공한다.

또한 AI는 **예측 분석을 통해 선제적 마케팅**을 구현한다. 고객이 아직 표현하지 않은 니즈를 미리 파악해 적시에 제안함으로써 효과를 극대화한다. 자연어 처리 기반 챗봇과 AI 상담원은 24시간 고객 문의에 대응하며, 광고 캠페인도 AI가 자동으로 콘텐츠를 생성하고 A/B 테스트를 반복해 최적화하고 있다. 넷플릭스의 콘텐츠 추천, 구글과 메타의 광고 타기팅, 네이버와 카카오의 AI 기반 마케팅 솔루션은 이러한 변화를 잘 보여준다. 이처럼 AI 마케팅은 실시간 데이터 흐름 속에서 고객과 맞춤형으로 상호작용하는 지능형 활동으로 진화하고 있다.

그림 25 AI 마케팅 핵심 기능

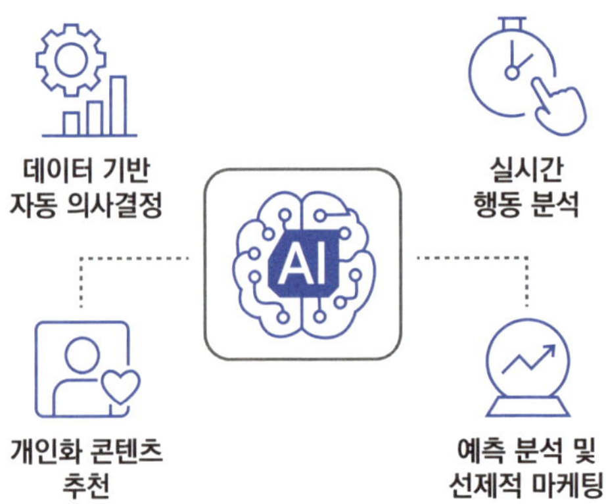

AI 기술이 적용된 마케팅 (Marketing)

- 산업적 위상: 고객을 이해하고 가치를 전달하는 핵심 활동, 브랜드·매출·고객 관계를 좌우
- 4차 산업혁명 변화: 세분화 마케팅 중심에서 AI 기반 개인화 및 추천 마케팅으로 전환
- AI 응용 사례: 데이터 기반 자동 의사결정, 실시간 행동 분석, 개인화 콘텐츠 제작 및 추천, 예측 분석을 통한 선제적 마케팅
- 기업 사례: 넷플릭스(추천 시스템), 구글·메타(광고 타기팅), 네이버 · 카카오(AI 마케팅 솔루션)
- 미래 방향: 초개인화, 실시간 대응, AI 콘텐츠 자동 생성 및 최적화

유통 분야 역시 AI 접목을 통해 빠르게 혁신하고 있다. 전통적인 오프라인 매장 중심 구조에서 온라인과 모바일 기반의 플랫폼으로 무게 중심이 이동했으며, 오프라인 매장도 AI와 데이터로 새로운 경쟁력을 확보하고 있다. 옴니채널 환경에서 온라인과 오프라인 데이터를 통합 분석해, 채널 간 재고 배분과 가격 정책을 실시간으로 조정한다. **AI 기반 변동 가격**(AI-Based Dynamic Pricing)은 수요 변화, 경쟁사 가격, 재고 수준, 계절 요인을 반영해 실시간 최적 가격을 책정한다.

또, 고객 동선과 행동 데이터를 분석해 매장 배치를 최적화하고, 무인 매장은 컴퓨터 비전과 센서를 활용해 상품 선택과 결제를 자동화한다. 온라인에서는 라이브커머스, 메타버스, 소셜커머스와 같은 새로운 채널에서 AI가 고객 참여와 구매 전환율을 높인다. 아마존과 알리바바의 온라인 유통 혁신과 이마트24의 스마트 스토어 같은 무인 매장 실험은 이러한 변화를 잘 보여준다.

다음 그림은 스마트 유통 흐름을 단계별로 설명하고 있다. AI가 먼저 수요를 예측해 필요한 상품의 양을 산출하고, 이를 기반으로 재고를 최적화한다. 이어서 시장 상황에 맞는 동적 가격을 설정하며, 배송 과정에서는 실시간 추적을 통해 효율성과 투명성을 높인다. 이러한 전 과정은 고객 경험 향상에 기여한다.

그림 26 스마트 유통 FLOW

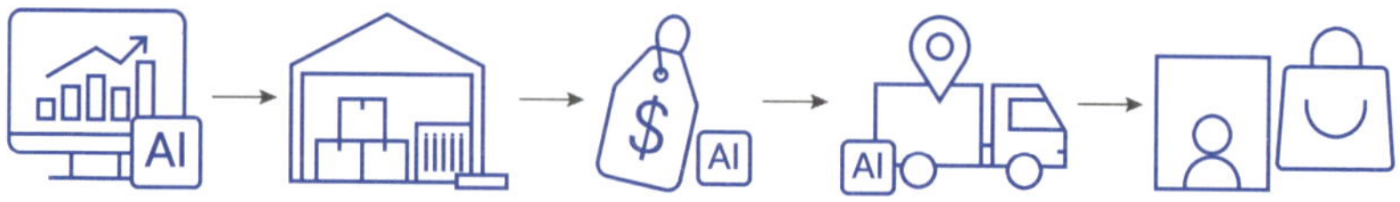

AI 기술이 적용된 유통 (Distribution/Retail)

- 산업적 위상: 생산된 재화·서비스를 고객에게 전달, 구매 경험과 시장 경쟁력의 핵심
- 4차 산업혁명 변화: 오프라인 중심에서 온라인·모바일 플랫폼 + 데이터 기반 지능형 유통으로 전환
- AI 응용 사례: 수요 예측 및 재고 최적화, 무인 매장(컴퓨터 비전과 센서), 동적 가격, 라이브커머스와 메타버스 등 활용
- 기업 사례: 아마존·알리바바(온라인 유통 혁신), 이마트24(스마트스토어 무인 매장)
- 미래 방향: 자율화된 스마트 매장, ESG 기반 친환경 유통, 실시간 배송 및 맞춤형 옵션

마케팅과 유통은 고객 접점에서 긴밀하게 연결된 가치사슬로 작동한다. 다음 그림처럼 고객 데이터 분석을 통해 도출된 마케팅 인사이트는 재고 관리, 상품 배치, 배송 구조에 직접 반영되며, 고객은 온라인과 오프라인을 넘나들며 일관된 경험을 누린다. 예컨대, 온라인에서 추천받은 상품이 오프라인 매장에 비치되거나, 오프라인 체험이 온라인 구매로 자연스럽게 이어지는 구조다. AI는 이 옴니채널 경험을 뒷받침하며, 마케팅과 유통을 하나의 지능형 고객 경험 생태계로 만들고 있다. 동시에 고객 여정을 도식화하여 이탈 지점을 분석하고, 어떤 메시지가 반응을 이끄는지 데이터로 검증한다. 감성 분석은 리뷰와 SNS 데이터를 활용해 브랜드 평판과 위기 신호를 조기에 포착하고, 자동화된 A/B 테스트는 광고 문구와 이미지를 신속히 최적화한다.

그림 27 AI 기술과 마케팅 · 유통 통합

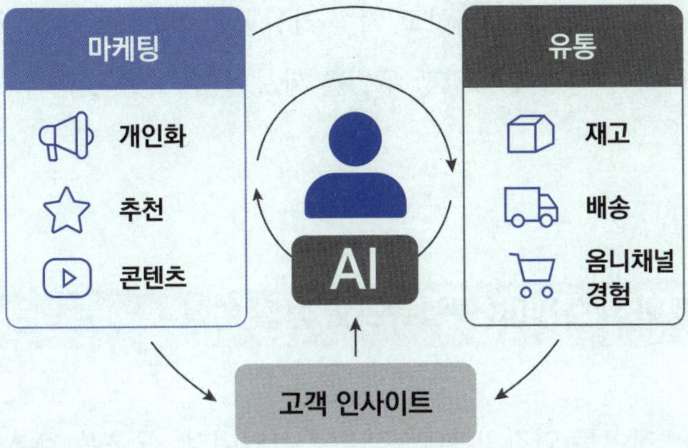

AI 기술이 적용된 마케팅 · 유통 통합

- 가치사슬 연결성: 고객 접점에서 마케팅 인사이트가 유통 현장(재고·배치·배송)에 직접 반영
- AI 혁신 효과: 온라인 검색·추천 → 오프라인 구매 연계, 옴니채널 경험 제공
- 지속가능성 기여: 고객 여정과 감성 분석을 통한 브랜드 신뢰 강화, 데이터 기반 공정 소비 촉진
- 대표 사례: 온라인 추천 상품이 오프라인 매장에 즉시 반영, 오프라인 체험이 온라인 구매로 연결
- 미래 방향: 지능형 고객 경험 생태계 구축 (옴니채널 + 초개인화 + ESG 가치 반영)

앞으로 마케팅과 유통은 AI 기반 **초개인화와 실시간 대응 능력**을 바탕으로 더욱 정교해질 것이다. 대규모 고객 데이터를 분석해 개인 맞춤형 프로모션과 동적 가격 책정이 일반화되고, 메타버스와 가상현실에서 새로운 쇼핑 경험이 열릴 것이다. 동시에 ESG 요구가 강화되면서 친환경 유통, 데이터 윤리, 공정 소

비 촉진과 같은 사회적 가치도 함께 추구해야 한다. 개인정보 보호와 데이터 활용의 균형, 데이터 품질과 표준화, 기존 유통 구조의 전환 비용은 여전히 과제다. 앞으로는 AI를 활용해 민첩하고 지속 가능한 마케팅 및 유통 체계를 구축하는 기업이 변화하는 시장에서 경쟁 우위를 확보할 수 있을 것이다.

5.3 금융과 헬스케어: 위험관리와 정밀 분석

금융과 헬스케어는 인간의 삶과 직결된 산업이다. 금융은 자본의 흐름을 안정적으로 관리해 경제의 혈관 역할을 수행하고, 헬스케어는 국민의 건강과 생명을 지키는 사회적 기반이다. 두 산업 모두 방대한 데이터와 고도의 전문성이 필요하며, 민감성과 중요성 때문에 한 번의 판단 실수도 치명적 결과를 초래할 수 있어, 정확성과 신뢰성이 요구된다. 이러한 특성은 AI 기술이 빠르게 침투하는 토대를 마련했다. AI는 복잡한 대규모 데이터를 분석하여 위험을 예측하고 정밀한 의사결정을 지원하는 핵심 역할로 자리 잡고 있다.

금융 산업은 오랫동안 사람이 직접 평가하고 처리하는 절차에 의존해 왔다. 그러나 디지털 전환과 핀테크 기업의 부상으로 데이터 기반 금융이 새로운 표준이 되고 있다. AI는 고객 행동 데이터를 실시간 분석해 대출 심사나 신용평가를 자동화하고, SNS, 소비 패턴, 모바일 사용 이력 같은 대안 데이터를 반영한다. 금융위원회는 금융회사가 AI를 안전하게 활용할 수 있도록, 다음 그림과 같이 금융권 AI 플랫폼에서 오픈소스 AI 모델과 데이터를 선별해 제공하고, 금융회사가 내부망에 설치한 뒤 기능 테스트 과정을 거쳐 상용 AI나 오픈소스 AI를 활용하는 이원적 활용체계를 마련하고 있다.

그림 28 금융권 AI 플랫폼

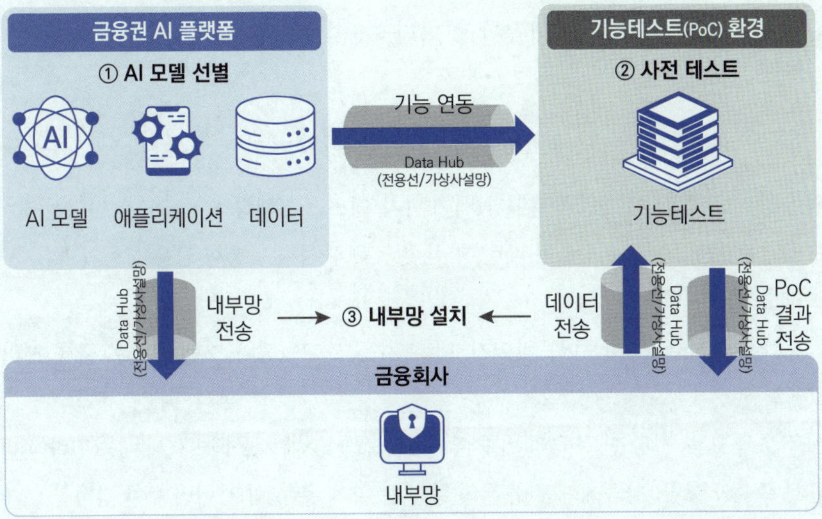

출처: 금융위원회

은행과 카드사는 거래 패턴과 고객 신용 이력을 실시간 분석해 부도 가능성을 예측하고, 비정상 거래를 탐지하는 이상 거래 탐지 시스템을 운영하고 있다. 이상 거래 탐지 시스템은 수백만 건의 거래를 동시에 분석해 패턴을 학습하고, 금융사기를 실시간 차단한다. 투자 분야에서는 로보어드바이저[35]와 알고리즘 트레이딩[36]이 대중화되며, 개인의 투자 성향과 시장 데이터를 결합하여 맞춤형 포트폴리오를 제공한다. 보험사 역시 AI를 활용해 고객별 위험도를 산정하고, 이를 바탕으로 보험료를 차등화하거나 새로운 상품을 개발한다. 토스와 카카오뱅크 같은 디지털 은행은 챗봇 상담, 자동화된 신용 평가, 개인화된 금융상품 추천

35 로보어드바이저(Robo-adviser): 로봇과 투자 전문가의 합성어로, 알고리즘을 활용해 온라인에서 자산 배분, 관리 및 최적화를 자동 수행하는 투자 자문 서비스

36 알고리즘 트레이딩(Algorithm Trading): 컴퓨터 프로그램이 사전 정의된 알고리즘에 따라 가격, 추세, 거래량 등을 분석해 자동으로 매수·매도하는 방식

을 통해 금융 경험을 혁신하고 있다. 앞으로 금융은 AI와 블록체인의 결합을 통해 보안성과 투명성을 높이고, 초개인화된 서비스로 고객 개개인의 재무 상태와 목표에 최적화된 솔루션을 제공할 것이다.

AI 기술이 적용된 금융 (Finance)

- 위험 관리 최적화: AI 기반 신용평가·사기 탐지·리스크 모델링을 통해 금융 안정성 강화
- 초개인화 서비스: 고객의 소비 패턴, 자산 현황을 분석해 맞춤형 금융 상품과 투사 포트폴리오 제공
- 자동화된 의사결정: 로보어드바이저·챗봇·자동 트레이딩 시스템 등으로 금융 서비스 효율화
- 예측 분석 활용: 시장 변동·금리 변화·투자 위험을 사전에 시뮬레이션해 대응 전략 마련
- 규제 준수와 보안: 자금세탁방지, 본인 확인 등 규제 준수 및 사이버 보안 강화

헬스케어 분야에서도 AI가 의료의 정밀성과 속도를 혁신적으로 향상시키며 영향력이 가파르게 확산하고 있다. MRI, CT, X-ray 같은 의료 영상은 AI가 방대한 학습 데이터를 기반으로 빠르고 정확하게 판독해 미세한 이상 징후를 조기에 발견해 진단 정확도를 높인다. 유전체 분석과 AI를 결합한 맞춤형 치료 계획은 환자의 개별 유전 정보에 기반해 최적의 치료법을 제시한다. 또한 수년이 걸리던 신약 후보 물질 탐색을 분자 단위의 시뮬레이션을 통해 수개월로 단축하고 임상시험 성공 확률을 높인다.

개인 건강 관리에서는 원격 의료와 웨어러블 기기의 데이터 분석이 환자의 상태를 실시간 모니터링하며, 심박수, 수면 패턴, 운동 데이터를 분석하고, 질환 발병 위험을 조기에 탐지해 예방적 치료를 가능하게 한다. 구글 딥마인드의 안과 질환 진단 AI, 루닛의 영상 판독 솔루션처럼 상용화된 사례도 늘고 있다. 병원 운영 측면에서도 병상 배정, 수술 일정 조율, 의료 자원 관리 등의 최적화에 적용하고 있다. 헬스케어의 미래는 정밀의학과 디지털 트윈 환자 모델 같은 맞

춤형 치료를 향하고 있으며, 고령화 사회의 의료 수요 증가에도 효과적으로 대응할 수 있을 것이다.

아래 그림은 이러한 흐름 속에서 지능형 의료 관리 개념도를 보여준다. 환자는 스마트 스피커나 IoT 연동 기기를 통해 자신의 건강 데이터를 간편하게 입력하고, 이 정보는 AI 클라우드 플랫폼으로 전달된다. 플랫폼은 병원 예약 시스템, 공공의료 데이터베이스, 건강 관련 데이터베이스와 연동되어 환자 맞춤형 건강 안내 서비스와 AI 기반 플랫폼 서비스를 제공한다. 의료진은 이를 바탕으로 환자의 상태를 신속하고 정확하게 파악해 진료와 치료에 활용한다. 이는 환자·간병인·의료진이 연결된 의료 서비스의 효율과 환자 경험을 크게 개선하는 지능형 관리 체계로 진화하고 있음을 보여준다.

그림 29 지능형 의료 관리 개념도

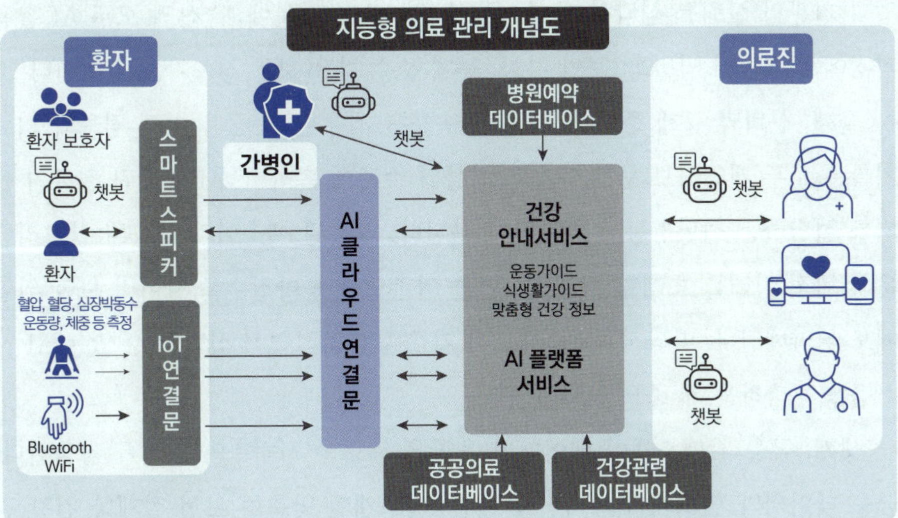

출처: 부산대병원

AI 기술이 적용된 헬스케어 (Healthcare)

- 정밀 의료 실현: 유전체 데이터, 생활 습관, 의료 기록을 통합해 개인 맞춤형 치료 제공
- AI 기반 진단: 영상 판독, 병리 분석, 조기 질환 탐지 등에서 정확성과 속도 향상
- 디지털 트윈 환자: 가상의 환자를 구현해 치료 효과 및 부작용을 사전 검증하는 시뮬레이션
- 환자 경험 개선: AI 챗봇·원격 모니터링·가상 상담 등으로 의료 접근성과 편의성 증대
- 데이터 보안과 윤리: 민감한 생체·긴강 정보 보호, 데이터 활용에 대한 사회적 신뢰 확보

금융과 헬스케어는 AI 도입 과정에 몇 가지 공통된 특징을 보인다.

첫째, **데이터의 민감성과 개인정보 보호**가 핵심 과제로 떠오른다. 금융 데이터는 고객 자산, 소비 패턴, 신용 등 민감한 재무 정보를 담고 있으며, 헬스케어 데이터는 개인의 질병 이력과 생체 정보를 포함해 굉장히 사적인 성격을 지닌다. 따라서 데이터 유출이나 오남용은 개인 삶에 직접적인 피해를 줄 뿐 아니라, 기업과 기관의 신뢰를 심각하게 훼손할 수 있다. 이 때문에 두 산업 모두 AI 활용 과정에서 데이터 익명화, 보안 강화, 규제 준수 같은 보호 장치가 필수적이다.

둘째, **신뢰와 규제 준수**가 AI 확산 속도를 좌우한다. 금융 거래 정보와 의료 기록은 모두 개인정보 보호 규제의 최상위 수준에 속하며, AI가 내린 결론의 근거를 설명하는 설명가능성 확보가 요구된다. 잘못된 예측이나 편향된 알고리즘은 사회적 피해를 초래할 수 있고, 기술 의존도가 높아질수록 사이버 보안 위협에도 취약해진다. 따라서 법적, 제도적 기준을 충족하면서 신뢰할 수 있는 AI 시스템을 구축하는 게 중요 과제다.

셋째, 금융과 헬스케어 **데이터의 융합**은 새로운 서비스와 가치를 창출한다. 금융 데이터와 헬스케어 데이터를 결합하면, 개인 맞춤형 보험 설계나 건강 관리 서비스 같은 모델이 가능해진다. 헬스케어 데이터를 활용해 건강 위험 요인을 예측하고, 이를 보험료 책정이나 금융상품 구조에 반영할 수 있다. 반대로 금

융 리스크 관리 기법은 신약 개발 투자, 의료 인프라 확충 같은 고위험 프로젝트의 타당성을 평가하는 데 활용될 수 있다. 이러한 융합은 새로운 부가가치와 산업 생태계를 만들어낸다. 다만, 표준화된 데이터 거버넌스와 강력한 개인정보 보호 장치를 전제로 해야 한다.

AI 기술이 적용된 금융과 헬스케어 공통점

- 데이터 민감성: 금융·의료 데이터 모두 개인의 삶과 직결되는 고도의 사적 정보 포함
- 신뢰와 규제: 설명 가능한 AI와 엄격한 규제 준수가 산업 확산 속도를 좌우
- 서비스 혁신: 데이터 융합을 통한 맞춤형 보험, 의료·금융 투자 모델 등 새로운 서비스
- 리스크 시뮬레이션: 금융 시장 충격·질병 확산 등을 가상 환경에서 예측하고 대응책 제시
- 지속 가능한 혁신: 정확성·효율성뿐 아니라 신뢰·윤리 기반의 균형 잡힌 발전이 경쟁력의 핵심

앞으로 금융과 헬스케어 분야는 AI와 첨단 기술을 기반으로 시뮬레이션과 예측 능력을 경쟁력으로 삼게 될 것이다. 금융에서는 가상 경제 모델을 통해 시장 변동, 정책 변화, 경기 충격 시나리오를 사전에 검증하고 대응 전략을 마련할 수 있으며, 헬스케어에서는 가상의 환자를 구현해 치료 효과와 부작용을 미리 검증하는 정밀 의료가 본격화될 것이다. 이러한 발전은 효율화와 자동화를 뛰어넘어, 사회 전체의 리스크를 줄이고 개인 맞춤형 서비스를 고도화하는 혁신으로 이어진다. 다만 기술 진보만으로는 충분하지 않고, 데이터 보호, 윤리 기준, 설명 가능성 같은 신뢰 기반의 제도적 장치가 뒷받침되어야 한다.

5.4 콘텐츠와 교육: 생성과 맞춤화의 시대

오늘날 사람들의 여가와 배움 대부분은 디지털 환경을 통해 이뤄지고 있다. 스마트폰과 온라인 플랫폼의 확산으로 영화·음악·게임 같은 콘텐츠 소비가 폭발적으로 늘었고, 교육 또한 교실을 넘어 온라인과 모바일 환경으로 빠르게 이동해왔다. 이러한 변화 속에서 AI는 콘텐츠와 교육 산업의 경계를 허물며, 창작과 학습의 방식을 재정의하고 있다. 과거 콘텐츠 제작은 전문가와 제작사의 영역이었고, 교육은 교사나 강사가 주도하는 일방향 전달이 일반적이었다. 그러나 생성형 AI와 개인화 기술이 결합하면서 누구나 창작자이자 학습자가 될 수 있는 시대가 도래했다.

콘텐츠 산업은 영화, 음악, 게임, 방송, OTT 등 문화와 경제를 동시에 지탱하는 분야다. 다음 그림과 같이 전통적으로 공급자 중심으로 운영된 이 산업은, AI와 데이터 분석을 기반으로 개인 취향을 실시간으로 분석해 맞춤형 경험을 제공하는 소비자 중심으로 전환되고 있다. 넷플릭스와 유튜브 같은 플랫폼은 수십억 건의 이용 패턴을 학습해 개인 맞춤형 콘텐츠를 제공하며, 이러한 분석 결과가 제작 의사결정에도 직접 반영된다. 또한 글로벌 접근성 확대로 AI 번역, 자동 자막, 로컬라이제이션 기술은 국경과 언어의 장벽을 낮추어 전 세계 이용자가 동일한 콘텐츠를 소비하도록 돕고 있다. 더 나아가 생성형 AI는 영상, 이미지, 음악을 직접 생산하며 창작과 소비의 경계를 흐리게 하고 있다. 디지털 휴먼과 가상 인플루언서, AI 챗봇과 같은 새로운 존재들은 컴퓨터 그래픽과 인공지능의 결합으로 등장했으며, 자동화된 제작과 실시간 소통을 통해 인간 창작자와 AI가 협력하는 하이브리드 창작 시대를 본격적으로 열어가고 있다.

AI 기술이 적용된 콘텐츠 (Contents)

- 생성형 AI의 부상: 텍스트, 이미지, 영상, 음악을 자동 생성하며 창작 속도와 범위를 획기적으로 확장
- 개인화된 경험: 추천 알고리즘과 데이터 분석을 통해 개별 취향 기반 맞춤형 콘텐츠 제공
- 글로벌 접근성 확대: AI 번역과 자동 자막 기술로 국경과 언어 장벽을 낮춤
- 가상 창작자 등장: 디지털 휴먼, 가상 인플루언서, AI 챗봇이 실시간 소통과 자동화된 제작을 가능케 함
- 산업 구조 변화: 공급자 중심에서 데이터 및 사용자 기반의 수요 주도형 구조로 전환

그림 30 콘텐츠 부문의 AI 진화 단계

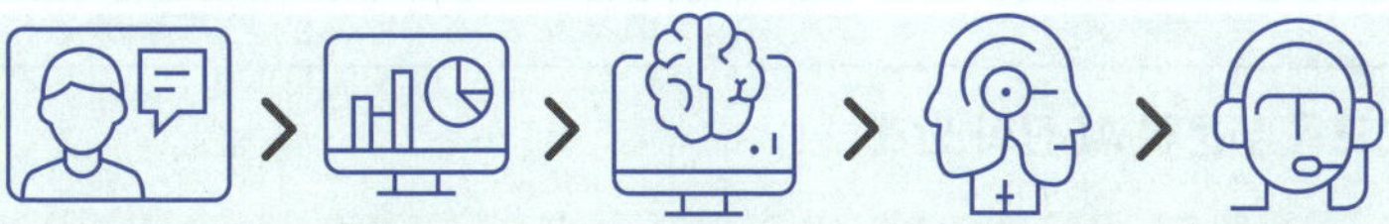

교육 또한 다음 그림처럼 교실 중심에서 온라인, 모바일 학습으로, 다시 AI 기반 개인화 교육으로 진화하고 있다. 학습자의 수준, 관심사, 목표에 따라 최적화된 맞춤형 학습 경로를 자동 설계하고, 학습 진행도를 실시간 분석해 부족한 부분에 집중할 수 있도록 피드백을 제공한다. 학습자의 수준과 목표를 분석해 최적화된 학습 경로를 제시하는 적응형 학습 시스템은 이미 에듀테크의 표준이 되었으며, AI 튜터와 챗봇 교사는 개별 학습자의 질문에 실시간 대응해 학습 효율을 높인다. 또한 글로벌 접근성 확대 측면에서 AI 번역과 자동 자막 기술은 국경과 언어 장벽을 낮추며 학습 자원의 보편적 이용을 가능하게 한다. AR/VR 기술은 가상 실험실, 역사 현장, 우주 탐사 등 몰입형 학습을 제공하며, AI

가 자동으로 강의 자료, 퀴즈, 시뮬레이션을 생성해 교사의 부담을 줄이고 학생에게는 풍부한 학습 자원을 제공한다. 미래 교육은 획일적 커리큘럼에서 벗어나 언제 어디서나 접근 가능한 온디맨드 평생학습으로 확장될 것이다.

AI 기술이 적용된 교육 (Education)

- 개인화 학습: AI가 학습자의 수준·관심·목표를 분석해 최적화된 맞춤형 학습 경로 설계
- AI 튜터/코치 확산: 발음 교정, 문제 풀이, 피드백 제공 등 실시간 학습 지원
- 몰입형 학습 환경: AR/VR을 통한 실험실·역사 현장·가상 공간 체험 기반 학습 가능
- 자동 콘텐츠 생성: 퀴즈, 강의자료, 시뮬레이션 등을 AI가 제작해 교사의 부담 완화
- 평생학습 전환: 일률적 커리큘럼에서 온디맨드(On-demand) 기반 평생 맞춤 학습으로 확장

그림 31 교육 부문의 AI 진화 단계

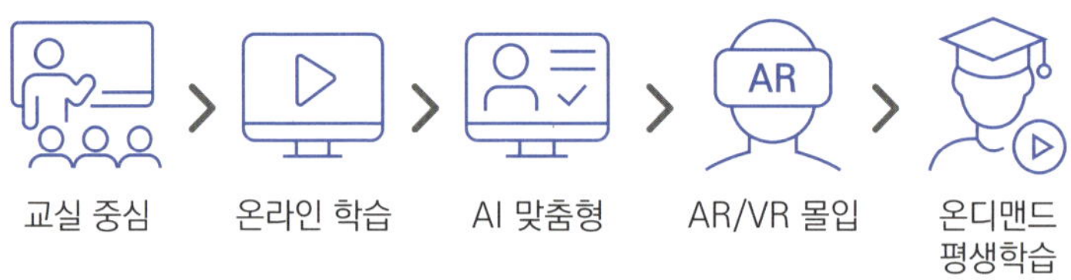

두 산업의 접점은 데이터 기반 개인화 경험에 있다. 교육 플랫폼은 상업용 콘텐츠 제작 기술을 활용해 몰입형 학습 자료를 만들고, 엔터테인먼트 기업은 교육의 학습 분석 기법을 도입해 더욱 정교한 시청자 경험을 설계한다. 실제로 글로벌 교육 기업이 다큐멘터리 제작사와 협력해 참여형 학습 영상을 제작하고, AI가 학습자 수준에 맞춰 난이도를 조정하는 사례도 등장하고 있다. 어린이용 교육 콘텐츠가 게임화된 교육으로 재미 요소를 갖추거나, 드라마처럼 구성된 직

무 교육 과정으로 학습 몰입도를 높이는 시도가 확산되고 있다. 학습용 게임이나 상호작용형(Interactive) 스토리텔링은 콘텐츠 소비와 학습을 동시에 만족시키는데, 이는 러닝테인먼트[37]와 같은 융합 모델을 만들며 오락성과 학습 효과를 동시에 높이며 새로운 시장을 열고 있다. 앞으로는 메타버스와 같은 가상 공간에서 교육과 콘텐츠 소비가 동시에 이루어지는 하이브리드 생태계가 보편화될 것이며, AI는 사용자 맞춤 경험을 설계하는 지능형 설계자로 자리 잡게 될 것이다.

AI 기술이 적용된 콘텐츠와 교육의 융합

- 개인화 경험의 공통 기반: 콘텐츠와 교육 모두 데이터를 활용한 맞춤형 경험 제공을 핵심으로 삼음
- 러닝테인먼트: 학습용 게임과 스토리텔링 콘텐츠로 교육과 오락이 융합
- 글로벌 시장 확대: 교육 플랫폼이 콘텐츠 기술을, 콘텐츠 기업이 학습 분석 기술을 도입해 상호 확장
- 메타버스 학습 생태계: 가상 공간에서 학습과 오락이 동시에 이루어지는 하이브리드 환경이 보편화
- 신흥 산업 창출: 인터랙티브 학습과 실시간 피드백형 콘텐츠 등 새로운 산업과 서비스 모델 등장

그러나 이러한 혁신은 과제도 안고 있다. 생성형 AI가 만든 콘텐츠의 저작권과 창작자 권리 보호 문제, 학습 데이터의 편향으로 인한 교육 불평등, 교육 콘텐츠의 다양성 저해, AI 의존으로 인한 비판적 사고력과 창의력의 약화 우려가 있다. 교육과 콘텐츠 모두에서 AI가 제시하는 결과의 신뢰성과 투명성 확보가 필수 과제다. 따라서 AI 활용은 기술적 정교함만이 아니라, 투명성, 신뢰, 윤리적 측면도 함께 고려되어야 한다. 콘텐츠와 교육에서 AI가 창출하는 가치는 사

37 러닝테인먼트(Leanring + Entertainment): 학습과 오락을 결합한 개념으로, 재미있는 게임·스토리·미디어 요소를 활용해 학습자의 몰입과 학습 효과를 높이는 방식

용자의 성장을 중심에 둔 설계 철학을 통해서 완성되어야 한다. 미래에는 생성형 AI가 실시간으로 학습자와 시청자 데이터를 분석해 초개인화된 콘텐츠와 학습 경험을 제공하는 시대가 올 것이다. 교육과 엔터테인먼트의 경계가 희미해지고, 학습 자체가 놀이처럼 느껴지는 하이브리드 환경이 확산될 것이다.

5.5 공공과 사회: 행정 효율과 윤리적 과제

AI는 이제 산업 영역을 넘어 행정, 복지, 공공 안전 등 사회 전반에 걸쳐 중요한 도구로 자리 잡고 있다. 정부, 지방자치단체, 공공기관, 비영리단체는 AI를 통해 한정된 자원으로 더 많은 서비스를 제공하고, 복잡한 사회 문제를 보다 정교하게 해결하려는 시도를 하고 있다. AI 기술이 산업에 도입되는 목적이 효율성, 경쟁력, 수익 극대화라면, 공공과 사회 영역에서의 AI 도입은 그 본질이 다르다. 이 영역에서는 누구도 소외되지 않는 포용, 신뢰할 수 있는 사회 운영, 지속 가능한 공공 가치가 핵심 기준이 된다. 즉, AI는 **사회적 불평등을 줄이고, 민주적 참여를 확대하며, 공동체의 안전과 복지를 강화**하는 역할을 담당해야 한다.

AI가 공공과 사회 부문에 미치는 영향을 살펴보자.

첫째, **행정과 공공 서비스의 혁신**이다. 우선, 행정 효율화에서 AI의 기여는 두드러진다. 민원 처리와 서류 분류, 데이터 입력 같은 반복적이고 규칙 기반의 업무는 AI 자동화 시스템에 의해 신속히 처리된다. 예를 들어, 일부 지자체는 민원 접수 후 적합한 부서로 자동 분류해 배정하는 AI를 도입해 업무 시간을 단축했다. 또한, 방대한 정책 데이터를 분석해 사회 변화의 방향을 예측하고, 효과를 사전에 시뮬레이션하는 정책 분석 AI도 활용되고 있다.

스마트시티 프로젝트에서는 AI가 교통 신호를 실시간 조정해 혼잡을 줄이고, 대기 질과 에너지 사용량을 모니터링하여 효율을 높인다. 범죄 예측 알고리즘과 재난 대응 시뮬레이션은 치안과 안전 관리의 선제적 대응을 가능하게 한다. 민원 응대 챗봇이나 전자정부 플랫폼은 이미 보편화되고 있으며, 교통 관리, 재난 대응, 환경 모니터링에 이르기까지 AI는 공공 서비스의 효율성과 신속성을 높이고 있다. 공공 행정은 데이터 기반으로 정책을 설계해 시민에게 더 나은 경험을 제공한다. 그러나 이러한 효율성은 비용 절감만을 위해서가 아니라, 시민에게 **더 편리하고 안전한 생활 환경을 제공**한다는 점에 의의가 크다.

둘째, **사회적 약자 지원과 포용성 확대**다. 맞춤형 복지 시스템은 개인의 소득, 건강 상태, 거주 환경 데이터를 종합해 최적의 복지 프로그램을 제안한다. 예를 들어, 한 복지 행정 시스템은 취약계층 아동의 학습 상태와 건강 기록을 분석해 교육 지원과 의료 서비스를 동시에 연결하는 모델을 시범 운영 중이다. 헬스케어 분야에서는 지역 의료 인프라와 원격진료를 통합해 의료 사각지대를 줄이고 있으며, 고령층과 장애인을 위한 접근성 기술은 디지털 포용을 확대하고 있다. 노인 돌봄 로봇, 장애인을 위한 자동 자막, 점자 변환 서비스, 교육 소외 계층을 위한 AI 튜터는 기술을 사회적 불평등을 해소하는 데 활용하고 있다. 산업 현장에서 AI가 차별화를 위한 경쟁 수단이라면, 공공 영역에서는 **사회적 포용을 실현하는 인프라**로 기능하는 것이다.

셋째, **윤리와 위험 관리의 문제**다. 산업에서는 경쟁과 혁신의 속도가 우선되지만, 공공과 사회에서는 **신뢰와 윤리적 정당성이 우선**된다. 공공 데이터의 수집과 활용은 필연적으로 프라이버시와 데이터 보호 문제를 수반한다. 예를 들어, 스마트시티의 CCTV 데이터나 교통·위치 데이터가 무분별하게 활용될 경우 개인 식별 가능성이 높아질 수 있다. 또한, 훈련된 데이터의 편향은 특정 집단에 불리한 의사결정을 내릴 위험이 있다. 더 나아가, AI가 내린 결정에 오류가 있을 때 책임 소재를 명확히 규정하기 어렵다는 문제, 그리고 AI 감시 기술이 사회 전반을 감시 사회로 변질시킬 수 있다는 우려도 있다. 감시 사회화, 개인정보 오남용, 알고리즘 차별과 같은 문제는 기술 그 자체보다 사회적 합의와 규제가 더 중요한 과제가 된다. AI 시대의 공공 영역은 효율성 확대뿐 아니라, 시민의 권리를 지키면서 기술의 사회적 책임을 제도화해야 한다.

AI가 공공과 사회에 가져올 혁신은 속도와 효율보다 포용과 신뢰에서 완성된다. 기술이 향하는 방향은 단순한 행정 자동화가 아니라, 모든 시민이 공정하게 혜택을 누릴 수 있는 사회 구조의 설계에 있다. 미래 사회는 기술이 모든 시민에게 동등한 기회를 제공하고, 더 나은 삶의 질을 보장하는 방향으로 설계될 때 비로소 지속 가능하다. 산업의 AI가 기업의 경쟁 우위를 위한 도구라면, 공공의 AI는 **함께 살아가는 삶의 기반**이 되어야 한다.

앞으로 공공과 사회 영역에서 AI는 사회적 합의와 제도적 뒷받침을 바탕으로 성장할 것이다. 신뢰 가능한 데이터 거버넌스, 윤리적 가이드라인, 시민 참여형 플랫폼이 마련되어야 AI가 진정한 공공 자산으로 기능할 수 있다. 궁극적으로는 AI가 인간의 권리를 존중하고, 공동체의 다양성과 포용성을 확대하는 방향으로 발전할 때, 우리는 더 인간다운 사회를 구현할 수 있을 것이다.

AI 기술이 적용된 공공과 사회 부문

- 행정과 공공 서비스 혁신: 민원 처리, 정책 분석, 스마트시티 운영, 치안과 재난 대응 등 AI가 행정 효율을 높이고 시민 경험 개선
- 사회적 약자 지원과 포용성 확대: 맞춤형 복지, 원격의료, 고령층·장애인 접근성 향상, 교육 소외 계층 지원을 통해 사회적 불평등 해소
- 윤리와 위험 관리: 개인정보 보호, 알고리즘 편향, 책임 소재 불명확성, 감시 사회화 같은 위험을 다루기 위해 제도적 장치와 사회적 합의가 요구
- 지속 가능한 미래 사회: 신뢰 가능한 데이터 거버넌스, 윤리적 가이드라인, 시민 참여형 플랫폼이 구축될 때 AI는 진정한 공공 자산으로 기능하며, 더 인간다운 사회로 나아감

표 7 AI 기술의 산업 분야별 적용

구분	산업적 위상	4차 산업혁명 변화	AI 응용 사례	미래 방향
제조 · 물류	제조: 국가경제 뼈대, 글로벌 공급망	제조: 자동화 중심 → 스마트팩토리	제조: 예측 유지보수, 비전 품질 검사, 디지털 트윈	지능형 생산 및 공급망, 자율화 · 연결화, ESG 친환경 물류
	물류: 생산-소비 연결, 고객 경험 좌우	물류: 인력 · 차량 중심 → 디지털 · 지능형 물류	물류: 수요 예측, 경로 최적화, 창고 자동화, 드론 · 자율주행 배송	
마케팅 · 유통	고객 접점·가치 전달, 브랜드·매출·시장 경쟁력 좌우	마케팅: 세분화 마케팅 → AI 기반 개인화 · 추천	데이터 기반 의사결정, 실시간 고객 행동 분석, 개인화 추천, 동적 가격, 무인 매장, 메타버스 유통	초개인화 마케팅, 자율화 유통망, 메타버스 쇼핑, ESG 친환경 유통
		유통: 오프라인 중심 → 옴니채널 · 데이터 기반 스마트 유통		
금융 · 헬스케어	금융: 경제 혈관(자본흐름 안정)	금융: 전통 심사 · 평가 → 데이터 기반 핀테크 · 개인화 금융	금융: 신용평가, 사기 탐지, 로보어드바이저, 자동 트레이딩	생성형 AI 리스크 시뮬레이션, 정밀의학, 가상경제 모델, 신뢰 · 윤리 기반 혁신
	헬스케어: 생명 · 건강 지탱하는 사회 기반	헬스케어: 대면 진료 · 경험 기반 → 정밀 · 디지털 의료	헬스케어: AI 영상 진단, 맞춤형 치료, 신약 개발, 디지털 트윈 환자	
콘텐츠 · 교육	콘텐츠: 문화 · 경제 동시 지탱, OTT · 게임 · 미디어 중심	콘텐츠: 제작자 중심 → 데이터 기반 맞춤화, 생성형 AI 창작	콘텐츠: 추천 알고리즘, 자동 번역 · 자막, 생성형 AI 창작, 디지털 휴먼	러닝테인먼트, 메타버스 학습 생태계, 하이브리드 창작 · 교육, 온디맨드 평생학습

구분	산업적 위상	4차 산업혁명 변화	AI 응용 사례	미래 방향
	교육: 국가 경쟁력, 개인 성장	교육: 교실 중심 → 온라인, AI 개인화, 평생학습	교육: 적응형 학습, AI 튜터, AR/VR 몰입 학습, 자동 콘텐츠 생성	
공공·사회	행정·복지·치안·재난 대응 등 공동체 운영 기반, 산업과 달리 공공 가치 중심	행정 자동화·전자정부·스마트시티 → 데이터 기반 정책 설계·실시간 대응	민원 자동화, 정책 분석·시뮬레이션, 교통·환경 관리, 범죄·재난 예측, 맞춤형 복지, 돌봄 로봇	포용·신뢰 중심 AI, 시민참여형 플랫폼, 데이터 거버넌스·윤리 규제 강화, 지속가능한 스마트 사회

자기진단 체크리스트 (Self-Assessment Checklist)

1. 다양한 산업과 분야에서 AI가 어떻게 적용되는지 구체적으로 설명할 수 있는가?
2. AI가 산업별로 만들어내는 핵심 가치를 구분해 말할 수 있는가?
3. 산업별 AI 적용에서 공통으로 나타나는 과제를 설명할 수 있는가?
4. 가치사슬 통합과 생태계 관점에서 AI가 산업 간 경계를 어떻게 허물고 있는지 사례를 들어 설명할 수 있는가?
5. AI가 열어갈 미래 산업의 모습을 전망할 수 있는가?

CHAPTER 06

AI 기술 기반 운영 전략

학습 목표 (Learning Objectives)

1. 기존 자동화의 한계와 AI 기반 운영이 제조·물류 현장에서 어떻게 돌파구를 마련하는지 설명할 수 있다.
2. 서비스·마케팅 분야에서 AI 맞춤형 전략이 고객 경험과 기업 성과를 동시에 강화하는 원리를 이해한다.
3. 지원 부문에서 AI 최적화가 조직 효율성과 전략적 가치를 높이는 방식을 설명할 수 있다.
4. 디지털 인프라의 핵심 요소와 운영 원리를 기업 경쟁력 관점에서 분석한다.
5. 기술이 ESG 실행을 촉진하고 지속가능 경영을 가능하게 하는 메커니즘을 제시할 수 있다.

도입 질문 (Opening Questions)

1. 기존 규칙 기반 자동화는 왜 맞춤형 생산 요구를 충족하기 어려운가?
2. 고객은 '집단 평균'이 아니라 '개별 맥락'으로 이해해야 한다는 말은 무슨 의미일까?
3. 백오피스 부문이 AI 도입을 통해 전략적 파트너로 전환되는 이유는 무엇일까?
4. ESG가 단순한 보고서 작성이 아니라, 기업 생존과 투자 유치의 조건이 된 지금, 기술은 어떤 역할을 할 수 있을까?

6.1 제조와 물류의 AI 자동화

제조와 물류 산업은 그동안 자동화 기술을 지속적으로 도입해 왔는데, 대부분이 사전에 정해진 규칙과 반복 패턴에 기반한 시스템이었다. 이러한 방식은 효율성을 높이는 데 일정 부분 기여했지만, 예외 상황이나 급격한 수요 변화에는 신속히 대응하기 어려웠다. 글로벌 공급망이 복잡해지고, 고객 맞춤형 생산 요구가 늘어나며, 인건비와 원자재 가격이 상승하는 상황에서 기존 자동화는 한계를 드러내고 있다. 아래 각 환경에서의 제약을 살펴보자.

첫째, **글로벌 공급망이 복잡해지고 불확실성이 커지는 상황**

기존 자동화의 효과는 한계를 드러내고 있다. 전통적인 자동화는 주로 공장 내부의 공정을 안정적으로 반복하는 데 최적화되어 있다. 그러나 지정학적 갈등, 무역 규제, 팬데믹과 같은 외부 충격이 공급망 전반에 변동성을 야기할 때, 고정된 자동화 설비는 변화에 신속하게 대응하지 못한다. 공급망의 흐름을 실시간으로 파악하고 의사결정까지 연결하는 데이터 연동 체계가 부족하기 때문에, 원자재 부족이나 물류 차질과 같은 위기 상황에서는 자동화만으로는 대응 역량이 제한적일 수밖에 없다.

둘째, **고객 맞춤형 생산 요구가 증가하는 환경**

자동화 라인은 대량 생산과 표준화 제품에 맞게 설계되어 있어, 고객의 개별적 요구나 잦은 제품 변경이 발생할 경우 유연하게 대응하기 어렵다. 라인 전환과 셋업 비용이 과도하게 발생할 뿐 아니라, 고객 데이터와 생산 공정이 직접 연결되지 않아 맞춤형 생산을 신속하게 구현하기 힘들다. 시장이 요구하는 소량 다품종과 빠른 제품 출시 속도를 충족하는 데 있어 민첩성이 부족하다.

그리고, **인건비와 원자재 가격의 상승**

자동화는 일정 수준의 비용 절감 효과를 제공하지만, 설비 구축과 유지에 드는 고정비가 크기 때문에 전체적인 비용 구조 개선에는 한계가 있다. 특히 원자재 가격 상승은 생산 공정의 효율화만으로는 흡수하기 어렵고, 대체 소재나 설계 혁신과 같은 전략적 전환이 필요하다. 이미 자동화를 통해 얻을 수 있는 효율 개선 효과가 상당 부분 실현된 상태에서는, 추가적인 자동화로는 비용 압박을 해소하기 힘들다.

그림 32 기존 자동화의 한계

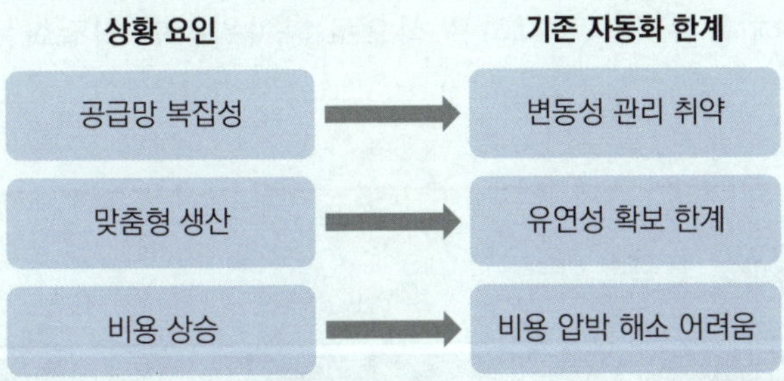

AI 기반 운영은 이 한계를 넘어서는 방안을 제시한다. 실시간 데이터 분석과 자율 의사결정 기능을 결합하면, 운영 환경 변화에 즉각 대응하고 최적의 결정을 내릴 수 있다. 동시에 제조 현장에서 품질, 속도, 비용의 균형을 맞추고, 물류에서는 경로, 재고, 서비스 수준을 최적화하는 데 강점을 발휘한다.

AI 기반 운영은 기존 자동화가 안고 있던 구조적 한계를 극복하는 전환점을 제공한다. **실시간 데이터 분석**은 공급망과 시장 환경의 변동성에 대한 대응력을 높인다. 과거 자동화는 정해진 절차만 반복했기 때문에 원자재 부족이나 물류 차질이 발생하면 대응이 늦을 수밖에 없었다. 그러나 AI는 글로벌 공급망 전반에서 수집되는 방대한 데이터를 실시간으로 분석하여 위험 신호를 조기에 감지하고, 대체 경로와 자원을 신속하게 제시함으로써 운영의 안정성을 확보하도록 지원한다.

또한 **자율 의사결정 기능**은 고객 맞춤형 생산 요구에 부응하는 데 강점을 발휘한다. 기존 자동화 라인은 대량 생산에 최적화되어 있어 소량 다품종 생산에는 비효율적이지만, AI는 고객 주문 데이터를 직접 생산 공정과 연계시켜 공정 전환을 자동으로 설계한다. 이를 통해 설비의 가동 조건이나 작업 순서를 유연하게 조정하고, 최소 비용과 시간으로 다양한 맞춤형 제품을 생산할 수 있다.

마지막으로 AI는 **품질, 속도, 비용의 균형을 동시에 최적화**함으로써 비용 상승 압박에도 대응할 수 있다. 기존 자동화가 일정 수준의 효율에 도달한 이후에는 추가 절감 여력이 제한적인 반면, AI는 다양한 운영 변수를 동시에 고려해 최적의 균형점을 도출한다. 원자재 사용량을 절감하면서도 품질을 유지하거나, 물류 경로를 단축해 운송비를 절감하는 식으로 다차원적인 최적화를 구현할 수 있는 것이다.

표 8 기존 자동화의 AI 극복 방안

변하는 산업 특성	한계의 원인	AI 기반 운영의 극복 방식
공급망 복잡성	정해진 절차만 반복, 외부 변수 대응 취약	실시간 데이터 분석으로 위험을 조기 감지, 대체 경로와 자원을 신속히 제시
맞춤형 생산 요구	대량 생산 중심, 라인 전환과 셋업 비용 과다	자율 의사결정으로 고객 주문과 공정을 자동 연계, 설비 및 작업 순서를 유연하게 조정
비용 상승 압박	자동화 효율 개선 한계, 고정비 부담	품질 · 속도 · 비용의 다차원 최적화, 원자재 절감과 물류 경로 단축 등 구조적 비용 완화

AI 기반 운영은 공급망 변동성, 맞춤형 생산, 비용 압박이라는 기존 자동화에 더 나은 해법을 제시한다. 하지만 이러한 가능성이 추상적인 차원에 머물러서는 안 된다. 실제로 AI는 제조와 물류 현장에서 구체적이고 가시적인 성과를 만들어내며, 운영 방식 자체를 바꾸고 있다. 예측 유지보수를 통해 설비의 고장을 사전에 차단하고, 스마트팩토리 운영을 통해 품질과 속도의 균형을 잡으며, 물류 최적화를 통해 비용과 서비스 수준을 동시에 높인다. 더 나아가 로봇자동

화와 성과 지표 기반 평가까지 확장되면서, AI는 단순한 보조 기술이 아니라 운영 전반을 혁신하는 인프라로 자리매김하고 있다. 아래 그림의 적용 영역을 하나씩 살펴보자.

그림 33 제조와 물류 부문의 AI 적용 영역

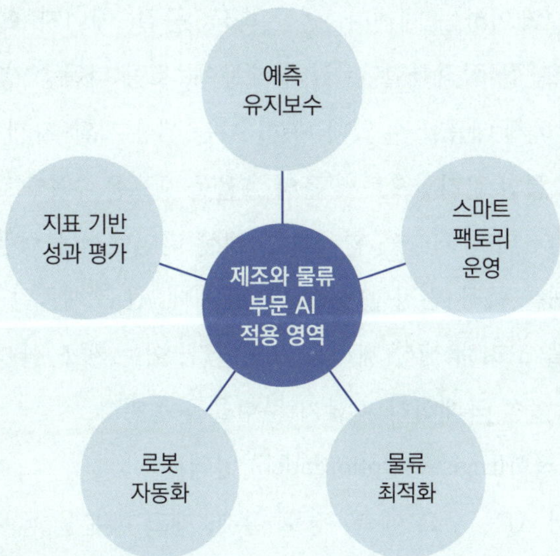

첫째, **예측 유지보수(Predictive Maintenance) 영역**

AI는 설비에서 수집되는 센서 데이터와 과거 고장 이력을 분석하여 고장 징후를 사전에 포착할 수 있다. 이를 통해 기업은 설비가 실제로 멈추기 전에 유지보수를 실시해 예기치 못한 생산 중단을 최소화한다. 기존의 정기 점검 방식은 불필요한 유지보수 비용을 초래하거나, 돌발 고장을 막지 못하는 한계가 있었다. AI 기반 예측 유지보수는 생산 안정성을 높이고 자산 활용 효율을 극대화하는 운영 전략으로 자리 잡고 있다.

IoT 센서를 통해 설비 상태를 실시간 모니터링하고, AI 분석 모델이 고장 가능성을 사전에 경고하여, 계획되지 않은 설비 다운타임[38]을 줄이고 유지보수 일정을 최적화할 수 있다. 예를 들어, 센서 데이터가 이상 패턴을 감지하면 즉시 정비 계획이 자동으로 생성되고 부품 주문까지 연계되는 것이다.

둘째, **스마트 팩토리 운영(Smart Factory Operation) 영역**

스마트팩토리는 공장 내 모든 공정과 설비를 데이터로 연결하고, AI가 이를 실시간으로 분석·제어하는 체계다. 생산 속도, 품질, 에너지 소비를 동시에 고려하면서 공정 조건을 최적화할 수 있기 때문에, 소량 다품종 생산과 같은 복잡한 요구에도 유연하게 대응할 수 있다. 특히 AI는 생산 계획-자재 투입-품질 검사까지 공장 전체를 통합 관리함으로써 운영 효율을 새로운 수준으로 끌어올린다.

AI 기반 컴퓨터 비전 기술을 활용하면 생산 라인에서 불량품을 실시간으로 식별해 품질 문제를 즉각 수정할 수 있다. 동시에 AI 스케줄링 엔진은 주문량, 재고, 인력 상황을 고려해 생산 계획을 조정한다. 이는 제조 실행 시스템(MES)과 통합되어 생산 효율을 극대화하며 납기 준수율을 높인다.

셋째, **물류 최적화(Logistics Optimization) 영역**

물류 영역에서 AI는 수요 예측, 경로 설계, 재고 배분을 동시에 최적화하는 강점을 발휘한다. 과거 자동화는 반복적 처리에 국한되었지만, AI는 교통 상황, 기상 조건, 실시간 주문 변동까지 반영해 가장 효율적인 경로와 재고 수준을 산출한다. 이를 통해 배송 속도는 빨라지고, 불필요한 운송비용은 절감되며, 고객 서비스 수준도 향상된다. 물류 최적화는 공급망 전체의 민첩성을 강화한다.

AI는 주문 데이터를 분석해 수요를 예측하고, 재고를 적정 수준으로 유지하면서도 고객과 가까운 거점에 배치할 수 있도록 한다. 배송 과정에서는 AI 경로 계획 시스템이 교통 상황, 날씨, 차량 적재 상태를 고려해 최적의 배송 경로를 제시한다. 이렇게 하면 연료 소비와 배송 시간을 동시에 줄일 수 있다.

---

38 다운타임(downtime): 어떤 장치나 시스템 따위가 고장나거나 장애가 발생해 작동이 멈춰 있는 시간

넷째, **로봇 자동화(Robotics) 영역**

로봇 자동화는 단순 반복 업무를 넘어, AI와 결합하여 복잡한 의사결정까지 수행하는 단계로 발전하고 있다. 제조 현장에서는 로봇이 제품 조립뿐 아니라 품질 검사까지 담당하고, 사무·관리 영역에서는 RPA(Robotic Process Automation)가 금융 거래, 문서 처리, 고객 상담 지원 업무를 수행한다. 이는 인력을 고부가가치 활동에 집중할 수 있도록 지원한다는 점에서 운영 혁신의 중요한 축이 된다.

무인 운반차와 자율주행 로봇은 창고와 공장에서 자재 이동을 자동화하며, 작업 효율과 안전성까지 높인다. 무인 운반차가 정해진 경로를 따른다면, 자율주행 로봇은 상황에 맞춰 최적의 경로를 스스로 탐색한다. AI는 WMS[39]나 MES와 연동해 작업 우선순위를 조정하고 자원을 배분하며, 로봇은 이동 경로나 적재 데이터를 수집해 운영 최적화에 기여한다.

마지막으로, **지표 기반 성과평가(KPI & Performance Analytics) 영역**

AI는 방대한 운영 데이터를 분석해 성과를 다차원적으로 측정하고 개선 방향을 제시한다. 기존 성과평가가 과거 실적에 의존했다면, AI 기반 분석은 실시간 지표를 바탕으로 미래 성과까지 예측할 수 있다. 생산 효율, 품질 수준, 고객 만족도, 비용 절감 효과 등이 통합적으로 모니터링되며, 관리자는 객관적 근거를 바탕으로 빠른 의사결정을 내릴 수 있다. 이는 기업이 성과 관리 방식을 단순한 사후 평가에서, 지속적 개선을 위한 운영 피드백 루프로 전환하게 만든다.

GE Aviation은 항공기 엔진에 수천 개의 센서를 부착해 온도, 압력, 진동, 연료 사용 등 다양한 데이터를 실시간으로 수집한다. 과거에는 엔진 고장이 발생한 후 정비에 들어가는 사후 대응 방식이 일반적이었지만, AI 기반 예측 분석을 도입한 뒤로는 미세한 이상 징후를 조기에 감지하여 정비 일정을 사전에 조

39 WMS(Warehouse Management System): 창고 관리 시스템으로, 입고·보관·재고·출고 과정을 실시간으로 관리·최적화하여 물류 효율성과 정확성을 높이는 정보 시스템

정할 수 있게 되었다. 그 결과 예기치 못한 다운타임을 30~50% 감소시키고, 유지보수 비용을 20~40% 절감했다. 불필요한 예방 정비 횟수는 줄이고, 실제로 필요한 시점에 맞춤형 정비를 수행함으로써 운항 중단 시간을 크게 단축하고, 항공사 운영비 절감에도 기여했다.

BMW는 생산 라인에서 AI 기반 컴퓨터 비전 시스템을 활용해 부품과 완성차의 품질을 검사한다. 이 시스템은 사람의 눈으로는 구별하기 어려운 미세한 결함까지 감지할 수 있으며, 동시에 생산 데이터를 분석해 최적의 작업 스케줄을 산출한다. 그 결과 불량률이 최대 60% 감소했고, 생산 라인의 효율적인 자원 배분 덕분에 납기 시간을 단축하면서도 품질 수준을 강화하는 효과를 얻었다.

쿠팡은 급격히 증가한 온라인 주문에 대응하기 위해 물류센터 운영과 배송 네트워크에 AI를 적극적으로 적용했다. 물류센터에서는 AI가 재고 위치와 로봇의 이동 경로를 실시간으로 최적화하여 상품을 가장 빠르게 출고할 수 있도록 지원한다. 입고 프로세스 예측 모델 도입에 따라 공급업체의 배송 날짜 변경도 60~70% 감소했다. 또한 배송 단계에서는 교통 상황과 주문 밀집도를 고려해 AI가 배송 경로를 자동으로 설계한다. 이를 통해 새벽 배송, 로켓 배송의 서비스 수준을 유지하면서 물류비용을 절감하고, 고객 경험 역시 강화했다.

AI가 제조와 물류 분야에 운영 효율과 혁신을 가져오는 사례를 확인하였다. 그러나 실제 현장에 적용하려면 준비해야 할 기반과 과제들이 있다. 이제 AI 기반 운영을 실행에 옮길 때 기업이 고려해야 할 사항들을 살펴보자.

첫째, **데이터 인프라의 준비**다. AI의 성능은 데이터의 양과 질에 크게 좌우된다. 따라서 설비와 물류 현장에서 발생하는 데이터를 수집할 수 있는 센서, IoT 디바이스, 네트워크 환경이 선행적으로 구축되어야 한다. 동시에 데이터는 정제·표준화·보안 관리가 이루어져야 하며, 부서 간 데이터 사일로를 해소할 수 있는 체계가 마련되어야 한다. 데이터 인프라가 부실하면 AI는 제대로 학습하거나 의미 있는 결과를 도출하지 못한다.

둘째, **기존 시스템과의 통합**이다. 제조 실행 시스템(MES), 창고 관리 시스템(WMS), 전사적 자원관리 시스템(ERP) 등 기존의 운영 시스템은 기업 현장의 중요한 인프라이다. AI는 이들과 단절된 별도 솔루션으로 작동해서는 효과가 제한적이며, 기존 시스템과 원활히 연계되어야 한다. 예컨대 MES와 연결되지 않으면 AI가 도출한 생산 최적화 방안이 실제 라인에 반영되지 못하고, WMS와의 연동이 부족하면 물류 경로 최적화가 현장에서 실행되지 못한다.

셋째, **업무 재설계와 인력 재배치**다. AI 도입이 단순히 기술을 교체하는 차원이 아니라 업무 프로세스를 재구성하는 변화로 이어져야 한다. 일부 반복 업무는 자동화되지만, 대신 사람은 데이터 해석, 문제 해결, 창의적 기획 등 새로운 역할로 이동해야 한다. 이를 위해 직무 전환, 재교육, 조직문화 변화가 뒷받침되어야 한다. 그렇지 않으면 기술은 도입했지만 인력이 이를 뒷받침하지 못해 효과가 반감될 수 있다.

넷째, **투자비용과 ROI[40] 검토**다. AI 운영 체계는 초기 구축에 상당한 비용이 든다. 데이터 인프라, 소프트웨어 플랫폼, 전문 인력 확보 등이 모두 투자 항목이다. 따라서 단기적인 비용 절감만을 목표로 도입해서는 안 되며, 장기적으로 품질 향상, 생산성 증대, 서비스 수준 개선 등을 통해 얼마나 지속 가능한 ROI를 얻을 수 있는지 평가해야 한다. 또한 점진적 파일럿 프로젝트를 거쳐 점차 확산하는 방식으로 리스크를 줄이는 전략이 필요하다.

현재 제조와 물류 분야에는 AI가 적극적으로 도입되어 변화와 혁신을 이끌고 있다. 기존 자동화가 제공하지 못했던 유연성과 민첩성은 AI 기반 운영을 통해 새로운 수준으로 진화하고 있다. 실시간 데이터 분석과 자율 의사결정은 공급망의 불확실성, 맞춤형 생산, 비용 압박이라는 오래된 과제를 극복하게 만들며, 예측 유지보수, 스마트팩토리, 물류 최적화, 로봇자동화, 성과평가 지원 등 다양한 영역에서 성과를 입증하고 있다. 그러나 이러한 가능성이 현실화되기 위

40 ROI(Return on Investment): 투자 수익률, 투자 비용 대비 이익을 백분율로 나타내는 지표

해서는 데이터 인프라와 시스템 통합, 조직 변화와 ROI 검토 같은 실행 과제가 병행되어야 한다. 제조와 물류 분야에서의 AI 기반 운영은 기업 운영 체계를 재설계하는 전략적 선택이며, 이는 향후 기업 경쟁력의 지속성을 좌우하는 중요한 분기점이 될 것이다.

6.2 AI 맞춤형 마케팅과 서비스

서비스와 마케팅 영역은 고객과의 접점에서 기업 경쟁력을 형성하는 중요한 무대다. 오늘날 고객은 빠른 응답, 맞춤형 경험, 채널 간 일관성을 당연하게 요구한다. 그러나 기존의 CRM이나 마케팅 자동화는 주로 정형 데이터에 기반해 사전에 설계된 시나리오를 실행하는 수준에 머문다. 고객 행동의 변화 속도가 빨라지고, 접점이 다변화되면서 이 방식만으로는 실시간 대응과 개인화 수준을 맞추기 어려워졌다. 즉, 서비스와 마케팅 영역 역시 기존 방식만으로는 고객의 기대에 부응하기 어려워지고 있다. 과거에는 대중 마케팅과 세분화 전략이 효과적이었지만, 고객의 관심사와 행동 패턴이 디지털 환경에서 빠르게 변화하면서 집단 단위의 접근은 점차 설득력을 잃고 있다. 고객 경험 관리 또한 사후 혹은 정적 대응에 머물러 실시간 맥락을 반영하지 못하고, 증가하는 마케팅 비용에 비해 효과 측정과 최적화는 미흡하다. 결과적으로 기존 접근만으로는 고객의 다층적 요구와 속도를 따라잡는 데 한계가 있다.

이러한 한계를 넘어서는 전환점이 AI 기반 맞춤형 전략이다. 실제 현장에 활용 가능한 방법을 알아보자.

첫째, **실시간 데이터 분석**이다.

기존 마케팅은 과거 구매 이력이나 설문조사 같은 정적인 데이터를 기반으로 고객을 이해했다. 하지만 이는 시차가 존재하고 맥락을 반영하지 못하는 한계가 있었다. AI는 웹·모바일 클릭스트림[41], 위치 정보, 결제 기록, 심지어 날씨와 같은 외부 데이터까지 실시간으로 수집하고 분석해 고객의 현재 상황과 의도를 파악할 수 있다. 예컨대 사용자가 앱에서 특정 제품을 반복 검색하면, AI는 즉시 이를 구매 고려 신호로 해석하고 관련 프로모션을 노출할 수 있다. 이는 고객 경험을 사후 대응에서 즉각 대응으로 바꾼다.

둘째, **개인화 추천과 예측 모델**이다.

과거의 세분화 마케팅은 고객을 연령, 성별, 지역과 같은 인구통계학적 특성으로 묶어 일괄 대응했지만, 이는 개인의 취향이나 맥락을 충분히 반영하지 못했다. AI는 머신러닝과 딥러닝 기반 예측 모델을 활용해, 고객 개개인의 행동 패턴과 선호를 학습한다. 그 결과 이 고객이 앞으로 무엇을 구매할 가능성이 높은지 미리 제안할 수 있다. 아마존의 고객 매출 35%가 추천 시스템에서 창출되고 있다. 개인화 추천은 판매 유도가 아니라, 고객에게는 나를 이해해 주는 경험으로 받아들여지면서 충성도를 높인다.

셋째, **자율 의사결정형 캠페인 관리**다.

전통적으로 마케팅 캠페인은 기획자가 메시지·채널·시점을 미리 정해 일괄적으로 집행했다. 그러나 디지털 환경에서는 고객 반응이 빠르게 변하기 때문에, 정해진 캠페인은 금세 효과를 잃는다. AI는 고객 반응 데이터를 실시간으로 모니터링하며, 어떤 메시지가 더 효과적인지, 어느 채널에서 반응률이 높은지, 발송 시점을 언제로 조정해야 하는지를 결정한다. 예를 들어 이메일 마케팅에서 특정 고객이 오후 시간대에 더 높은 클릭률을 보인다면, AI는 해당 고객에게는 오후 발송을 자동으로 설정한다. 이렇게 자율적으로 조정되는 캠페인은 고객 경험을 최적화하고, 동시에 마케팅 ROI를 극대화한다.

AI 기반 맞춤형 서비스와 마케팅은 고객 만족과 충성도를 동시에 강화하면서, 기업이 동일 비용으로 더 큰 효과를 거두거나 동일 효과를 더 낮은 비용으로

41 모바일 클릭스트림(Mobile clickstream): 스마트폰 등 모바일 기기에서 사용자의 웹페이지 방문, 앱 내 행동, 광고 클릭 등 다양한 상호작용을 실시간으로 기록하고 분석하는 데이터 분석 기법

달성하게 만든다. 즉, 고객에게는 개인화된 가치 경험을, 기업에는 효율적 자원 활용과 수익 개선을 제공하는 쌍방 가치 창출 구조가 된다.

AI는 서비스와 마케팅 영역을 더 고도화하기 위해 활용되고 있다. 이전과 같이 고객 집단을 나누는 수준을 넘어, 개별 고객의 맥락을 읽고 즉시 대응하는 기술이 실제 현장에 빠르게 확산하고 있다. 개인화 추천, 실시간 가격 최적화, 고객 여정 분석, 자동화된 광고 집행이 이루어지고 있다. 각 적용 영역을 통해 AI가 어떻게 맞춤형 서비스와 마케팅을 가능하게 하는지 살펴보자.

그림 34 AI 맞춤형 마케팅과 서비스

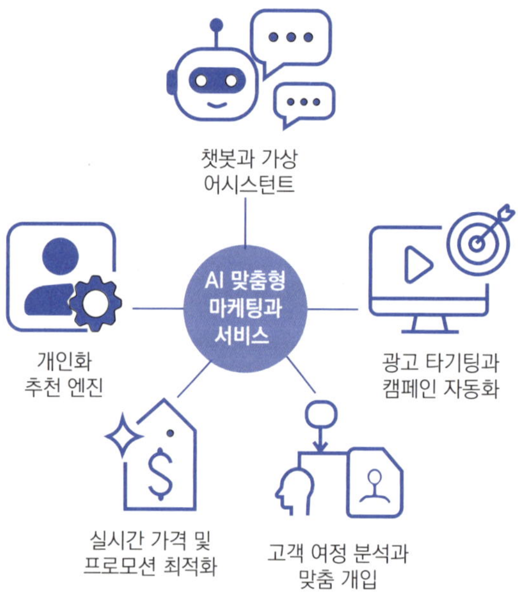

첫째, **개인화 추천 엔진**(Personalized Recommendation Engine)

이커머스와 OTT 산업에서 추천 엔진은 AI 활용의 대표 사례다. AI는 고객의 클릭, 구매, 시청 이력뿐 아니라 유사 고객군의 행동 패턴까지 학습하여 다음에 고객이 보고 싶어 하거나 구매할 가능성이 높은 항목을 예측한다. 아마존은 이러한 추천 알고리즘이 전체 매출의 약 35%를 창출하고 있으며, 넷플릭스 역시 고객별 시청 목록을 맞춤화해 이탈률을 낮추고 체류 시간을 늘리고 있다. 이는 편리함을 넘어, 브랜드가 나를 이해해 주는 서비스로 느끼게 함으로써 고객 충성도를 강화한다.

둘째, **챗봇과 가상 어시스턴트(Chatbot & Virtual Assistant)**

AI 기반 챗봇과 가상 어시스턴트는 고객 상담의 효율성과 만족도를 동시에 높인다. 기존 고객센터는 운영 시간과 인력 한계로 대기 시간이 길고 응대 품질이 일정하지 못했지만, 챗봇은 24시간 365일 즉각적인 응답을 제공한다. 자연어 처리와 음성 인식 기술을 활용해 단순 문의뿐 아니라 복잡한 질문에도 대응할 수 있으며, 필요시 인간 상담원에게 연결하는 하이브리드 구조로 진화하고 있다. 이는 서비스 품질을 높이는 동시에 운영 비용을 절감한다.

셋째, **실시간 가격 및 프로모션 최적화(Dynamic Pricing & Promotion)**

AI는 수요와 재고, 경쟁사 가격, 계절, 날씨 같은 변수를 종합적으로 분석하여 최적의 가격과 프로모션 전략을 제안하고 있다. 예를 들어 항공사와 호텔 업계에서는 AI가 예약 상황과 경쟁 가격을 분석해 좌석이나 객실 가격을 실시간으로 조정한다. 리테일에서는 특정 제품의 판매 속도가 느려지면 자동으로 할인 프로모션을 적용해 재고를 소진하고, 동시에 다른 제품의 판매를 자극한다. 이는 매출 극대화와 재고 관리 효율화를 동시에 달성하게 한다.

넷째, **고객 여정 분석과 맞춤 개입(Customer Journey Analytics)**

고객은 구매에 이르기까지 검색-비교-체험-구매-리뷰의 다양한 단계를 거친다. AI는 이 여정을 추적하고 분석하여 고객이 어느 단계에서 이탈할 가능성이 높은지, 어떤 개입이 전환을 촉진하는지 실시간으로 데이터를 제시한다. 예컨대 장바구니에 상품을 담고 구매를 망설이는 고객에게 맞춤형 쿠폰을 제공하거나, 특정 채널에서 유입된 고객에게 더 적합한 콘텐츠를 노출하는 식이다. 고객 경험은 더욱 개인화되고 구매 전환율은 향상된다.

다섯째, **광고 타기팅과 캠페인 자동화(Ad Targeting & Campaign Automation)**

AI는 광고 집행에서도 큰 변화를 가져왔다. 과거에는 인구통계적 속성이나 기본 관심사에 따라 광고를 노출했지만, 이제는 고객의 실시간 행동 데이터와 맥락을 기반으로 광고를 정밀하게 타기팅하고 있다. 구글과 메타의 광고 플랫폼은 AI 알고리즘을 활용해 광고 소재, 타깃, 노출 시점을 자동으로 최적화한다. 기업은 동일한 예산으로도 더 높은 전환율을 달성할 수 있으며, 고객은 불필요한 광고 대신 자신에게 맞는 메시지를 접하게 된다.

실제 기업 사례를 살펴보자. 아마존은 전자상거래의 방대한 상품을 고객에게 효과적으로 연결하기 위해 개인화 추천 알고리즘을 핵심 전략으로 삼았다. 고객의 구매 이력, 검색 기록, 장바구니, 심지어 유사 고객의 행동까지 종합적으로 분석해, 함께 구매한 상품이나 고객이 좋아할 만한 추천을 실시간으로 제시한다. 이 시스템은 단순히 추가 구매를 유도하는 수준이 아니라, 고객이 플랫폼에 머무는 시간을 늘리고 탐색 비용을 줄이는 데 기여한다.

넷플릭스는 전 세계 수억 명의 구독자를 대상으로, 시청 이력과 패턴 데이터를 기반으로 맞춤형 콘텐츠를 추천한다. 단순히 인기 작품을 보여주는 것이 아니라, 고객 개별 프로필에 맞는 영화와 드라마를 제안하여 다음에 볼 콘텐츠를 탐색하는 시간을 줄여준다. 이 추천 알고리즘 덕분에 고객 이탈률이 낮아지고, 시청 시간이 늘어 구독 유지율이 늘어난다. 넷플릭스는 자체 분석에서 추천 시스템이 없었다면 구독자 상당수가 더 빨리 이탈했을 것이라고 밝힌 바 있으며, 이는 AI가 서비스 유지와 수익 구조 안정성에 기여한 사례다.

스타벅스는 딥 브루(Deep Brew)라는 AI 엔진을 자사 리워드 프로그램과 결합해 고객별 맞춤형 마케팅을 전개하고 있다. 고객의 구매 빈도, 매장 방문 시간대, 선호 음료를 학습한 뒤, 개인에게 가장 적합한 프로모션과 쿠폰을 제공한다. 특정 고객이 평일 아침마다 아메리카노를 구매한다면, 해당 시간대에 할인 쿠폰을 발송해 재방문을 유도하는 식이다. 이런 개인화 전략은 고객 충성도를 높이고, 리워드 프로그램의 이용률을 향상하여 매출 상승으로 이어진다.

국내 플랫폼 기업인 네이버와 카카오는 검색과 쇼핑, 콘텐츠 영역에서 AI 추천 시스템을 적극적으로 활용하고 있다. 네이버 쇼핑은 고객의 검색 기록과 구매 이력을 분석해 개별 맞춤형 상품을 추천하며, 카카오는 자사 플랫폼 내 다양한 서비스(카카오톡, 카카오T, 카카오쇼핑 등)에 축적된 데이터를 연계해 사용자 관심사에 최적화된 광고와 콘텐츠를 노출시킨다. AI 맞춤형 전략은 고객 만족도를 높일 뿐 아니라, 사용자의 플랫폼 체류 시간을 늘려 광고와 커머스 매출 증대라는 선순환 효과를 만들어내고 있다.

AI 기반 서비스와 마케팅을 도입하기 위해서는 여러 가지 준비와 실행상의 고려가 필요하다. 첫째, **데이터 인프라와 개인정보 보호 체계가 마련**되어야 한다. AI는 방대한 데이터를 기반으로 작동하기 때문에, 데이터 수집·저장·활용 과정에서 품질과 보안이 보장되지 않으면 의미 있는 결과를 내기 어렵다. 특히 고객의 민감한 개인정보를 다루는 만큼, 수집 목적과 범위가 명확히 정의되고 익명화와 가명 처리, 접근 통제, 설명 가능성 확보 등 데이터 윤리적 원칙을 충실히 지켜야 한다. 이를 소홀히 할 경우 신뢰 손상과 법적 리스크로 이어질 수 있다.

둘째, **기존 시스템과의 통합이 원활**해야 한다. 기업은 이미 ERP, CRM 등 다양한 운영 시스템을 보유하고 있으며, AI가 별도로 작동하면 현장에서 실행력이 떨어진다. 따라서 고객 데이터 플랫폼(CDP[42])이나 마스터 데이터 관리(MDM[43]) 체계를 구축하여 데이터가 통합적으로 관리되고, 기존 시스템과 유기적으로 연동되도록 해야 한다. 고객 여정 데이터를 끊김 없이 분석해 활용할 수 있으며, 운영과 마케팅 의사결정에 즉각 반영할 수 있다.

---

42 CDP(Customer Data Platform): 고객 데이터 플랫폼으로 고객 행동에 초점을 맞춰 통합된 고객 프로필을 만듦

43 MDM(Master Data Management): 마스터 데이터 관리로 고객/제품 등 기업 비즈니스 영역의 마스터 정보를 관리

셋째, **업무 프로세스와 인력구조의 변화를 준비**해야 한다. AI는 반복적이고 단순한 업무를 대체하지만, 동시에 새로운 역할을 만들어낸다. 예컨대 마케터는 단순 집행에서 벗어나 데이터 기반 전략 설계자로 변모해야 하고, IT 인력은 안정적 시스템 운영을 넘어 데이터 엔지니어링과 모델 관리 역량을 요구받는다. 따라서 기업은 인력 재배치와 재교육, 부서 간 협업 구조를 마련하여 변화에 대응해야 하며, 이는 기술 도입 못지않게 중요한 성공 요인이다.

넷째, **투자 비용과 성과 관리에 대한 균형** 잡힌 검도가 필요하다. AI 시스템 구축에는 초기 인프라 비용과 전문 인력 확보, 운영 관리 비용이 상당히 요구된다. 따라서 단기적 비용 절감만을 목표로 하기보다, 장기적인 매출 증대, 고객 충성도 강화, 비용 구조 개선 등 ROI를 종합적으로 분석해야 한다. 특히 파일럿 프로젝트를 통해 소규모로 검증하고, 성과가 확인되면 점차 확산하는 방식이 리스크를 줄이는 데 효과적이다.

마지막으로, **도입 로드맵과 리스크 관리 체계**를 갖추어야 한다. 초기에는 고객 리마케팅[44]이나 추천과 같이 효과를 쉽게 측정할 수 있는 사례부터 시작해, 점차 가격 최적화, 여정 분석 등 고도화된 영역으로 확장하는 것이 바람직하다. 동시에 모델 성능 저하, 데이터 품질 문제, 과도한 개인화로 인한 고객 불쾌감, 법적 규제 변화와 같은 잠재적 위험을 모니터링하고 대응하는 장치를 마련해야 한다.

AI 기반 마케팅과 서비스 운영은 고객 경험 자체를 재설계하는 전략적 도구로서, AI 맞춤형은 선택이 아니라 필수다. 고객은 더 이상 평균적인 집단이 아니라, 각자 고유한 맥락과 기대를 지닌 존재다. 기업은 AI를 활용해 이러한 개인화 요구에 대응해야 하며, 고객 만족, 충성도, 운영 효율을 동시에 확보할 수 있다. 동시에 데이터, 조직, 윤리적 기반을 균형 있게 준비해야 지속적인 성과 창출로 이어질 수 있다. 이를 통해 기업은 고객과의 관계를 장기적으로 강화하고, 시장에서 차별화된 브랜드 가치를 구축할 수 있다.

44 리마케팅(Re-marketing): 관심은 보였지만 구매 전환까지 완료하지 못한 고객에게 마케팅 메시지를 다시 보내 구매 전환을 유도하는 전략

6.3 지원 부문의 AI 최적화

기업 운영에서 지원 부문은 직접적으로 매출을 창출하지는 않지만, 조직의 안정과 효율을 뒷받침하고 있다. 전통적인 지원 부문은 반복적이고 정형화된 업무가 많아 비용 중심 영역으로 인식되었으며, 전략적 기여도가 낮다는 평가를 받아왔다. 백오피스(Back Office)는 매출과 직접 연결되지 않는 관리·지원 부서를 의미한다. 과거에는 비용을 발생시키는 부서라는 인식이 강했지만, 오늘날 디지털 전환 시대에는 기업의 안정성과 지속 가능성을 지탱하는 역할로 자리 잡고 있다.

AI는 지원 부문을 새로운 가치 창출 부서로 전환할 가능성을 제시한다. 단순 반복 업무의 자동화는 물론, 리스크 예측, 의사결정 지원, 프로세스 최적화를 통해 조직 전체의 효율성과 민첩성을 끌어올린다. 특히 재무회계, 인사, 구매·조달 영역에서의 변화는 기업 전체의 운영 체질을 강화하고 있다. 대표적인 백오피스 기능 조직에서 이는 변화를 알아보자.

그림 35 지원 부문의 AI 활용

먼저, **재무회계 영역**에서는 AI가 재무 데이터를 자동으로 수집 및 정리하고, 이를 기반으로 실시간 분석과 예측을 수행한다. 과거에는 분기나 월 단위의 정적 보고에 의존했기 때문에 변동성이 큰 환경에서는 의사결정이 뒤처지기 쉬웠다. 하지만 AI는 거래 내역을 자동으로 분류하고, 이상 거래를 탐지하며, 시뮬레이션을 통해 미래의 재무 상태까지 예측할 수 있다. RPA와 AI 결합을 통해 전표 처리, 세금 계산서 처리, 결산 보고 등 반복적인 회계 업무를 자동으로 수행한다.

또한 시뮬레이션 기능을 활용해 환율 변동, 원자재 가격 상승 등 외부 변수에 따른 재무 영향을 미리 계산함으로써 재무 리스크 관리 수준을 높인다. 이로써 월말 마감 기간이 단축되고, 재무 보고 정확도도 개선된다. AI는 과거 거래 데이터와 패턴을 분석해 이상 거래를 조기에 탐지하고, 부정거래 가능성을 실시간으로 경고하기도 한다. 이를 통해 재무회계 부서는 회계 처리 기능을 넘어, 경영진에게 전략적 의사결정 인사이트를 제공하는 부서로 자리매김할 수 있다.

둘째, **인사 영역**에서도 AI의 영향은 뚜렷하다. AI 채용 플랫폼은 채용 과정에서 지원자의 이력서, 온라인 프로필, 인터뷰 영상 데이터를 분석해 직무 적합도를 평가한다. 지원자의 이력서를 자동으로 분류하고, 직무 적합도를 평가하는 예측 모델이 활용된다. 일부 기업은 영상 인터뷰 분석을 통해 지원자의 언어와 표정 패턴을 파악해 보다 객관적인 평가를 시도하며, 채용 편향 최소화 알고리즘을 적용해 다양성과 포용성을 강화한다.

내부적으로는 직원의 이직 가능성을 예측해 사전에 대응하거나, 성과 관리 데이터를 기반으로 맞춤형 교육과 경력 개발 계획을 제시하기도 한다. 그리고, 퇴직 가능성이 높은 인력을 조기에 파악해 유지 전략을 마련하는 등 인력 관리의 질을 높인다. 인사 부서는 기존의 행정 중심 지원 기능에서 벗어나, 인재 확보와 유지, 조직 역량 개발을 주도하는 부서가 된다.

셋째, **구매조달 영역**에서는 AI가 공급업체의 리스크를 예측하고, 원자재 가격 변동을 실시간으로 감지해 최적의 조달 전략을 제시한다. 과거에는 정보통신

시스템이 가격과 납기 조건을 비교하는 수준이었지만, 이제는 AI가 글로벌 정세, 기후, 물류 상황 등 다양한 요인을 분석해 리스크 신호를 조기에 알려준다. 글로벌 공급망 데이터를 분석해 특정 공급업체의 리스크를 조기 탐지하고, 대체 공급업체를 추천한다.

그뿐만 아니라, 반복적인 계약 검토나 발주 업무를 자동화하여 담당자의 업무 부담을 크게 줄인다. 가격 변동 예측 모델은 구매 타이밍을 최적화해 비용 절감 효과를 가져오며, 계약서나 발주서와 같은 문서 관리도 자동화하여 인력 소요를 줄인다. 구매조달 부서는 공급망 안정성과 전략적 파트너십 관리라는 새로운 가치를 창출하게 된다.

재무회계, 인사, 구매조달 부문에서 AI 최적화는 지원 부문의 업무를 변화시키고 있다. 이들은 리스크 관리, 인재 전략, 공급망 경쟁력을 책임지는 전략적 파트너로 자리매김하며, 기업 전체 경쟁력의 보이지 않는 기반을 강화하는 역할을 하게 된다. 이러한 변화는 실제 기업 사례에서도 확인된다. JP Morgan은 'COIN(Contract Intelligence)'이라는 AI 플랫폼을 활용하여 계약서를 분석하는 시간을 기존 36만 시간에서 단 몇 초로 단축시켰다. 이를 통해 법무·재무 지원 부서의 업무 효율성이 비약적으로 향상되었을 뿐 아니라, 계약 리스크 관리 수준도 높아졌다. 유니레버(Unilever)는 채용 과정에서 AI 기반 영상 인터뷰 분석을 도입하여 지원자의 언어·표정·응답 패턴을 평가함으로써 선발의 객관성과 효율성을 높였다. 이로 인해 지원자 경험을 개선하면서도 채용 소요 시간을 대폭 단축할 수 있었다. 또한 Siemens는 글로벌 공급망 관리에 AI를 도입하여 공급업체의 재무 건전성, 지정학 리스크, 원자재 가격 변동을 조기에 감지하고, 구매 전략을 유연하게 조정하고 있다. 이를 통해 조달 부문은 단순 비용 관리 기능을 넘어 전략적 경쟁력의 원천으로 부상하고 있다.

물론 도입 과정에 고려해야 할 과제도 있다. 가장 먼저 고려해야 할 부분은 **데이터 보안과 개인정보 보호**다. 재무와 인사, 구매 데이터는 기업 내에서 가장 민감한 자산으로, 유출이나 오남용 시 금전적 손실뿐 아니라 신뢰도에 치명적인 타격을 줄 수 있다. 따라서 데이터는 수집 목적이 명확히 정의되어야 하며, 불필요한 개인정보는 최소한으로 활용해야 한다. 또한 데이터 저장과 전송 단계에서 암호화와 접근 권한 관리가 철저히 이루어져야 하고, 법과 규제(예: GDPR[45], 국내 개인정보보호법)를 준수하는 감시 체계가 반드시 마련되어야 한다.

둘째, **HR 영역의 알고리즘 편향 문제**는 특히 신중히 다뤄야 한다. 채용, 평가, 승진과 같은 의사결정에서 AI가 활용될 경우, 학습 데이터의 편향이 그대로 재생산되거나 심지어 강화될 위험이 존재한다. 예를 들어 과거 특정 인재군에 편중된 채용 이력이 데이터로 쓰이면, AI는 무의식적으로 그 집단만 선호하는 결과를 낼 수 있다. 이를 방지하기 위해서는 모델 학습 단계에서 다양한 집단을 반영한 데이터셋을 확보하고, 정기적인 알고리즘 검증을 통해 차별 여부를 모니터링해야 한다. 더불어 기업 차원에서 공정성과 다양성을 확보하기 위한 윤리적 가이드라인을 수립하고, 이를 HR(human resource, 인적 자원) 정책과 연계하는 것이 필요하다.

셋째, **성과 측정의 어려움**도 중요한 고려 사항이다. 지원 부문은 매출이나 이익처럼 즉각적인 수치로 성과를 보여주기 어렵기 때문에, AI 도입 효과를 평가할 지표를 정성적·정량적으로 균형 있게 설계해야 한다. 예를 들어 재무회계 부문에서는 보고서 작성 시간 단축, 이상 거래 탐지율 개선 같은 효율성 지표가 활용될 수 있고, 인사 부문에서는 이직률 감소, 직원 만족도 향상 등이 성과 지표로 쓰일 수 있다. 구매조달에서는 공급업체 리스크 사전 감지율이나 조달 프로세스 소요 시간 단축 같은 항목이 대표적이다. 나아가 ROI를 단기적 비용 절감 효과뿐 아니라 장기적 리스크 감소, 의사결정 품질 향상, 조직 신뢰도 제고까지 포함한 넓은 틀에서 평가해야 한다.

마지막으로, **조직 변화관리와 인력 재교육**이 뒤따라야 한다. AI가 반복적인 단순 업무를 대신하게 되면, 기존 직원들의 업무 성격이 크게 변한다. 단순 집계

45 GDPR(General Data Protection Regulation): 유럽연합(EU)의 일반 개인정보 보호 규정으로, 개인 데이터의 수집·이용·보관을 엄격히 통제해 개인정보 보호와 정보 주체의 권리를 강화한 법규

와 보고 중심의 인력이 데이터 분석과 해석, 전략적 의사결정 지원 역할로 전환해야 하기 때문에, 직무 재설계와 체계적인 재교육이 필요하다. 동시에 직원들이 AI가 일자리를 빼앗는다는 불안감을 느끼지 않도록, AI를 업무 보조자로 활용하는 긍정적 비전을 공유하고, 인재들이 새로운 역량을 발휘할 기회를 주는 변화 관리 프로세스가 병행되어야 한다.

6.4 기업 경쟁력 강화를 위한 디지털 인프라

오늘날 기업의 경쟁력과 회복탄력성은 어떤 인프라를 갖추고 어떻게 운영하느냐에 달려 있다. AI, 빅데이터, 클라우드, 자동화와 같은 첨단 기술이 화려한 성과를 내는 것처럼 보이지만, 그 모든 혁신은 안정적이고 유연한 인프라 토대로 가능하다. 데이터가 끊기거나 네트워크가 불안정하다면 아무리 뛰어난 알고리즘도 제 기능을 발휘할 수 없으며, 성과는 한순간에 무너진다. 그래서 디지털 인프라는 기업 운영의 숨은 엔진이자 전략적 자산으로 인식된다.

인프라 없는 디지털 전환은 모래 위에 쌓은 성과 같아, 겉으로는 화려해 보여도 작은 충격에도 쉽게 무너질 수 있다. 반대로 잘 설계된 인프라는 불확실한 환경 속에서도 안정성을 보장하고, 새로운 기술을 빠르게 흡수하며, 글로벌 시장으로 확장하는 힘을 제공한다. 즉, 디지털 인프라는 기업의 현재를 떠받치고 미래를 준비하는 기반이다. 디지털 인프라를 이해하고 체계적으로 구축하는 일은 기업이 성장과 확장을 준비하는 첫걸음이라 할 수 있다. 오늘날 기업의 대표적인 디지털 인프라 요소를 알아보자.

첫째, **데이터 인프라**

모든 디지털 전환의 핵심 자산이다. 데이터는 단순히 쌓아두는 것이 아니라, 수집-저장-정제-활용까지 전 과정을 통합적으로 관리해야 가치가 나온다. 이를 위해 데이터 레이크[46]와 데이터 웨어하우스[47]가 활용되고, 마스터 데이터 관리를 통해 부서 간 데이터 격리 현상을 해소한다. 품질이 확보된 데이터 인프라는 곧 의사결정의 정확성과 신뢰성을 보장한다.

둘째, **클라우드와 컴퓨팅 인프라**

이는 급증하는 연산 수요와 확장성을 해결한다. 온프레미스[48] 환경은 안정성과 보안을 제공하지만 유연성이 제한적이고, 퍼블릭·프라이빗·하이브리드 클라우드는 자원의 신축적 활용을 가능케 한다. 특히 AI 연산은 방대한 GPU 및 TPU[49] 자원이 요구되는데, 클라우드 컴퓨팅은 이를 필요할 때 즉시 활용하도록 지원한다. 이는 비용 효율성과 혁신 속도를 동시에 높인다.

셋째, **네트워크와 커넥티비티**

초연결 시대의 혈관과 같다. 5G·6G 기술은 지연을 최소화하고, 사물인터넷과 엣지 컴퓨팅은 현장에서 발생하는 데이터를 실시간 처리할 수 있게 한다. 글로벌 기업은 이러한 네트워크 인프라를 통해 지역 간 운영을 긴밀히 연결하고, 물류·제조·서비스 현장에서 실시간 의사결정을 가능하게 한다.

넷째, **플랫폼 계층**

인프라를 실제 비즈니스 가치로 연결하는 다리다. API, SaaS(software as a service, 서비스형 소프트웨어), PaaS(platform as a service, 서비스형 플랫폼)와 같은 플랫폼은 기업이 외부 파트너와 생태계를 형성하고, 내부 서비스와 애플리케이션을 빠르게 확장하도록 돕는다. 이는 단일 시스템에 갇히지 않고 다양한 서비스와 융합해 새로운 시장 기회를 창출하는 기반이 된다.

---

46 데이터 레이크(Data Lake): 다양한 형식의 대규모 원시 데이터를 가공하지 않은 상태로 저장해두는 데이터 저장소

47 데이터 웨어하우스(Data Warehouse): 정형화된 데이터를 주제별로 구조화해 분석과 의사결정에 활용하는 데이터 저장소

48 온프레미스(On-Premise): 기업이 자체적으로 보유한 서버나 데이터센터에 하드웨어와 소프트웨어를 직접 설치·운영하는 방식.

49 TPU(Tensor Processing Unit): 구글이 AI 연산을 위해 설계한 전용 프로세서로, 다차원 연산을 최적화해 딥러닝 학습과 추론 속도를 크게 향상시킴

다섯째, **보안과 신뢰성**

모든 인프라를 지탱하는 안전망이다. 사이버 공격과 데이터 유출은 기업 신뢰를 하루아침에 무너뜨린다. 따라서 제로트러스트[50] 보안 체계, 데이터 프라이버시 보호, AI 기반 위협 탐지와 같이 고도화된 보안 전략이 필수다. 보안과 신뢰성은 단순히 위험 회피가 아니라, 고객과 파트너의 신뢰를 기반으로 장기적 관계를 유지하는 조건이다.

그림 36 디지털 인프라 요소

위 그림과 같이, 디지털 인프라는 데이터, 클라우드와 컴퓨팅, 네트워크와 커넥티비티, 플랫폼, 보안과 신뢰성이라는 요소가 유기적으로 결합해 기업의 성장과 혁신을 뒷받침한다. 각 구성 요소가 제대로 갖춰질 때 비로소 AI와 디지털 전환은 안정적으로 추진될 수 있으며, 기업은 변화에 민첩하게 대응하면서 미래 확장 전략을 준비할 수 있다. 디지털 인프라는 기술적 기반을 넘어, 기업 경쟁력 자체를 규정하는 전략적 자산이다.

디지털 인프라가 기술적 기반을 넘어 전략적 자산으로 자리 잡기 위해서는, 운영 원리를 어떻게 설정하고 유지하느냐가 중요하다. 인프라 운영은 단순히 서

50 제로 트러스트(Zero Trust): "아무도 신뢰하지 않는다(Trust Nobody)"는 원칙에 기반한 보안 모델로, 내부·외부 사용자와 기기 모두를 지속적으로 인증·검증해야만 접근을 허용하는 방식

버를 관리하거나 시스템을 유지하는 차원이 아니라, 변화하는 환경 속에서 기업의 안정성과 경쟁력을 보장하는 과정이다. 이를 위해 네 가지 운영 원리가 요구된다.

첫째, **유연성**은 디지털 인프라 운영의 기본 전제다. 기업은 수요의 급증이나 예기치 못한 외부 변화에 직면했을 때, 자원을 신속하게 확장하거나 줄일 수 있어야 한다. 예를 들어 쇼핑몰이 특정 시즌에 트래픽이 폭증하면, 클라우드 자원을 자동으로 확장하여 서비스 지연을 막고, 성수기가 끝나면 다시 줄여 비용을 절감하는 것이다. 이러한 유연성은 불확실성이 높은 경영 환경에서 안정적인 운영을 보장한다.

둘째, **민첩성**은 변화에 즉각 대응하는 능력이다. 자원의 크기를 조정하는 차원을 넘어, 실시간으로 운영 상황을 감지하고 필요한 조치를 자동화하는 것이 핵심이다. AIOps(AI for IT Operations)와 같은 기술은 로그와 알림을 분석해 장애를 사전에 예측하거나, 문제가 발생했을 때 신속히 우회 경로를 설정한다. 민첩성이 확보되어야 기업은 돌발 상황에도 흔들리지 않고 운영의 연속성을 유지할 수 있다.

셋째, **표준화와 거버넌스**는 인프라의 복잡성을 줄이고 일관성을 확보하는 원리다. 부서마다 다른 시스템과 데이터 구조가 운영된다면, 전체 인프라는 쉽게 단절되고 관리 비용이 급증한다. 따라서 공통 표준을 설정하고, 데이터와 시스템이 일관된 방식으로 운영되도록 관리 체계를 구축해야 한다. 동시에 규제 준수와 보안 요구사항을 충족하는 거버넌스 체계를 갖추어야, 글로벌 운영과 확장을 안정적으로 추진할 수 있다.

넷째, **비용과 효율 최적화**는 기업이 인프라 운영에서 지속가능성을 확보하는 조건이다. 인프라 운영은 단기적으로는 비용 절감이, 장기적으로는 효율성 향상이 목표다. 총소유비용(TCO[51])을 체계적으로 관리하고, 운영 과정에서 자동화 수

51 TCO(Total Cost of Ownership): 특정 설비나 시스템을 도입해 운영·유지·관리하는 데 소요되는 모든 비용을 합산한 개념으로, 초기 구매 비용뿐 아니라 유지보수·업그레이드·인력 운영 등 숨은 비용까지 포함

준을 높여 인건비와 관리 비용을 절감해야 한다. 동시에 효율화는 비용 절감을 넘어, 자원을 전략적으로 활용해 혁신 활동에 더 많은 자원을 투입하도록 만든다.

디지털 인프라 운영의 유연성, 민첩성, 표준화와 거버넌스, 비용과 효율 최적화는 상호 보완적으로 결합해 기업이 변화에 흔들리지 않고, 안정적이면서도 확장 운영을 가능케 한다. 인프라 운영이 이 원리 위에서 구축될 때, 기업은 현재의 효율을 확보할 뿐 아니라 미래의 확장성과 탄력성까지 갖춘다.

디지털 인프라를 구축하고 운영할 때는 기술적 가능성만이 아니라 실행 과정에서 마주할 제약과 리스크를 균형 있게 검토해야 한다. 우선 초기 투자와 장기적 ROI 간의 균형이 핵심 과제다. 클라우드 전환, 보안 체계 강화, 데이터센터 확장은 단기적으로 높은 비용을 수반하지만, 이를 통해 얻는 장기적인 효율성과 확장성을 어떻게 측정하고 관리할 것인지가 중요하다. 또한 특정 클라우드나 플랫폼 업체에 과도하게 의존하면 종속 문제가 발생할 수 있으므로, 멀티·하이브리드 클라우드 전략이나 개방형 아키텍처 도입을 고려해야 한다.

더불어 인프라 운영은 글로벌 차원에서 규제와 법적 요구를 준수해야 한다. 데이터 위치와 주권 문제가 점차 중요해지면서, 각 국가의 개인정보 보호법과 데이터 이전 규정을 충족하는 구조를 설계하는 것이 필수적이다. 동시에 인프라를 안정적으로 운영할 수 있는 전문 인력의 확보와 재교육도 빼놓을 수 없는 과제다. 클라우드, 데이터 분석, 보안 분야에 대한 전문성이 부족하면 기술 도입 효과가 반감되기 때문이다. 그리고, 초연결 환경에서 늘어나는 사이버 위협에 대응하기 위해서는 제로트러스트 보안이나 AI 기반 위협 탐지와 같은 선제적 보안 체계를 운영에 내재화해야 한다. 디지털 인프라 도입은 기술 투자라기보다, 장기적인 기업 경쟁력 확보를 위한 전략적 의사결정으로 불확실한 환경 속에서도 안정적이면서도 지속 가능한 경영을 실현하는 데 도움을 준다.

디지털 인프라는 눈에 잘 보이지 않지만 기업 운영 전반을 움직이는 숨은 엔진과 같다. 겉으로 드러나는 제품과 서비스가 고객 경험을 직접적으로 규정한다면, 그 뒤에서 안정적으로 작동하는 인프라는 혁신과 성장을 지속시키는 기반이 된다. 특히 AI와 데이터 중심 경영이 확산되는 오늘날, 인프라의 수준은 곧 기업이 변화를 얼마나 빠르고 안정적으로 수용할 수 있는지를 결정짓는 요인이 된다. 따라서 인프라가 얼마나 유연하게 확장되고, 얼마나 안정적으로 운영되며, 얼마나 지속가능하게 관리되는지가 장기적 경쟁 우위의 분수령이 된다. 단기적 비용 절감을 넘어, 회복탄력성과 지속가능성을 함께 고려하는 인프라 전략은 미래 생존과 직결된다.

디지털 인프라는 기업 경영 전략의 본질적 과제로 다루어져야 한다. 인프라를 전략적으로 바라보는 기업은 불확실한 환경 속에서도 성장 기회를 선점하고, 새로운 시장 질서 속에서 주도권을 확보할 수 있다. 이는 인프라를 비용 항목으로 볼 것인지, 아니면 장기적 가치 창출의 기반으로 인식할 것인지에 대한 선택에 달려 있다.

6.5 AI 기술을 통한 ESG와 지속가능 경영

ESG(Environmental, Social, Governance)는 이제 선택적 과제가 아니라 전 세계적으로 기업이 이행해야 하는 경영 표준으로 자리 잡고 있다. 과거에는 ESG가 주로 보고서 작성이나 대외 이미지 관리 차원에서 다뤄졌다면, 오늘날 장기적 생존과 경쟁력 확보를 좌우하는 요소로 작동하고 있다. 특히 기후 변화, 사회적 불평등, 지배구조 투명성에 대한 요구가 높아지면서, 단순한 선언이나 형식적 활동만으로는 시장과 이해관계자의 기대를 충족할 수 없다.

ESG 부상에는 세 가지 주요 배경의 변화가 있다. 첫째, **글로벌 규제 환경이 강화**되고 있다. 유럽연합의 탄소국경조정제도, 각국의 탄소중립 법제화, GDPR

과 같은 개인정보 보호 규정이 대표적이다. 둘째, **투자 환경 변화**가 뚜렷하다. 세계 주요 연기금과 기관투자자들이 ESG를 투자 판단 기준으로 삼으면서, ESG 성과가 부진한 기업은 자본 유치에 어려움을 겪을 수 있다. 셋째, **소비자의 가치관 변화**도 크다. MZ세대를 중심으로 윤리적 소비, 공급망 투명성, 사회적 책임을 중시하는 소비 패턴이 확산되고 있다.

기술은 ESG를 실행 가능한 전략으로 전환하는 촉매제 역할을 하며, 기업이 지속가능성과 성장을 동시에 추구할 수 있게 만든다. 과거 ESG는 비용과 규제 준수 측면에서 접근하는 경우가 많았으나, 오늘날에는 디지털 기술이 ESG를 새로운 성장 동력으로 전환하고 있다. 기술 도입은 ESG 성과를 정량적 지표로 보고하며, 실제로 환경 영향을 줄이고 사회적 포용을 확대하며 지배구조의 투명성을 높이는 방식으로 진화시키고 있다. 예컨대 AI와 IoT는 에너지 사용과 탄소 배출을 실시간으로 추적하고 최적화하여 환경 영역에서 구체적인 개선 효과를 제공한다. 데이터 기반 서비스는 금융과 교육, 의료의 사각지대를 해소해 사회적 포용성을 강화하고, 블록체인과 빅데이터 분석은 공급망 관리와 내부통제의 신뢰성을 높여 지배구조의 투명성을 강화한다.

ESG 목표를 실질적인 경영성과로 연결하기 위해서는 ESG 성과 지표와 기술 KPI를 연계하는 작업이 필요하다. 예를 들어, '탄소배출량 20% 감축'이라는 목표를 IoT 센서 데이터 기반 실시간 모니터링 KPI와 연결하거나, '공급망 투명성 강화' 목표를 블록체인 추적 시스템 가동률 KPI로 측정할 수 있다. 이를 통해 ESG 전략은 단순한 선언이 아니라 데이터로 검증되고 관리되는 실행 체계로 전환된다. AI 기술에 기반한 지속가능성은 기업이 ESG 목표를 실제 성과로 전환하는 데 필요한 새로운 경영 패러다임을 보여준다.

다음 ESG 각 영역에서 기술이 어떻게 활용되고 있는지 살펴보자.

환경(Environment) 영역에서 기술은 기업의 지속가능성을 뒷받침하는 동력이 되고 있다. 우선 그린 IT는 데이터센터의 에너지 효율을 높이고, 재생에너지를 적극 활용함으로써 운영 과정에서 발생하는 탄소 배출을 줄이는 데 기여한다. 막대한 전력을 소모하는 클라우드와 AI 인프라가 늘어날수록, 이를 효율적으로 관리하는 기술적 해법의 중요성은 더욱 커지고 있다. 또한 제조와 물류 현장에서는 스마트 운영 시스템이 도입되어 탄소 배출을 추적하고 자원 사용을 최소화하며, 순환경제 구조를 설계할 수 있게 한다. 이는 단순한 비용 절감을 넘어, 친환경 생산과 운영 체계로의 전환을 가능하게 한다는 점에서 의미가 크다.

더 나아가 AI 기반 기후 리스크 관리는 환경 변화에 대한 선제적 대응을 가능하게 한다. 기후 데이터와 시뮬레이션을 활용해 탄소 배출을 예측하고, 날씨 변화나 자연재해가 공급망에 미칠 영향을 사전에 파악해 대응 전략을 수립할 수 있다. 실제로 Google은 탄소중립 데이터센터를 구축하여 전력 효율을 극대화하고, Tesla는 에너지 관리 플랫폼을 통해 생산 및 소비 과정에서 탄소 배출을 실시간 모니터링하며 지속가능한 운영 체계를 강화하고 있다. 이처럼 기술은 기업이 환경 문제를 규제 준수 차원이 아니라, 경쟁력 확보와 차별화 전략으로 연결할 수 있는 구체적 수단이다.

사회(Social) 영역에서 기술은 기업이 사회적 책임을 실질적으로 이행하는 도구로 기능한다. 특히 디지털 포용(Digital Inclusion)은 중요한 과제다. 인공지능 기반 학습 플랫폼이나 AI 튜터는 교육 자원이 부족한 지역에서도 학생들이 맞춤형 학습을 이어가게 하며, 원격 의료 시스템은 의료 접근성이 낮은 계층에게 필요한 치료와 상담을 제공한다. 또한 금융 부문에서도 AI 기반 신용평가와 모바일 뱅킹은 기존 금융 시스템에서 소외되었던 계층에게 서비스 접근 기회를 확대하고 있다. 이러한 기술적 지원은 사회적 불평등을 완화하고, 기업이 사회적 가치를 창출하는 구체적 방안이다.

더 나아가 안전과 복지 강화에도 기술의 역할이 커지고 있다. IoT 센서는 산업 현장과 도시 공간에서 환경 위험이나 안전 이상 신호를 실시간으로 감지해 사고를 예방하고, 헬스케어 AI는 개인 맞춤형 건강 관리와 조기 질병 예측을 통해 사회 전체의 복지를 높인다. 동시에 고객 신뢰 구축 측면에서도 기술은 투명한 데이터 관리와 맞춤형 서비스 제공을 통해 기업과 고객 간의 관계를 지속적인 신뢰로 확장한다. Microsoft의 AI for Accessibility 프로그램은 장애인과 취약 계층을 위한 접근성을 개선하고 있으며, 네이버와 카카오 역시 자사 플랫폼을 활용해 디지털 포용 활동을 전개하고 있다. 이처럼 기술은 사회적 책임을 추가 비용이 아닌, 지속가능한 성장의 자산으로 전환시키는 역할을 하고 있다.

지배구조(Governance) 영역에서 기술은 기업의 투명성과 신뢰성을 높이는 데 기여한다. 과거에는 공급망이나 내부통제 과정에서 발생하는 수많은 데이터가 단절적으로 관리되어 불투명성과 비효율이 동시에 나타나곤 했다. 오늘날에는 블록체인 기술을 활용하면 공급망 전 과정을 투명하게 추적하고, 데이터의 위변조를 방지함으로써 이해관계자에게 신뢰할 수 있는 정보를 제공할 수 있다. 또한 ESG 공시와 보고 역시 자동화 시스템을 통해 보다 신속하고 정확하게 이루어지며 기업의 책임 있는 지배구조 확립에 기여하고 있다.

이와 함께 리스크 관리와 의사결정의 투명성은 지배구조 혁신의 중요한 축이다. AI 기반 내부통제 시스템은 방대한 거래 데이터를 분석해 부정거래를 조기에 탐지하고, 사이버 보안 위협을 실시간으로 차단할 수 있다. 나아가 데이터 기반 의사결정 체계는 경영진의 주관적 판단에 의존하던 방식에서 벗어나, 객관적 지표를 바탕으로 한 합리적 결정을 가능하게 한다. 실제로 Walmart는 블록체인을 활용해 공급망 관리의 투명성을 확보하고 있다. 이처럼 기술은 통제를 강화하는 차원을 넘어, 이해관계자의 신뢰를 구축하고 기업 지배구조를 전략적 경쟁력으로 전환시키는 역할을 하고 있다.

ESG 경영에서 기술을 도입할 때는 몇 가지 중요한 고려사항이 따른다. 무엇보다 그린워싱(greenwashing)[52]을 피하기 위해 데이터와 성과를 객관적으로 측정

---

52 그린워싱: 실제로는 친환경적이지 않으면서도 기업이 마치 환경 보호나 지속가능 경영을 적극 실천하는 것처럼 홍보하거나 포장하는 행위를 말함

할 수 있는 체계를 갖추는 것이 필요하다. 또한 단기적인 비용 절감이나 효율성 향상에만 치중하기보다, ROI와 사회적 가치의 균형을 고려하여 장기적인 신뢰와 시장 경쟁력 확보로 이어질 수 있어야 한다. 아울러 글로벌 ESG 공시 기준인 ISSB[53], CSRD[54] 등과의 규제 및 표준 정합성을 확보해, 기업 활동이 국제적으로 인정받고 지속가능한 평가를 받을 수 있도록 준비해야 한다.

기업에게 ESG 영향력은 계속 커지고 있다. 투자자, 고객, 정부 등 이해관계자들은 기업이 환경·사회·지배구조 측면에서 얼마나 책임 있게 활동하는지를 지속적으로 점검하고 있으며, 이는 자본 조달, 시장 접근, 브랜드 신뢰도에 직접적인 영향을 미친다. 따라서 ESG는 장기적인 성장과 안정을 담보하기 위한 필수 전략이다. 앞으로는 ESG 목표를 실행에 옮기는 기업이 불확실한 환경 속에서도 지속가능한 경쟁 우위를 확보할 수 있다. 기술은 ESG를 형식적인 보고서 작성이나 이미지 관리 차원에 머물지 않게 만드는 수단이다. AI, IoT, 블록체인과 같은 기술은 환경 데이터의 실시간 추적, 사회적 포용의 확대, 지배구조의 투명성을 구체적인 성과로 연결한다. 즉, 기술은 ESG를 정책 선언에서 실질적 성과 창출 메커니즘으로 전환하는 도구로 기능한다.

---

53 ISSB(International Sustainability Standards Board): 국제회계기준재단 산하에 설립된 국제 지속가능성 기준위원회로 ESG 공시와 지속가능성 관련 재무정보를 글로벌 차원에서 통일된 기준으로 제시하기 위해 만들어짐

54 CSRD(Corporate Sustainability Reporting Directive): EU가 제정한 기업 지속가능성 보고 지침으로, 일정 규모 이상의 기업이 ESG 관련 정보를 의무적으로 공시하도록 규정해, 투자자와 이해관계자에게 투명하고 비교 가능한 정보 제공

자기진단 체크리스트 (Self-Assessment Checklist)

1. 우리 조직의 제조 · 물류 운영은 여전히 고정된 자동화 중심인가, 아니면 AI 기반 실시간 최적화를 구현하고 있는가?
2. 마케팅과 서비스 전략은 고객 세분화 수준에 머물러 있는가, 아니면 개별 고객의 맥락에 맞춘 초개인화를 실행하고 있는가?
3. 재무회계 · 인사 · 구매조달 같은 지원 부문에서 AI를 활용해 리스크 관리 · 인재 전략 · 공급망 안정성을 강화하고 있는가?
4. 디지털 인프라를 전략 자산으로 보고 체계적으로 구축하며 운영하고 있는가?
5. ESG 목표를 선언적 차원이 아니라, AI · IoT · 블록체인 기반 지표와 성과 관리로 연결하고 있는가?

제2부 학습 요약

1) AI는 더 이상 미래 기술이 아니라 일상과 산업 전반에 스며든 현재의 실체로, 개인과 조식의 생산성과 경쟁력을 좌우하는 중요 도구가 되었다.
2) AI 혁신은 기술 진화의 속도, 적용의 확산 범위와 깊이, 산업 구조 재편 속도 중심으로 가속화되고 있다.
3) 규칙 기반과 전문가 시스템은 한계를 가졌지만, 데이터와 학습 기반 접근으로 이어지는 교훈을 남겼고 이는 오늘날 딥러닝과 LLM의 토대가 되었다.
4) 인터넷과 클라우드 기술의 확산은 데이터 폭발과 연산 민주화를 통해 AI 르네상스를 가능케 한 기반이었다.
5) 딥러닝과 생성형 AI는 패턴 인식 수준을 넘어 텍스트·이미지·영상·코드 등 새로운 결과물을 창출하며 산업과 일자리를 재정의하고 있다.
6) AI 기술의 계층 구조는 데이터 → 인프라 → 모델·툴 → 플랫폼·API → 응용 서비스로 이루어져 있으며, 각 층은 AI 가치사슬의 전략적 지점을 형성한다.
7) AI 알고리즘은 규칙 기반 → 머신러닝 → 딥러닝 → 생성형 AI로 발전하며, 트랜스포머와 멀티모달 기술은 오늘날 AI 혁신의 중심축이 되었다.
8) AI는 단일 기술이 아니라 IoT, 5G/6G, 클라우드, 로보틱스, 블록체인 등과 융합해 새로운 산업과 서비스 생태계를 창출하고 있다.
9) AI 시대의 경쟁력은 기술을 보유하는 것이 아니라, 전략적으로 통합하고 연결하며 설계해 기업과 산업의 구조적 혁신을 이끄는 능력에 달려 있다.
10) AI는 더 이상 특정 산업의 보조 기술이 아니라, 전 산업의 구조와 경쟁 방식을 재편하는 동력이다.

11) 제조업에서 AI는 예측 유지보수, 컴퓨터 비전 품질 관리, 디지털 트윈 등을 통해 생산성과 품질 경쟁력이 혁신되고 있다.

12) 물류업은 AI 기반 수요 예측, 경로 최적화, 창고 자동화, 드론 및 자율주행 배송 등으로 지능형 공급망 시대를 열고 있다.

13) 마케팅은 전통적 세분화에서 벗어나 AI 기반 초개인화와 실시간 맞춤형 추천으로 진화하고 있다.

14) 유통업은 오프라인 중심에서 온라인·모바일 기반으로 전환하며, 무인 매장과 동적 가격 책정 등 AI 활용이 보편화되고 있다.

15) 금융 산업은 신용평가, 이상 거래 탐지, 알고리즘 트레이딩을 통해 위험 관리와 초개인화 서비스를 강화하고 있다.

16) 헬스케어 분야는 AI 진단, 정밀 의료, 신약 개발, 원격 모니터링을 통해 의료 혁신과 맞춤형 치료를 가능하게 한다.

17) 콘텐츠 산업은 생성형 AI로 창작과 소비의 경계를 허물며, 맞춤형 경험과 하이브리드 창작 환경을 확산시키고 있다.

18) 교육은 AI 튜터와 적응형 학습, 몰입형 학습 콘텐츠를 통해 학습자 맞춤형 및 평생학습 시대를 열어가고 있다.

19) 공공과 사회 영역에서 AI는 행정 효율, 사회적 포용, 윤리적 책임을 기반으로 더 인간다운 사회를 만드는 공공 자산이 되어야 한다.

20) 기존 자동화는 반복성과 효율성에는 강했지만, 공급망 변동성·맞춤형 생산 요구·비용 압박에는 한계를 보였다.

21) 제조와 물류 현장에서는 예측 유지보수, 스마트 팩토리, 물류 최적화, 로봇 자동화, 성과 분석이 대표적 AI 활용 사례다.

22) AI는 공급망 리스크를 사전에 감지하고, 맞춤형 생산을 지원하며, 제조와 물류 부문의 품질·속도·비용의 균형을 동시에 최적화한다.

23) 서비스와 마케팅에서는 고객 경험을 집단 단위가 아니라 개인 단위로 재설계하

는 AI 맞춤형 전략이 핵심이다.

24) 추천 엔진, 챗봇, 동적 가격 책정, 고객 여정 분석, 광고 자동화는 고객 만족과 기업 ROI를 동시에 높이는 사례다.

25) 지원 부문에서도 AI는 전략적 파트너로 전환시키며, 재무·인사·구매 영역에서 리스크 관리와 의사결정 품질을 강화한다.

26) 디지털 인프라는 데이터·클라우드·네트워크·플랫폼·보안이 결합된 기업 경쟁력의 숨은 엔진이며, 안정성과 확장성을 동시에 뒷받침한다.

27) AI와 디지털 전환의 모든 성과는 튼튼한 인프라 위에서 가능하며, 유연성·민첩성·표준화·보안이 운영의 핵심 원리다.

28) ESG 경영은 이제 선택이 아닌 필수이며, AI·IoT·블록체인 같은 기술은 환경(E)·사회(S)·지배구조(G) 목표를 실제 성과로 전환하는 촉매제가 된다.

사고 확장 질문

1) AI는 산업의 생산성과 효율을 높이지만 동시에 일자리 구조를 변화시킨다. 미래 인간의 일자리는 AI와 어떤 방식으로 공존할 수 있을까?

2) 제조·물류·금융·헬스케어 등 다양한 산업에서 AI가 확산되고 있다. 그중 AI 도입의 윤리적 리스크가 가장 큰 산업은 어디이며, 왜 그렇다고 생각하는가?

3) AI는 데이터에 기반한다. 만약 데이터 접근 권한이 일부 기업과 국가에 집중된다면, 글로벌 경쟁 질서는 어떻게 재편될까?

4) AI 시대의 경쟁력은 기술 보유보다 전략적 통합과 설계 능력에 달려 있다고 했다. 여러분이 경영자라면, 어떤 방식으로 AI를 차별화 요소로 통합할 것인가?

5) ESG 경영과 AI 기술이 만나면 '지속 가능성'이 강화될 수 있다. 하지만 동시에 AI는 에너지 집약적 기술이다. 이 모순을 해결하기 위한 전략은 무엇일까?

토론 주제

「2045년, AI 병원의 하루」

아침 9시, 환자 박민수 씨는 증상을 입력하자마자 AI가 자동으로 예약을 잡아준다. 병원 도착 후, 그를 맞이한 것은 의사가 아닌 AI 기반 디지털 트윈. 민수 씨의 생체 데이터가 클라우드에서 불러와지고, AI는 과거 기록·생활습관·유전체 정보를 종합해 "심장 질환 가능성 72%"라는 진단을 내린다.

그러나 곧바로 문제가 터졌다. 다른 AI가 "가능성은 35%"라고 정반대 결과를 제시한 것이다. 두 알고리즘은 각기 다른 데이터 세트를 학습했기 때문이다. 환자 가족들은 당황하고, 병원은 즉각 윤리위원회를 소집한다.

"우리는 AI를 믿어야 할까, 아니면 사람 의사의 판단을 기다려야 할까?" 위원회 안에서 논쟁이 뜨겁다. 한쪽은 데이터 기반 AI 진단이 더 정확하다고 주장하고, 다른 쪽은 인간의 경험적 통찰을 무시할 수 없다고 반박한다.

여러분이라면 어떤 선택을 할 것인가?

AI의 속도와 데이터를 믿고 바로 치료를 시작할 것인가,

사람 의사의 최종 판단을 기다릴 것인가,

아니면 AI와 인간 의사가 공동으로 내린 하이브리드 진단을 택할 것인가?

이 결정은 한 환자의 생명뿐 아니라, 2045년 의료 산업의 신뢰 구조를 좌우할 것이다.

If I had asked my customers what they wanted, they would have told me 'a faster horse'.
만약 내가 고객들에게 원하는 게 무엇이냐고 물었다면, 그들은 '더 빠른 말' 이라고 말했을 거다.

- Henry Ford(헨리 포드)

Problems cannot be solved with the same thinking that created them.
문제는 기존 사고방식에서 풀리지 않는다.

- Albert Einstein(아인슈타인)

PART

03

비즈니스 모델과 경쟁 전략

영원한 건 없다. 한때 기업 성장을 이끈 경영 방식도, 세상을 들썩이게 한 트렌드도 시간이 지나면 경쟁 우위 요소가 아닌 지나간 관심사로 남을 뿐이다. 산업은 이 변화무쌍함을 극적으로 보여주는 무대다. 특히, 경쟁의 룰이 끊임없이 바뀌는 공간이다. 20세기 초, 기업은 더 많이, 더 빠르게 생산하는 능력으로 경쟁했고, 이후 대량 생산이 보편화되자 더 나은 품질로 우위를 다퉜다. 생산이 포화하면서는 더 잘 파는 기업, 즉 마케팅 역량이 경쟁의 핵심이 되었고, 이후에는 누가 더 멀리 시장을 확장하는가가 기업 가치를 결정지었다. 1990년대에는 기술 보유 여부가, 2000년대에는 고객 기반과 고객 시간 점유율이 중요해졌다. 그리고 지금, 2020년대. 4차 산업혁명이 도입기를 지나 본격적인 성장기로 접어든 이 시점에 묻는다.

"오늘날 기업은 무엇으로 경쟁해야 하는가?"

제3부에서는 전략적 사고를 어떻게 기르고, 혁신을 통해 그것을 어떻게 구현할 수 있는지 살펴본다. 변화의 흐름 속에서 새로운 기회를 만들어내는 방법, 그리고 경쟁의 판을 바꾸는 힘, AI 시대 기업의 새로운 경쟁력에 관해 이야기해 보자.

CHAPTER 07

AI 시대 비즈니스 모델 전략

학습 목표 (Learning Objectives)

1. 시대별로 기업 경쟁력 요소가 어떻게 변화해왔는지 설명할 수 있다.
2. AI와 디지털 전환 환경에서 자원 중심 경쟁력이 구조 중심 경쟁력으로 변화하는 이유와 특징을 확장성 · 적응성 · 지속성 측면에서 설명할 수 있다.
3. 비즈니스 모델의 개념과 필요성, 그리고 BMC 도구를 활용하는 방법을 이해할 수 있다.
4. 비즈니스 모델 전략이 전통적 전략과 다른 점을 구조적 · 실행적 · 혁신적 관점에서 설명하고, 이를 AI 시대 기업 경쟁의 핵심 프레임으로 적용할 수 있다.

도입 질문 (Opening Questions)

1. 시대마다 기업의 경쟁력 기준은 왜 달라져 왔는가?
2. 경쟁력과 경쟁 우위는 어떻게 다르며, 기업이 장기적으로 생존하기 위해 필요한 조건은 무엇인가?
3. 비즈니스 모델은 왜 2000년대 초반 닷컴 버블을 계기로 중요성이 부각되었는가?
4. 전통적 전략과 비즈니스 모델 전략은 어떻게 다르며, AI 시대에는 비즈니스 모델 전략이 왜 필수인가?

7.1 기업 경쟁력 요소의 변화

기업 경쟁력 요소는 시대에 따라 변해왔다. 20세기 초, 기업 경쟁력은 생산 효율성을 통한 대량 생산과 비용 절감이었다. 헨리 포드의 조립 공정과 테일러의 과학적 관리법은 생산 공정 혁신으로 더 많이, 더 빠르게, 더 싸게 만드는 능력이 경쟁력의 중심이었다.

1930~40년대는 대공황과 세계대전이라는 특수 환경 속에 자원 확보와 공급망 통제가 경쟁력의 핵심이 되었다. 생산 그 자체보다는 공급의 안정성과 물자 조달의 효율성이 중요했으며, 공급망 구축과 관리가 기업 성장의 관건이었다. 코카콜라와 P&G는 유통과 물류를 기반으로 생산된 제품을 효율적으로 시장에 공급해 경쟁력을 확보할 수 있었다.

1950~80년대는 대량 생산 체제의 확산으로 공급이 수요를 넘자, 제품이 넘쳐나기 시작해 소비자 중심의 사회로 이동하기 시작했다. 어떻게 잘 파는가가 기업 과제가 되었고, 마케팅이 등장해 제품, 가격, 유통, 홍보의 4P 전략이 도입되었다. 이어 시장 포화와 경쟁 심화에 따라 STP 중심으로 차별화 전략과 브랜드가 경쟁력의 핵심으로 부상했다.

1990~2000년대는 기술이 중심으로 떠올랐다. 정보 기술, 인터넷, R&D, 혁신의 등장과 발전은 기술 내재화 능력이 주요 경쟁 요소였다. 이 시기에는 IT 역량이 곧 사업 전환과 확장의 기반이었고, 기술을 얼마나 잘 흡수하고 활용하는가가 차별화의 기준이 되었다. 마이크로소프트, 인텔, 삼성전자, 소니는 기술 혁신과 신속한 변화 대응으로 시장 지배력을 강화했다.

2010년 이후, 기업 경쟁력은 또 한 번의 전환점을 맞이했다. 이제 경쟁력은 단일 기업 내부 역량에만 의존하지 않는다. 애플, 구글, 아마존, 메타와 같은 글로벌 선도 기업들은 플랫폼과 생태계를 기반으로 네트워크 효과를 극대화하며 시장 지위를 공고히 해왔다. 이들은 자사 기술력뿐 아니라, 외부 파트너와의 연결, 오픈 이노베이션, 데이터 활용 능력, 지속 가능한 경영과 사회적 가치 창출까지 전방위적 구조 설계를 통해 새로운 경쟁력의 기준을 제시하고 있다.

그림 37 기업 경쟁력의 변천

이처럼 기업 경쟁력의 핵심 요소는 시대 흐름, 산업 환경, 경쟁 구도의 변화에 따라 진화해 왔다. 시대마다 경쟁력의 기준은 달랐고, 그 변화에 선제적으로 대응한 기업은 시장을 선도했지만, 변화에 둔감하거나 기존 성공 방식에 안주한 기업은 경쟁력을 잃고 도태되었다. 이러한 흐름은 기업이 생존하고 성장하기 위해 새로운 경쟁 요소를 끊임없이 발굴하고, 환경 변화에 따라 전략과 구조를 능동적으로 재설계해야 한다는 점을 시사한다.

여기서 말한 구조는 조직도를 의미하는 것이 아니라, **전략이 실행되는 토대이자 자원의 흐름을 규정하는 틀**이다. 의사결정 권한의 분산과 집중 정도, 부서 간 협업 방식, 외부 파트너와의 연결 구조는 기업이 환경 변화에 얼마나 민첩하게 대응하는지를 좌우한다. 변화하는 시장에서는 전략과 구조가 따로 존재할 수 없으며, 전략이 바뀌면 그에 맞춰 구조 역시 조정되어야 한다. 따라서 기업 경쟁력은 무엇을 할 것인가(전략)와 더불어 어떻게 할 것인가(구조)의 조화가 필요하다.

오늘날 기업 경쟁력은 더 이상 제품, 브랜드, 기술 같은 단일 요소의 우수성에서 나오지 않는다. 경쟁력은 연결된 구조 속에서 작동하는 방식, 즉 누가, 무엇을, 어떻게 설계하고 연결하며, 시장과 고객, 파트너와 어떤 방식으로 상호작용하느냐에 달려 있다.

2000년대 이전 기업들은 좋은 기술이 있다면 성공할 수 있다는 믿음을 공유했다. 뛰어난 기술, 남들보다 앞선 기술 보유는 곧 시장 우위의 근거였고, 기술력은 경쟁력의 핵심 자산으로 간주되었다. 하지만 오늘날, 기술 그 자체는 더 이상 경쟁 우위를 보장하지 않는다. 기술은 열려 있고, 그 기술을 어떻게 활용하고 어떤 구조로 설계해 실행할 것인가가 경쟁력을 좌우하는 시대가 되었다. 같은 기술을 가지고 있어도, 그것을 담는 구조에 따라서도 결과가 달라진다. 기술은 가능성을 제공하고, 구조는 그 가능성을 작동하게 만든다. 이 구조가 없다면 경쟁력은 현실화하지 않는다. 기술이 가능성을 말한다면, 구조는 현실을 만든다.

과거 경쟁력 요소가 오늘날 필요 없다는 건 아니다. 각 시기의 경쟁력 요소는 단절적으로 교체되기보다는 기존 요소 위에 새로운 요소가 덧붙여지며 진화하는 경향을 보인다. 생산성 중심의 경쟁력은 마케팅 전략으로 확장되었고, 마케팅은 다시 기술과 데이터 기반 경쟁력으로 연결되었으며, 오늘날에는 이 모든 요소가 서로 영향을 주고받으며 기업의 경쟁력이 되고 있다. 즉, 이 요소들이 얼마나 유기적으로 잘 작동하느냐는 질문이 필요하다.

이제 기업이 기술을 얼마나 앞서 갖고 있느냐가 아니라, 그 기술이 어떤 흐름과 구조 속에서 고객과 시장에 가치를 전달할 수 있는지 물어야 한다. 경쟁력의 중심은 기술 보유 여부가 아니라, 그 기술을 담아 실행하는 구조, 즉 비즈니스 모델 설계 능력으로 이동하고 있다.

7.2 경쟁력과 경쟁 우위

기업은 본질적으로 경쟁 환경에 노출되어 있다. 경쟁 없는 경영 환경은 존재하지 않는다. 사회주의 국가의 국영 기업이나 운 좋게 일시적 독점에 성공한 기업을 제외하면 경쟁은 피할 수 없는 시장 전제다. 시장 내 경쟁은 단순한 싸움이 아니라, 고객, 자원, 기회를 두고 여러 주체가 선택받기 위해 벌이는 고도로 지능화된 게임이고 먹고 먹히는 적자생존 환경이다. 이런 경쟁을 피할 수 있다면 우리 기업인들은 얼마나 좋을까? 하지만 경쟁 없는 기업 환경은 유토피아일 뿐이다. 유토피아는 모두가 바라지만 지금 현실에는 존재하지 않는 이상적 사회를 말하지 않는가.

그러나 경쟁은 기업을 소모시키는 소용돌이만은 아니다. 경쟁이 존재하기에 기업은 끊임없이 기술을 혁신하고 제품과 서비스를 개선하고, 소비자는 더 나은 품질과 합리적인 가격 혜택을 누릴 수 있다. 또한 기업이 내부 효율성을 높이고, 고객 중심의 사고를 강화하며, 새로운 시장 기회를 탐색하게 만든다. 실제로 치열한 경쟁이 벌어진 산업일수록 혁신 속도가 빨라지고, 산업 전체의 역동성과 성장 가능성이 커진다. 즉, 경쟁은 기업에게 위협인 동시에 발전을 이끄는 동력이며, 장기적으로는 산업과 사회의 진보를 견인하는 원천이다.

그렇다면 경쟁력은 무엇을 말하는가? **경쟁력은 경쟁사보다 우위에 설 수 있는 지속적이고 구조적인 역량**이다. 기업에는 누구와 경쟁하는지, 어떤 방식으로 싸우는지, 무엇을 가지고 경쟁하는지가 중요하다. 즉, 경쟁 대상, 경쟁 방식, 경쟁 요인, 이 세 가지가 중요한 전략 판단 요소다. 당신 기업의 경쟁력은 무엇인가? 즉, 고객에게 선택받고, 시장에서 생존하며, 이익을 창출할 수 있는 구조화된 우위의 총합은 무엇인가? 이를 명확히 알고 있어야 하고 어떤 기업이든 하나 이상은 갖고 있어야 한다. 그래야 시장에서 살아남을 수 있다.

경쟁력은 한 번의 성공으로 입증되지는 않는다. 기업이 시장에서 장기적으로 우위를 점하려면 세 가지 요소가 뒷받침되어야 한다. 먼저, **차별성**이다. 경쟁자와 똑같은 방식으로는 고객의 선택을 얻기 어렵다. 제품, 서비스, 경험, 혹은 비즈니스 모델 차원에서 무엇이든 뚜렷하게 나은 지점이 있어야 한다. 다음은, **지속성**이다. 차별화된 가치가 일시적인 유행이나 쉽게 모방 가능한 방식이라면 오래가지 못한다. 핵심 역량이나 자원, 구조적 진입 장벽에 기반해야만 시간이 지나도 유지된다. 셋째, **재현성**이다. 한 번의 성과로 끝나는 것이 이니리, 동일한 성과를 반복해낼 수 있는 체계와 구조를 갖추어야 한다. 즉, **경쟁력은 다르게 하고, 오래 유지하며, 반복할 수 있는 것**이 있을 때 가능하다.

경쟁력의 세 가지 요소

- 차별성: 경쟁자와 어떤 점에서 다른가?
- 지속성: 얼마나 오래 유지되며 쉽게 모방되지 않는가?
- 재현성: 반복 가능한 구조로 되어 있는가?

개별적인 경쟁 요소들이 서로 맞물려 작동할 때, 기업이 시장에서 차별적 성과를 지속하는 경쟁 우위로 전환된다. **경쟁 우위란 경쟁자보다 더 나은 성과를 지속적으로 창출할 수 있는 힘**을 말한다. 일시적인 성공이 아니라, 고객이 선택할 이유를 만들어내고 이를 구조적으로 유지하는 능력을 말한다. 가격을 낮추거나 품질을 높이는 것에서부터, 독창적인 고객 경험이나 플랫폼 생태계를 구축하는 것까지 다양한 방식이 존재한다.

이러한 경쟁 우위는 상대적이며 동적이다. 한 시점에서의 차별화 요소도 시간이 지나면 평준화되거나 모방될 수 있고, 기술, 시장, 고객의 변화에 따라 우위의 기준 자체가 달라지기도 한다. 기술, 고객, 환경이 바뀌면 경쟁의 룰이 바뀌고 경쟁의 기준 또한 달라진다. 즉, 절대적으로 좋은가가 아니라 상대보다 얼마나 더 낫고 얼마나 더 좋은가가 관건이다. 기업은 지속적으로 자원을 재배치하고 전략을 재구성하며, 기존의 강점을 새로운 맥락에서 재해석해야 경쟁 우위를 지켜낼 수 있다.

블랙베리(BlackBerry)는 2000년대 초중반 스마트폰=블랙베리라는 등식이 통할 만큼 시장을 장악했다. 강력한 보안 기능, 실시간 이메일, 물리적 쿼티(QWERTY) 키보드라는 차별성이 기업 고객에게 압도적 매력으로 작용했다. 그러나 2007년 애플 아이폰이 등장하면서 경쟁의 룰이 순식간에 바뀌었다. 터치스크린이라는 새로운 인터페이스와 앱스토어를 중심으로 한 생태계가 등장하자, 블랙베리가 자랑하던 기존의 강점은 더 이상 우위가 아니었다. 오히려 작은 화면과 제한된 사용성이 단점으로 부각되며 급속히 시장 점유율을 잃어갔다. 어제의 차별성이 오늘의 평준화 혹은 약점으로 전환된 것이다.

그림 38 아이폰과 블랙베리

출처: https://iphoneislam.com/

3차 산업 시대까지, 경쟁력의 해답은 비교적 선명했다. 더 빠르게 만들고, 더 많이 생산하고, 더 싸게 파는 것. 이는 시장 지배의 조건이었고 누구도 의심하지 않았다. 규모는 곧 시장 경쟁력이었고, 대량 생산은 효율이었으며, 자본은 무기였다. 생산의 3요소인 토지, 노동, 자본이 기업 성과의 기준이 되었고, 규모의 경제는 기업이 반드시 커져야 하는 이유를 제시했다. 더 큰 공장, 더 넓은 유통망, 더 많은 인력이 곧 경쟁력을 뜻했으며, 자본을 얼마나 확보했는지와 속도를 얼마나 높였는지가 승패를 갈랐다. 규모는 곧 진입 장벽이자 우위의 조건이었다. 공장을 키워 단가를 낮추고, 유통망을 넓혀 시장 진입 장벽을 높게 만들었다. 코카콜라와 P&G는 방대한 유통망과 마케팅 자원을 통해 시장을 지켜냈고, GM과 토요타는 대규모 생산 체계와 납품망으로 경쟁자를 압도했다. 규모가 클수록 경쟁에서 승리할 확률이 높았던 시대였다.

그리고, 속도는 시장 선점의 상징이었다. 더 빨리 생산하고, 더 빨리 시장에 내놓는 기업이 더 큰 수익을 가져갔다. 공급망 관리, 리드타임 단축, 타임 투 마켓(Time-to-Market)[55]은 전략의 핵심 용어였다. 애플은 아이폰과 아이패드를 정기적으로 신제품 라인업으로 내놓으며 혁신의 상징 이미지를 공고히 했고, 패스트패션 브랜드 자라와 H&M은 신제품을 몇 주 단위로 출시해 고객의 관심을 지속적으로 붙잡았다.

자본 역시 경쟁력의 또 다른 기둥이었다. 제조업은 고정비 중심의 대규모 설비 산업이었고, 선제적 투자 규모가 성과를 갈랐다. 삼성전자는 반도체와 스마트폰 분야에서 공격적인 시설 투자와 선제적 물량 확보를 통해 글로벌 시장 점유율을 확대했다. 중국 기업 화웨이 역시 2010년대 초반부터 통신 인프라와 스마트폰 R&D에 막대한 자금을 투입해 빠르게 글로벌 기업 반열에 올랐다.

지금까지의 산업과 시장은 생산 규모가 클수록, 시장 속도가 빠를수록, 기업이 경쟁에서 얻는 과실이 크고 품질이 좋았다. 그러나 시대가 바뀌고 있다. 속도는 더 이상 차별점이 아니며, 규모는 때때로 리스크가 된다. 대량 생산은 더 이

55 타임 투 마켓(Time-to-Market, TTM): 새로운 제품이나 서비스가 아이디어 단계에서부터 실제 시장에 출시되기까지 걸리는 시간으로, 짧을수록 시장 선점과 경쟁 우위 확보에 유리

상 특정 기업의 전유물이 아니다. EMS[56], OEM[57], ODM[58] 등 글로벌 생산 위탁 체계의 발달로, 자본만 있다면 빠르게 제품을 생산하는 시대가 되었다. 과거에는 공장과 설비를 보유하는 것이 경쟁력이었다면, 지금은 그 공장을 가진 파트너를 얼마나 빠르고 유연하게 연결하는가가 경쟁력이 되고 있다. 게다가 공급망의 세계화는 규모 기반의 가격 우위를 빠르게 무력화시키고 있다. 제품의 기술 격차는 복제 속도가 빨라지며 사라지고, 유통망은 플랫폼을 통해 쉽게 접근하는 개방형 인프라가 되었다. 중국, 베트남, 인도 등 글로벌 생산기지의 확산은 제조 단가의 평준화를 가속하고 있으며, 이제는 더 싸게, 더 많이 파는 전략만으로는 지속 가능한 차별화가 어려워졌다. 그리고 규모는 기민함을 해칠 수 있다. 조직이 크다는 건 복잡한 의사결정, 느린 변화 대응, 높은 고정비 구조를 의미한다. 전통적 대기업이 구조조정을 반복함에도 경쟁력을 상실한 이유는 단순히 시장이 바뀌어서가 아니라 기민하지 않은 조직 구조 때문이다.

이러한 변화는 글로벌 기업 가치 상위 10대 기업 리스트를 보면 명확히 드러난다. 2000년에는 제조, 에너지, 통신 기업과 일부 IT 기업이 공존했지만, 2025년에는 AI, 클라우드, 플랫폼, 반도체 등 첨단 기술 기반 기업들이 우위를 차지한다. 혁신의 중심은 하드웨어에서 소프트웨어와 구조 설계로 이동했다. 20여 년 전까지 시장을 주도하던 제조업과 에너지 대기업들은 상위권에서 밀려났고, 그 자리를 기술과 데이터를 기반으로 한 플랫폼 기업과 클라우드 생태계 기업들이 차지했다. 산업의 패러다임이 제조 중심에서 혁신 구조로, 생산 역량에서 설계된 구조와 연결된 가치 창출로 전환되었음을 보여준다.

---

56 EMS(Electronics Manufacturing Serivces): 전자기기 제조를 전문으로 하는 외주 생산 서비스

57 OEM(Original Equipment Manufacturer): 발주처 브랜드로 제품을 생산하는 제조 방식

58 ODM(Original Design Manufacturer): 제품을 디자인하고 설계부터 제조까지 책임지는 방식

표 9 2000년 vs. 2025년, 기업 가치 기준 글로벌 Top 10 기업

순위	2000년	2025년 9월
1	Microsoft	NVIDIA
2	Cisco	Microsoft
3	General Electric (GE)	Apple
4	Intel	Alphabet(Google)
5	Exxon Mobil	Amazon
6	NTT DoCoMo	Meta
7	Walmart	Broadcom
8	Pfizer	Saudi Aramco
9	Royal Dutch Shell	Tesla
10	IBM	Broadcom

기업을 둘러싼 경쟁 환경은 끊임없이 변화하고 있으며, 경쟁력 기준 또한 달라지고 있다. 전통적으로 경쟁력 핵심으로 여겨진 속도와 규모는 계속 유효한 보증 수표가 아니다. 이제 경쟁력은 얼마나 큰가가 아니라 어떻게 설계되어 작동하고 있는가에서 비롯된다. 개별 역량을 넘어, 구조와 연결, 생태계 작동 방식으로 중심축이 이동하고 있다. 다음 시대의 경쟁력은 분명 이전과는 다른 질서 위에서 작동할 것이다.

7.3 구조 중심 경쟁력의 부상

경쟁 우위를 설명하는 시각은 1990년대에 들어서면서 연구 초점이 외부에서 내부로 이동했다. 자원기반관점(Resource-Based View, RBV)이 대표다. RBV는 기업이 보유한 자원(Resource)이 성과 차이를 만드는 핵심 요소라고 주장한다. 여기서 자원이란 공장이나 설비 같은 물적 자산뿐 아니라, 브랜드 가치, 조직문화, 기술 노하우 같은 무형 자산까지 포함한다. 다시 말해, 기업 내부의 독특한 자산이 경쟁자와 차별을 만들고 장기적 우위를 가능하게 한다는 것이다.

RBV를 구체적으로 평가하기 위해 바니(Jay Barney)는 VRIO 프레임워크를 제시했다. 자원이 경쟁 우위를 만들기 위해서는 네 가지 조건을 충족해야 한다. 첫째, **가치성(Value)**이 있어 시장 기회를 활용하거나 위협을 줄여야 하며, 둘째, **희소성(Rarity)**을 가져야 한다. 셋째, **모방 불가능성(Inimitability)**을 지녀야 하고, 넷째, 이를 효과적으로 활용할 수 있는 **조직화(Organization)**가 필요하다. 네 요건을 갖춘 자원은 장기적으로 지속 가능한 경쟁 우위의 토대가 된다. 코카콜라의 브랜드 자산과 비밀 레시피는 수십 년이 지나도 경쟁사가 모방하기 어려운 독창성과 조직 활용 체계를 갖추어 지금까지도 우위를 유지하고 있다.

VRIO 프레임워크

- 가치성(Value): 자원이 시장 기회를 활용하거나 위협을 줄여 기업의 경쟁력 강화에 기여해야 한다.
- 희소성(Rarity): 해당 자원이 소수의 기업만 보유하고 있어야 경쟁 우위를 확보할 수 있다.
- 모방 불가능성(Inimitability): 경쟁자가 쉽게 모방하거나 대체할 수 없는 특성을 가져야 한다.
- 조직화(Organization): 기업이 이러한 자원을 효과적으로 활용할 수 있도록 구조와 관리 체계를 갖추어야 한다.

그러나 디지털 전환과 AI 확산 시대에는 자원 중심 전략만으로는 충분하지 않게 되었다. 기술 발전 속도는 자원의 수명을 짧게 만들고, 글로벌 경쟁은 지리적 장벽을 무너뜨리며, 플랫폼과 데이터 네트워크 같은 구조적 경쟁 요소가 자원보다 더 큰 힘을 발휘하기 시작했다. 예컨대, 1990년대까지 휴대전화 제조사들이 보유했던 생산 설비와 디자인 특허는 스마트폰 생태계가 등장하면서 급속히 경쟁력을 잃었다. 따라서 오늘날 자원은 여전히 필요조건이지만, 그것만으로는 충분하지 않다. 자원이 구조적 설계와 결합되어야 지속 가능한 경쟁 우위로 발전할 수 있다.

자원과 구조 중심 경쟁력은 서로를 대체하는 개념이 아니라, 상호 보완적으로 작동해야 한다. 자원은 경쟁력의 '재료'이고, 구조는 그 재료를 조합해 가치를 창출하는 '레시피'다. 아무리 뛰어난 재료를 가지고 있어도 조리법이 엉성하면 완성품의 품질은 기대에 미치지 못한다. 반대로, 훌륭한 레시피가 있어도 재료의 질이 낮으면 최상의 결과물을 내기 어렵다.

그림 39 자원과 구조의 이해

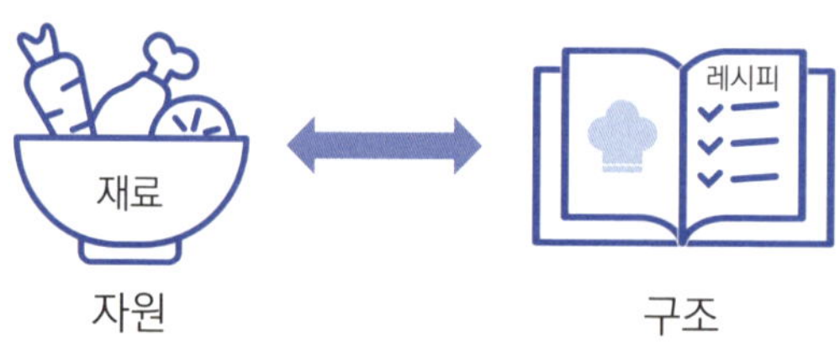

AI와 디지털 기술의 확산은 경쟁력의 중심축을 '무엇을 보유하고 있는가'에서 '어떻게 연결하고 작동시키는가'로 이동시키고 있다. 과거에는 우수한 자원으로 시장 지배력을 유지할 수 있었지만, 오늘날에는 그 자원을 어떤 구조 속에 배치하고, 얼마나 빠르고 유연하게 활용할 수 있는지가 성패를 가른다.

구조는 조직도나 물리적 시스템을 말하는 게 아니라, 고객 가치 창출에 필요한 자원, 활동, 파트너, 데이터, 기술, 채널이 서로 연결되어 시너지를 내는 설계도를 뜻한다. 구조 중심 경쟁력은 이 설계도를 통해 자원의 활용도를 극대화하고 변화에 따른 재배치를 빠르게 수행하는 능력에서 나온다.

구조 중심 경쟁력의 특징은 다음과 같다.

첫째, **확장성(Scalability)**

확장성이란 동일한 자원과 프로세스를 기반으로 더 많은 고객과 시장을 감당할 수 있는 능력이다. 즉, 비용은 크게 늘리지 않아도 매출과 성과를 기하급수적으로 키울 힘이다. 클라우드 컴퓨팅은 한 번 서버와 플랫폼을 구축해 놓으면, 추가 고객이 접속하더라도 거의 동일한 구조를 통해 손쉽게 서비스를 제공할 수 있다. API 기반 서비스 역시 같은 코드와 시스템을 여러 응용처에 연결함으로써, 추가 비용 대비 성과가 빠르게 확장된다. 디지털 시대의 구조적 경쟁력은 높은 레버리지를 보인다.

둘째, **적응성(Adaptability)**

적응성이란 환경 변화에 맞게 구조를 유연하게 재편할 수 있는 능력이다. 제품 디자인을 조금 바꾸는 차원이 아니라, 공급망, 데이터 흐름, 파트너 네트워크까지 다시 설계할 수 있는 힘이다. 코로나 팬데믹 당시 많은 기업이 기존 오프라인 중심 구조에서 온라인 기반 공급망으로 빠르게 전환해 위기를 극복했다. 또, 플랫폼 기업들은 규제 변화에 맞춰 운영 방식을 수정하거나 새로운 파트너십을 구축함으로써 시장 충격을 최소화했다. 즉, 적응성이란 변화를 두려워하지 않고 구조 자체를 다시 짤 수 있는 전략적 유연성을 의미한다.

셋째, **지속성(Sustainability)**

지속성이란 단기적 유행이나 일시적 경쟁 우위에 그치지 않고, 시간이 지날수록 더 강력해지는 구조적 특징을 말한다. 페이스북이나 인스타그램 같은 소셜 플랫폼은 사용자가 많아질수록 더 많은 콘텐츠가 생성되고, 그 콘텐츠가 다시 더 많은 사용자를 끌어들이는 네트워크 효과를 통해 시간이 갈수록 경쟁력이 커진다. 또 오픈소스 커뮤니티나 사용자 커뮤니티 기반 생태계는 참여가 늘어날수록 지식과 데이터가 쌓여 플랫폼 가치를 장기적으로 강화한다. 이러한 구조는 단순히 시장에서 오래 버티는 것이 아니라, 시간이 흐를수록 오히려 더 단단해지는 성격을 갖는다.

그림 40 구조 중심 경쟁력의 특징

확장성
동일한 자원과 프로세스를 기반으로 많은 고객과 시장을 감당

적응성
환경 변화에 맞게 구조를 유연하게 재편

지속성
시간이 지날수록 더 강력해지는 구조

아마존은 구조적 경쟁력을 잘 보여준다. 먼저, 확장성 측면에서 아마존은 초기 전자상거래 플랫폼을 기반으로 물류 인프라와 IT 역량을 구축했고, 이를 토대로 AWS 클라우드 컴퓨팅, 프라임 멤버십, 콘텐츠 스트리밍 등 다양한 영역으로 손쉽게 확장했다. 동일한 자원과 시스템을 활용해 고객과 시장을 기하급수적으로 확대한 것이다. 적응성에서도 탁월했다. 단순한 온라인 서점에 머무르지 않고, 시장 환경과 기술 변화에 맞춰 새로운 사업 모델을 신속하게 추가했다. 리테일 중심 구조를 넘어 클라우드 서비스, 스마트 디바이스, 물류 자동화 등으로 빠르게 전환하며 구조 자체를 재설계하는 유연성을 입증했다. 그리고 지속성은 성장의 핵심 기반이었다. 프라임 멤버십은 고객 충성도를 강화하며 장기적 수익을 보장했고, AWS는 네트워크 효과를 통해 시간이 지날수록 더 많은 고객과 데

이터를 끌어들였다. 즉, 아마존은 자원 자체가 아니라 이를 하나의 구조로 엮어 확장성, 적응성, 지속성을 동시에 확보함으로써 끊임없는 성장을 이루어낸 것이다.

앞으로 AI 시대 경쟁력은 단순히 많은 자원을 보유하는 데 있지 않다. 핵심 자원을 어떻게 연결하고 어떤 구조로 설계해 운영하느냐에 달려 있다. 데이터, 알고리즘, 컴퓨팅 자원 같은 핵심 요소는 그 자체로도 가치가 있지만, 제대로 된 구조 속에 배치될 때 비로소 효용이 기하급수적으로 커진다. 즉 구조적 경쟁력이 뒷받침되어야 한다. 자원은 시간이 흐를수록 가치가 변하지만, 구조는 시간이 지날수록 데이터를 축적하고 네트워크 효과를 강화하며 더 높은 진입 장벽을 형성한다. 구조 중심 경쟁력은 변화의 시대에 기업이 경쟁력을 지속적으로 재창조하는 방식이다.

확장성을 가진 잘 설계된 구조는 동일한 자원으로 더 많은 고객과 시장을 감당하게 만든다. 시시각각 변하는 시장 환경, 기술, 규제에 잘 적응하는 경쟁력 있는 기업은 제품의 표면적인 변화를 넘어 공급망, 데이터 흐름, 파트너 네트워크까지 유연하게 재설계해 변화를 기회로 바꾸고 있다. 자원은 시간이 지나면 소모되거나 가치가 하락할 수 있지만, 잘 설계된 구조는 시간이 흐를수록 오히려 더 강력해지는 지속성을 가진다. 고객 데이터, 맞춤형 기능, 운영 프로세스가 한 구조 안에 얽히면 전환 비용이 높아져 쉽게 대체되지 않는다. 구조 자체가 곧 장기적 진입 장벽이 되는 셈이다. 또한, 오늘날 AI 모델과 기술은 오픈소스나 클라우드 API 등을 통해 빠르게 확산된다. 아무리 많은 데이터를 쌓아두어도 활용할 구조가 없다면 그것은 단지 비용일 뿐이다. 반면, 동일한 자원을 가졌더라도 자동화된 학습 및 배포 파이프라인과 운영 체계를 갖춘 기업은 실험과 출시 속도에서 우위를 확보한다.

AI 시대 기업 경쟁력 = f (자원 * 구조 * 운영 속도)

AI 시대의 경쟁력은 {자원 × 구조 × 운영 속도}라는 곱셈 관계로 설명할 수 있다. 자원은 무엇을 가지고 있는가, 구조는 어떻게 연결하는가, 운영은 얼마나 빠르게 학습·배포하는가를 뜻한다. 셋 중 하나라도 부족하면 경쟁력은 쉽게 약화된다. 반대로, 자원과 구조를 정교하게 결합하고 운영 속도를 극대화한 기업은 시간이 지날수록 더 큰 격차를 만들어낸다. 따라서 **오늘날 경쟁력은 자원을 구조화해 끊임없이 작동시키는 능력에 있다**.

테슬라는 배터리 기술, 자율주행 알고리즘, 제조 설비 등의 자원을 보유하고 있다. 그러나 이들이 진정한 경쟁력을 발휘하는 이유는 '소프트웨어 중심 차량 아키텍처'라는 구조 안에서 자원이 유기적으로 결합되어 있기 때문이다. 이 구조 덕분에 테슬라는 무선 업데이트(OTA)를 통해 차량 성능을 지속적으로 개선하고, 고객 경험을 빠르게 향상시키며, 소프트웨어 구독과 같은 새로운 수익 모델을 창출한다.

자원과 구조의 통합은 적응성을 높인다. 시장 환경이나 기술 트렌드가 변하더라도, 구조가 유연하게 설계되어 있다면 자원을 재배치하거나 교체하는 것이 가능하다. 반대로 구조가 경직되어 있다면 새로운 자원을 확보해도 제대로 활용하지 못하고 경쟁력은 빠르게 약화된다. 지속 가능한 경쟁 우위를 위해서는 자원을 무엇을 가졌는가에서 시작해, 그 자원을 어떻게 연결하고 작동시키는가의 관점에서 바라봐야 한다. 통합적 관점은 기업이 보유 자원과 구조를 하나의 생태계로 관리하게 하고, 장기적이고 누적적 가치를 창출하게 만든다.

7.4 비즈니스 모델의 등장

기업 경쟁력의 본질이 보유한 자원을 어떻게 연결하고 작동시키느냐에 달려 있다는 점은 분명해졌다. 그러나 여기서 새로운 의문이 생긴다. “그렇다면 구조적 설계를 어떻게 해야 하는가?” 이 질문에 대한 현실적 해답 가운데 하나가 바로 비즈니스 모델이다. 비즈니스 모델은 자원을 효과적으로 배치하고, 이를 하나의 구조적 흐름으로 엮어 실제 성과를 만들어내는 접근 방식이다.

2000년 초반, 인터넷이 세상에 새로운 가치를 가져다줄 것이라는 기대감은 시장을 뜨겁게 달궜지만, 과열된 기대는 오래가지 않았다. 기업들이 그 기대를 실적으로 뒷받침하지 못하자, 시장은 빠르게 식어갔다. 아이디어와 기술은 있었지만, 수익을 창출하는 구조가 부재했기 때문이다.

닷컴 버블 사태는 창의적인 아이디어, 새로운 기술, 혁신적인 서비스는 있지만 시장에서 돈을 벌지 못해 도산한 기업이 는 것이다. 돈 버는 방식, 수익 모델을 제대로 갖추지 못한 혹은 수익 모델이 마땅히 없었기 때문에 발생했다. 전통적으로, 그러니까 1990년대까지 기업은 공장에서 물건을 만들어 유통을 통해 시장에 전달하고, 소비자가 그곳에 방문해 돈을 내고 물건을 가져가는 형태였다. 기업이 생산한 물품과 소비자의 돈이 정해진 가치로 교환된 것이다. 합의된 금액으로 거래한 후 물건의 소유권이 기업 혹은 유통에서 소비자에게로 이전된 것이다.

그런데, 인터넷 관련 사업은 이것이 통하지 않았다. 인터넷 기술을 활용한 제품은 대개가 공장에서 생산된 유형의 물건보다는 소프트웨어 프로그램이나 서비스 형태가 많았다. 이는 이전처럼 유통 매장을 통해 거래할 대상이 형체를 갖지 않았고, 공급자도 소비자도 어떻게 사용에 대한 대가를 치러야 할지 잘 알지 못했다. 소프트웨어는 컴퓨터 위에서 돌아가고, 인터넷 서비스는 사용자가 돈을 지급할 방법이 마땅히 존재하지 않던 시절이다. 오늘날이야 온라인 결제 시스템이 갖춰있지만 90년대 말은 그렇지 않았다. 그리고 소비자에게도 소프트웨어나 서비스 이용을 대가로 돈을 지불한다는 게 익숙지 않았다. 이전에는 우리가 물건을 사면 그 물건이 손에 들려 내 공간으로 이동했는데 소프트웨어는 형체가 없고 서비스는 한 번 받으면 사라져 버리는 것이니, 이를 대가로 돈을 지불하는 게 영 어색하고 한편으로는 지불 금액이 적당한지 의심이 들 수밖에 없다.

이 당시 소프트웨어 프로그램, 콘텐츠, 서비스는 시장의 공급자, 유통업자, 소비자 모든 주체에게 낯선 형태였다. 이러한 새로운 가치 흐름을 설명하고 이해하기 위해 등장한 개념이 바로 비즈니스 모델(Business Model)이다.

이 개념의 중요성이 제시된 시점이 2000년 초반인데, 왜 이때 등장했는지 이해하기 위해 당시 시대 상황을 살펴보자. 1990년대 중후반, 월드와이드웹(WWW) 기술 발전과 브라우저 보급으로 인터넷이 급속도로 확산하였다. 수많은 인터넷 기반 벤처기업이 등장했고, 회사 이름에 닷컴(dot-com)만 붙어도 주가가 올랐다. 인터넷이 모든 산업을 바꿀 것이라는 기술 낙관론에 투자 열풍이 불며, 미국 나스닥 지수는 1995년 7월 1,000선을 돌파한 뒤 5년 뒤 2000년 3월 5,000을 넘으며 약 400% 상승하는 엄청난 호황을 누렸다. 그러나, 이 흐름은 오래가지 못했다. 많은 인터넷 기업들의 수익 모델이 불분명하거나 실제 매출이 기대에 미치지 못하자, 2000년 3월 이후 주가가 급락하기 시작하는데, 1년 7개월 동안 나스닥 지수는 약 80% 이상 하락했고 수많은 벤처기업이 파산했다.

닷컴 버블은 인터넷 산업에 대한 과도한 기대가 기업 실적으로 이어지지 않으며, 마치 거품처럼 기대가 꺼지며 전 세계에 충격을 주었다. 이 아픔을 계기로 새로운 기술로 사업하는 기업에게 성장성과 수익성의 균형, 즉 비즈니스 모델의 중요성이 각인되었다. 기술만으로는 지속 가능한 비즈니스를 만들 수 없다는 의견이 산업 전반에 퍼졌고, 비즈니스 모델에 관심이 쏠리기 시작했다.

비즈니스 모델은 기업이 어떻게 가치를 창출하고 전달하며 수익으로 전환하는지 설명하는 구조적 틀이다. 고객 세그먼트, 가치 제안, 핵심 자원과 활동,

파트너십, 유통 채널, 비용과 수익 구조 등 기업 활동 전반을 아우르는 설계도라 할 수 있다. Teece(2010)는 가치를 창출하고 획득하는 논리적 틀로, Zott & Amit(2010)은 기업이 활동을 구성하고 연결하는 아키텍처로 비즈니스 모델을 정의했다. 즉, 비즈니스 모델은 기업이 왜 존재하는가(가치 제안)와 어떻게 운영되는가(구조적 연결)를 설명하는 개념이다. 기업 전략을 계획이 아니라 실제로 시장과 고객 속에서 작동하는 구조적 논리로 전환해 준다는 데 의의가 있다.

오늘날, 4차 산업혁명은 빠르게 확산하며 다양한 신기술에 대한 기대와 가치를 끌어올리고 있다. 인공지능, 블록체인, IoT, 빅데이터, 클라우드, VR/AR 등의 기술은 산업과 일상 전반에 변화를 일으키며 새로운 혁신을 주도하고 있다. 기술이 모든 걸 바꿀 거라는 낙관적 기대로 인해, 기술기업에 투자자들의 돈이 몰리고 있다. 4차 산업과 관련된 기술은 비교적 쉽게 투자를 유치하며, 오픈AI, 엔비디아, 팔란티어 등 AI 기반 테크 기업이 고속 성장과 상향 평가를 경험하고 있다. 실제로 AI 기업에 대한 투자 열기는 시장 지표로도 확인된다. 나스닥은 2023년 43% 이상 상승했고, 2024년에도 30%를 웃도는 상승률을 기록하고 있다. 특히, AI 반도체를 공급하는 엔비디아(NVIDIA)는 2023년 말 대비 2024년 중반까지 시가총액이 172% 증가하는 폭발적인 성장세를 보이는데, 이는 AI 기술이 기업의 생산성과 수익성을 획기적으로 높일 것이라는 기대를 반영하고 있다.

인공지능을 필두로 한 새로운 기술에 대한 기대와 가치는 충분히 인정할 만하다. 다만, 그 기술이 실제 시장에서 어떤 형태, 즉 어떤 제품과 서비스로 역할하며, 어떻게 고객으로부터 지불을 끌어낼지에 대한 명확한 윤곽은 아직 부족하다. 2025년 말, 기대감이 시장을 움직이고 있으며, 실제 구현보다 가능성과 잠재력을 바탕으로 한 미래 시나리오가 더 큰 가치를 얻고 있다. 90년대 말과 유사하게 기업 실적보다 스토리텔링과 서사에 기반한 가치 평가가 이뤄지는 현상을 보이기도 한다. 부정적인 시각에서는 지금의 이 기대를 1990년대 말, 인터넷을 중심으로 한 시장의 기대 열기와 닮아있다고 한다.

오늘날 기술에 관한 관심과 투자 열풍이 잘못되었다고 말하는 게 아니다. 미래를 선점하려는 이들에게는 자연스러운 전략적 발걸음이다. 선제적으로 기술에 투자하고, 수년을 기다린 후 과실을 수확하는 과정은 기술 중심 산업에서 매우 일반적인 흐름이니까.

새로운 기술이 등장하면 기술자는 무엇을 해야 할지 안다. 기술의 성능을 올리고 기능을 개선하면 된다. 그러나 그 기술이 어디로, 어떤 방식으로 나아가야 할지는 경영자의 몫이다. 방향 설정은 기술 자체가 아니라, 시장과 기술의 섭섬에서 균형을 잡는 경영적 판단에 달려 있다. 기업 경영자는 기대치를 실제로 구현해 내고, 그것을 실적으로 증명해야 하는 사람이다. 기술에 대한 낙관이 넘칠수록 기대를 현실로 전환하는 관점을 경영자는 내면화해야 한다. 그러나 이 역할이 쉽지만은 않다. 우리는 지나온 길은 평가할 수 있지만, 지금 걷고 있는 길이 정답인지 판단하는 일은 본질적으로 불가능하기 때문이다. 애초에 정답이 존재하지 않을 수도 있다. 그러나 더 나은 해답은 분명히 있다.

2000년대 초반 닷컴 버블의 실패를 교훈 삼는다면, 기술 개발 → 제품 개발 → 시장 개척을 분리된 단계로 보지 않고 동시에 추진하는 접근이 바람직하다. 이 방식은 실패 확률을 낮추고 시장에 성공적으로 안착하기까지의 시간을 단축한다. 기술의 가능성을 시장의 언어로 번역하고, 실행하는 구조를 설계하여, 경영 성과를 획득하는 게 오늘날 경영자에게 요구되는 방향이다.

새로운 기술이 잇따라 등장하고 변화가 가속화되는 지금, 생존과 성장을 위한 하나의 방안이 비즈니스 모델에서 출발하는 것이다. 비즈니스 모델은 기업이 사업을 영위하는 전방위적 설계도이다. 기업은 기본적으로 재화와 서비스를 시장에 제공하고, 고객의 선택을 받아 돈을 벌어들여 운영되는 경제 집단이다. 기업은 누구에게, 무엇을, 어떻게 제공할지 결정해야 하며, 이는 제품 거래뿐 아니라, 가치를 만들어 전달하고 수익으로 전환하는 과정 전반을 포함한다. 또한, 오늘날 기업의 사회적 책임이나 ESG 같은 의제도 중요하게 인식된다. 그러나 이러한 활동은 지속 가능한 이윤 창출이 선행되어야 한다는 점은 변하지 않는다. 이윤 없는 기업은 사회적 가치를 추구할 기회조차 얻기 힘들다. 적자가 지속된 기업에게 사회적 활동은 부차적으로 밀릴 수밖에 없으며 수년 내 경영이 정상화되지 못하면 종국에는 파산하거나 문을 닫게 된다.

스타트업과 같은 신생 기업뿐 아니라 기존 기업에게도 **신사업 발굴, 신시장 개척, 신규 고객 확보**는 중요한 활동이다. 이는 기존 사업의 한계를 극복하고 새로운 성장 동력을 발굴하는 과정이며, 위험을 분산시키는 포트폴리오 전략으로 작동한다. 또한, 변화하는 고객과 시장 흐름에 선제적으로 대응함으로써 변화에 뒤처지지 않는 적응 메커니즘 역할을 한다. 정기적으로 기업 내부에서는 미래 먹거리를 준비하기 위해 이 활동이 이루어지고 있다. 실무진이 꼼꼼하게 분석하고 열심히 정리한 신사업 추진 전략을 보고하는 자리에서 미간 주름이 깊게 팬 임원이 놓치지 않고 하는 말이 있다.

"그래서, 비즈니스 모델이 뭐야?"

지금까지 이 말은 곧 '수익 모델이 무엇이냐?'는 말이다. 어떻게 돈을 벌 것이냐는 것이다. 회사 경영을 책임지는 임원에게 필요한 건 이 사업이 실질적인 경영 성과를 가져다줄 것이냐이지 않은가.

2000년대 초반, 알렉산더 오스터왈더(Alexander Osterwalder)는 'Business Model Ontology' 학위 논문을 통해, ICT(정보통신기술) 같은 새로운 기술이 등장할 때 기업이 돈 버는 방식에 관한 질문을 던졌다. 이후 그는 이를 발전시켜 다음 그림의 BMC(Business Model Canvas)를 제시했고, 현재 비즈니스 모델의 대표적인 설계 도구가 되었다.

비즈니스 모델 캔버스를 작성할 때는 아홉 개의 블록을 임의로 나열하기보다는, 논리적인 순서를 따라가는 것이 효과적이다. 우선 고객 세그먼트(Customer Segments)를 정의하는 것에서 출발한다. 누구를 대상으로 할 것인지, 어떤 집단이 가장 중요한 고객인지 분명히 해야 이후의 모든 설계가 방향을 잡을 수 있다.

다음 단계는 가치 제안(Value Propositions) 설계다. 고객이 직면한 문제를 해결하거나 욕구를 충족시키는 구체적인 가치를 찾아내고, 이를 경쟁자와 구별되는 차별적 방식으로 표현해야 한다.

그림 41 Business Model Canvas

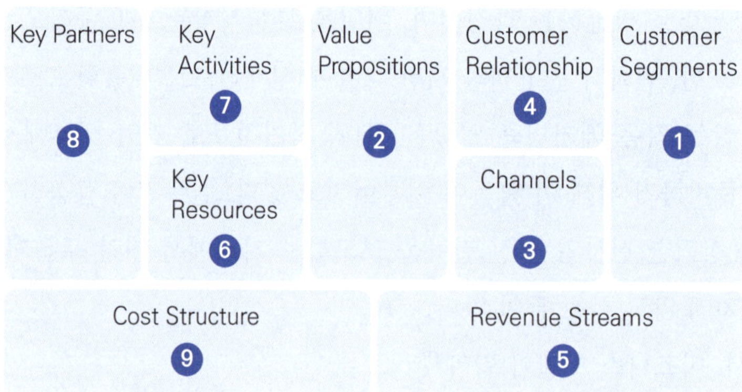

가치가 정리되면, 이를 어떻게 고객에게 전달할지를 고민해야 한다. 따라서 세 번째는 채널(Channels)이다. 고객이 제품과 서비스를 인지하고, 구매하고, 사용하는 전 과정에서 어떤 경로가 가장 적절한지 설계한다. 이어지는 네 번째는 고객 관계(Customer Relationships) 설계다. 고객과 어떤 방식으로 관계를 맺고 유지할지, 개인화 서비스, 셀프서비스, 커뮤니티 등 관계의 성격을 명확히 한다. 이 네 가지가 정리되면, 다섯 번째로 수익원(Revenue Streams)을 검토한다. 고객에게 전달한 가치가 어떤 방식으로 돈으로 환원되는지, 판매·구독·광고·수수료 등 수익 구조를 구체적으로 작성해야 한다.

수익 구조가 마련되면, 이제 이를 가능하게 하는 기반인 핵심 자원(Key Resources)을 점검한다. 우리의 핵심 자원이 무엇인지 파악하고, 기술, 인력, 데이터, 브랜드, 설비 같은 자산 중 사업 성공에 필수인 요소를 선별한다. 일곱 번째는 핵심 활동(Key Activities)으로, 가치를 창출하고 전달하며 수익을 만들어내기 위해 반드시 수행해야 하는 활동을 정의한다. 여덟 번째는 핵심 파트너(Key Partners)를 파악하는 거다. 기업이 모든 것을 혼자 감당할 수는 없으므로, 공급망, 기술 제휴, 규제 대응, 투자 등 외부와 협력해야 한다. 마지막 아홉 번째는 비용 구조(Cost Structure)다. 앞에서 정의한 자원·활동·파트너십을 유지하기 위해 발생하는 비용 항목을 정리하여 수익 구조와 균형을 이룰 수 있는지를 확인해야 한다.

이와 같은 순서를 따라가면, BMC는 시장-가치-채널-고객 관계-수익-자원-활동-파트너-비용 구조로 이어지는 하나의 논리적 이야기로 완성된다. 이를 통해 기업은 우리의 비즈니스가 어떻게 작동하는지 한눈에 파악해 전략적 의사결정을 위한 토대를 마련할 수 있다.

7.5 비즈니스 모델 전략

비즈니스 모델 전략(Business Model Strategy)은 기업이 설계한 비즈니스 모델을 단순히 운영하는 차원을 넘어, 경쟁 환경 속에서 어떻게 차별화하고, 얼마나 지속 가능하게 유지하며, 어디까지 확장할 것인지에 관한 의도적 선택과 실행 방향을 의미한다. 다시 말해, 비즈니스 모델이 기업의 가치 창출 구조를 설명하는 설계도라면, 비즈니스 모델 전략은 그 설계도를 경쟁 상황에 맞추어 조정·운영하는 전략적 행위라 할 수 있다. 특정 비즈니스 모델을 채택하고, 경쟁 환경 속에서 어떻게 조율할지에 관한 일련의 선택이다. 비즈니스 모델 전략은 현재를 묘사하거나 새로운 구조를 도입하는 것에 머무르지 않고, 경쟁우위를 확보하고 유지하기 위한 실행 지향적 개념이다. 이는 곧 시장 변화와 기술 혁신, 그리고 경쟁자의 움직임을 종합적으로 고려하여 기업이 지속적으로 우위를 만들어가는 사고 틀이라 할 수 있다.

비즈니스 모델은 특정 기능 영역에 한정된 개념이 아니다. 이는 경영 전략 전반과 밀접하게 연결되어 있을 뿐 아니라 다음 그림처럼 마케팅 및 기술 혁신의 영역과도 긴밀히 교차하고 있다. 세분 시장, 고객, 유통 채널은 전통적으로 마케팅의 핵심 요소로 간주되지만, 동시에 비즈니스 모델을 구성하는 주요 축을 형성한다. 마찬가지로 기술과 혁신은 비즈니스 모델 설계와 실행 과정에서 반드시 고려되어야 하는 요인이며, 기업의 자원과 활동은 전략적 선택과 긴밀히 연동된다. 따라서 비즈니스 모델은 기술 혁신, 마케팅 전략, 경영 전략 중 어느 하나의 하위 개념으로 환원될 수 없으며, 오히려 이들 영역이 교차하는 접점에서 작동하는 구조적 사고 도구로 기능한다. 다시 말해, 비즈니스 모델은 기존 경영 분야를 통합하고 재구성하는 메타 프레임(meta frame)[59]으로 이해될 수 있다.

그림 42 비즈니스 모델 전략의 위치

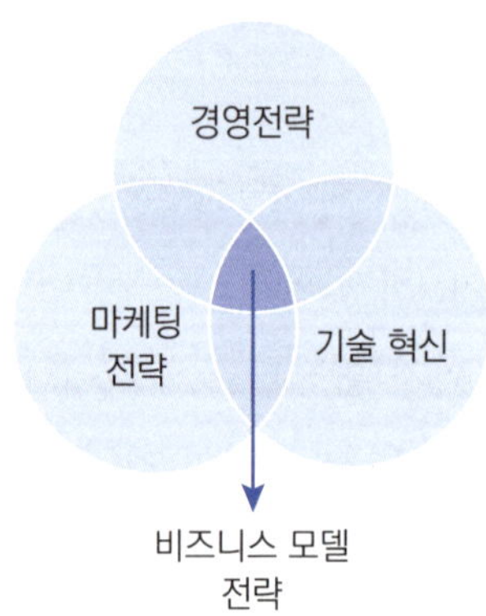

59 메타 프레임(meta frame): 개별 이론이나 분석 틀을 상위 차원에서 통합하여, 복잡한 현상을 다차원적으로 이해할 수 있도록 하는 포괄적 사고의 틀을 의미. 다시 말해, 서로 다른 관점을 연결하고 조율해주는 상위 구조적 관점

비즈니스 모델이 돈을 어떻게 벌 것인가의 수익 모델에 머물러서는 안 된다. 이는 기업이 세상에 어떤 가치를 어떻게 전달하고, 그것을 지속 가능한 방식으로 실현할 것인지에 대한 전략으로 활용되어야 한다. 기술, 마케팅, 조직, 재무가 따로 움직이는 시대는 끝났고, 오늘날 복잡한 경영 환경에서는 이들을 하나의 작동 구조로 통합하는 사고 틀이 필요하다. 비즈니스 모델은 그 틀을 제공하며, 기업은 이 틀 안에서 끊임없이 조정하고 혁신하며 더 나은 방향을 모색해야 한다. 지금, 기업이 생존을 넘어 성장과 진화를 고민해야 한다면, 그 출발점으로 비즈니스 모델을 들여다보아야 한다.

전략은 다양한 사람들이 모여 일하는 조직에 방향성을 제시해 함께 앞으로 나아가게 한다. 또한, 기업이 시장에서 오래 살아남기 위해 선제적으로 해야 할 활동을 준비하도록 돕는다. 오늘날 기업에게 전략은 떼려야 뗄 수 없는 경영 요소다. 하지만, 전략의 형태는 기업의 내외부 환경과 경쟁 구도에 따라 변해야 한다. 오늘날 비즈니스 모델은 수익 모델을 넘어 더욱 입체적인 관점으로 기업 전략 수립과 방향에 시사점을 제공한다. 다음에서 자세히 확인해 보자.

첫째, **가치 창출 구조를 설계하는 틀을 제공한다.** 수익만이 아니라 고객에게 어떤 가치를 어떻게 제공할지, 어떤 자원을 활용해 어떤 관계로 이를 실현할지를 설명한다. 오스터왈더가 제시한 9개 빌딩블록은 가치 제안, 세분 시장, 목표 고객, 채널, 자원, 활동, 파트너, 수익과 비용 구조로 기업 전략과 운영을 통합적으로 바라볼 수 있게 해준다. 제품 중심이 아닌 가치 중심 사고로 전략을 설계하는 기반이 된다.

둘째, **전략과 실행의 간극을 메워준다.** 전략은 방향을 제시하지만, 간혹 기업의 전략이 전략으로 머무르기도 한다. 전략을 수립한 주체와 실행할 주체 사이에 벽이 있기 때문이다. 비즈니스 모델은 전략을 실행하는 작동 구조로 변환하는 매개 장치로 실행력을 높이는 데 기여한다.

셋째, **혁신의 방향성과 우선순위를 제시하는 도구로 작용한다.** 오늘날 산업은 더 복잡해지고 경쟁은 더욱 치열해지고 있다. 기업은 단순히 기술을 개발하거나 마케팅을 강화하는 것만으로는 경쟁 우위를 확보할 수 없다. 무엇을, 어디를 바꿀 것인지를 판단할 수 있어야 하며, 비즈니스 모델은 가치 제안, 수익 흐름, 채널 구조 등 전략적 선택지의 지도를 체계적으로 보여준다.

지금 우리는 AI 시대 전략의 한 축으로서 비즈니스 모델 전략의 중요성을 이야기하고 있다. 그렇다면 전통적 전략과 비즈니스 모델 전략은 어떻게 다른지 알아보자. AI 이전과 이후 기업 전략은 어떻게 달라져야 하는지 구조, 실행, 혁신 단위의 관점에서 살펴보자.

(1) 구조적 관점

전통적 경영 전략은 어디서 무엇으로 싸울 것인가(Where or What to play)를 중심으로 전개되었다. 산업 구조 분석, 경쟁자 포지셔닝, 차별화 전략을 중심으로 경쟁 우위를 점하는 것이 핵심 과제였다. 즉, 전통 전략은 기업을 산업 내 어느 위치에 둘 것인가에 초점을 맞추고, 포지셔닝 전략을 성공적으로 수행해 산업 내에서 독보적인 위치를 차지했다. 나이키는 제품 기술이나 유통보다 브랜드 포지셔닝에 집중하여, 'Just do it' 슬로건과 스포츠 스타 중심의 광고 캠페인으로 시장 내에서 프리미엄 브랜드로서 위치를 확고히 했다. 고객은 품질뿐 아니라 이미지를 소비하는 전략 안에서 제품을 구매했는데, 이는 포지셔닝 전략 기반의 경쟁 우위 확보 방식이다.

그러나, AI 시대의 비즈니스 모델 전략은 새로운 가치 창출 구조를 설계하고 끊임없이 재구성하는 데 초점을 맞춘다. 데이터와 알고리즘은 고객 행동을 실시간으로 파악하고, 플랫폼은 파트너, 사용자, 생태계 전체를 연결해 다층적인 가치를 만들어낸다. 즉, 기업은 고정된 위치를 확보하는 데 머무르지 않고, 데이터 흐름을 기반으로 비즈니스 모델을 유연하게 설계하고 확장하며 경쟁력을 확보해야 한다.

(2) 실행적 관점

비즈니스 모델 전략은 어떻게 작동할 것인가(How to operate)에 관심을 둔다. 고객에게 가치를 전달하고, 그 과정에서 수익을 창출하는 내부 작동 구조 전반을 설계한다. 단순한 경쟁 위치가 아니라, 고객 가치, 채널, 자원, 파트너, 수익 구조 등이 어떻게 연결되어 작동하는지를 설명하는 구조적 설계도이다.

전통 전략은 종종 전략과 실행을 분리하게 한다. 경영진은 방향을 제시하지만, 실행은 실무 부서에 위임되는 구조다. 그 결과 전략을 발표하지만, 현장에서 제대로 실행되지 못하거나, 실행 맥락에서 왜 그렇게 하기로 했는지 명확히 이해하지 못하는 경우가 많다. BMC와 같은 시각적 도구는 조직 내 구성원들이 전략을 쉽게 이해하고, 각자의 역할과 흐름 속에서 실제 작동 방식까지 고려한 전략 실행수립이 가능하도록 돕는다. 이는 전략과 실행을 분리하지 않고, 전략을 곧 실행 설계로 변환하며, 설계 단계에서부터 실행 가능성을 내포하기 때문에 전략과 실행을 이분법적으로 보지 않는다.

(3) 혁신적 관점

전통 전략에서 혁신은 자주, 기술, 제품, 프로세스, 마케팅 등 기능 단위에서 일어난다. 특정 부서가 주도하는 개선 활동이며, 제한된 범위 내에서 경쟁 우위를 찾으려는 경향이 있다. 하지만 변화가 구조 전체에 미치지 않기 때문에 한계가 있다. 그러나 비즈니스 모델 전략은 비즈니스 구조 전체를 혁신의 단위로 삼는다. 가치 제안, 고객 세그먼트, 수익 모델, 채널, 자원 등 서로 연결된 구성 요소들을 재설계하거나 조합을 바꾸는 방식으로 접근한다. 예를 들어, 전통 기업이 구독 기반 모델로 전환하거나, 유통 채널을 직접판매(D2C, Direct-to-Consumer)로 바꾸는 것도 비즈니스 모델 혁신의 한 예이다.

이러한 변화는 단일 부서의 개선이 아니라, 기업 전체의 구조 전환을 동반하는 전략적 선택이다. 애플은 오늘날 사람들의 삶에 스마트폰의 대중화라는 커다란 기여를 했다. 애플이 시장과 소비자에게 전달한 건 좋은 기기만이 아니라, 기기 + 콘텐츠 + 플랫폼이 유기적으로 연결되는 새로운 비즈니스 모델이다. 아이팟과 아이튠즈, 아이폰과 앱스토어, 그리고 이후의 생태계 구축은 제품을 넘어서는 구조 전체의 혁신이다. 기술보다 기술이 작동하는 구조를 설계해 경쟁력을 확보했고, 무엇을 어떻게 바꿀 것인가에 천착한 게 애플을 오늘의 위치에 올려놓았다고 해도 과언이 아니다.

비즈니스 모델 전략은 실행 가능성과 조직의 구조적 진화를 함께 설계하는 사고 프레임이다. 이제 기업은 어디서 경쟁할 것인가, 무엇으로 경쟁할 것인가만이 아니라, 어떻게 작동할 것인가를 중심에 놓아야 한다. 변화의 시대, 전략은 선언이 아니라 구조로 증명되어야 한다.

외부 환경을 분석하고 포지셔닝을 통해 경쟁 우위를 확보하는 노력은 여전히 현재 기업 경쟁 환경에 유효한 방안이다. 그러나 급격한 기술 발전, 시장의 불확실성 증대, 융복합으로 산업 간 경계가 바뀌고 있는 상황 속에서 기업에게 필요한 건 작동 구조를 설계해 이를 실행 중심의 사고로 전환하고 부분 개선이 아닌 구조 혁신을 이끄는 것이다. 비즈니스 모델 전략은 이러한 시대적 변화에 대한 하나의 답이 될 수 있다.

자기진단 체크리스트 (Self-Assessment Checklist)

1. 20세기 초부터 오늘날까지 기업 경쟁력 요소의 변화를 사례와 함께 설명할 수 있는가?
2. 경쟁력의 세 가지 요건인 차별성, 지속성, 재현성을 구분해 설명하고, 실제 기업 사례에 적용할 수 있는가?
3. 구조 중심 경쟁력의 축인 확장성, 적응성, 지속성을 설명하고, 실제 사례로 연결할 수 있는가?
4. BMC의 구성 요소와 활용 목적을 이해하고, 간단한 사례에 적용할 수 있는가?
5. 비즈니스 모델 전략이 전통적 전략과 다른 점을 구조, 실행, 혁신 관점에서 설명할 수 있는가?

CHAPTER 08

AI 혁신과 경쟁력 재편

학습 목표 (Learning Objectives)

1. 플랫폼 비즈니스의 구조와 경쟁 전략을 이해하고 설명할 수 있다.
2. 플랫폼과 생태계의 차이를 구분하고, 가치가 창출되는 원리를 이해한다.
3. AI 도입이 플랫폼 경쟁 규칙을 규모에서 속도 · 정밀성 · 적응성으로 변화시킨 과정을 분석한다.
4. AI 시대 플랫폼과 생태계 전략의 위험 요인을 파악하고, 예방, 완화, 대응 메커니즘을 설계할 수 있다.

도입 질문 (Opening Questions)

1. 플랫폼은 전통적인 제조 및 유통 기업과 어떤 구조적 차이를 가지며, 왜 AI 시대의 대표 경쟁 구조로 평가되는가?
2. 네트워크 효과는 왜 규모의 경제와 다른 경쟁 우위의 원천인가?
3. 오늘날 경쟁은 기업 간 경쟁이 아니라 생태계 간 경쟁이라는 말은 무슨 의미인가?
4. AI는 플랫폼 경쟁의 규칙을 어떻게 바꿔 놓았으며, 스피드, 정밀성, 적응성이 왜 핵심이 되었는가?

8.1 AI 시대 플랫폼 비즈니스

플랫폼은 AI 시대의 대표 비즈니스 구조다. 전통적인 제조와 유통 기업이 제품을 생산해 고객에게 일방향으로 전달했다면, 플랫폼 기업은 다수의 참여자를 연결하고 상호작용을 촉진하는 방식으로 가치를 만든다. 단일한 제품이나 서비스가 아니라, 여러 주체가 보여 가치 창출과 교환이 이루어지는 무대다. 이 무대 위에서는 공급자와 수요자가 직접 연결되고, 그 상호작용이 플랫폼의 가치를 키운다. 다시 말해, 플랫폼의 경쟁력은 단일 기업의 자원이나 기술에 국한되지 않고, 참여자들이 만들어내는 네트워크 효과에서 비롯된다. 전통적인 기업이 제품을 설계-생산-판매하는 선형 구조라면, 플랫폼은 다양한 참여자가 스스로 가치를 만들어내고 이를 다른 사용자와 나누는 순환 구조를 가진다. 이 점에서 플랫폼은 AI 시대 경쟁 우위를 설명하는 중요한 렌즈가 된다.

플랫폼은 다음 그림과 같이 양면 시장(two-sided market) 또는 다면적 네트워크 구조로 설명된다. 한쪽에는 콘텐츠 제작자, 판매자, 서비스 제공자 등의 공급자가 있고, 다른 한쪽에는 사용자, 고객과 같은 수요자가 있다. 플랫폼은 이들을 연결해 거래나 교환이 이루어지도록 한다. 예컨대 애플 앱스토어는 개발자와 사용자, 유튜브는 크리에이터와 시청자를 이어주며, 각각의 집단이 많아질수록 플랫폼 전체의 가치가 커진다. 이는 네트워크 효과(network effect)라 불리며, 플랫폼의 가장 강력한 성장 메커니즘이다. 네트워크 효과는 사용자가 늘어날수록 플랫폼의 가치가 증가하는 현상으로, 일정 규모를 넘어서는 순간 가치와 참여자가 서로를 가속하는 선순환 구조가 형성된다.

그림 43 양면 시장 경제

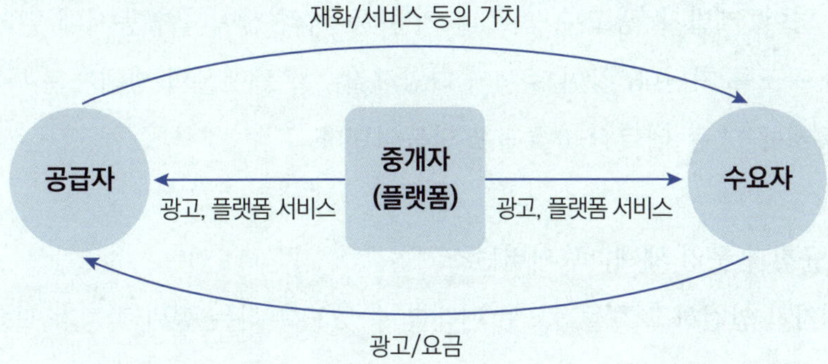

플랫폼 경쟁 전략은 크게 세 단계로 전개된다. 우선, 초기 **시장 진입 단계**에서는 한쪽 면을 먼저 확보해야 한다. 예를 들어, 쿠팡은 초기 판매자 유치에 집중했고, 에어비앤비는 숙소 공급을 확보한 뒤 여행자를 유입시켰다. 이 과정에서 보조금, 할인, 인센티브 같은 유인책이 적극 활용된다. 그런 다음, **네트워크 효과 가속 단계**에서는 사용자 간 연결성을 강화하고 품질을 유지하며, 참여자에게 지속적인 혜택을 제공한다. 그리고, **경쟁자 견제와 확장 단계**에서는 독점적 파트너십, API 개방과 차단, 잠금 효과 강화 전략을 병행한다. 이후 인접 시장 진출이나 서비스 다각화를 통해 생태계를 확장해 나간다.

플랫폼은 온라인 거래의 장일 뿐 아니라, 다양한 참여자들이 상호작용하며 가치를 창출하는 시스템이다. 이 구조가 작동하기 위해서는 다음의 핵심 요소가 필요하다.

(1) 참여 주체

플랫폼은 기본적으로 공급자와 수요자를 연결한다. 플랫폼은 성장하며 양면 시장을 넘어, 개발자·광고주·파트너 기업 등 여러 참여자가 동시에 얽히는 다면 시장 구조를 지닌다. 참여 주체가 다양해질수록 플랫폼의 생태계는 복잡해지지만, 동시에 더 큰 네트워크 효과를 만들어낸다.

(2) 규칙과 운영 체계, 즉 거버넌스

참여자가 안전하고 효율적으로 거래할 수 있도록 하는 신뢰 장치가 필요하다. 아마존의 리뷰 시스템, 에어비앤비의 보험 정책, 앱스토어의 심사 규정은 모두 플랫폼 운영의 안정성과 공정성을 보장한다. 최근에는 공정성, 투명성, 책임성까지 플랫폼 거버넌스의 중요한 기준으로 부각되고 있다.

(3) 기술 인프라

플랫폼은 디지털 기술 기반 위에서 작동한다. 검색과 매칭 엔진, 결제 시스템, 클라우드 서버, 보안 체계는 플랫폼의 최소한의 기반이며, 최근에는 AI와 데이터 분석이 인프라의 중심이 되었다. 특히 대규모 데이터를 실시간으로 처리하고, 개인화된 서비스를 제공하며, 빠른 확장성을 확보하는 것이 경쟁력의 핵심으로 자리 잡고 있다.

(4) 인센티브

참여자가 플랫폼에 들어오고 머물며 활동하도록 만드는 유인 체계다. 단기적으로는 무료 서비스, 보조금, 할인 쿠폰과 같은 직접적인 혜택이 작동한다. 장기적으로는 네트워크 효과 자체가 참여자에게 지속적인 가치를 제공한다. 예컨대 초기의 페이팔 현금 보상 정책은 단기 인센티브였고, 오늘날 아마존 셀러들이 누리는 막강한 고객 기반은 장기 인센티브라 할 수 있다.

그림 44 플랫폼 구성 요소

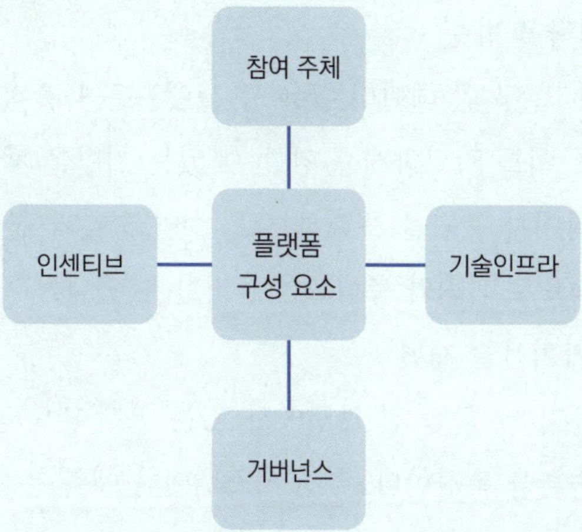

오늘날 플랫폼 산업은 새로운 경쟁자가 끊임없이 등장하고 기존 기업들 간의 경쟁도 점점 치열해지고 있다. 변화 속도가 빠른 환경에서 플랫폼이 생존하고 성장하기 위해서는 차별화된 경쟁 우위를 확보하는 전략이 필요하다. 플랫폼이 지속적인 경쟁 우위를 확보하기 위한 전략을 아래에서 확인하자.

첫째, **데이터 진입 장벽 구축**

플랫폼 기업이 수년간 축적한 고객 데이터와 자산은 단기간에 모방하기 어렵다. 사용자가 이미 자신에게 최적화된 서비스 경험을 누리고 있다면 굳이 다른 플랫폼으로 옮길 이유가 줄어든다. 데이터 네트워크 효과가 강할수록 새로운 경쟁자가 따라잡기 어렵고, 사용자 전환비용이 높아질수록 기존 고객을 지켜낼 수 있다.

둘째, **확장 전략 지속**

API 공개, 오픈 이노베이션, 슈퍼앱 모델 등을 통해 플랫폼 외부 생태계와 연결될수록 더 큰 시장을 장악할 수 있다. 확장 전략은 단순히 서비스를 늘리는 것이 아니라, 파트너와 개발자에게 새로운 기회를 제공해 생태계 전체를 풍요롭게 만든다. 이는 플랫폼을 단일 서비스가 아닌 하나의 생활 환경으로 자리 잡게 한다.

셋째, **수익화 전략을 병행**

거래 수수료, 광고, 구독, 데이터 활용 등 플랫폼은 다층적인 수익 구조를 만들 수 있으며, AI는 이를 정교하게 운영할 수 있는 기반을 제공한다. 단기적 수익에만 몰두하면 참여자 불만을 초래하므로, 수익 창출과 참여 혜택 간의 균형을 유지해야 장기적으로 신뢰와 충성도를 유지할 수 있다.

넷째, **AI 기반 가치사슬 재편**

고객 획득 → 유지 → 확장 전 과정에서 AI는 고객 맞춤형 경험을 제공하며 플랫폼 성장의 선순환을 촉진한다. 추천 시스템이나 예측 분석은 사용자가 원하는 순간에 적합한 서비스를 제시하여 이탈을 줄이고, 교차 판매와 업셀링 기회를 창출한다. 이는 플랫폼이 거래의 장을 넘어, 고객 여정 전체를 설계하고 주도하는 지능형 운영 시스템으로 발전하게 만든다.

이러한 지속적인 경쟁 우위의 핵심 원천은 네트워크 효과와 데이터 기반 최적화다. 여기에 사용자 행동과 거래에서 생성되는 데이터가 더해지며 플랫폼은 개인화 추천, 맞춤형 서비스, 효율적인 운영을 통해 참여자의 만족도를 높인다. 이러한 구조는 시간이 지날수록 전환 비용(Switching cost)을 높이고, 경쟁자가 진입하기 어려운 장벽을 만든다.

AI 도입은 플랫폼 경쟁의 규칙을 근본적으로 바꿔 놓았다. 과거 플랫폼은 주로 '규모의 경제'와 '네트워크 효과'에 의해 성장했다. 그러나 AI가 접목되면서 데이터-알고리즘-개인화의 순환 구조가 플랫폼 경쟁을 재편하고 있다. 방대한 사용자 데이터를 학습한 AI 알고리즘은 맞춤형 추천, 실시간 예측, 자동화된 의사결정을 가능하게 한다. 아마존은 고객 행동 데이터를 분석해 구매 확률이 높은 상품을 추천하고 물류 시스템을 최적화했고, 넷플릭스는 AI 추천 엔진을 통해 사용자가 원하는 콘텐츠를 정확하게 제공하며 구독 유지율을 높였다. 또, 알리바바와 쿠팡은 물류 AI를 활용해 주문-배송 과정을 자동화·최적화하면서 고객 경험의 질을 높이고 있다.

디지털 전환이 가속되며 인간의 일상은 오프라인에서 온라인으로 빠르게 이동하고 있다. 이제 플랫폼은 인간 삶의 중요한 무대가 되었다. AI 시대의 경쟁은 기업 대 기업의 싸움이 아니라, 플랫폼 생태계 간의 전쟁으로 전환되고 있다. 전통 기업은 플랫폼화를 통해 가치사슬을 재구성해야 하며, 신생 기업은 특정 니치 영역에서 AI와 결합한 새로운 기회를 발굴해야 한다. 정책·규제 측면에서는 공정경쟁과 개방형 생태계 조성이 요구된다.

그러나 이러한 플랫폼 전략에는 위험과 한계도 존재한다. 특정 기업이 시장을 독점할 경우 불공정 경쟁과 수익 불균형이 심화될 수 있고, 데이터 독점과 개인정보 침해는 사회적 신뢰를 위협한다. 또한, 입점 기업이나 창작자가 플랫폼에 과도하게 종속되면 장기적인 지속 가능성을 보장하기 어렵다. 여기에 AI 편향과 불투명한 알고리즘은 사회적 논란을 촉발하며 강력한 규제를 불러올 수도 있다. 따라서, 플랫폼 전략은 단순한 성장 논리에 그쳐서는 안 되며, 신뢰와 투명성을 기반으로 설계되어야 한다.

오늘날 플랫폼은 산업의 무대이자 두뇌다. 무대가 넓을수록 참여자가 늘어나고, 두뇌가 정교할수록 더 많은 가치를 창출한다. AI 시대 플랫폼 전략은 더 많은 사용자를 모을 뿐 아니라, 참여자가 플랫폼 안에서 가치를 창출하고, 그 가치가 다시 플랫폼을 성장시키는 자기 강화 구조를 구축하는 데 있다. 데이터와 알고리즘, 참여자 네트워크가 선순환을 이루는 구조를 갖춘 기업이 AI 시대의 시장 지형에서 지속적으로 성장을 이룰 수 있다.

8.2 AI 기반 네트워크 효과

플랫폼 비즈니스의 가장 큰 특징은 네트워크 효과다. 이는 참여자가 많아질수록 서비스의 가치가 커지는 현상을 말한다. 전통 산업에서 규모의 경제가 '생산량이 많을수록 단위 비용이 낮아지는 구조'였다면, 네트워크 효과는 '사용자가 늘어날수록 서비스 효용이 커지는 구조'라는 점에서 다르다. 전통 제조업에서는 생산 규모의 경제가 경쟁력을 만들었다면, 플랫폼 시대에는 네트워크 규모와 연결성이 그 역할을 대신한다. 오늘날 플랫폼 경쟁에서 네트워크 효과는 강력한 성장 엔진이다. 네트워크 효과는 세 가지 유형으로 나뉘는데 아래에서 확인하자.

- **직접 네트워크 효과(Direct Network Effect):** 같은 사용자 집단 내에서 참여자가 늘어날수록 서비스 가치가 커진다. 메신저 앱이나 SNS는 사용자가 많아질수록 친구, 지인, 동료와의 연결 가능성이 커지고, 플랫폼의 매력도 함께 증가한다.
- **간접 네트워크 효과(Indirect Network Effect):** 한 집단의 성장으로 다른 집단의 가치가 높아지는 경우다. 예를 들어, 콘솔 게임기의 보급이 늘어나면 게임 개발사가 더 많은 타이틀을 출시하고, 이는 다시 게임기의 판매를 늘린다.
- **양면 네트워크 효과(Two-Sided Network Effect):** 플랫폼 양측의 사용자 증가가 상호 가치를 높인다. 배달 앱의 경우, 음식점 수가 많아질수록 소비자의 선택 폭이 넓어지고, 주문이 많아질수록 음식점의 플랫폼 의존도와 참여 의지가 커진다.

플랫폼 기업의 성패는 초기 참여자를 얼마나 빨리 확보하느냐에 달려 있다. 플랫폼은 일정 규모 이상의 사용자와 공급자가 모여야 비로소 네트워크 효과가 발생하고, 서비스의 가치가 본격적으로 상승하기 때문이다. 그래서 많은 기업들은 초기에 과감한 투자와 파격적인 정책을 통해 참여자를 끌어들이는 전략을 구사했다. 페이팔, 아마존 마켓플레이스, 구글 안드로이드, 쿠팡, 토스의 사례를 통해 이를 확인할 수 있다.

페이팔(PayPal)은 온라인 결제가 낯설던 시기에 치킨 앤 에그(Chicken and Egg) 문제[60]를 정면 돌파했다. 신규 가입자에게 현금을 지급하고, 기존 사용자가 친구를 추천하면 추천인에게도 현금을 주는 방식이었다. 당시로서는 파격적인 직접 현금 인센티브였지만, 이 전략은 빠른 속도로 수백만 명의 사용자를 확보하는 결정적 동력이 되었다. 사용자와 판매자가 동시에 몰리며 결제 네트워크가 빠르게 안정화되었고, 이후 페이팔이 글로벌 결제 플랫폼으로 성장하는 발판이 되었다.

아마존 마켓플레이스(Amazon Marketplace)는 다른 접근을 택했다. 아마존은 상품 다양성을 늘리기 위해 외부 판매자를 끌어들여야 했고, 이를 위해 입점 수수료를 낮추고 초기 마케팅 지원을 아끼지 않았다. 더 나아가 물류 지원 시스템을 제공해 소규모 판매자도 아마존의 거대한 물류 네트워크를 활용할 수 있게 했다. 또한 리뷰 시스템과 셀러 교육 프로그램을 마련하여 신뢰를 구축했다. 이러한 지원은 판매자 확보로 이어졌고, 판매자가 늘어나자 소비자 선택권이 넓어지고, 소비자가 몰리자 다시 판매자가 늘어나는 선순환 구조가 형성되었다.

구글 안드로이드(Android) 역시 개방형 전략으로 참여자를 모았다. 애플이 폐쇄적 생태계를 유지한 것과 달리, 구글은 안드로이드를 제조사에게 무료로 제공하고, 개발자에게는 자유롭게 앱을 배포할 수 있도록 했다. 이는 삼성, LG, HTC 같은 글로벌 제조사들이 안드로이드를 채택하게 만들었고, 다양한 가격대의 스마트폰이 시장에 쏟아졌다. 동시에 개발자 커뮤니티도 빠르게 형성되면서 앱 생태계가 폭발적으로 성장했다. 이처럼 개방성은 안드로이드가 단기간에 시장 점유율을 높이는 원동력이 되었다.

60 치킨 앤 에그(Chicken and Egg) 문제: 플랫폼 비즈니스에서 수요자와 공급자가 동시에 확보되어야만 성장이 가능한데, 어느 쪽을 먼저 유치해야 하는지 결정하기 어려운 딜레마를 가리키는 개념

쿠팡(Coupang)은 경쟁이 치열한 전자상거래 시장에서 '로켓배송'이라는 혁신적인 서비스를 내세웠다. 당일 혹은 익일 배송이라는 차별적 경험을 제공하며 소비자 유입을 촉진했고, 초기에는 무료배송 정책으로 진입 장벽을 없앴다. 판매자 측면에서도 쿠팡이 직접 물류를 책임져 주면서 입점 부담을 낮췄다. 덕분에 소비자가 몰리자 판매자도 따라 들어오고, 판매자가 늘어나자 다시 소비자가 늘어나는 네트워크 효과가 작동했다.

토스(Toss) 또한 금융의 불편을 정면으로 파고들었다. 은행 송금 수수료가 당연시되던 시절, 무료 간편 송금 서비스를 내놓았다. 복잡한 공인인증서 절차도 없애고, 계좌번호만 입력하면 송금이 가능하도록 UX를 단순화했다. 여기에 추천 프로모션과 바이럴 마케팅을 결합하면서 사용자가 폭발적으로 증가했다. 이후 토스는 확보된 고객 기반을 바탕으로 보험, 투자, 신용 관리 등 다양한 금융 서비스로 확장하며 종합 금융 플랫폼으로 자리 잡았다.

이 다섯 사례는 플랫폼이 초기에 어떻게 참여자를 모으는지가 경쟁의 성패를 좌우한다는 것을 잘 보여준다. 페이팔은 현금 인센티브로, 아마존은 공급자 지원과 신뢰 시스템으로, 구글은 개방성으로, 쿠팡은 차별적 경험으로, 토스는 불편과 비용 구조 혁신으로 각각 시장을 열었다. 이들 기업은 공통으로 단기간 손해를 감수하면서도 참여자를 빠르게 확보하는 데 집중했고, 그 결과 네트워크 효과가 본격적으로 작동하며 시장 지배력을 강화하였다.

플랫폼이 네트워크 효과를 만들기 위해서는 먼저 임계질량(critical mass)을 넘어야 한다. 초기에는 공급자와 수요자 중 어느 쪽도 먼저 들어오려 하지 않는 딜레마가 존재한다. 이 임계점을 돌파하기 위해 많은 플랫폼이 보조금, 무료 서비스, 프로모션을 활용했다. 이때 티핑포인트(Tipping point)[61]가 발생하며, 시장 점유율이 특정 플랫폼에 쏠리기 시작한다. 임계질량을 돌파하면 참여자 증가 →

61 티핑 포인트(tipping point): 작은 변화가 누적되어 임계점을 넘는 순간, 사회·시장·조직 등 특정 현상이 급격히 비가역적으로 확산되거나 전환되는 분기점을 의미. 즉, 점진적 변화가 폭발적 변화를 일으키는 결정적 순간

서비스 가치 상승 → 추가 참여자 유입이라는 선순환 구조가 형성된다. 플랫폼의 성장은 종종 S-곡선으로 묘사되는데, 초기 완만한 확산 단계를 지나 임계점을 돌파하면 폭발적으로 성장하고, 이후 포화 단계에 들어가 성숙기를 맞는다는 것이다.

오늘날 AI와 데이터 기술은 이 임계점 도달 시점을 단축시키고 있다. 인스타그램(2010)은 1억 명 사용자 달성에 2년 2개월이 소요되었고, 틱톡(2016)은 약 9개월, 그리고 ChatGPT(2022)는 약 2개월에 걸쳐 1억 명의 사용자를 확보했다. 이는 사용자 행동 데이터가 빠르게 축적되고, AI 알고리즘이 이를 실시간으로 분석해 사용자에 최적화한 맞춤형 서비스를 제공하기 때문이다. 정밀한 타기팅과 빠른 학습 덕분에 초기 사용자조차 충분한 효용을 느낄 수 있어, 네트워크 효과의 발동 시점이 앞당겨지고 있다.

네트워크 효과의 작동 원리는 **자기 강화 구조(Flywheel)**로 설명할 수 있다. 사용자가 늘면 플랫폼의 가치가 높아지고, 그 가치는 새로운 사용자를 불러온다. 늘어난 사용자는 더 많은 데이터를 만들고, 데이터는 서비스 개선을 가능하게 한다. 서비스가 개선되면 다시 사용자 유입이 늘어나며 선순환이 형성된다. 여기에 **보완재 효과**가 더해지면 네트워크 효과는 한층 강화된다. 앱스토어나 마켓플레이스에 더 많은 개발자와 판매자가 참여하면, 소비자는 더 다양한 상품과 서비스를 접할 수 있고, 이는 플랫폼의 가치와 매력을 높인다.

이러한 요인들은 궁극적으로 잠금 효과를 강화한다. 잠금 효과는 사용자가 특정 제품이나 서비스 혹은 플랫폼에서 쌓아온 데이터, 관계, 맞춤형 경험 때문에 다른 서비스로 쉽게 옮기지 못하는 현상을 말한다. 잠금 효과로 인해 전환비용이 높아지고, 기업은 장기적인 경쟁 우위를 확보할 수 있다. 즉, 사용자는 플랫폼 안에서 쌓아온 사회적 관계, 맞춤형 추천, 축적된 데이터 때문에 다른 서비스로 이동하기 어려워진다. 특히 AI 기반 개인화 알고리즘은 사용자의 취향과 행동 패턴을 정교하게 학습해, 동일한 경험을 외부에서 재현하기 어렵게 만든다. 더 나아가 플랫폼이 보유한 방대한 데이터와 학습된 모델은 새로운 경쟁자가 단기간에 모방할 수 없는 진입 장벽을 형성한다. 슈퍼앱 구조까지 결합하면 사용자는 여러 서비스를 한 플랫폼 안에서 해결할 수 있어, 장기적인 락인 효과가 더욱 공고해진다.

전통 기업은 자사의 가치사슬 중에서 네트워크 효과를 설계할 수 있는 접점을 찾아야 한다. 고객 커뮤니티나 데이터 기반 플랫폼화가 하나의 방법이 될 수 있다. 무엇보다 임계질량을 빠르게 돌파할 수 있는 전략이 필요하다. 초기에는 보조금이나 무료 제공 같은 손해 보는 장사가 필요할 수 있다. 정책·규제 측면에서는 독점 방지와 공정 경쟁이 무엇보다 중요하다. 네트워크 효과는 단순히 참여자가 늘어나는 현상이 아니라, 참여자·가치·데이터·경험이 서로 맞물려 순환하는 성장 메커니즘이다. 이 선순환 구조를 얼마나 정교하게 설계하고 유지하는가가 AI 시대 플랫폼 경쟁의 승패를 가르는 결정적 요인이 된다.

네트워크 효과가 항상 긍정적으로만 작동하는 것은 아니다. 네트워크 효과는 그 힘만큼이나 위험 요인도 내포하고 있으며, 관리되지 않을 경우 선순환은 언제든지 악순환으로 바뀔 수 있다. 따라서 플랫폼 전략에서 중요한 과제는 네트워크 효과를 강화하는 것 못지않게 그 부작용을 통제하는 일이다.

아래 네트워크 효과의 대표적인 위험 요인과 대응 전략을 살펴보자.

(1) 품질 저하와 신뢰 붕괴

플랫폼은 사용자가 늘어날수록 거래와 콘텐츠의 품질을 일관되게 관리하기 어려워진다. 개방형 구조에서는 누구나 쉽게 참여할 수 있지만, 이와 동시에 스팸성 게시물, 가짜 리뷰, 부정확한 매칭이 빠르게 늘어난다. 이는 플랫폼의 본질적 가치인 신뢰를 훼손하는 주요 원인이 된다. 품질 저하는 단순히 일시적 불편으로 끝나지 않는다. 신뢰가 무너지면 신규 사용자 유입은 급격히 줄어들고, 기존 사용자도 더 나은 대안을 찾아 떠나게 된다. 한 번 떨어진 신뢰는 회복하기 어렵기 때문에, 품질 관리 실패는 곧 성장의 정체 혹은 급격한 쇠퇴로 이어질 수 있다.

따라서 플랫폼은 확장 속도만큼이나 품질 관리 메커니즘을 정교하게 구축해야 한다. 자동화된 모니터링, 신뢰할 수 있는 검증 절차, 사용자 신고와 피드백 시스템은 기본이다. 여기에 위기 상황에 대한 신속한 대응 노력도 필요하다. 사용자 이탈 조짐이 보이면 즉각적인 인센티브 제공이나 단기적 서비스 품질 개선으로 불만을 완화해야 한다. 동시에 장기적으로 콘텐츠 모더레이션(content-moderation)[62] 강화, 거래 보증제 도입, 알고리즘 투명성 확보를 통해 품질 관리와 신뢰 구축을 병행해야 한다. 품질과 신뢰는 네트워크 효과를 유지하는 토대이며, 이를 잃는 순간 플랫폼의 선순환 구조도 함께 무너진다.

(2) 부정적 네트워크 효과

네트워크 효과가 항상 긍정적으로 작동하는 것은 아니다. 사용자가 과도하게 몰리면 서비스 혼잡, 응답 지연, 추천 품질 저하가 발생하며, 경험이 오히려 악화된다. 특정 이용자 그룹이 과도한 영향력을 행사하거나, 일부 사용자 행동이 다른 이들의 경험을 방해하는 경우에도 부정적 효과가 나타난다. 이는 플랫폼의 본질적 매력을 약화하며 성장 한계에 직면하게 한다. 사용자의 기대치가 높아진 AI 시대에는 위험이 증폭된다. 개인화 서비스가 제공되더라도 시스템이 과부하되면 기대와 현실의 간극이 커져 불만이 증폭된다.

따라서 플랫폼은 무작정 사용자 수 확대만을 목표로 해서는 안 된다. 확장과 함께 서비스 품질을 안정적으로 유지하는 역량이 중요하다. 인프라 확충, 알고리즘 개선, 사용자 그룹 간 균형 조정 같은 운영 전략이 병행되지 않으면, 네트워크 효과는 선순환이 아니라 악순환으로 바뀔 수 있다.

---

62 콘텐츠 모더레이션(content-moderation): 플랫폼에서 게시되는 글·이미지·영상 등을 검토·관리해 불법, 유해, 스팸성 콘텐츠를 걸러내고 건전한 이용 환경을 유지하는 과정

(3) 멀티호밍과 종속성 문제

사용자가 여러 플랫폼을 동시에 활용하는 멀티호밍[63]은 네트워크 효과의 집중도를 약화시킨다. 하나의 플랫폼에서 누적되어야 할 데이터와 상호작용이 분산되면, 플랫폼의 고유한 매력은 줄어들고 충성도도 낮아진다. 가격 경쟁이 치열하거나 서비스 차별성이 약할수록 이 현상은 더 심해진다. 반대로 입점 기업이나 콘텐츠 공급자가 특정 플랫폼에 과도하게 의존하는 경우도 문제다. 핵심 파트너가 이탈하거나 조건을 변경하면 플랫폼 전체의 가치가 흔들릴 수 있다. 게임 콘솔에서 인기 타이틀이 사라지거나, 마켓플레이스에서 대형 판매자가 이탈하는 경우가 그 예다.

멀티호밍과 종속성 문제를 동시에 관리하기 위해서는 차별화된 서비스 경험과 공정한 파트너십 구조가 필요하다. 사용자가 여러 플랫폼을 동시에 사용하는 것을 막기 위해서는 독점적 콘텐츠와 기능을 제공하고, 차별화된 사용자 경험을 설계하여 다른 플랫폼으로 이탈할 이유를 줄여야 한다. 동시에 공급자 측면에서는 파트너 포트폴리오를 확장해 단일 공급자 의존도를 줄이고, 안정적이고 합리적인 협력 환경을 제공함으로써 생태계 다각화를 이뤄야 한다. 독립성과 충성도를 동시에 강화하는 전략을 마련해야 한다.

(4) 규제와 독점 리스크

플랫폼이 일정 규모를 넘어 시장 지배력을 확보하면, 곧바로 규제의 대상이 된다. 독점 규제, 반독점 소송, 데이터 활용 제한, 알고리즘 투명성 요구가 대표적이다. 이는 이미지 훼손뿐 아니라, 운영비용 증가와 사업 모델 제약으로 이어진다. 특히 글로벌 플랫폼 기업들은 각국의 상이한 규제 환경을 동시에 관리해야 한다. 유럽연합의 GDPR, 미국의 반독점 소송, 한국의 공정거래위원회 규제

---

63 멀티호밍(Multi-homing): 이용자가 하나의 플랫폼에만 머무르지 않고 여러 플랫폼을 동시에 사용하는 현상으로, 플랫폼 간 경쟁 강도를 높이고 사용자 유지 전략에 중요한 영향을 미침

등은 플랫폼 운영의 복잡성을 배가시킨다. 이러한 규제 리스크는 글로벌 확장의 가장 큰 걸림돌이기도 하다.

규제는 위협이면서 동시에 기회가 될 수도 있다. 선제적으로 투명성과 공정성을 강화한 기업은 규제를 리스크가 아니라 신뢰 자산으로 전환할 수 있다. 이를 위해 자율 규제와 이해관계자와의 협력, 그리고 준법 경영 체계를 마련하는 것이 중요하다. 플랫폼의 지속가능성은 단기적 성장이 아니라, 장기적 규제 대응 능력과 사회적 신뢰 확보에서 판가름 난다.

(5) AI 편향과 불투명성

AI가 플랫폼 운영에 깊숙이 들어오면서, 편향과 불투명성은 새로운 위험 요인으로 부상했다. 알고리즘이 특정 집단에 불리하게 작동하거나 추천 결과가 왜곡되면, 사회적 논란과 불신을 초래한다. 사용자 입장에서는 '왜 이런 결과가 나왔는지' 이해할 수 없는 불투명성 자체가 불만의 원인이 된다.

AI 편향은 단순한 기술적 결함이 아니라, 사회적 신뢰와 공정성의 문제다. 데이터가 가진 구조적 편향이 알고리즘을 통해 증폭될 경우, 플랫폼은 의도치 않게 차별이나 불공정을 재생산할 수 있다. 이는 곧 규제 강화의 빌미가 되며 성장을 제지한다. 따라서 플랫폼은 AI 활용을 단순히 효율성 극대화 수단으로만 접근해서는 안 된다. 편향 최소화를 위한 데이터 관리, 알고리즘의 설명 가능성, 윤리적 가이드라인 구축이 필요하다. AI 시대의 경쟁력은 기술의 정교함뿐 아니라, 그것이 얼마나 투명하고 신뢰할 수 있는지에도 영향을 받는다.

그림 45 네트워크 효과의 위험요인과 대응전략

품질 저하와 신뢰 붕괴

- 스팸/가짜 리뷰 관리, 모니터링/검증 강화

부정적 네트워크 효과

- 인프라 확충, 알고리즘 개선, 균형적 운영

멀티호밍과 종속성 문제

- 독점 콘텐츠, 차별화, 파트너 다각화

규제와 독점 리스크

- 자율 규제, 준법 경영, 이해관계자 협력

AI 편향과 불투명성

- 데이터 관리, 편향 최소화, 설명 가능성 확보

네트워크 효과는 성장의 힘인 동시에 위험을 내포한 양날의 검이다. 네트워크 효과만으로 성공을 장담할 수 없으며, 차별화된 가치와 지속 가능한 수익 구조를 고민해야 한다. 또한, 기업은 신뢰와 공정성, 투명성을 확보하는 관리 전략을 병행해야 한다. 정책 측면에서도 독점 방지와 데이터 윤리, 공정 경쟁을 위한 제도적 장치가 필요하다. AI 시대 플랫폼의 경쟁 전략은 네트워크 효과의 빛과 그림자를 동시에 인식하고 대응하는 지혜를 요구한다.

8.3 비즈니스 생태계

스마트폰 산업은 애플이나 삼성 같은 제조사가 핵심 기기를 만들지만, 앱 개발자, 통신사, 칩 공급업체, 액세서리 제조사, 심지어 콘텐츠 제작사까지 함께 참여해야 생태계가 완성된다. 고객은 단순히 제품을 구매하는 게 아니라, 앱스토어나 구글 플레이에서 다양한 서비스를 이용하고, 다양한 액세서리를 함께 구매한다.

전기차 역시 완성차 업체만이 아니라, 배터리 기업, 충전 인프라 업체, 정부의 보조금 정책, 친환경 규제, 심지어 금융사의 리스 프로그램까지 맞물려야 시장이 성장한다. 각각은 퍼즐 조각이지만, 서로 연결될 때 완성된 그림이 된다. 참여자들이 어떻게 협력하고 역할을 나누며, 공동의 이익을 만들어내는지에 성장 여부가 달려있다.

비즈니스 생태계(Business Ecosystem)는 기업 혼자가 아니라, 여러 주체가 모여 공동으로 가치를 창출하고 역할을 분배하는 역동적 협력 네트워크다. 여기에는 대기업과 중소기업, 공급자, 유통업자, 고객은 물론이고 정부, 기관, 학계, 스타트업, 심지어 경쟁사까지도 참여한다. 각 참여자는 독립적인 목표와 이해관계를 가지고 있지만, 서로 연결되어 있을 때 훨씬 더 큰 가치를 만든다.

이 개념이 주목받게 된 배경에는 산업 구조의 변화가 있다. 과거 산업 경쟁은 주로 가치사슬을 따라 이동했다. 기업은 원자재 조달 → 생산 → 유통 → 판매로 이어지는 선형적 구조에서 효율성을 높이고 비용을 절감하며 경쟁 우위를 확보했다. 대표 기업이 대부분의 가치 활동을 통제했고 경쟁은 동일한 가치사슬 단계에서 누가 더 잘하느냐의 문제로 정의되었다. 그러나 디지털 전환과 기술 융합이 가속되면서 상황이 달라졌다. 클라우드, AI, IoT, 모바일 같은 기술들은 산업 간 장벽을 허물고, 고객의 경험과 가치는 더 이상 단일 기업의 제품이나 서비스만으로는 완성되지 않게 되었다. 예컨대 스마트폰 하나를 둘러싼 가치는 단순히 제조업체의 성능 향상이 아니라, 앱 개발자, 통신사, 콘텐츠 제공자, 심지어 금융 서비스까지 연계되어야 실현된다. 즉, 경쟁의 단위가 개별 기업에서 연결된 네트워크 전체로 바뀌었다.

가치사슬은 가치 네트워크, 나아가 비즈니스 생태계로 전환되었다. 가치사슬이 직선적 흐름을 전제로 했다면, 가치 네트워크는 다수의 주체가 동시에 참여하고 상호작용하는 구조를 의미한다. 가치사슬이 효율적 분업을 통해 비용 우위를 추구했다면, 가치 네트워크는 협력과 시너지를 통해 새로운 가치를 창출한다. 전통적 경쟁 전략이 기업 대 기업의 싸움이었다면, 오늘날의 경쟁은 **생태계 대 생태계의 전쟁**으로 나아가고 있다.

플랫폼과 생태계는 밀접하게 연관되어 있지만, 동일한 개념은 아니다. 플랫폼은 참여자 간의 거래와 상호작용을 가능하게 하는 하나의 구조적 장치이고, 생태계는 여러 플랫폼과 조직, 시장, 제도까지 포괄하는 더 큰 틀의 운영 환경이다. 비즈니스 생태계의 구성 요소는 네 가지로 정리할 수 있다.

(1) 오케스트레이터(Orchestrator)

오케스트레이터는 생태계의 설계자이자 운영자다. 플랫폼 기업이나 주도 기업이 이 역할을 맡는 경우가 많으며, 전체 생태계의 방향성을 제시하고 규칙과 표준을 설정한다. 단순히 기술이나 서비스 제공을 넘어, 다양한 참여자들이 협력할 수 있는 장을 마련하고 분쟁을 조정하며, 생태계가 안정적으로 성장하도록 거버넌스와 인프라를 책임진다. 애플의 iOS, 구글의 안드로이드 운영체제처럼 오케스트레이터는 생태계의 중심축으로서 가치 흐름과 진화 경로를 결정한다. 이는 생태계의 방향성을 제시하고 규칙과 표준을 설정하며, 참여자 간 조율을 맡는 중심축 역할을 한다.

(2) 보완재 제공자(Complementors)

보완재 제공자는 생태계의 풍성함과 다양성을 만들어내는 주체다. 플랫폼이 제공하는 핵심 기능에 새로운 제품, 서비스, 기능을 더해 가치를 확장한다. 예컨대 앱스토어의 앱 개발자, 아마존 마켓플레이스의 판매자, 넷플릭스의 콘텐츠 제작자들이 대표적인 보완재 제공자다. 이들의 참여가 늘어날수록 고객이 누릴 수 있는 선택지가 많아지고, 네트워크 효과는 더욱 강화된다. 즉, 보완재 제공자는 생태계의 경쟁력을 높이는 촉매제 역할을 한다.

(3) 참여 기업 및 기관(Partners & Participants)

생태계에는 보완재 제공자 외에도 공급, 유통, 서비스, 기술 개발 등 다양한 기능을 수행하는 기업과 기관이 참여한다. 이들은 특정 제품이나 서비스만 제공하는 것이 아니라, 핵심 운영 기능을 담당하며 생태계가 원활히 작동하도록 지원한다. 예컨대 전자상거래 생태계에서 물류 기업, 전자 결제 시스템 제공자, 클라우드 인프라 운영자가 이에 해당한다. 참여 기업과 기관은 생태계의 기반 구조를 구축하고, 오케스트레이터와 보완재 제공자, 고객을 연결하는 가교 역할을 한다.

(4) 고객과 사용자(Customers & Users)

고객과 사용자는 단순히 가치를 소비하는 존재가 아니다. 그들은 구매와 이용을 통해 생태계의 경제적 기반을 형성하는 동시에, 사용 경험과 피드백을 통해 생태계의 진화를 촉진한다. 고객의 선택과 행동은 새로운 보완재의 수요를 만들고, 오케스트레이터가 전략을 수정하도록 이끈다. 오늘날 디지털 환경에서는 고객 데이터가 곧 생태계 혁신의 연료가 되며, 사용자 참여 자체가 경쟁력의 원천으로 작동한다.

그림 46 비즈니스 생태계의 구성 요소

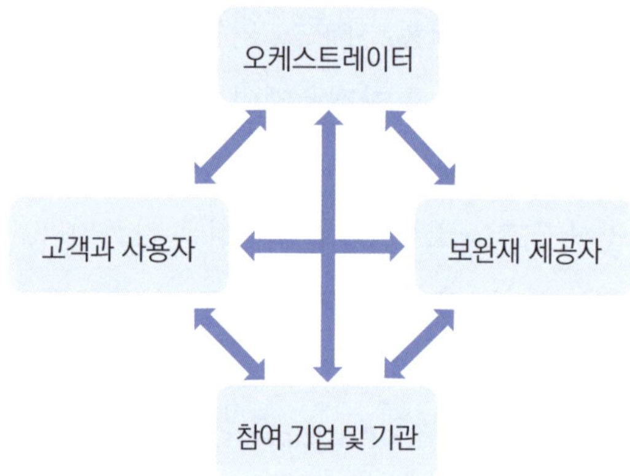

생태계 구조는 세 유형으로 나눌 수 있다. **중앙 집중형**(Centralized ecosystem)은 강력한 오케스트레이터가 중심에서 모든 흐름을 통제한다. 핵심 기술, 규칙, 표준을 주도 기업이 독점적으로 설계하고, 다른 참여자들은 그 틀 안에서 움직인다. 이 구조는 속도와 통일성이 높지만, 오케스트레이터에 대한 의존도가 크다는 한계를 가진다. 애플의 iOS 생태계가 대표적이다.

분산형(Decentralized ecosystem)은 참여자 간 자율적인 연결과 협력이 특징이다. 오케스트레이터가 특정하지 않거나 역할이 약하기 때문에, 누구나 기여할 수 있고 혁신이 빠르게 발생한다. 다만 통일된 방향성이 부족해 파편화나 조정 문제에 직면하기도 한다. 오픈소스 소프트웨어 커뮤니티나 블록체인 프로젝트가 예이다.

하이브리드형(Hybrid ecosystem)은 중심축이 존재하지만, 다수의 참여자가 주도적으로 기여해 방향성을 함께 만들어간다. 오케스트레이터는 기본적인 인프라와 표준을 제공하지만, 생태계 참여자들의 창의적 기여와 협력에 따라 가치가 확장된다. 이 구조는 통제와 자율성의 균형을 통해 혁신과 안정성을 동시에 추구한다. 엔비디아는 GPU 하드웨어와 CUDA라는 중심축을 제공하면서도, 대학·스타트업·클라우드 기업과 협력해 AI 생태계 발전을 함께 주도하는 하이브리드형 모델을 구축했다.

앞으로 산업의 경쟁과 협력은 점점 더 생태계 단위로 전개될 것이다. 기술이 융합되고 산업 경계가 허물어지면서, 기업 혼자만의 역량으로는 충분한 가치를 만들어내기 어렵기 때문이다. 오케스트레이터가 생태계를 설계하고, 보완재 제공자와 파트너가 가치를 확장하며, 고객이 피드백을 통해 진화를 촉진하는 다층적 협력이 필수다.

그러므로 기업 전략은 단일 제품이나 서비스 중심의 사고에서 벗어나야 한다. 앞으로 중요한 것은 어떤 생태계를 설계하고, 어떤 생태계에 속할 것인가이다. 생태계는 단순한 시장의 배경이 아니라, 기업의 성장 속도와 범위를 결정하는 경쟁 무대로 자리 잡고 있으며, 이는 AI 시대와 디지털 전환이 심화할수록 분명해지고 있다.

8.4 AI 시대 생태계 진화 전략

비즈니스 생태계에서 경쟁 전략은 개별 기업의 성공뿐 아니라 생태계 전체의 건강과 지속 가능성을 좌우한다. 참여자 간의 협력과 경쟁이 동시에 이루어지는 환경에서, 중심 기업과 파트너 모두가 장기적으로 이익을 얻는 구조 설계가 핵심이다.

생태계 경쟁 전략의 첫 번째 유형은 **오케스트레이터 전략**이다. 오케스트레이터는 생태계의 방향을 제시하고 규칙과 표준을 설정하며, 참여자 간의 관계를 조율한다. 이를 위해서는 기술 표준과 운영 규칙을 명확히 하고, 파트너들이 생태계 안에서 경쟁력을 확보하도록 지원해야 한다. 동시에 오케스트레이터의 권한과 책임 사이에 균형을 유지해야 한다. 지나친 통제는 혁신을 억제하고, 과도

한 개방은 품질 관리와 일관성을 해칠 수 있다.

두 번째는 **보완재 강화 전략**이다. 보완재는 생태계의 가치를 확대하는 핵심 요소로, 이를 풍부하게 확보하는 것이 네트워크 효과를 강화한다. 보완재 제공자를 유치하기 위해서는 인센티브, 기술 지원, 공동 마케팅 등의 방안을 마련할 수 있다. 또한 보완재의 품질과 다양성을 유지하는 것이 중요하다. 애플이 앱스토어 개발자에게 제공하는 개발 툴과 매출 배분 구조는 보완재 생태계의 성장을 촉진한 사례다.

세 번째는 **경계 확장 전략**이다. 생태계는 고정된 형태가 아니라, 산업 경계를 넘어 확장할 수 있다. 기존 시장의 파트너뿐 아니라 인접 산업, 다른 기술 영역의 참여자를 흡수하며 새로운 가치를 창출한다. 이 과정에서 경쟁자와 협력하는 '경쟁적 협력(Co-opetition)' 전략이 효과적으로 작동하기도 한다. 자동차 제조사와 IT 기업이 자율주행 플랫폼에서 협력하는 사례가 여기에 해당한다.

성공적인 생태계 운영을 위해서는 다음의 원리가 필요하다.

첫째, **개방성과 통제의 균형**

지나치게 개방적인 생태계는 참여자의 다양성을 확보할 수 있지만, 품질 저하와 표준 붕괴라는 위험을 안게 된다. 반대로 과도한 통제는 파트너와 참여자의 창의성을 억누르고, 생태계에 기여할 동기를 약화시킨다. 따라서 성공적인 생태계 운영은 기본 규칙과 품질 기준을 유지하면서도, 혁신과 실험의 여지를 열어두는 균형이 필요하다.

둘째, **네트워크 효과의 극대화**

생태계는 참여자가 많아질수록 가치가 커지는 특성이 있으므로, 구조적으로 네트워크 효과가 강화되도록 설계해야 한다. 파트너와 고객의 수가 늘어날수록 제품과 서비스의 다양성이 확대되고, 이는 다시 새로운 참여자를 끌어들이는 선순환을 만든다. 성공적인 오케스트레이터는 단순히 참여자를 모집하는 것을 넘어, 참여자가 서로 연결되어 가치를 교환하도록 촉진하는 구조를 만들어야 한다.

셋째, **가치 분배의 공정성**

생태계는 다양한 이해관계자가 모여 협력하는 구조인 만큼, 창출된 가치가 특정 집단에만 집중되면 균열이 발생한다. 불공정한 수익 배분은 파트너의 불만과 이탈을 불러와 생태계의 안정을 위협한다. 반대로 공정하고 투명한 분배 구조는 신뢰를 높이고, 장기적으로 더 많은 파트너가 적극적으로 참여하게 만든다. 생태계의 지속 가능성은 공정한 가치 분배 메커니즘 위에서만 유지될 수 있다.

마지막으로, **지속적 참여 동기 부여**

금전적 보상에만 의존하는 건 충분하지 않다. 기술 지원, 데이터와 도구 제공, 새로운 시장 접근 기회, 브랜드와의 공동 성장 가능성 같은 비금전적 요인도 파트너와 고객의 참여를 유도하는 중요한 수단이다. 생태계 운영자는 참여자들이 이곳에 남아야 할 이유를 지속적으로 제공해야 하며, 이를 통해 생태계 전체의 활력과 혁신성을 유지할 수 있다.

AI 시대 생태계 전략은 새로운 진화를 맞이한다. 과거에는 개별 기업이나 플랫폼 수준에서 경쟁이 이루어졌다면, 이제는 **AI와 데이터를 중심으로 한 초연결** 생태계 간의 경쟁이 본격화되고 있다. AI와 데이터 중심 생태계에서는 데이터의 수집, 공유, 활용이 곧 가치 창출의 핵심이다. 데이터는 AI 모델의 학습과 성능 향상으로 이어지고, 이를 통해 고객 경험을 개인화하며 운영 효율을 높일 수 있다. 다시 말해, 데이터의 흐름을 얼마나 효과적으로 설계하고 관리하느냐가 생태계의 성패를 좌우한다.

또한 **산업 간 경계를 급속히 허물**고 있다. 제조와 서비스, 금융과 플랫폼, 교육과 콘텐츠 등 서로 다른 산업이 기술을 매개로 융합하며 새로운 생태계를 만드는 현상이 확산하고 있다. 전기차와 자율주행은 자동차 기업만의 영역이 아니다. 배터리 기업, 클라우드 서비스, 지도·내비게이션 업체, 콘텐츠 제공자, 심지어 보험사까지 참여해 새로운 가치망을 구성한다. 금융도 더 이상 은행의 독점적 공간이 아니다. 간편 송금 서비스, AI 자산관리, 결제 플랫폼이 결합해 고객 경험을 재편한다. 이처럼 생태계는 특정 산업의 연장선이 아니라, 융합을 통해 만들어지는 새로운 질서가 되고 있다.

또한 오픈 이노베이션과 API 경제의 부상은 **생태계 확장 속도를 가속**하고 있다. AI 기능이 API 형태로 개방되면서, 외부 개발자나 스타트업도 손쉽게 AI 기술을 자사 서비스에 접목할 수 있다. 이는 기존의 폐쇄적 성장 모델과 달리, 개방과 협력을 통한 기하급수적 확장을 가능하게 한다. 생태계는 더 이상 오케스트레이터 단독의 성과가 아니라, 참여자 모두의 혁신과 기여가 모여 이루이지는 공동 진화의 장이다. AI는 이 장을 더욱 지능화하고 자동화하며, 고객 경험을 초개인화함으로써 생태계 경쟁의 차원을 플랫폼보다 훨씬 넓고 깊게 확장시킨다.

생태계 경쟁 전략은 단기적인 시장 점유율 확보에 머무르는 것이 아니라, 장기적으로 다양한 주체가 함께 성장할 수 있는 구조를 설계하는 과정이다. AI 시대의 생태계는 과거보다 훨씬 더 넓고 복잡하지만, 동시에 더 큰 기회를 제공한다. 미래를 이끌어갈 주체는 데이터를 활용하는 능력, 산업과 분야를 연결하는 통찰, 협력과 신뢰를 끌어내는 리더십, 그리고 책임 있는 태도를 균형 있게 발휘할 수 있는 기업과 인재들이다. 개방과 통제, 경쟁과 협력, 기술과 인간의 조화를 다루는 역량이야말로 생태계 시대에 필요한 조건이다.

AI 시대의 생태계는 데이터를 연료로, AI를 엔진으로, 협력을 동력으로 움직인다. 산업의 주역들은 이 흐름 속에서 어떤 역할을 맡을 것인지 스스로 고민해야 한다. 데이터를 이해하는 능력, 산업과 기술을 잇는 융합적 사고, 다양한 이해관계자와 함께 일하는 협업 역량, 그리고 책임 있는 리더십을 준비한다면, 단순한 참여자가 아니라 새로운 생태계를 설계하고 주도하는 오케스트레이터로 성장할 수 있을 것이다.

8.5 AI 시대 위험 요인과 전략

AI 시대의 경쟁 환경은 기회와 위협이 동시에 존재한다. 기술, 시장, 조직, 규제, 사회적 신뢰가 긴밀히 연결된 상황에서, 한 요소의 실패가 다른 영역으로 빠르게 전이될 수 있다. 변화 속도는 과거보다 훨씬 빠르며, 경쟁력의 원천이 하루아침에 약점으로 전락할 가능성도 있다. 따라서 경쟁력을 유지하기 위해서는 위험 요인을 사전에 진단하고, 이를 대응하는 종합적인 전략이 필요하다.

AI 시대의 리스크 5가지를 다음에서 확인하고 관리 전략을 펼쳐보자.

(1) 기술 리스크

AI 시대 가장 큰 위험은 기술 그 자체에서 비롯된다. AI 모델의 성능 저하, 알고리즘 편향, 보안 취약점, 그리고 핵심 기술의 급격한 진부화는 기업의 경쟁력을 단숨에 약화시킨다. 특히 AI는 데이터 품질에 크게 의존하기 때문에, 학습 데이터가 왜곡되거나 불완전하면 결과 역시 신뢰하기 어려워진다. 이는 곧 제품과 서비스 전반의 신뢰 훼손으로 이어진다.

고객은 AI가 제공하는 결과가 부정확하거나 불공정하다고 느끼면 쉽게 이탈하며, 경쟁자는 빠르게 기술을 모방하거나 더 나은 성능으로 시장을 잠식할 수 있다. 기술의 수명이 짧아지고 업데이트 속도가 빨라지는 환경에서는, 한 번의 지연이 치명적인 결과를 낳을 수 있다.

따라서 기업은 데이터 품질 관리, 지속적인 모델 업데이트, 보안 체계 강화를 우선 과제로 삼아야 한다. 내부적으로는 데이터 거버넌스를 확립하고, 외부적으로는 기술 생태계와 연결해 혁신을 빠르게 흡수하는 개방형 전략이 필요하다. 엔비디아나 구글처럼 자체 기술을 발전시키는 동시에 개발자 커뮤니티를 육성하는 방식은 좋은 대응 모델이다.

기술 리스크 관리는 단순한 보완 차원을 넘어, 기업의 지속적 혁신 역량을 증명하는 과정이다. 기술의 안정성과 진화 속도를 동시에 확보하는 기업이 AI 시대의 주도권을 유지할 수 있다.

(2) 시장 리스크

오늘날 시장은 빠른 속도와 불확실성으로 특징지어진다. 경쟁자의 파괴적 혁신, 기술 모방의 가속화, 고객 수요의 급변은 기존 전략을 쉽게 무력화시킨다. 특히 AI 기술은 오픈소스와 클라우드 환경 덕분에 진입 장벽이 낮아지고 있어, 신생 기업이 단기간에 시장을 잠식하는 사례가 빈번하게 발생한다. 이러한 위험은 기존 강자의 지위를 위협한다. 한때 혁신의 상징이던 기업도 새로운 스타트업이 내놓은 AI 기반 솔루션에 밀려 고객을 잃을 수 있다. 고객 요구가 개인화·실시간화되는 환경에서 대응이 늦어지면, 충성도 높은 고객 기반도 무너질 수 있다.

이에 대한 대응 전략은 빠른 실험과 민첩한 피벗(pivot)[64]이다. 전통적인 장기 계획 중심의 접근보다, AI를 활용해 실시간 데이터 분석과 시장 반응 모니터링을 통해 빠르게 제품을 수정하고 보완하는 역량이 필요하다. 동시에 개방형 혁신(Open Innovation)을 통해 외부 스타트업이나 연구기관과 협력하면, 내부에서 모든 혁신을 독점할 필요 없이 시장 리스크를 완화할 수 있다.

시장 리스크는 누가 더 빨리, 더 유연하게 움직이는가의 문제다. 실험을 통한 학습, 신속한 대응 체계, 협력 네트워크를 갖춘 기업이 변화를 기회로 바꿀 수 있다.

64 피벗(Pivot): 스타트업이나 기업이 시장 반응과 환경 변화를 반영해 비즈니스 모델이나 전략을 전환하는 것을 의미

(3) 조직·인재 리스크

AI와 데이터 역량을 갖춘 인재는 산업에서 핵심 자원으로 자리 잡을 것이다. 인공지능 엔지니어, 데이터 사이언티스트, AI 윤리 전문가 등은 글로벌 차원에서 수요가 폭증하고 있다. 따라서 기업이 필요한 인재를 확보하지 못하거나, 내부 인력이 AI 활용 역량을 빠르게 따라잡지 못하면 전략 실행 속도가 늦어진다. 또한 조직 내부의 변화 저항 역시 심각한 리스크다. AI 도입은 단순히 새로운 기술 도입이 아니라, 기존 업무 방식과 의사결정 구조를 흔들기 때문에 내부 반발을 불러오기 쉽다. 직원들이 기술을 두려워하거나, 역할 축소를 위협으로 느낀다면 생산성보다는 갈등이 증폭될 수 있다.

이를 극복하기 위한 관리 전략은 인재 확보와 재교육을 동시에 추진하는 것이다. 기업은 글로벌 인재 경쟁에 적극적으로 뛰어들어야 하며, 동시에 기존 직원이 AI를 활용할 수 있도록 체계적인 학습 기회를 제공해야 한다. 또한 변화 관리 프로그램을 도입해 조직문화 차원에서 AI 수용성을 높여야 한다.

인재와 조직 역량은 기술 투자보다 더 근본적인 경쟁력의 원천이다. 사람이 준비되지 않은 AI 전략은 결코 성공할 수 없다는 점을 기업은 잊지 말아야 한다.

(4) 규제·정책 리스크

AI 기술 확산은 반드시 규제와 함께한다. 개인정보 보호, 데이터 활용 제한, 알고리즘 투명성 확보, 독점 방지 규제는 AI 기업이 직면하는 정책 리스크다. 규제 리스크는 단순히 비용 문제에 그치지 않는다. 규제 위반으로 인한 과징금, 이미지 훼손, 고객 신뢰 상실은 장기적인 성장 기반을 무너뜨릴 수 있다. 또한 정책 변화는 사업 구조 자체의 수정을 요구하기도 한다. AI가 의료, 금융, 교육처럼 규제가 많은 산업에 깊숙이 들어가는 만큼, 이 리스크는 더욱 확대될 가능성이 크다.

따라서 기업은 규제 대응 역량을 전략적 자산으로 봐야 한다. 자율 규제를 선제적으로 도입하고, 내부 준법 경영 체계를 강화하며, 이해관계자와 협력해 정책 형성 과정에 참여하는 것이 필요하다. 단순히 규제를 피할 게 아니라, 신뢰 확보와 차별화의 기회로 전환하는 전략적 접근이 중요하다.

규제 리스크는 기업이 사회와 맺는 계약을 어떻게 관리하느냐의 문제다. 투명성, 공정성, 책임성을 확보하는 기업이 신뢰받는 AI 기업으로 자리매김할 수 있다.

(5) 신뢰와 사회적 수용성 리스크

AI 시대의 또 다른 리스크 중 하나는 신뢰다. 개인정보 유출, 알고리즘의 불투명성, 의사결정의 불공정성 논란은 고객과 사회 전체의 신뢰를 빠르게 무너뜨린다. 특히 AI는 "왜 이런 결론이 나왔는가?"라는 질문에 답하기 어렵기 때문에, 한 번 신뢰가 흔들리면 회복이 쉽지 않다. 이 위험은 평판 하락에 그치지 않는다. 신뢰 붕괴는 곧 고객 이탈, 규제 강화, 파트너와의 관계 약화로 이어진다. 플랫폼이나 생태계 기반 사업에서는 신뢰가 곧 생명줄이기 때문에, 한 번의 사고가 전체 구조를 붕괴시킬 수 있다.

이에 대한 관리 전략은 투명성 확보와 윤리적 운영이다. 기업은 데이터와 알고리즘의 사용 방식을 고객에게 명확히 알리고, 공정과 책임을 담보할 수 있는 내부 프로세스를 운영해야 한다. 또한 보안 강화, 프라이버시 보호, 외부 감사를 통해 사회적 수용성을 높여야 한다.

AI 시대의 경쟁력은 기술의 정교함만으로는 완성되지 않는다. 얼마나 신뢰할 수 있는가가 시장 생존의 기준이 되고 있으며, 신뢰를 확보한 기업이 지속 가능한 성장을 이끌어갈 수 있다.

앞서 살펴본 AI 시대 5대 리스크는 다음 표와 같이 정리하였으니 참고하자. 이들은 각각 다른 차원의 위협이지만, 공통으로 기업의 지속 가능성과 직접 연결되어 있다. 따라서 대응 전략은 단편적이 아니라, 기술적 안정성 + 시장 민첩성 + 인재 역량 + 규제 대응 + 신뢰 구축을 동시에 아우르는 종합적 접근이 필요하다.

AI 시대의 위험 요인에 대응하기 위해서는 기업은 위험을 관리하고 통제하는 구체적인 메커니즘을 운영해야 한다. 이러한 메커니즘은 예방, 완화, 대응의 세 차원에서 작동하며, 각각은 위험을 사전에 차단하고, 영향을 분산하며, 위기 발생 시 신속히 회복하도록 돕는다. 이어 예방, 완화, 대응 메커니즘을 간략히 알아보자.

표 10 AI 시대 리스크와 관리 전략

리스크 유형	위험한 이유	관리 전략
기술 리스크	데이터 품질 저하, 모델 성능 하락, 보안 취약점, 기술 진부화 → 제품 · 서비스 신뢰도 하락 및 경쟁 추격	• 데이터 거버넌스 강화 • 지속적 모델 업데이트 • 보안 체계 고도화 • 외부 혁신 흡수
시장 리스크	파괴적 혁신, 빠른 기술 모방, 고객 수요 급변 → 기존 전략 무력화 및 시장 점유율 상실	• 빠른 실험과 민첩한 피벗 • 실시간 데이터 기반 의사결정 • 개방형 혁신
조직 · 인재 리스크	AI · 데이터 인재 부족, 내부 변화 저항, 학습 · 적응 지연 → 전략 실행 속도 저하	• 핵심 인재 확보 • 기존 직원 재교육 • 변화 관리 프로그램 • AI 친화적 조직문화
규제 · 정책 리스크	개인정보 · 데이터 규제, 독점 규제, 국가별 규제 차이 → 비용 증가 · 운영 복잡성 확대, 사업 구조 수정 요구	• 자율 규제 도입 • 내부 준법경영 체계 강화 • 규제 대응 전문조직 구축 • 정책 형성 과정 참여
신뢰 · 사회적 수용성 리스크	개인정보 유출, 불투명 · 불공정한 AI 의사결정 → 고객 · 사회 신뢰 붕괴, 회복 비용 증가	• 데이터 · 알고리즘 투명성 확보 • 공정성 검증 • 보안 · 프라이버시 강화 • 외부 감사 및 윤리 가이드라인 운영

첫째, **예방 메커니즘**. 기술을 지속으로 혁신하고 데이터 거버넌스 체계를 확립하는 것이 기본이다. 더 나아가 개발 단계에서부터 윤리 검증 절차를 도입하고, 알고리즘의 투명성과 설명 가능성을 강화해야 한다. 이는 리스크를 사후적으로 고치는 것이 아니라, 애초에 발생하지 않도록 차단하는 선제적 접근이다.

둘째, **완화 메커니즘**. 불확실한 환경에서는 특정 요소에 대한 의존도를 최소화하는 것이 중요하다. 핵심 기술, 데이터 소스, 인재 풀을 다변화해 리스크 집중도를 낮추고, 시장과 고객 변화를 가정한 시뮬레이션을 통해 시나리오별 대응책을 준비해야 한다. 또한 파트너와의 공동 프로젝트나 오픈 이노베이션을 통해 위험을 분산시키는 것도 효과적인 방법이다.

셋째, **대응 메커니즘**. 아무리 철저히 대비하더라도 위기는 언제든 발생할 수 있다. 따라서 위기 발생 시 즉각 실행할 수 있는 대응 매뉴얼과 책임 체계를 구축해야 한다. 신속하고 투명한 커뮤니케이션으로 고객과 파트너의 불안을 최소화하고, 신뢰 회복 조치를 병행해야 한다. 동시에 규제 기관과 이해관계자와의 협력 채널을 상시 유지함으로써, 위기 상황에서도 합법적이고 정당한 해결 과정을 보장할 수 있다.

실제 기업들이 어떻게 접근하고 있는지 아래 사례를 통해 살펴보자.

마이크로소프트(Microsoft)는 AI 개발과 배포 전 과정에서 윤리적 위험을 사전에 검증하기 위해 'AI 윤리위원회(Ethics & Society)'와 '책임 있는 AI 오피스(Office of Responsible AI)'를 두고 있다. 이들은 신규 모델이나 기능이 출시되기 전 데이터 편향, 프라이버시 침해 가능성, 사회적 영향 등을 점검하며, 제품 출시 이후에도 모니터링을 통해 문제가 발생하면 즉각 수정하도록 관리한다. 이러한 예방적 거버넌스 구조는 AI 신뢰성 확보와 글로벌 규제 대응 모두에 효과적인 장치가 되고 있다.

엔비디아(NVIDIA)는 자사의 GPU가 AI 학습과 추론에 널리 활용되는 만큼, AI 안전성과 책임 있는 활용을 강조한다. 이를 위해 'NVIDIA AI Red Team'을 운영하며 자사 모델과 플랫폼의 보안 취약점, 데이터 편향 가능성을 사전에 점검한다. 또한 의료, 자율주행, 로보틱스 등 고위험 영역에서는 산업 표준을 충족하는 가이드라인을 마련하고, 파트너 기업들이 윤리적 AI 원칙을 반영하도록 지원한다. 이처럼 엔비디아는 단순한 하드웨어 공급자를 넘어, 안전한 AI 생태계 조성자로서 역할을 확대하고 있다.

구글(Google)은 'AI 원칙(AI Principles)'을 공식적으로 발표하며 투명성과 공정성, 사회적 유익을 AI 개발의 기준으로 삼고 있다. 구글 내부에는 독립적인 AI 윤리 검토 프로세스가 구축되어 있어, 새로운 AI 프로젝트가 착수될 때부터 차별적 결과나 오남용 가능성을 점검한다. 특히 의료 영상 분석, 번역 서비스 등 글로벌 확산이 빠른 분야에서는 현지 문화와 규범을 존중하는 로컬라이제이션 검토 절차를 추가로 두고 있다. 이를 통해 구글은 AI 혁신을 추진하면서도 사회적 수용성을 확보하고자 한다.

국내 기업 가운데는 삼성전자가 대표적이다. 삼성전자는 2020년 'AI 윤리 원칙'을 선포하고, 인간 중심, 안전성, 책임성을 AI 개발의 핵심 가치로 삼았다. 사내 연구개발 단계에서부터 데이터 편향 검증 절차를 운영하고 있으며, 글로벌 연구소 간 협력 체계를 통해 국가별 규제 기준에도 적극 대응하고 있다. 또한 고객 기기에서 동작하는 온디바이스 AI(On-device AI)에 대해서는 개인정보 보호를 최우선 원칙으로 삼아, 클라우드 전송 없이도 기능이 실행되도록 설계한다. 이러한 노력은 한국 기업이 글로벌 AI 신뢰성 논의에서 목소리를 낼 수 있는 토대가 되고 있다.

네이버(NAVER) 역시 'AI 윤리 준칙'을 수립하고 이를 사내외 서비스 전반에 적용하고 있다. 특히 검색, 추천, 번역 서비스처럼 대규모 사용자 데이터를 다루는 영역에서는 투명성과 공정성, 그리고 프라이버시 보호를 핵심 기준으로 삼아 알고리즘을 설계한다. 네이버는 별도의 AI 윤리 검토 위원회를 운영하며, 신규 서비스 출시 전 데이터 편향이나 사회적 영향 가능성을 검증하고, 외부 전문가와 협력해 지속적으로 기준을 보완한다. 또한 아시아 최대 규모의 사용자 기반을 고려해 한국어뿐 아니라 다양한 언어와 문화적 맥락을 반영하는 AI 개발에 힘쓰고 있으며, 이는 글로벌 시장에서의 경쟁력 강화와 동시에 신뢰성 있는 플랫폼 구축에 기여하고 있다.

이처럼 선두 기업들은 AI 시대의 위험 요인을 예방, 완화, 대응 차원에서 다각도로 관리하고 있다. 이는 리스크 관리가 피해를 줄이는 소극적 활동이 아니라, 장기적인 신뢰 구축과 경쟁력 강화를 위한 적극적 전략이다.

AI 시대의 경쟁력은 기술 우위나 시장 점유율로만 결정되지 않는다. AI는 본질적으로 빠른 변화와 높은 불확실성을 내포한 기술이기에, 이를 제대로 다루는 기업이 지속 가능한 성장을 이룰 수 있다. 기업이 얼마나 효과적으로 위험을 예측하고, 그 영향을 줄이며, 위기 상황에서도 신뢰를 회복할지가 장기적 경쟁 우위를 가르는 요소다. 따라서 경쟁력 강화 전략은 위험관리 전략과 함께 가야 한다. 위험을 관리하는 과정을 통해 새로운 기회를 창출하는 것이다. 위기를 미리 대비하는 예방, 변화를 수용하며 분산하는 완화, 신속히 대응하고 신뢰를 회복하는 과정은 기업이 불확실성을 경쟁 우위로 전환하는 메커니즘이 된다. 이러한 종합적 접근을 통해 기업은 기술적 진보와 시장 확대를 넘어, 사회적 신뢰를 기반으로 한 지속 가능한 성장을 달성할 수 있다.

8.6 AI 시대 경쟁력 측정 지표

플랫폼과 생태계 전략에서 중요한 것은 실행에 그치지 않고, 그것이 실제로 얼마나 효과적인지를 측정하는 일이다. 전략은 실행만큼이나 측정이 중요하다. 전통적인 산업에서는 매출, 이익, 시장 점유율 같은 지표가 경쟁력을 평가하는 데 충분했지만, 플랫폼과 생태계 경쟁에서는 수치만으로는 성패를 가늠하기 어렵다. 데이터, 참여자, 관계, 혁신 역량 등 다층적인 요소를 동시에 살펴야 경쟁력을 평가할 수 있다.

다음 표의 매출 성장률, 영업이익, 투자 대비 수익률(ROI), 시장 점유율 같은 전통적 재무·시장 지표는 기업의 단기 성과를 보여준다. 고객 획득 비용(CAC)과 고객 생애가치(LTV)는 기업이 얼마나 효율적으로 고객을 확보하고 장기적 수익을 창출하는지 설명해 준다.

표 11 재무 · 시장 지표

지표	개념	측정 방식/수식
1. 매출 성장률 (Revenue Growth Rate)	일정 기간 동안 매출이 얼마나 증가했는지를 보여주는 성장성 지표	$매출성장률 = \frac{당기매출 - 전기매출}{전기매출} \times 100$
2. 영업이익 (Operating Profit)	기업이 본업에서 벌어들인 이익. 매출총이익에서 판매비와 관리비 등 영업 비용을 제외한 값	영업이익 = 매출총이익 − 판매비와관리비 (매출총이익 = 매출액 − 매출원가)
3. 투자 대비 수익률(ROI, Return on Investment)	투자한 자본 대비 얼마의 이익을 얻었는지를 나타내는 수익성 지표	$ROI = \frac{순이익}{투자금액} \times 100$
4. 시장 점유율 (Market Share)	특정 시장에서 자사 매출이 차지하는 비중. 시장 내 경쟁 지위를 보여주는 지표	$시장\ 점유율 = \frac{자사매출}{시장전체매출} \times 100$
5. 고객 획득 비용 (CAC, Customer Acquisition Cost)	신규 고객을 한 명 유치하는 데 들어가는 평균 비용	$CAC = \frac{마케팅비용 + 영업비용}{신규고객수}$
6. 고객 생애가치 (LTV, Lifetime Value)	고객 한 명이 기업과 거래하는 전 기간 동안 창출할 것으로 기대되는 총 수익	LTV = 평균구매액 × 구매빈도 × 고객유지기간

그러나 이러한 지표만으로는 네트워크 효과가 얼마나 강하게 작동하고 있는지, 생태계가 얼마나 건강한지는 충분히 알 수 없다. 플랫폼 경쟁력은 무엇보다 참여자의 수와 활동성에서 드러난다. 단순 사용자 수뿐 아니라, 월간·일간 활성 사용자(MAU[65]/DAU[66]), 거래 빈도, 체류 시간 같은 지표가 플랫폼의 실제 활력을 측정한다. 보완재 제공자의 수와 다양성도 중요한 지표다. 네트워크 효과의 강도는 사용자 증가율 대비 가치 증가율, 멀티호밍률 감소 등으로 파악할 수 있다. 즉, 단순한 가입자 집계보다 참여자 간 상호작용과 가치 창출이 얼마나 활발한지를 살펴야 한다. 다음 플랫폼 경쟁력 지표에서 이를 확인하자.

표 12 플랫폼 경쟁력 지표

지표	개념	측정 방식/수식
1. 월간 활성 사용자(MAU) / 일간 활성 사용자(DAU)	특정 기간(한 달/하루) 동안 실제로 플랫폼을 이용한 고유 사용자 수	MAU = 한 달간 최소 1회 이상 로그인 · 활동한 사용자 수 DAU = 하루 동안 최소 1회 이상 로그인 · 활동한 사용자 수 DAU/MAU 비율: 사용자 충성도 · 리텐션 지표 (비율이 높을수록 꾸준히 이용한다는 의미)
2. 거래 빈도 (Transaction Frequency)	특정 기간 동안 사용자 1인당 평균 거래 횟수	$\text{거래빈도} = \frac{\text{총거래건수}}{\text{활성사용자수}}$
3. 체류 시간 (Average Session Duration)	사용자가 플랫폼에 머무르는 평균 시간 → 몰입도와 사용 경험을 보여줌	$\text{평균체류시간} = \frac{\text{사용자들의 총체류시간}}{\text{총세션수}}$

65 MAU(Monthly Active Users): 월간 활성 사용자로, 한 달 동안 서비스에 접속해 활동한 순수 이용자 수를 의미하는 지표

66 DAU(Daily Active Users): 일간 활성 사용자로, 하루 동안 서비스에 접속해 활동한 순수 이용자 수를 의미하는 지표

지표	개념	측정 방식/수식
4. 보완재 제공자의 수와 다양성 (Number & Diversity of Comple-mentors)	플랫폼에 참여하는 개발자 · 판매자 · 콘텐츠 공급자 수와, 제공되는 제품 · 서비스 범주의 다양성	수: 플랫폼 내 입점 파트너, 앱, 판매자 등 단순한 집계 수치 다양성: 카테고리별 분포를 측정
5. 사용자 증가율 대비 가치 증가율 (Value per User Growth)	신규 사용자 증가 속도와 사용자 1인당 창출되는 가치 증가 속도를 비교	$\text{사용자1인당가치} = \frac{\text{총플랫폼가치(매출, 거래액등)}}{\text{사용자수}}$
6. 멀티호밍률 감소 (Multi-homing Rate Reduction)	사용자가 여러 플랫폼을 동시에 이용하는 비율. 낮아질수록 플랫폼 락인(lock-in) 효과가 강해짐	$\text{멀티호밍률} = \frac{\text{동일기간에 2개이상플랫폼을 이용하는 사용자수}}{\text{총사용자수}} \times 100$ $\text{감소율} = \frac{\text{(이전멀티호밍률 - 현재멀티호밍률)}}{\text{이전멀티호밍률}} \times 100$

생태계 차원의 경쟁력은 건강성 지표로 평가할 수 있다. 참여자의 다양성이 확보되어 있는가, 가치 분배 구조는 공정한가, 핵심 파트너의 이탈률은 낮은가, 규제 리스크는 관리되고 있는가 등이 중요한 관점이다. 또한 신제품·신서비스 도입 속도, 외부 협력 프로젝트 수 같은 혁신성 지표는 생태계가 안정적일 뿐 아니라 미래 성장 가능성을 갖추고 있는지 보여준다.

AI 시대에는 다음 표와 같이 특화된 지표들이 추가된다. 데이터는 생태계의 새로운 연료이자 자산이다. 따라서 수집된 데이터의 규모와 품질, AI 모델 학습에의 활용도는 경쟁력의 주요 지표다. 고객 개인화 수준(추천 정확도, 경험 만족도)과 운영 자동화의 성과(비용 절감률, 의사결정 속도 개선)도 측정해야 한다. 동시에 알고리즘의 투명성과 신뢰성, 개인정보 보호 준수율은 생태계의 지속 가능성을 담보하는 지표로 자리 잡고 있다.

이러한 지표를 종합적으로 관리하기 위해 다양한 프레임워크가 활용될 수 있다. 기존의 균형성과표(BSC, Balanced Scorecard)를 플랫폼과 생태계 환경에 맞게 확장해, 재무/고객/프로세스/학습/성장을 참여자, 데이터, 네트워크 효과, 혁신성 등과 연결할 수 있다. 플랫폼 지수를 별도로 설계해 사용자 기반, 네트워크 효과, 데이터 자산, 파트너 관계 등을 종합적으로 점수화하는 방법도 있다. 또한 다양성, 공정성, 혁신성, 신뢰성을 주기적으로 진단하는 생태계 건강 점검(Ecosystem health check) 방식이 점점 보편화되고 있다.

표 13 AI 시대 특화 경쟁력 지표

지표	개념	측정 방식/수식
1. 고객 개인화 수준 (Personalization Level)	고객의 개별적 특성과 행동 데이터를 기반으로 맞춤형 추천 및 서비스를 제공하는 정도	• 추천 정확도: 실제 고객 선택/행동과 추천 결과의 일치율 $추천정확도 = \frac{정확한추천건수}{전체추천건수} \times 100$ • 경험 만족도: 고객 설문조사 또는 앱 내 피드백 지표
2. 운영 자동화 성과 (Operational Automation Performance)	AI와 자동화 시스템 도입으로 운영 효율성이 얼마나 개선되었는지 측정	$비용절감률 = \frac{자동화전비용 - 자동화후비용}{자동화전비용} \times 100$ • 의사결정 속도 개선 $개선율 = \frac{자동화도입후평균의사결정시간}{도입전평균의사결정시간}$ → 1보다 낮을수록(=시간이 단축될수록) 개선 효과 큼

지표	개념	측정 방식/수식
3. 알고리즘의 투명성과 신뢰성 (Algorithm Transparency & Reliability)	AI 의사결정 과정이 얼마나 설명 가능하며, 결과가 얼마나 일관되고 공정하게 작동하는지 평가	• 정성적: 알고리즘 설명 가능성, 공정성 검증 리포트, 외부 감사 여부 • 정량적: - 예측 정확도 - 결과 변동성 - 편향 지수(특정 집단 간 성과 차이로 측정)
4. 개인정보 보호 준수율 (Compliance with Data Privacy Regulations)	개인정보 보호 규제와 내부 보안 정책을 얼마나 준수하는지 측정	$준수율=\frac{감사 \cdot 점검항목중준수한항목수}{전체항목수}\times 100$

표 14 경쟁력 측정 프레임워크

프레임워크	초점	주요 지표/항목	현장 적용 방법
1. 균형성과표 (BSC)	기업 성과의 다면적 관리	재무, 고객, 내부 프로세스, 학습 · 성장	KPI를 4개 관점으로 설정해 정기 점검 → 단기 성과와 장기 역량 균형 관리
2. 플랫폼 지수 (Platform Index)	플랫폼 경쟁력 종합 평가	사용자 기반 MAU/DAU, 네트워크 효과, 데이터 자산, 파트너 다양성	각 항목을 수치화해 점수화 → 경쟁사 비교 · 트렌드 분석
3. 생태계 건강 점검(Ecosystem Health Check)	생태계의 지속 가능성과 건강성	다양성, 공정성, 혁신성, 신뢰성	참여자 분포, 수익 분배, 혁신 프로젝트, 규제 준수율 점검 → 개선 계획 수립

경쟁력 측정 지표는 전략적 의사결정의 나침반이다. 플랫폼과 생태계의 경쟁력은 현재 성과와 미래 성장성, 그리고 관계의 건강성이라는 세 가지가 균형 있

게 평가되어야 한다. 단기적 수익과 점유율만 보는 기업은 지속 가능성을 잃고, 장기적 혁신과 협력만 강조하는 기업은 당장의 경쟁에서 뒤처진다. 따라서 성공적인 생태계 전략은 지표를 통한 균형 잡힌 성찰과 피드백에서 비롯된다.

자기진단 체크리스트 (Self-Assessment Checklist)

1. 플랫폼의 참여 주체, 거버넌스, 기술 인프라, 인센티브의 네 요소를 설명하고 사례를 제시할 수 있는가?
2. 네트워크 효과의 세 가지 유형(직접 · 간접 · 양면)과 임계질량/티핑포인트 개념을 구체적 사례와 연결해 설명할 수 있는가?
3. 비즈니스 생태계를 플랫폼과 구분하고, 각 구성 요소인 오케스트레이터 · 보완재 제공자 · 참여 기업 · 고객의 역할을 소개할 수 있는가?
4. 기술 · 시장 · 인재 · 규제 · 신뢰의 5대 리스크와 예방–완화–대응 메커니즘을 정리해, 실제 기업 사례와 연결해 설명할 수 있는가?

CHAPTER 09

비즈니스 모델 설계와 가치 제안

학습 목표 (Learning Objectives)

1. 가치 제안(Value Proposition)이란 무엇이며, 고객 선택의 핵심 이유로서 어떤 역할을 하는지 설명할 수 있다.
2. 차별화(Differentiation)의 의미와 필요성, 지속 가능한 차별화를 위한 조건을 실제 기업 사례와 연결해 이해할 수 있다.
3. 비즈니스 모델의 9가지 유형을 구분하고 설명할 수 있다.
4. 자사와 경쟁자의 비즈니스 모델을 구조적으로 분석하고, 차별화 요소와 강점을 도출할 수 있다.
5. 비즈니스 모델을 단발적 설계가 아닌, 분석–실행–개선–진화의 순환 구조로 이해하고, 변화 대응 도구로 활용할 수 있다.

도입 질문 (Opening Questions)

1. 고객이 우리 제품이나 서비스를 선택해야 하는 이유는 무엇인가?
2. 단순히 다른 것이 아니라, 의미 있는 차별화를 만들어내려면 어떤 조건이 필요할까?
3. 우리 기업의 비즈니스 모델은 어떤 형태이며, 어떤 조합으로 발전할 수 있을까?
4. 경쟁자의 비즈니스 모델을 분석하면, 단순한 제품 비교에서 보이지 않는 어떤 통찰을 얻을 수 있을까?
5. 왜 비즈니스 모델은 고정된 설계도가 아니라, 변화에 따라 반복적으로 점검하고 진화해야 하는 도구일까?

9.1 차별화된 가치 제안

기업은 내부 활동을 통해 만든 산출물을 시장에 공급하고, 교환 대가로 재화를 획득해 유지하는 경제 주체이다. 이 재화를 획득하기 위해서는 소비자 혹은 고객의 선택을 받아야 한다. 그들이 제품을 사거나 서비스를 이용할 때 지갑을 열어 돈을 지불하게 만들어야 한다. 만약, 제품과 서비스가 경쟁력이 없다면 돈을 벌지 못할 것이고, 돈을 벌지 못하면 적자에 허덕이다 파산에 이르게 된다. 그러니 어떤 산출물을 제공하느냐는 기업에 기본적이고 본질적인 활동이다.

아래 그림처럼 기업은 다리 역할을 하는 산출물을 매개로 시장과 연결된다. 기업을 시장과 연결해 주는 다리가 바로 가치 제안(Value proposition)이다. **가치 제안이란 기업이 고객에게 제공하는 핵심적인 혜택이나 차별화된 가치를 의미하며, 고객이 그 제품이나 서비스를 선택해야 하는 이유**를 설명하는 개념이다. 기업이 시장과 소통하고 고객과 가치를 주고받을 때 이 매개체가 거래의 성사 여부와 반복 거래 여부를 결정한다. 흥미로운 점은 이 매개체에 대한 개념과 표현 방식이 시대에 따라 달라져 왔다는 것이다. 이는 단순한 용어의 변화가 아니라, 시장 환경과 마케팅 관점의 본질적인 전환을 반영한다.

그림 47 시장과 기업의 매개로서의 가치 제안

마케팅 분야는 이 변화의 흐름에 주목해 왔다. 기업이 고객과 어떻게 연결되어야 하는지에 대한 관점은 아래 그림과 같이 발전해 왔다. 과거에는 기업이 무엇을 만드는가에 초점을 두었다. **제품/서비스**의 기능, 성능, 품질 등 속성이 기업 경쟁력을 좌우했다. 이후 점차 이것만으로 설명되지 않는 고객 경험을 주목하게 되면서 **제공물(Offering)**이라는 개념이 등장했다. 여기는 제품과 서비스뿐아니라 보증, 배송, 고객지원 등 고객이 실제로 받는 가치 요소들을 포함한다. 최근에는 '**가치 제안(Value Proposition)**' 개념이 중심으로 자리 잡고 있다. 이는 단순히 제공물의 나열이 아니라, 고객이 왜 이 기업을 선택해야 하는지에 대한 명확한 이유를 제시하는 것이다. 고객의 문제 해결, 니즈 충족, 경쟁사 대비 차별화된 혜택 등 고객이 체감하는 실질적이고 심리적인 가치를 설계하고 전달하는 것으로 시야가 확장되었다.

그림 48 기업-시장의 매개체의 변천

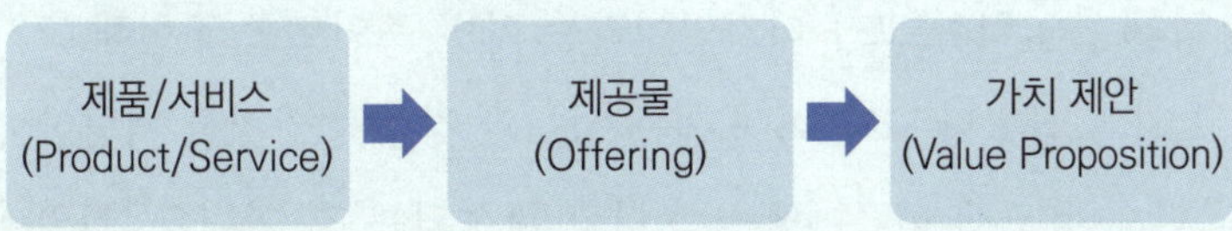

제품/서비스 → 제공물 → 가치 제안으로의 변천은 경쟁 심화로 기능이나 가격으로는 차별화가 어려워졌기 때문이다. 또, 마케팅의 목표가 일회성 판매에서 벗어나 고객과의 장기적 관계 구축과 충성도 확보로 확장되고 있다. 시대 변화에 따라 고객이 중요하게 여기는 가치에 정확히 응답하는 기업만이 선택받을 수 있다. 이러한 관점을 반영하듯, BMC(비즈니스 모델 캔버스)의 정중앙에 '가치 제안'이 위치하며, 기업의 존재 이유이자 차별화 전략의 중심으로 작용한다. 고객에게 어떤 가치를 어떻게 전달할 것인가에 대한 명확한 정의가 없다면, 경쟁의 흐름 속에서 살아남기 어려운 경영 환경이다. 가치 제안은 경쟁사 대비 우리만의 차별적 강점이자, 고객이 지갑을 열도록 유도하는 가장 직접적인 설득 요소다.

차별화(Differentiation)는 고객이 경쟁 제품이 아닌 자사 제품이나 서비스를 선택하도록 만드는 독특한 가치를 말한다. 단순한 다름이 아니라, 의미 있고 매력적인 방식으로 다르게 만들어야 한다. 남과 다른 것, 즉 경쟁자와 구별되는 독특함을 의미하며, 가치 있는 다름을 시장에 제공해야 한다.

차별화 전략이 성공하면 시장에서 경쟁사와 구별되어 소비자 선택을 유도하고 시장 우위를 점하는 데 유리하다. 또, 시장이 차별화된 가치를 인정하면 가격 프리미엄이 인정되어 수익성을 높일 수 있다. 고객 기억 속에 자리 잡기 또한 수월해진다. 수많은 유사 제품 중에서 소비자 관심을 끌고 브랜드나 제품을 기억하게 만드는 효과가 있다.

차별화에 성공하려면 고객이 진정으로 중요하게 여기는 요소에 집중해야 한다. 고객의 니즈를 정밀하게 파악하고 그들이 지불할 용의가 있는 포인트를 제품이나 서비스에 반영해야 한다. 다이슨(Dyson) 청소기는 먼지봉투를 없앤 사이클론 기술로 강력한 흡입력과 고급 디자인이라는 차별 포인트를 구현해 고가 시장에 성공적으로 자리 잡았다. 고객이 느끼는 성능과 경험의 가치를 겨냥한 결과다.

하지만 단순히 고객 니즈에만 맞춘다고 완성되는 건 아니다. 기업이 보유한 핵심 자원과 역량이 맞아떨어져야 실행 가능하며, 유행이나 일시적 기술 우위로는 장기 경쟁력 유지가 어렵다. 삼성전자는 고성능과 고품질 제품을 빠르게 개발하고 양산하는 능력으로 차별화를 실현해왔다. 이러한 실행이 가능했던 이유는 반도체, 디스플레이 등 핵심 부품을 수직 통합하는 제조 설계 역량이 뒷받침되었기 때문이다. 지속 가능한 구조적 차별화로 경쟁사와의 격차를 만들었다.

고객이 차별성을 명확히 인식하고, 그에 상응하는 가치를 느낄 수 있어야 하고, 수익으로 이어져야 한다. 이를 위해 브랜드 커뮤니케이션, 제품 디자인, 고객 경험 전반에서 일관된 메시지와 신호가 전달되어야 한다. 이러한 총체적인 활동은 가격 프리미엄과 고객 충성도로 연결된다. 아무리 뛰어난 차별화 요소가 있어도 고객이 인식하지 못하거나 수익성 향상으로 이어지지 않는다면 실패한 전략으로 봐도 무방하다. 차별화 구현을 위해서는 추가적인 비용이 수반되기 때문이다.

오늘날 차별화는 기업이 경쟁 우위를 확보하고 고객에게 선택받기 위한 필수 전략이다. 지속 가능성을 담보하는 한 장치이다. 이어 차별화된 고객 가치 제안으로 시장에서 독보적인 위치를 잡은 기업 사례를 살펴보자.

애플의 전성기를 불러온 부활의 실마리는 2001년 아이팟(iPod)과 2002년의 아이튠즈(iTunes)였다. 아이팟은 MP3 플레이어였고, 아이튠즈는 아이팟에서 음악을 듣기 위한 음원을 제공하는 디지털 음원 플랫폼이었다. 지금은 스마트폰 스트리밍 서비스로 음악을 듣는 게 일반적이지만, 2000년대 초반의 휴대폰은 음원을 재생하기에 성능이 부족했다. 음악을 듣고 싶은 사람은 별도의 전용 기기를 이용해야만 했다.

MP3는 원래 음원 압축 방식에서 비롯된 파일 형식인데, 점차 디지털 음원 자체를 상징하는 단어로 확장되었다. 당시 대부분의 제조사가 이 MP3 파일을 재생하는 하드웨어만 공급했고 음원 유통은 음반 회사와 소비자의 몫으로 생각해 신경 쓰지 않았다. 음원을 마땅하게 구매할 방법이 마뜩잖아 디지털 음원 시장은 불법 공유가 만연한 혼란 상태에 있었다.

사람들은 CD를 구매해 음원을 추출한 뒤 MP3 파일로 변환했고, 이렇게 만들어진 파일들은 P2P(peer-to-peer) 사이트에서 개인 간 자유롭게 공유되었다. 음원이 필요할 때면 컴퓨터 좀 다룰 줄 아는 친구에게 부탁해 몇십 분 만에 수십 곡의 MP3 파일을 받아 저장하곤 했다. 간혹 디지털 음원을 철저히 관리하는 일부 음반사의 곡은 구하기 어려워 아예 듣지 못하는 상황도 있었다.

왜 당시 MP3 제조사는 기기만 공급하고 음원 유통에는 나서지 않았을까? 이유는 업의 본질이 달랐기 때문이다. MP3 제조사들은 전형적인 IT 하드웨어 기업이었고, 음원을 유통하는 콘텐츠 기업은 음악 제작과 아티스트 관리에 집중하는 문화산업 기업이었다. 즉, 같은 음악 산업 안에 있더라도 두 분야는 사용하는 자원과 역량이 전혀 달랐고, 서로의 영역을 쉽게 넘나들 수 없었다. 제조사는 기기만 잘 만들면 된다는 생각이 일반적이고, 음반사는 IT 기술에 대한 역량에 관심이 없었다.

전통적인 아날로그 음악 시장에서는 이 분업 구조가 유효했다. 소니는 워크맨과 같은 기기를 만들고, 소니 뮤직은 테이프에 음악을 담아 유통했다. 이 구조는 1979년 워크맨 출시 이후 약 20~30년 동안 음악 시장의 기본 질서로 자리 잡고 있었다. 하지만 디지털 기기의 발전과 함께 디지털 음원의 등장은 익숙하고 안정적인 구조에 균열을 만들었다. 그러나 기기 제조사도 음원 회사도 이 균열을 해결하려 하지 않았다.

이때 애플은 같은 소비자를 향하고 있던 이종 산업 간의 경계를 허물고 융합을 시도했다. 하드웨어와 소프트웨어를 유기적으로 통합한 차별화된 경험을 고객에게 제공했다. 기존 MP3 플레이어 사용자들은 음악 파일 관리에 어려움을 겪었지만, 아이팟은 아이튠즈와 연동해 음악 구매부터 관리, 재생까지 모든 과정을 하나의 생태계 안에서 해결하도록 했다. 이 비즈니스 모델 혁신은 이후 산업 생태계 개념을 일반화시켰다.

아이튠즈는 곡당 99센트라는 합리적인 가격의 개별 곡 구매 모델을 제시하며 디지털 음원 시장에 새로운 질서를 제안했다. 그전까지 소비자들은 전체 앨범을 통째로 구매하거나 불법 다운로드에 의존해 음원을 구하는 게 일반적이었지만, 아이튠즈는 합법적으로 원하는 곡만 골라서 구매할 수 있는 대안을 제공했다. 이는 소비자가 체감하는 실질적 가치에 응답한 차별화된 제안이었다.

이 모델은 또 음악 산업을 구성하는 세 주체—음원 제작사, 소비자, 기기 제조사— 모두에게 새로운 가치를 제공했다. 음원사는 불법 유통으로 인한 저작권 피해를 줄였고, 소비자는 자신이 원하는 곡만 선택적으로 구매하여 경제적 부담을 덜 수 있었다. 또한 계정 기반의 음원 저장 방식은 한 번 구매한 곡은 언제든지 재생할 수 있다는 심리적 안정감을 주었고, 이는 불법 음원에 익숙한 사용자의 유료 전환 장벽을 낮추는 역할을 했다.

무엇보다 아이튠즈에서 구매한 곡은 기한 제한 없이 소유할 수 있어 사용자를 애플 생태계에 오래 머물게 만드는 강력한 락인(Lock-in) 효과로 이어졌다. 아이튠즈 플랫폼을 중심으로 고객은 더 나은 소비 경험, 더 편리한 사용 방식, 더 신뢰할 수 있는 소유권을 누리고, 이 모든 것이 결합되어 차별화된 고객 가치 제안을 완성했다.

기기 제조사인 애플컴퓨터도 음원 유통이 활발해질수록 기기 수요가 증가하는 선순환 효과를 경험했다. CD 플레이어나 카세트 테이프에 머물러 있던 소비자들도 이 통합 경험에 매력을 느끼며 아이튠즈 생태계로 유입되었다. 2001년 아이팟은 출시 첫해에 10만 대가 판매되었는데, 2007년에는 무려 5,160만 대를 기록하며 글로벌 MP3 시장의 75%를 점유하게 된다. 동시에 많은 MP3 제조사는 시장에서 사라져야 했다. 아이튠즈 역시 2002년 출시 이후 2007년까지 200억 곡 이상의 디지털 음원을 판매하며 불법 다운로드가 만연하던 음악 시장에 합법적이고 지속 가능한 디지털 음원 유통 모델을 정착시켰다. 이는 음악 산업의 디지털 전환을 가속했을 뿐 아니라, 과거에 존재하지 않았던 새로운 수익 모델을 만들었다.

이게 다가 아니다. 아이팟은 복잡한 기술을 단순하고 직관적인 경험으로 바꿔 누구나 쉽게 사용하도록 설계된 고객 중심 제품이었다. 아이팟이 한창 주목받던 시절, 필자는 분석 업무를 맡아 아이팟 전 모델을 직접 분해하고 구조를 분석한 적이 있었는데, 겉보기엔 깔끔하고 단순하지만 내부는 매우 복잡하고 정교한 기술로 설계되어 있었다. 애플은 기능과 성능을 내부 기술에 집중시키는 동시에, 외관 디자인과 사용자 인터페이스는 사용자가 학습하지 않아도 될 만큼 직관적으로 설계했다. 스티브 잡스는 디자인을 단지 시각적 아름다움이 아닌 본능적으로 누구나 쉽게 조작할 수 있는 도구로 여겼고, 기존 MP3 기기의 일반적인 버튼을 없애고 클릭휠이라는 새로운 사용자 인터페이스를 도입했다. 이 휠 방식은 다량의 음악 파일을 보다 빠르고 편리하게 탐색할 수 있도록 했으며, 기능 개선 이상의 사용자 경험 혁신을 만들어냈다.

이렇게 아이팟과 아이튠즈는 2000년대 초반 산업에 등장해 작은 균열을 만들었고, 그것은 차별화된 고객 가치 제안을 바탕으로 음악 산업 전체의 구조를 뒤흔든 파괴적 모델로 발전했다. 하드웨어와 콘텐츠라는 서로 다른 산업을 통합적으로 융합한 비즈니스 모델 혁신을 통해 애플은 고객, 파트너, 자사 모두에게 새로운 가치를 제공하는 지속 가능한 산업 생태계를 설계해 냈다.

오늘날 아이팟은 단종되었지만, 그 혁신의 흔적은 여전히 애플의 제품과 전략 곳곳에 남아 있다. 고객이 진정으로 원하는 가치를 경쟁사와 다르게 설계하고 그것을 일관된 경험으로 전달한 것, 그것이 애플의 비즈니스 모델을 성공적으로 이끈 결정적 요인이었다.

이처럼 차별화된 가치 제안은 단순한 제품의 기능이나 외형이 아닌, 고객이 실제로 체감하고 선택하게 만드는 독보적인 가치 설계다. 기업 역량과 고객 니즈가 맞물릴 때, 경쟁 우위를 가능하게 만드는 전략적 무기가 된다.

9.2 비즈니스 모델 유형과 설계

비즈니스 모델은 사업의 그림을 그리는 청사진으로 여겨졌고, 닷컴 버블 이후에는 수익을 창출하는 방식, 즉 수익 모델에 집중된 개념으로 확산되었다. 그러나 오늘날 비즈니스 모델은 수익 구조를 넘어 고객 가치 창출, 내부 자원 설계, 채널 전략, 수익 흐름 등 기업 전략 전반을 구조화하는 도구로 진화하고 있다. 기업이 작동하는 방식을 설계하는 전략적 수단으로 가치를 발휘하고 있다.

비즈니스 모델을 전략적 선언이 아니라 실질적인 실행 도구로 이해하기 위해 실제 현장에서 적용되고 있는 유형과 사례를 살펴보려고 한다. 다양한 유형은 기업이 어떤 방식으로 가치를 창출하고, 전달하며, 수익으로 전환하는지 보여주는 틀이 된다. 비즈니스 모델 유형을 이해해, 기존 성공 모델을 따라 하는 차원을 넘어 우리 사업에 적합한 작동 원리와 수익 흐름을 어떻게 설계할지 고민하고, 창의적인 사고로 접근해 답을 내어 보자.

기업 경영자들은 경영 이론이나 법칙을 책상 위의 결론으로 여기는 경우가 많다. 실제로 다양한 경영 이론을 현장에 적용했을 때 적합도와 예상한 결과가 나오지 않는데, 이는 이론에서 적용한 조건과 변수가 현장에서의 그것과 많이 다르기 때문이다. 변화무쌍한 산업 환경을 이론에 모두 담기에는 한계가 존재하는 것도 사실이다. 경영 현장에서 이를 응용하는 방법이 유형화하는 것이다. 유형화하면 구분한 사례들의 공통점을 발견하고, 우리 사업과의 유사성과 차이점을 명확히 알 수 있다.

유형화의 대표는 MBTI(Myers-Briggs Type Indicator)다. MBTI는 에너지 방향(E or I), 정보 인식 방식(N or S), 판단 기준(F or T), 생활양식(P or J) 기준에 따라 인간의 성격을 16가지 유형으로 분류하는 심리 검사다. 각 유형은 공통된 성향과 행동 특성을 나타내며, 이는 자기 이해, 성격 분석, 조직 내 커뮤니케이션과 팀워크 개선 등 다양한 분야에서 폭넓게 활용되고 있다. 물론, 수많은 사람을 16가지 유형으로 분류하는 것이 지나치게 단순화된 접근이라는 비판도 있다. 그러나 특정 유형에 속한 사람들이 유사한 사고 방식과 행동 경향을 보인다는 점은 우리 일상 경험에서 충분히 확인할 수 있다.

이제 비즈니스 모델 유형을 살펴보자: 제품 판매, 구독, 광고 수익, 플랫폼 중개, 후리미엄(Freemium), 면도기/면도날, 직접 판매, 라이선스/로열티, 하이브리드. 각 기업은 이들 중 하나 또는 복수의 모델을 결합해 가치를 창출해 사업을 영위하고 있으며, 비즈니스 본질과 고객과의 관계 방식에 따라 다양한 구조를 가진다. 자신의 사업이 현재 어떤 모델을 기반으로 하고 있는지 확인해 보자. 혹은 지금 모델에서 확장하거나 변형할 수 있는 방식이 있을지, 신사업 추진 시 기존과는 다른 접근으로 경쟁력을 확보할 수 있을지 찾아보자. 비즈니스 모델은 고객과의 관계, 제품의 본질, 기업 전략 방향을 반영한다.

(1) 제품 판매형 비즈니스 모델

그림 49 제품 판매형 비즈니스 모델

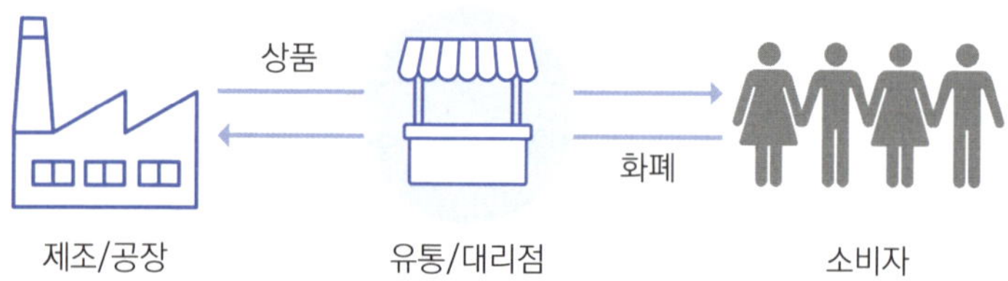

제품 판매형(Product Sales)은 기업이 생긴 이후 오늘날까지 이어온 가장 보편적인 구조다. 기업이 물리적 제품을 직접 생산하거나 조달하여, 유통 채널을 통해 고객에게 전달하고, 제품 단위의 거래로 수익을 창출하는 방식이다. 애플의 아이폰과 아이맥, 삼성전자의 갤럭시 시리즈와 가전제품, 현대자동차의 완성차 판매 모델 등이 있다. 전통적인 이 모델은 공장에서 생산된 제품이 유통망을 거쳐 소비자에게 전달되고, 소비자는 이에 대한 대가로 화폐를 지불함으로써 거래가 성립된다. 이는 단발성 판매 중심으로 판매 이후 고객과의 관계는 상대적으로 단절되는 경우가 많다.

이 모델에서 기업이 확보해야 할 핵심 경쟁력은 원가 경쟁력, 공급망 관리와 재고 운영의 효율성이다. 원가 경쟁력을 확보하기 위해 규모의 경제를 추구하며, 생산 단계에서는 품질 관리와 생산성 향상이 주요 전략 과제로 설정된다. 또한 물류와 유통 측면에서도 적시 생산과 배송 시스템, 다층 유통 구조 최적화 및 현지화 전략 등이 중요한 요소로 작용한다.

(2) 구독형 비즈니스 모델

그림 50 구독형 비즈니스 모델

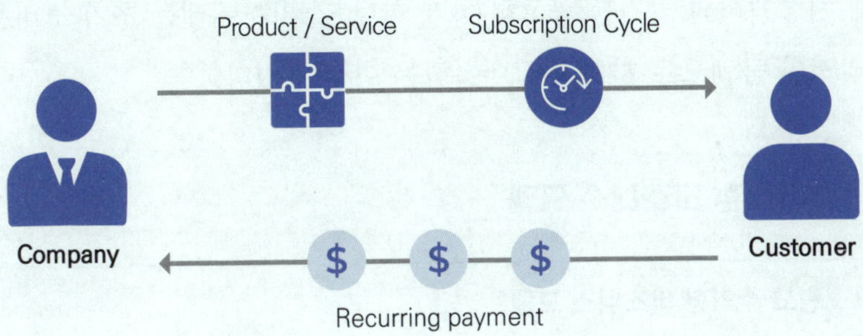

출처: ezcommerce.in

구독형(Subscription)은 일정 기간 제품이나 서비스를 정기적으로 제공하고 정액 요금을 받는 방식이다. 이 모델은 고객과의 지속적인 관계를 기반으로 반복적인 수익 흐름을 창출하며, 제품 판매형과 달리 일회성 거래가 아닌 장기적 수익 구조를 지향한다. 구독형 비즈니스 모델은 넷플릭스와 스포티파이 같은 디지털 콘텐츠 기업과 SKT·KT· LGU+ 등 국내 통신사가 있다. 최근에는 클라우드 환경의 확산과 함께 SaaS[67]기반의 소프트웨어 기업들이 구독형 모델을 많이 채택하고 있다. 구독형 모델은 콘텐츠와 소프트웨어 서비스가 확산하며 시장에서 차지하는 비중이 계속 커지고 있다.

사실 구독형 모델 자체는 새로운 개념이 아니다. 과거 신문이나 잡지 구독, 정수기 렌탈, 우유 배달 서비스 등도 이 구조에 해당한다. 그러나 오늘날 구독 모델이 급격히 확산한 배경은 전자결제 인프라 구축과 서비스 제공에 기인한다. 전자결제 시스템과 디지털 결제 인프라의 고도화로 인해 자동 결제와 월간 정산

67 SaaS(Software as a Service): 서비스형 소프트웨어로, 사용자가 소프트웨어를 직접 설치하거나 관리하지 않고, 인터넷을 통해 필요할 때 구독 방식으로 이용하는 서비스 모델. 초기 비용 부담을 줄이고, 업데이트·유지보수가 자동으로 이루어진다는 장점이 있음

이 손쉽게 가능해졌다. 또, 스트리밍, 디지털 콘텐츠, 클라우드 서비스처럼 지속 이용을 전제로 한 서비스 제공이 증가했기 때문이다. 구독형 모델은 기업에게는 예측 가능한 정기 수익으로 안정적인 현금 흐름을 확보하고, 고객 생애 가치를 극대화해 시장에서의 입지를 공고히 하게 한다. 소비자에게는 초기 고비용 부담 없이 합리적인 금액으로 서비스를 이용하는 이점이 있다.

(3) 광고 수익형 비즈니스 모델

그림 51 광고 수익형 비즈니스 모델

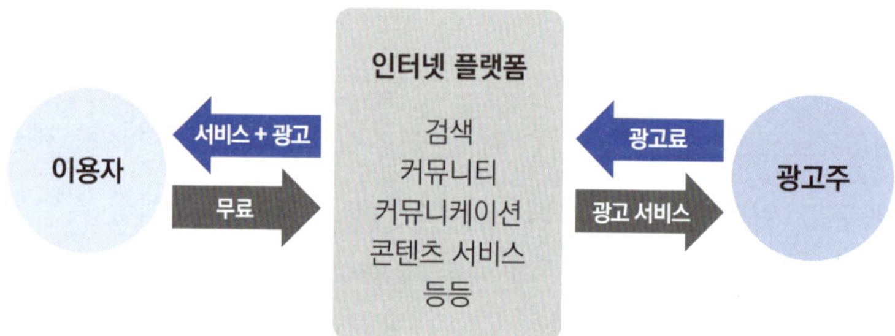

출처: 공정거래위원회, 미래에셋대우 리서치센터

광고(Advertising) 수익형은 사용자에게 무료로 서비스를 제공하고 광고주로부터 수익을 얻는 구조다. 사용자에게 콘텐츠나 서비스를 무료로 제공함으로써 빠르게 이용자를 유입시키고, 광고 노출 기반의 수익을 확보하는 구조다. 구글, 메타, 네이버 등 대다수 디지털 플랫폼 기업이 채택하고 있는 모델이다. 이 모델은 사용자 기반의 규모를 핵심 자산으로 플랫폼의 확장성과 정교한 타기팅 능력이 수익 창출의 핵심 요인으로 작용한다. 광고 기반 수익 모델 역시 전통 매체에서 오래전부터 활용되어 왔다. TV 방송사는 시청자에게 프로그램을 무료로 제공하고, 방송 중간에 광고를 삽입하여 광고주로터 수익을 얻는 방식을 취해왔다.

오늘날 디지털 플랫폼 기업들은 이 구조를 개인 맞춤형 광고 형태로 고도화하고 있다. 불특정 다수를 대상으로 한 전통 광고와 달리, 사용자의 행동 데이터, 검색 기록, 선호 정보 등을 기반으로 타기팅 정확도를 높이고, 클릭당 과금 방식 등으로 수익을 창출한다. 광고 수익형 모델은 참여자 유입 장벽이 낮고, 트래픽이 많을수록 가치가 높아지며, 사용자 데이터 활용도가 광고주 만족도와 직접 연결되는 구조로 발전하고 있다.

(4) 플랫폼 중개형 비즈니스 모델

그림 52 플랫폼 중개형 비즈니스 모델

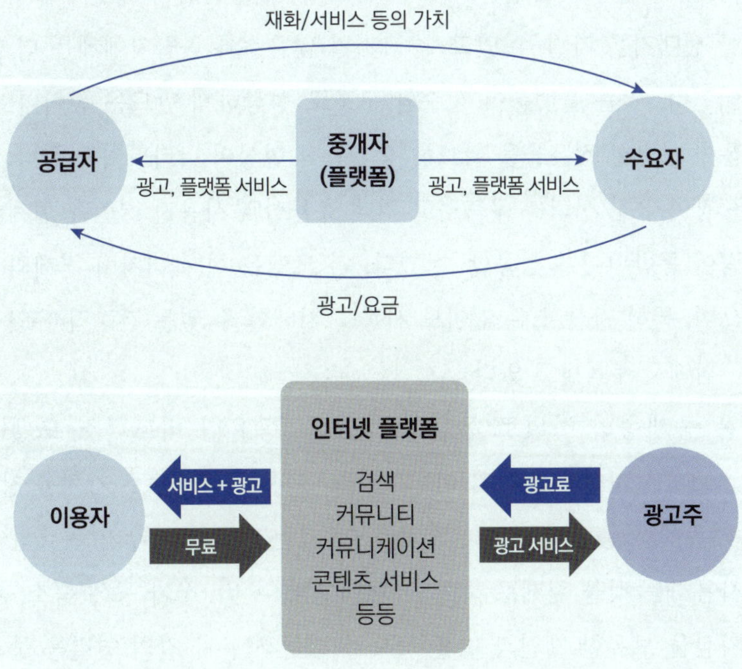

플랫폼 중개형(Platform intermediation)은 양면 시장을 연결해 거래가 일어나도록 촉진하고 그 과정에서 수수료나 중개 수익을 얻는 구조다. 이 모델에서 플랫폼 운영자는 제품이나 서비스를 직접 제공하지 않고, 수요자(사용자)와 공급자(판매자, 제공자)를 연결해주는 역할을 한다. 아마존 마켓플레이스, 카카오T, 배달의민족, 에어비앤비, 우버 등은 산업 영역은 다르지만 모두 거래의 장을 만들어 수요자와 공급자를 연결함으로써 수익을 창출하고 있다. 플랫폼 기업이 직접 제품을 만들거나 소유하지 않아도 된다. 마켓플레이스는 직접 물건을 보유하지 않고도 온라인 판매 서비스를 제공하며, 배달의민족 역시 음식점을 소유하거나 운영하지 않고 서비스를 시장에 제공하고 있다.

플랫폼 기업은 자산보다 연결 구조와 신뢰 시스템을 통해 가치를 창출하고 있다. 플랫폼 중개형의 특징은 네트워크 효과다. 공급자가 많을수록 수요자는 더 다양한 선택지를 가질 수 있고, 수요자가 많을수록 공급자에게는 더 많은 기회가 주어진다. 이는 플랫폼이 선순환 구조로 성장하게 만드는 동력이며, 선점한 플랫폼이 상당한 점유율을 확보해 승자독식 현상이 나타나기도 한다. 플랫폼 중개형은 참여자 간 신뢰를 구축하고 거래 효율성과 사용자 경험을 설계하는 플랫폼 전략이 동반되어야 성공할 수 있다. 이 모델은 현대 디지털 경제의 주류로 자리 잡으며, 특히 자산 소유 없이도 시장을 지배할 수 있는 전략적 유연성을 제공한다는 점에서 주목받고 있다.

플랫폼 중개형의 하위로 공유형도 있다. 공유형 비즈니스 모델(Shared business model)은 자산의 소유가 아닌 접근과 이용을 중심으로 가치를 창출하는 구조다. 기존에 사용되지 않고 유휴 상태에 있는 자원을 다수가 공유하여 효율적으로 사용하는 것을 전제로 하며, 에어비앤비, 우버, 쏘카 등은 숙소, 차량 등 물리적 자산을 보유한 개인과 이를 필요로 하는 사용자 간의 연결을 중개하며, 수수료로 이익을 얻는다. 공유형 비즈니스 모델은 자산 활용률을 높이고 소비자에게는 소유에 따른 비용과 부담 없이 필요한 서비스를 이용할 수 있는 장점을 제공한다. 디지털 플랫폼 발전과 신뢰 기반 기술의 확산으로 성장하고 있으며,

자원의 순환과 지속가능성이라는 사회적 가치와도 맞닿아 더욱 확산할 가능성이 있다.

(5) 후리미엄 비즈니스 모델

그림 53 Freemium 비즈니스 모델

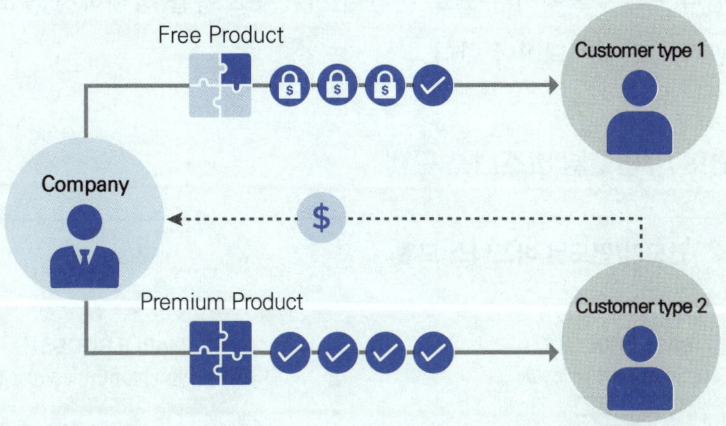

출처: Business Model Toolbox

후리미엄(Freemium)은 Free(무료)와 Premium(유료)의 합성어로, 기본 서비스는 무료로 제공하되, 고급 기능이나 추가 서비스는 유료로 제공하는 방식이다. 이 모델은 많은 사용자가 부담 없이 서비스를 체험하도록 무료 접근을 허용하여 서비스를 경험하게 하고, 고급 기능을 원하는 고객에게 유료 서비스를 제공해 수익을 창출한다.

전체 사용자 중 유료 이용자로 전환되는 유료 전환율이 비즈니스의 지속 가능성으로 직결된다. 무료와 유료의 균형 설계와 지속적인 업데이트와 차별화 전략이 동반되어야 성과를 낼 수 있다. 줌(Zoom)은 무료 이용자에게 40분 회의 시간을 제공하는데, 무제한 회의 시간과 녹화 저장이나 분석 등의 고급 기능은 유료 사용자에게만 제공한다. 드롭박스(Dropbox) 역시 일정 용량의 클라우드 저장소는 무료로 제공하고, 대용량 저장공간, 팀 기능, 보안 강화 등의 고급 기능은 유료 플랜을 통해 제공한다. 스포티파이(Spotify)도 음악 스트리밍 서비스를 무료로 제공하되, 광고 제거, 오프라인 청취, 고음질 스트리밍 등의 기능은 프리미엄 이용자에게만 허용해 유료 전환을 유도한다. 후리미엄 모델의 성공 요인은 무료 이용자에게도 충분한 가치를 제공해야 하고, 프리미엄 기능의 명확한 차별화가 있어야 한다. 또, 무료에서 유료로 전환이 사용자 흐름을 방해하지 않도록 부드럽고 직관적으로 설계되어야 한다.

(6) 면도기/면도날 비즈니스 모델

그림 54 **면도기/면도날 비즈니스 모델**

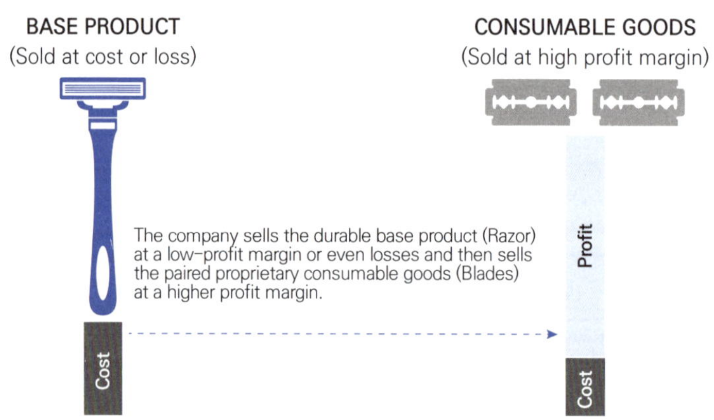

출처: SlideBazaar

면도기/면도날(Razor/Blade) 모델은 기본 제품(하드웨어)을 저가 혹은 원가에 제공하고, 이에 필수적으로 연결된 소모품 또는 소프트웨어 서비스를 통해 반복적인 수익을 창출하는 구조다. 모델 이름은 면도기(Razor)와 면도날(Blade) 관계에서 유래했으며 이후 다양한 산업에 적용되고 있다. 면도기와 면도날, 프린터와 잉크 카트리지, 게임 콘솔과 게임 소프트웨어, 커피 머신과 캡슐 커피 등이 있다. 기업은 기본 하드웨어를 손해를 감수하거나 원가 수준으로 보급해 진입 장벽을 낮추고, 소비자가 해당 제품을 사용하며 발생하는 소모품, 콘텐츠, 서비스의 반복 구매로 장기적인 수익을 확보하는 구조다.

이 모델은 잠재 수익 기반 고객을 확보하는 것이 핵심이다. 초기에는 수익이 낮거나 적자를 감수하지만, 한 번 유입된 고객이 계속해 소비하게 만드는 구조를 설계해야 하는데, 이때 중요한 요소는 소모품/서비스의 높은 고객 의존도, 대체재로의 높은 전환 비용, 재구매 주기와 마진의 안정성, 기본 제품과 연동되는 폐쇄적 시스템 설계다. 최근에는 하드웨어-소모품 구조뿐 아니라 SaaS형 디지털 제품군에도 응용되고 있다. 그러나 고객이 반복 구매하지 않거나 대체재로 쉽게 전환할 경우 수익성이 악화될 수 있는 구조적 리스크도 내포하고 있다. 따라서, 소모품의 지속 수요 확보, 고객 락인 전략, 호환성 통제 등의 설계가 동반되어야 한다.

(7) 직접 판매형 비즈니스 모델

그림 55 D2C 비즈니스 모델

최근 직접 판매형(D2C, Direct-to-Consumer) 모델도 꾸준히 늘고 있다. 이전 제조 기업은 개발과 생산에 집중하고, 판매와 유통은 도소매 유통업체가 맡는 게 일반적이었는데, 온라인 판매 채널의 급속한 성장과 디지털 마케팅 기술의 발전으로 제조사가 소비자에게 직접 제품을 판매하는 형태가 가능해졌다.

D2C 모델의 특징은 유통 단계를 축소해 중간 마진을 줄이고, 고객과의 직접 접점을 통해 더 깊은 관계를 형성한다는 점이다. 기업은 고객 데이터를 직접 수집하고 분석히여, 이를 기반으로 개인화된 마케팅, 맞춤형 제품 추천, 고객 피드백을 반영한 제품 개발 등 정교한 전략을 실행할 수 있다. 고객 만족도와 충성도를 높이고, 브랜드 경험을 일관되게 제공하는 이점이 있다.

테슬라는 중간 유통망 없이 자사 온라인 플랫폼과 직영 매장을 통해 차량을 직접 판매하고 있다. 대리점 중심의 기존 자동차 산업 구조를 뒤흔들었으나, 고객과의 접점을 통제하며 브랜드 경험을 일관되게 관리하고 고객 데이터를 직접 확보하는 이점을 얻었다. 유통 마진을 제거함으로써 가격 경쟁력을 확보하고 마케팅과 서비스 경험에 더 많은 자원을 투입할 수 있게 됐다. 나이키 역시 자사 온라인몰과 앱을 통해 소비자와 직접 소통하고 제품을 판매하고 있다. 동시에 오프라인 플래그십 매장으로 브랜드 경험 중심의 리테일 전략을 강화하며, 고객 데이터를 중심으로 한 디지털 전환을 가속하고 있다. D2C는 단순한 유통 방식의 변화가 아니라, 기업이 고객 경험을 통제하고 개선하는 수단으로 자리 잡고 있다.

(8) 라이선스/로열티형 비즈니스 모델

라이선스/로열티형은 기술, 콘텐츠, IP(Intellectual Property, 지식재산권) 등을 제3자가 사용하도록 허락하고 일정한 사용료나 수수료를 받아 수익을 얻는 모델이다. 넥슨, 앤씨소프트 등 게임 회사들은 자사의 게임 캐릭터나 세계관을 활용해 굿즈나 외부 콘텐츠와의 협업으로 추가 수익을 올리고 있다. 월트디즈니는 자사의 IP를 기반으로 영화, 테마파크, 캐릭터 상품, 방송 등 다양한 영역에서 라이선싱으로 수익을 올리고 있다. 이 모델은 물리적 자산이 아닌 무형 자산의 활용도와 확장성에 따라 가치 창출이 가능한 특징을 지니며, 글로벌 확장이 용이하고 높은 수익률을 기대할 수 있어 콘텐츠, 엔터테인먼트, 게임 산업에서 주로 활용되고 있다.

(9) 하이브리드형 비즈니스 모델

하이브리드형(Hybrid)은 둘 이상의 비즈니스 모델을 전략적으로 결합해 새로운 구조를 만들어내는 방식이다. 단순히 여러 유형을 병렬적으로 나열하는 것이 아니라, 서로 다른 모델 간의 유기적 연결로 시너지를 만들어 경쟁력을 증폭시키는 데 초점이 있다. 애플은 물리적 제품 판매를 기반으로 하면서, iCloud, Apple Music, Apple TV+와 같은 서비스 구독과 App Store의 플랫폼 중개를 결합해 수익 구조를 다변화해 왔다. 아마존 역시 제품 판매형에서 시작해 이후 오픈마켓의 플랫폼 중개형, 멤버십 기반의 구독형까지 통합하며 사업 영역을 확장해 왔다. 이처럼 하이브리드 비즈니스 모델은 수익 구조의 다변화를 가능하게 해 외부 충격에 대한 회복력을 높이고, 동시에 고객 접점을 다층적으로 확보함으로써 브랜드 충성도와 고객 생애가치를 증대시키는 효과를 가진다. 나아가, 다양한 접점에서 축적된 데이터를 기반으로 정교한 개인화 전략이 가능해져, 고객 중심의 서비스 혁신으로도 이어진다.

이러한 구조가 성공적으로 작동하려면 높은 수준의 전략적 기획 역량과 유연한 협업 체계가 뒷받침되어야 한다. 복수의 모델을 동시에 운영할 경우, 각 비즈니스 모델의 KPI 간 충돌이나 고객 경험의 일관성에 문제가 발생할 수 있기 때문이다. 따라서 고객 여정을 중심에 두고 각 모델의 역할과 기여도를 통합적으로 설계하는 것이 중요하다. 하이브리드형 비즈니스 모델은 새로운 모델을 창출하는 동시에 기존 모델을 재조합하는 전략적 접근이다. 과거와 현재, 제품과 서비스, 오프라인과 온라인의 경계를 허물며 융합해 나가는 이 모델은 변화가 일상화된 시대에 유효한 설계 방식으로 자리 잡고 있다. 이제는 단일 정답을 고수하기보다, 다양한 조합의 가능성을 실험하는 유연성과 실행력이 기업 경쟁력의 핵심이다.

표 15 비즈니스 모델의 9가지 유형

비즈니스 모델 유형	수익원	고객 관계	가치 제공 방식	비용 구조 특성	대표 사례 기업
제품 판매형	제품 판매 수익	1회성 / 직접	물리적 제품	재고/생산비 중심	삼성전자, 현대자동차 등
구독형	사용자의 정기 결제	지속 / 직접	반복 제공 서비스나 콘텐츠	초기 고정비/ 낮은 변동비	통신사, 넷플릭스 등
광고 수익형	광고주의 광고비	무료 사용자	콘텐츠 or 트래픽	사용자 확보 비용	유튜브, 인스타그램 등
플랫폼 중개형	거래 수수료	간접	거래 연결	플랫폼 개발/ 운영비용	배달의민족, 에어비앤비 등
후리미엄	유료 프리미엄 서비스	혼합	무료고객의 유료 전환	무료 사용자 유지 비용	줌, 드롭박스 등
면도기/ 면도날형	반복 소모품 판매	지속 / 잠금	저렴한 본체 + 반복 구매	본체 마진 낮음	프린터, 캡슐형 커피 머신 등
직접 판매형	유통마진 배제한 직접 판매	직접	제품 + 브랜드 경험	마케팅/물류 비용 부담	테슬라, 나이키 등
라이선스/ 로열티형	IP 사용료, 로열티	간접 or B2B	지식재산권, 콘텐츠	개발 후 비용 낮음	디즈니, 넥슨 등
하이브리드형	복수 수익원 (판매 + 구독 등)	혼합	통합된 고객 경험	복합적 (운영 + 서비스 등)	아마존, 애플 등

9.3 비즈니스 모델 활용과 진화 전략

비즈니스 모델을 설계하고 점검하는 과정은 단발성 작업이 아니라, 분석과 설계, 실행과 개선이 반복되는 순환 구조다. 다음 그림과 같이 우선, 현재 비즈니스 모델의 전반적인 구조를 비즈니스 모델 캔버스(BMC)와 같은 도구를 통해 점검하는 게 출발점이다. 도구를 활용하면 핵심 자원, 고객 세그먼트, 수익 구조 등 주요 요소들이 어떻게 연결되어 있는지 시각적으로 파악할 수 있다.

다음으로는 경쟁자의 비즈니스 모델을 분석해야 한다. 단순히 제품이나 가격을 비교하는 수준이 아니라, 그들이 어떤 고객을 겨냥하고 어떤 구조로 가치를 전달하며 수익을 창출하고 있는지 구조적으로 이해하는 것이 중요하다.

이후에는 우리 모델과 경쟁자 모델 간 차이를 분석하고, 그 속에서 우리가 지닌 고유한 강점이 어디에 있는지, 고객에게 가장 전면에 내세워야 할 가치가 무엇인지를 분명히 해야 한다. 그리고 그 핵심 가치를 실현하기 위해 다른 구성 요소들, 예를 들면 유통 채널, 파트너십, 자원 배분 등이 유기적으로 뒷받침되도록 정렬해야 한다.

이러한 구조적 정렬이 이뤄졌다면 다음 단계는 시장 테스트다. 고객 반응을 확인할 수 있는 최소 기능 제품이나 프로토타입을 가지고 실제 고객 접점에 내보내고 피드백을 수집하여 모델을 미세 조정하는 과정을 거친다. 이 과정은 단발성 이벤트로 끝나서는 안 되고, 정기적으로 모델을 점검하고 업데이트하면서 진화해야 한다. 비즈니스 모델은 설계만큼이나 운영하며 조정하는 과정에서 경쟁력이 생긴다.

앞서 우리는 기업들이 현재 운영하는 9가지 비즈니스 모델 유형을 살펴보았다. 이를 통해 무엇을 얻었고, 어떤 생각이 들었는가? 유형 분석을 통해 전하고 싶은 메시지는 다음과 같다.

그림 56 비즈니스 모델 활용 전략

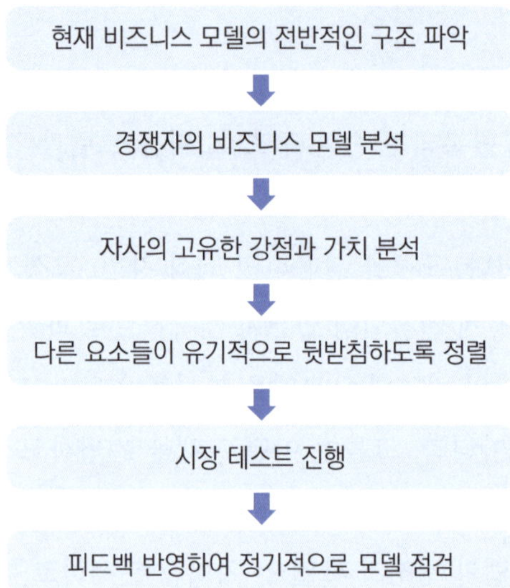

첫째, **비즈니스 모델의 구조와 작동 원리를 제대로 파악하는 것의 중요성**

현재 자사가 채택하고 있는 비즈니스 모델의 구조와 작동 원리를 명확히 이해하고 있어야 한다. 매출이 어디서 발생하는지 아는 것에 그치지 않고, 수익 구조가 단발성인지, 아니면 고객과의 지속적인 관계에 기반해 반복적으로 나오는지에 따라 제품 개발, 마케팅, 고객 대응 전략이 달라지기 때문이다. 또, 이용자(user)와 고객(customer)을 구분해 전략적으로 대응하는 관점도 중요하다. 우리 고객이 누구이며, 그들이 왜 자사 제품이나 서비스를 선택하는지, 자사의 차별화된 강점이 무엇이고, 우리는 고객으로부터 어떤 방식으로 가치를 얻고 있는지 파악해야 한다. 그래야 다음 단계로 비즈니스 모델의 개선, 확장, 전환으로 나아갈 수 있다.

둘째, **산업 구조와 기술 환경 변화가 비즈니스 모델 전환을 촉발함**

산업 구조와 기술 환경 변화는 비즈니스 모델 변화와 함께 움직임을 알아야 한다. 구독형, 플랫폼형, 후리미엄형 등은 과거에 미비하게 존재했지만, 디지털 전환과 사용자 경험 변화 속에서 주류로 자리 잡았다. 예전 음악과 영화는 소유의 대상으로 CD나 DVD를 구매해 소장하는 게 일반적이었으나 지금은 스트리밍을 통한 사용 경험이 대세가 되며 넷플릭스와 스포티파이 같은 구독 기반 모델이 확산했다. 또한, 스마트폰과 모바일 앱의 보급은 사용자와 서비스 제공자 사이를 직접 연결하는 플랫폼형 모델의 급성장을 촉진했다. 토스와 카카오페이는 오프라인 매장 없이 결제, 송금, 대출, 투자 서비스를 제공하며 핀테크 플랫폼의 대표로 성장했다. 과거라면 불가능했을 거래와 서비스가 모바일, 네트워크 통신망, 인터넷, 전자결제 시스템, 클라우드 컴퓨팅 등의 기술 인프라의 진화로 가능해졌다. 즉, 새로운 기술은 기존 모델을 효율화하는 데 그치지 않고, 새로운 비즈니스 구조를 만들어내고 있다는 점에서, 비즈니스 모델은 산업 변화에 따라 재정의되고 있음을 이해해야 한다.

셋째, **기존 모델을 분석하여, 이를 변형하거나 재구성하는 전략의 필요**

완전히 새로운 비즈니스 모델을 설계하기보다, 시장에 존재하는 유의미한 모델을 관찰해 이를 변형하거나 결합하는 접근도 실행력 있는 전략이다. 하늘 아래 완전히 새로운 건 없으며, 모방은 혁신의 적이 아니라 진화의 첫걸음이다. 실제로 많은 후발 기업은 선도 기업의 비즈니스 모델을 참고하되, 그들 시장의 특성과 고객 니즈에 맞춰 전략적으로 실행함으로써 경쟁력을 키워나갔다. 쿠팡은 아마존의 이커머스 모델을 참조해, 빠른 배송, 자체 물류 시스템 구축, 멤버십 프로그램을 구축해 고객 충성도를 높였고, OTT 서비스인 쿠팡플레이와 쿠팡 이츠로 확장하며 시장 점유율을 확대하고 있다. 토스 역시 미국의 페이팔 모델을 기반으로 한국 금융 환경에 맞춰 간편 송금 기능을 모바일 UX 중심으로 재구성했다. 복잡한 공인인증 절차 없이 전화번호만으로 송금이 가능하게 하여 사용자 경험을 획기적으로 개선했고, 이로써 모바일 금융 서비스 진입 장벽을 낮추며 빠르게 사용자 기반을 확보했다. 이처럼 기존 모델을 차용할 때는 단순한 외형 모방을 넘어, 무엇을 그대로 가져오고 무엇을 바꿀 것인지에 대한 전략적 판단이 중요하다. 벤치마킹 대상의 작동 원리를 파악한 뒤, 자사 역량, 시장 환경, 고객 특성을 고려해 새로운 조합으로 비즈니스 모델을 설계할 수 있다.

오늘날 시장은 빠르게 변하고 있다. 정답이 존재하지 않은 지도 오래다. 지금, 이 시점에 중요한 것은 자신의 비즈니스 모델을 분석하고 해석해 능동적으로 활용하는 역량이다. 자신의 비즈니스 모델이 어떤 구조와 원리로 작동하는지, 어떤 가능성과 한계를 지니고 있는지, 어디서부터 바꿔야 할지를 묻고 진단할 수 있어야 한다. 비즈니스 모델 전략이 사업 계획서의 한 페이지로 끝나서는 안 되며 변화의 흐름에 올라타 구조를 읽고 유연하게 실험해 더 나은 조합을 탐색해야 한다. 변화에 대응하는 도구로서 활용해야 한다. 비즈니스 모델을 꿰뚫는 사고, 불확실성이 높아지는 현재의 경영 환경을 돌파하는 기업 전략의 중심에 있어야 한다.

자기진단 체크리스트 (Self-Assessment Checklist)

1. 우리 조직의 가치 제안을 한 문장으로 명확히 설명할 수 있는가?
2. 자사의 차별화 요소가 고객 니즈와 내부 역량에 기반해 지속 가능한 구조로 설계되어 있는가?
3. 9가지 비즈니스 모델 유형을 구분해 설명할 수 있고, 자사 모델이 어떤 유형에 속하는지 정의할 수 있는가?
4. 경쟁자 비즈니스 모델을 구조적으로 분석해 우리만의 차별화 지점을 도출할 수 있는가?
5. 비즈니스 모델을 주기적으로 점검, 테스트, 개선, 진화시키는 체계를 운영하고 있는가?

CHAPTER 10

성공한 비즈니스 모델의 조건

학습 목표 (Learning Objectives)

1. 성공한 기업들의 비즈니스 모델에서 공통으로 발견되는 구조적 특징을 설명할 수 있다.
2. 반복 가능한 수익 구조의 필요성과 구현 방법을 설명할 수 있다.
3. 변화하는 환경 속에서 비즈니스 모델의 적응성과 확장성을 확보하는 전략을 제시할 수 있다.
4. 실행력을 갖춘 운영 구조의 조건인 조직 정렬, 데이터 기반 실행, 권한과 책임의 균형을 설명하고 사례에 적용할 수 있다.

도입 질문 (Opening Questions)

1. 성공은 타고난 DNA 덕분일까, 아니면 환경과 실행의 결과일까? 기업의 경우에는 어떨까?
2. 자원을 많이 보유한 기업이 아니라, 그것을 역량으로 구조화하는 기업이 성공하는 이유는 무엇인가?
3. 왜 일회성 매출이 아닌 반복 수익 구조가 기업 생존의 핵심 조건이 되었을까?
4. 변화가 불확실성의 상수가 된 시대, 적응성과 확장성을 갖춘 비즈니스 모델은 어떤 특징을 가져야 할까?

10.1 성공한 비즈니스의 공통점

뛰어난 업적을 이룬 사람들을 두고, 그것이 유전인가 환경인가를 둘러싼 논쟁은 인류가 존재하는 한 끝나지 않을 것이다. 2015년 쇼팽 국제 피아노 콩쿠르에서 한국인 최초로 우승하며 세계적인 명성을 얻은 피아니스트 조성진은 타고난 DNA 덕분일까, 아니면 오랜 시간 갈고닦은 노력의 결과일까? 프랑스 코망되르 훈장[68]을 수훈한 조수미 소프라노는 유전적 조건의 혜택일까, 혹은 혹독한 훈련과 집중의 산물일까?

남다른 재능은 유전의 힘일까, 아니면 환경의 결과일까? 사람마다 견해가 엇갈리는 주제다. 한예종 김대진 총장과 조수미 소프라노는 예술 분야에서 '타고남'의 중요성을 강조한 바 있다.

그렇다면, 비범한 성과를 낸 기업은 어떨까? 스티브 잡스가 스마트폰과 플랫폼 생태계를 창조하고 이를 상용화한 능력은 천부적인 재능일까, 아니면 성장과정에서 형성된 환경과 경험이 만들어낸 결과일까? 변방의 삼류 기업을 세계적인 반열에 올려놓은 이건희 회장의 통찰과 경영 능력은 타고난 기질일까, 아니면 후천적으로 길러진 능력일까?

흥미로운 점은 성공한 창업가들에게 성공의 비결을 묻는다면 90% 이상이 '운이 좋았다'고 답한다는 사실이다. 미국 연구진이 70명의 창업가를 대상으로 실시한 인터뷰에서도 94%가 운이 큰 역할을 했다고 응답했다. 스포티파이는 2006년 스웨덴에서 설립된 음악 오디오 스트리밍 서비스로 약 157억 유로(약 24.7조 원, 2024년 기준) 매출을 기록했다. CEO 토비아스 뤼트케 역시 자신의 성공을 90%의 운으로 설명했다. 링크드인(LinkedIn) 공동 창업자 리드 호프만 또한

68 프랑스 코망되르(Commandeur) 훈장: 프랑스 정부가 문화·예술·학문 등 분야에서 큰 공적을 세운 인물에게 수여하는 최고 등급의 명예 훈장 중 하나

운이 사업에서 차지하는 비중이 매우 크다고 언급했다. 그렇다면 우리도 '운'에 맡겨 사업을 해 볼까?

당연히 그러면 안 된다. 운을 로또 당첨과 같이 우연으로 착각하면 안 된다. 이들은 운을 기회를 포착하고 실행하는 과정에서 타이밍, 인맥, 환경, 인내 등 여러 요소가 복합적으로 작용하는 상황 전체를 말한 것이다. 이들의 운은 실력의 겸손한 표현이다. 실력이라면 동일한 조건과 노력에서 같은 결과가 반복적으로 나타나야 하지만, 사업의 성과는 단기간에 검증하기 어렵다. 대개 10년 이상의 시간이 걸리며, 그 사이 시장, 기술, 환경은 계속 달라진다. 실험적 타당성을 확보하려면 평행 세계가 존재해 동일한 조건 아래 다양한 시도를 반복 관찰할 수 있어야 한다. 그러나 현재로서는 불가능한 신의 영역이다.

따라서 우리는 로또처럼 우연히 찾아오는 운에 기대기보다 의도를 가지고 원하는 결과를 만들어내는 설계된 실력에 의존해야 한다. 이것이 변화하는 시장 환경에서 오래 살아남고 경쟁력을 유지하는 방법이다. 한 번의 성공은 우연에 의해 나올 수 있지만, 반복된 성공은 결코 우연에 의하지 않는다. 운은 변수지만, 실력은 설계하여 만들어낼 수 있다.

개인의 재능이 유전자와 환경이 복합적으로 작용하듯, 기업도 타고난 DNA와 외부 환경이라는 두 요소가 맞물려 성공이라는 결과를 만들어낸다. 기업의 DNA는 창업자의 철학, 조직의 핵심 역량, 고유한 작동 방식 같은 내재한 구조에서 비롯된다. 이는 쉽게 바뀌지 않으며, 기업이 위기를 견디고 기회를 포착하는 근간이 된다. 하지만 아무리 탄탄한 DNA를 가진 기업이라도, 기술 변화나 고객 욕구의 변화처럼 외부 환경에 둔감하면 시장에서 도태될 수 있다.

기업의 성공도 유전과 환경의 논쟁처럼 하나로 단정 지을 수는 없다. 하지만 한 가지 분명한 건, 변화하는 환경 속에서도 유연하게 진화하는 구조를 가진 기업—즉, 자기만의 비즈니스 모델 구조를 갖고 상황에 따라 재설계할 줄 아는 기업이 오랜 기간 경쟁력을 가진다는 점이다.

기업은 살아남기 위해 실력을 키우고 불확실한 상황 속에서 버텨낼 자기만의 필살기를 준비해야 한다. 성공한 기업 사례를 들여다볼 때면 우리도 저렇게 하면 성공할 수 있겠다는 희망이 생긴다. 아무도 걷지 않은 사막 한가운데서도, 누군가 남긴 발자국을 따라 걸으면 앞으로 나아갈 용기를 얻는다. 실제 산업 현장에서 이러한 접근은 '벤치마킹'이라는 이름으로 널리 활용되고 있다. 선도 기업이나 경쟁사를 분석하고, 그것을 자사에 맞게 적용하는 방식이다.

한국 기업은 1980~2000년대 패스트 팔로워(Fast Follower) 전략으로 글로벌 무대 진입에 성공했다. 패스트 팔로워로서 선도 기업이 만들어 놓은 제품을 분석하고, 빠른 시간에 비슷하거나 더 나은 품질의 제품을 합리적인 가격으로 시장에 내놓으며 점유율을 확대해 나갔다. 앞서 나아간 이를 보고 한 걸음씩 내디뎌 오늘에 이르렀다. 이처럼 성공한 누군가를 보고 앞으로 나아가는 방법은 시장에서 유효한 전략이었다.

하지만, 누군가는 이렇게 말할지도 모른다.

"그건 삼성이나 현대나 LG니까 성공한 거지. 우리는 자본도 부족하고, 브랜드 인지도도 없고, 기술력도 부족해. 우리 같은 회사엔 불가능해."

이 말도 일부 일리는 있다. 실제 현장에서 충분히 나올 수 있는 현실적인 반응이다. 왜냐하면, 경영 의사결정에는 수십 가지가 넘는 변수와 조건이 작용하며, 그 조합은 기업마다 다르기 때문이다. 타임머신을 타고 2000년 초반으로 돌아가 한국의 MP3 제조업체가 애플처럼 음원 플랫폼을 개발해 시장에 내놓았다고 해도, 애플과 똑같은 성공을 거둘지 단언할 수 없다. 애플과 한국의 중소기업은 보유한 경영 자원, 기술 수준, 브랜드 파워, 시장 영향력 등 모든 게 다르니까. 입력값이 다르면, 출력값이 달라질 수밖에 없다. 같은 비즈니스 모델을 적용하더라도 결과가 다르게 나타날 수 있는 거다.

기업을 운영하기 위해서는 돈을 벌어야 하고, 돈을 벌기 위해서는 시장에서 고객의 선택을 받아야 한다. 고객은 언제나 더 나은 대안을 찾아 움직이기 때문에, 우리 제품과 서비스가 고객 관점에서 경쟁사보다 더 나은 선택지가 되어야 한다. 크고 작은 성공이 계속 모여야 기업이 유지될 수 있다.

성공한 모델은 단순한 결과물이 아니라, 그 시대와 시장에서 통한 문제 인식, 고객 이해, 구조 설계, 실행력의 총합이기 때문에, 이를 분해하고 해석해 보면 우리 상황에 맞는 전략적 실마리를 발견할 수 있다. 성공에는 그 시대를 통찰한 사고의 흔적이 있어, 우리는 달라진 오늘의 환경에 따라 질문을 바꾸는 사고방식을 배워야 한다. 성공 사례를 통해 앞으로 나갈 방향에 대한 인사이트를 얻을 수 있다. 물론 모든 조건을 복제할 수는 없지만, 성공한 기업이 어떤 문제를 어떤 방식으로 해결했는지를 살펴보면, 그 안에 숨겨진 사고의 흐름, 구조 설계 방식, 고객을 바라보는 관점을 발견할 수 있다.

경영 환경은 시대 변화와 함께 끊임없이 달라지고 있다. 이 변화 속에서 생존을 넘어 지속해서 성장하기 위해서는 단기 성과를 넘어 롱런하는 구조를 설계해야 한다. 그렇다면, 롱런하는 구조는 어떻게 설계할 수 있을까? 하나의 방법이 비즈니스 모델 관점에서 전략을 수립하고 실행하는 것이다. 그렇다면, 비즈니스 모델 관점에서의 전략 수립은 어떤 방식인가? 이 질문에 대한 실마리는 이미 시장에서 성공한 다양한 비즈니스 모델에 있다. 이제부터 소개할 성공한 비즈니스 모델 조건은 실전 사례를 분석해 공통으로 도출된 요건들이다. 이 조건들을 통해 당신의 비즈니스 모델 역시, 변화 속에서도 유연하게 진화하며 롱런하는 구조로 자리 잡길 바란다.

성공한 비즈니스 모델은 앞서 살펴본 차별화된 가치 제안을 포함해 5가지 특징을 갖는다. 만약 당신이 비즈니스 모델 설계자라면, 신사업을 기획한다든지, 신시장 진출 프로젝트를 맡았다든지, 새로운 제품의 포지셔닝 임무를 수행해야 한다면, 즉 비즈니스 모델을 새롭게 만들어야 한다면 이 5가지 중 어떤 특징을 내포하는지 살펴보길 바란다. 어느 한 특징도 갖고 있지 않다면, 응급 처치해야 한다. 첫 번째 특징인 차별화된 가치 제안은 <9.1>을 참조하자. 이어서 4가지 특징을 하나씩 살펴보겠다.

10.2 핵심 역량 중심의 설계

성공한 비즈니스 모델이 보이는 두 번째 특징은 비즈니스 모델을 핵심 역량 중심으로 설계한 점이다. **'역량(Capability)'은 기업이 자원을 결합해 가치를 창출하는 조직적 능력 혹은 활동 수행 능력**을 의미한다. 보유한 자원을 어떻게 효과적으로 활용하고 조직적으로 통합하느냐가 중요하다는 말이다. **'자원(Resource)'은 기업이 가진 유무형의 자산**을 의미하며 이는 기업 경쟁력과 성과의 기반이 되며, 전략 경영에서는 이를 어떻게 확보하고 활용하는지를 중요하게 봤다. 애플의 브랜드 인지도, 삼성의 반도체 공장, 구글의 검색 알고리즘, 넷플릭스의 충성 고객 등이 자원의 예이다.

기업의 자원에 관심을 둔 자원 기반 이론은 기업의 내부 자원과 역량이 경쟁 우위의 원천이라고 주장하며 7.3에서 설명한 VRIO 프레임워크를 제시하며 다음 조건을 충족해야 한다고 주장한다. 시장에서 가치 창출이 가능해야 하며, 경쟁사에 비해 희소해야 하고, 타사가 쉽게 모방할 수 없어야 한다. 그리고, 기업이 이를 활용할 준비가 되어있어야 한다.

여기서 당신 회사 혹은 현재 조직의 대표 자원 세 가지를 떠올려보자. 다음 표에 각 자원을 기재하고 평가 기준에 따라 '상·중·하' 또는 1~5점 척도로 냉정하게 평가해 보자. 자원을 객관적인 시선으로 들여다보면, 무엇이 진짜 강점이고 어디가 보완이 필요한지 파악할 수 있다.

표 16 자원 경쟁력 평가 요인

자원의 경쟁력	자원1 ( )	자원2 ( )	자원3 ( )
Value (가치성)			
Rareness (희소성)			
Inimitability (모방불가성)			
Organization (조직화)			

같은 산업에 있는 기업이라도 보유한 자원과 그로 인한 경쟁 우위는 서로 다르다. 칼이 좋아도 칼잡이에 따라 다르다는 속담처럼, 칼이라는 자원은 활용하는 능력(역량)에 따라 성과가 달라지기 때문이다. 애플과 삼성전자는 동일한 스마트폰 시장에서 경쟁하고 있지만, 각자가 강점을 둔 자원은 다르다. 애플은 소프트웨어와 하드웨어의 통합, 브랜드 인지도와 애플 생태계를 중심으로 고부가가치 전략을 추구하고, 삼성전자는 디스플레이, 메모리, 칩 등 주요 부품을 직접 제조하는 수직계열화된 제조 역량과 시장 변화에 빠르게 대응하는 조직의 속도를 자원으로 활용하여 세계 시장 점유율을 확대해 왔다. 같은 제품군을 만들더라도 어떤 자원을 어떻게 활용하느냐에 따라 완전히 다른 모델이 탄생한다.

자원 기반의 경쟁 우위를 조직화해 차별화된 구조를 만들어 독보적인 시장 점유율을 차지한 전략을 보여준 기업이 바로 엔비디아다. 엔비디아는 원래 게임용 그래픽카드를 만드는 GPU 전문 기업으로, 초기에는 그래픽 성능을 향상해 하드웨어 개발에 집중했지만, 점차 GPU라는 핵심 자원을 그래픽 처리용 장치로 한정 짓지 않고, 이를 데이터 병렬 처리, 인공지능 연산, 자율주행 차량의 두뇌 역할 등 다양한 용도로 확장하는 전략적 자원으로 재해석했다. 특히, 인공지능 학습에 적합한 연산 구조를 갖춘 GPU의 특성을 활용해 AI 산업의 핵심 인프라 기업으로 포지셔닝했고, 이 과정에서 병렬 컴퓨팅 플랫폼인 CUDA 같은 소프트웨어 생태계를 구축해 기술 종속도를 높였다. GPU를 물리적 하드웨어 자산으로만 팔지 않고, 기술적 역량과 생태계 설계, 시장 안목을 결합하여 비즈니스 모델을 확장하였다. 하드웨어 제조 역량과 소프트웨어 플랫폼을 결합해 반복할 수 있는 수익 모델을 만들고, AI, 클라우드, 자율주행 등 고성장 시장 중심으로 자산을 재배치하였다. 기반 구조를 제공하는 기업으로 진화하였으며, 자원을 어떻게 구조화하고 작동시키는가에 따라 기업의 경쟁력과 생존 방식이 근본적으로 달라질 수 있음을 잘 보여준다.

기업이 특출난 자원을 가졌다고 모든 문제가 해결되는 것은 아니다. 엔비디아처럼 이 자원을 어떻게 결합하고 조직화해 실제 가치를 만들어내는 활동으로 연결하느냐가 중요하다. 이러한 능력을 역량이라 부르는데, 여러 자원의 유기적 결합과 조직적 활용을 통해 형성된다. 경쟁사와 차별되는 성과를 창출할 수 있어야 하며, 반복 학습과 경험 축적을 통해 강화하고 발전해야 한다. 그래야 시간이 지날수록 모방하기 어려운 그 기업만의 내재적 힘이 된다. 그러니까, 자원은 구슬이고, 역량은 구슬을 꿰는 활동이라 할 수 있다. 구슬이 서 말이어도 꿰어야 보배가 되듯, 자원도 역량으로 연결될 때 비로소 가치가 있다.

자원은 기업의 무엇(what)에, 역량은 어떻게(how)에 해당한다. 자원은 기업이 보유한 요소이며 역량은 이 자원을 활용해 경쟁 우위를 창출하는 조직의 능력이다. 단순히 자원을 많이 보유했다고 해서 기업 경쟁력이 생기는 것은 아니다. 오늘날 오픈 이노베이션(Open Innovation, 개방형 혁신) 확산으로 자원은 과거에 비해 비교적 쉽게 외부에서 확보할 수 있다. 역량은 단기간에 조달할 수 있는 게 아니라, 지속적인 학습, 조직문화, 시스템을 기반으로 축적되어 형성된다.

여러 자원 중에서도 **경쟁사보다 뛰어난 성과를 지속적으로 창출하는 차별화된 능력을 '핵심 역량(Core Competence)'**이라 부른다. 핵심 역량은 다양한 시장으로의 확장 가능성, 고객에게 독특한 편익 제공, 모방이 어려운 특성을 가져야 한다. 아마존은 물류 자원, IT 시스템, 고객 데이터를 유기적으로 결합해 초고속 배송 역량을 구축했고, 토요타는 생산 설비, 우수한 인재, 품질 관리를 통해 '린 생산'이라는 독보적인 제조 역량을 갖춰 업계 1위를 유지하고 있다. 테슬라는 배터리 기술, 소프트웨어 역량, 자체 생산 능력을 통합해 전기차의 성능과 효율을 극대화하는 제품 개발 역량을 확보했다. 이처럼 각 분야에서 선도적인 위치를 유지하고 있는 기업은 차별적인 자원을 바탕으로 핵심 역량을 정교하게 구조화했다.

구글은 1998년 하얀 배경에 검색창 하나만 있는 UI로 시장에 등장했다. 당시 인터넷 시장은 야후(Yahoo)와 라이코스(Lycos) 같은 포털 서비스가 쥐고 있었는데, 포털 서비스가 대세인 시점에 검색 엔진이라는 단일 기능을 내세워 과감히 도전장을 내밀었다. 야후는 1996년 나스닥 상장 당시 기업 가치 약 10억 달러였고, 1999년 닷컴 버블 정점에서는 약 1,000억 달러에 달했다. 라이코스 또한 1999년 약 125억 달러로 평가받으며 시장에서 존재감을 보였다.

포털(Portal) 서비스는 사용자가 웹을 시작할 때 가장 먼저 방문하는 관문 역할을 하는 사이트로 검색, 이메일, 뉴스, 커뮤니티, 쇼핑, 엔터테인먼트 등 다양한 기능을 한곳에서 제공해 웹 사용을 종합화하는 데 중점을 뒀다. 이러한 방식은 Web 1.0 환경의 대표 모델이다. Web 1.0은 1990년대 초에서 2000년대 초반의 환경으로, 읽기 전용 중심의 정적인 웹페이지로 단방향 정보 전달과 중앙 서버 구조가 특징이다. 사용자는 정보 소비자이고, 콘텐츠는 기업이나 기관 중심으로 생산되었다.

2000년대에 접어들며 Web 2.0이 등장했다. Web 2.0은 읽기-쓰기 환경으로 사용자가 직접 콘텐츠를 생산하여 공유하며 쌍방향으로 소통하고, 실시간 교류가 일어나는 구조다. 위키피디아, 페이스북, 유튜브가 대표적이며, 구글 또한 그 중심에 있다. 검색 엔진으로 출발한 구글은 지메일, 구글 드라이브, 유튜브 등으로 빠르게 서비스를 확장하며 사용자 참여, 데이터 기반 서비스, 플랫폼 생태계를 중심으로 Web 2.0의 대표 주자로 자리매김했다.

구글 검색은 키워드 일치만 보는 기존 방식과 달리 페이지랭크(PageRank) 알고리즘을 도입해 웹페이지의 연결성과 신뢰도를 기준으로 검색 결과의 품질을 획기적으로 개선했다. 다른 웹페이지로부터 얼마나 많은 링크를 받았는가, 그리고 그 링크를 건 웹페이지 자체의 중요도까지 고려해 순위를 정한 것이다. 이로써 구글은 정확성과 신뢰성을 갖춘 검색 엔진으로 빠르게 주목받았다.

그러나 오늘날의 구글을 만든 건 페이지랭크라는 검색 기술이 전부는 아니다. 그 기술을 끊임없이 개선하고 확장한 조직 역량이었다. 검색 엔진에 머물지 않고 유튜브, 지도, 광고, 클라우드 등 다양한 분야로 사업을 확장하며 정보 탐색과 데이터 활용의 중심 플랫폼으로 자리 잡았다. 이러한 성과 뒤에는 구글 특유의 창의적 조직문화와 제도가 있었다. 직원들이 근무 시간 중 20%를 개인 아이디어에 투자할 수 있게 한 '20% Time', 혁신 아이디어를 실제 사업으로 전환하는 사내 인큐베이션 프로그램인 'Area 120', 빠르게 실험하고 실패하며 개선하는 구조인 '실패 허용과 학습 중심 문화'가 대표적이다. 좋은 기술, 뛰어난 기술을 중심으로 역량을 확장하고 조직문화를 혁신하며 플랫폼 생태계를 구축해 온 결과다. 그 기술을 어떻게 조직적으로 설계하고 운영하느냐가 중요하다는 것을 잘 보여준다.

참고로, 지금 Web 3.0이 준비되고 있다. Web 3.0 시대는 거대 플랫폼의 데이터 독점 구조가 분산화 및 탈중앙화로 발전하며 인공지능, 시맨틱 웹[69], 블록체인, 탈중앙화 등 첨단 기술을 활용해, 사용자가 데이터와 자산을 직접 소유하고 통제할 수 있는 차세대 환경을 의미한다. Web 1.0이 정보 제공 중심, Web 2.0이 사용자 참여와 소셜 미디어 중심이었다면, Web 3.0은 분산 네트워크와 데이터 주권, 맞춤형 정보 제공이 핵심이다. Web 3.0 시대에는 누가 패권을 쥘지 궁금해진다.

69 시맨틱 웹(Semantic Web): 웹상의 데이터를 단순한 문서가 아니라 의미와 관계까지 기계가 이해할 수 있도록 구조화해, 지능형 검색과 자동화된 정보 처리를 가능하게 하는 차세대 웹 개념

표 17 Web 1.0 ~ 3.0 비교

항목	Web 1.0	Web 2.0	Web 3.0
시기	1990년대 중반 ~ 2000년대 초반	2000년대 중반 ~ (지배적 형태)	2020년대 초반 ~ (진화 중)
주요 특징	정적 웹페이지	동적 콘텐츠, 참여 중심	분산형, 사용자 주권
사용자 역할	소비자(Reader)	생산자 겸 소비자 (Prosumer)	소유자(Owner), 기여자 (Participant)
주요 기술	HTML, 정적 페이지, 브라우저	AJAX[70], 소셜미디어, 클라우드	블록체인, NFT, 전자 계약
중심 구조	중앙집중형 서버	플랫폼 중심 생태계	탈중앙화 네트워크
데이터 소유권	기업(플랫폼)	기업(플랫폼)	사용자 개인
핵심 가치	정보 접근성	사용자 참여와 네트워크 효과	주권, 투명성, 보상 구조

핵심 역량은 지속 가능한 차별성을 제공하는 전략적 기반이다. 비즈니스 모델 경쟁력은 단기적인 수익 창출이 아닌, 장기적인 지속성과 생존 가능성에 있다. 핵심 역량은 기업만의 기술, 시스템, 조직 학습이 집약된 결과물로 시간이 지날수록 모방이 더욱 어렵고 격차가 커진다. 이런 역량을 중심으로 설계된 비즈니스 모델은 경쟁사에 비해 구조적으로 우위를 갖는다.

핵심 역량 기반의 비즈니스 모델은 단순한 자원의 나열이나 우연한 조합이 아니라, 전략적으로 의도된 설계의 결과다. 같은 자원을 보유하더라도 어떻게 결합하고 어떤 흐름으로 가치를 만드냐에 따라 결과가 완전히 달라진다. 도시바는 140년 이상의 역사를 가진 일본의 대표 기업으로 컬러TV, NAND 플래시 메모리, 대중형 노트북 등 수많은 최초 기술을 개발했다. 그러나 반도체, 디스플레

70 AJAX(Asynchronous JavaScript and XML): 웹 브라우저가 페이지 전체를 새로 고치지 않고도 서버와 비동기적으로 데이터를 주고받아, 동적인 웹 애플리케이션을 구현할 수 있게 해주는 기술

이, 전자기기 등 다양한 분야에서 우수한 제조 기술과 글로벌 인프라라는 뛰어난 자원을 가졌지만, 2023년 상장 폐지한 후 대대적인 사업 구조 개편에 돌입했다.

도시바는 풍부한 자원을 유기적으로 연결하고 실행하는 조직적 역량을 갖추지 못했다. 각 사업 부문이 지나치게 독립적으로 운영되며 협업과 통합 실행력이 부족하여 자원 간 시너지를 내지 못했고, 수년간 이어진 회계 부정은 조직문화와 시스템의 근본적인 취약점을 드러내며 경영진에 대한 시장 신뢰를 무너뜨렸다. 오랜 시간 축적해 온 경쟁력 있는 자원은 있었지만, 그 자원을 전략적으로 설계하고 조직화해 실행 가능한 역량으로 전환하는 데 실패한 거다. 자원만으로는 지속적인 경쟁우위를 유지할 수 없다. 이를 효과적으로 연결하고 작동시키는 핵심 역량을 갖춰야 한다. 핵심 역량을 중심으로 자원을 유기적으로 연결하고 작동시키며 실행하는 구조를 구축할 때, 비즈니스 모델은 실질적인 힘을 갖고 지속 가능한 경쟁력을 발휘하게 된다.

비즈니스 모델은 가치 창출의 구조다. 자원, 활동, 고객, 수익을 유기적으로 연결하는 설계이며, 자원을 어떻게 가치로 전환하고 그 가치를 어떻게 고객에게 전달하며 수익으로 회수할 것이냐에 관한 기업 활동의 총체적인 구조이자 실행 프레임이다. 여기에 핵심 역량이 중심에 자리할 때 더 강력한 구조로 작동하며 경영 변화에도 유연하고 지속적으로 대응 가능한 시스템이 된다. 즉, **경쟁력 있는 비즈니스 모델은 핵심 역량에 뿌리를 둔 유기적 작동 구조**라 할 수 있다.

글로벌 선도 기업들의 공통점은 바로 이 구조화된 비즈니스 모델에 있다. 애플, 아마존, 구글, 마이크로소프트, 삼성 등은 각자가 보유한 자원을 바탕으로 특정 역량을 키워냈고 그 역량을 중심으로 시장 변화에 맞춰 비즈니스 모델을 전략적으로 구조화했다. 이들은 모두 역량 기반 구조화의 결과로 경쟁 우위를 확보했다. 이처럼 구조화된 비즈니스 모델은 사업 운영을 넘어 확장 가능성, 수익성, 지속 가능성의 요소를 동시에 충족시킨다. 그 자체가 전략적 설계이자 경쟁력 있는 시스템이 되는 거다. 핵심 역량 기반의 구조화는 차별적 가치 창출 메커니즘이며, 이는 곧 비즈니스 모델의 작동력, 실행력, 지속 가능성을 포함하는 경쟁력 그 자체다.

10.3 반복 수익 창출 구조

기업이 시장을 바라보는 모습은 변해왔다. 1980년대는 고객을 대중의 개념으로 바라보며 불특정 다수를 만족시키는 제품과 서비스로 대중 광고를 수행하며 시장에 가 닿았다. 이때 기업의 경쟁력은 대량 생산을 위한 품질과 생산성, 소비자에게 닿을 유통이었다. 그렇게 시간이 지나, 기업 공급 증가와 정보 확산으로 소비자는 같은 특성을 가진 집단으로 나뉘기 시작했다. 이때 기업은 세분 마케팅을 본격화하며 시장을 구분하고 쪼갠 그룹 안의 고객에게 관심을 두었다. 이때가 2000년 전후였다.

그리고 현재, 마케팅 전문가들은 개인 맞춤형 시대라고 말한다. 소비자들의 공통된 특성을 기반으로 한 접근이 점점 효과가 떨어진다는 의미다. 이러한 소비자 변화는 디지털 환경의 보급과 확산이 한몫했다. 스마트폰의 보급으로 각 개인이 하나의 기기를 소유하게 되었고, 콘텐츠 소비 증가로 내 취향에 맞는 콘텐츠를 선택할 수 있게 되었다. 특히 이커머스 회사와 소셜 미디어가 앞다퉈 소비자의 디지털 흔적을 좇아 맞춤형 추천과 맞춤형 광고를 노출해 기업 성과가 확대하자 개인 맞춤형 마케팅이 산업 전반으로 퍼져나갔다.

개인 맞춤형 시대, 기업은 어떻게 무얼 해야 하는지 방법을 찾아가는 중이다. 소셜 미디어와 전자 상거래 분야는 시장에 잘 통용되는 방법을 찾아 개인 맞춤형 마케팅이 자리 잡았다. 하지만 전통적인 세분 시장에 길든 기업에는 아직 넘어야 할 산이고 풀어야 할 숙제이다. 지금까지의 기업은 소품종 대량 생산을 통해 수익을 남겼다. 많은 양을 생산하며 규모의 경제를 실현해 생산 원가를 낮추고 생산성을 향상하며 경영해 왔다. 그랬는데, 개인 맞춤화 시대에는 특히, 제조에 근간을 둔 기업들은 어떻게 무얼 해야 할까?

모든 개개인에게 맞춘 제품을 만들어 공급한다는 건 수지맞지 않는 장사이기 때문에 바로 적용하기가 어렵다. 한 방법은 한 번의 구매로 거래를 끝내는 게 아니라 지속 반복 구매가 일어날 수 있도록, 즉 고객 생애가치(LTV: Lifetime Value) 관점에서 고객 생애 주기 전체에 걸쳐 가치를 제공하고 관계를 맺어 전체 기간 수익을 발생시키는 것이다. 그래서 고객과의 관계를 좋게 유지하기 위해 CRM이 강화되고 고객 충성도를 향상하기 위한 다양한 프로그램을 운영하고 있다.

기업은 돈을 벌어야 한다. 기업이 하는 활동은 직간접적으로 기업의 성과, 즉 매출이나 이익과 연결된다. 기업의 사회적 책임과 지속 가능 경영 역시 오늘날 중요한 화두로 떠올랐지만, 이러한 활동은 기업 경영이 안정화된 이후에 실시할 수 있다. 경영 안정화는 매출과 이익이 충분히 확보된 상태를 말한다. 일시적으로 적자가 났을 경우 기업은 생존 자체의 위협을 받지는 않는다. 하지만 지속적인 적자에 허덕이면 그 기업은 존속할 수가 없다. 기업이 운영되려면 직원 급여도 주어야 하고, 은행에 빌린 이자도 갚아야 하고, 공장과 설비를 돌리기 위한 비용도 지불해야 하고, 사무실 임대료도 내야 한다. 숨만 쉬어도 나가는 돈이 많다. 이러한 기업 운영 자본을 어떻게 확보할 수 있는가? 자기 자본, 은행 대출, 투자 유치, 주식이나 채권 발행 등의 수단이 있는데, 이는 사업 초창기나 확장기에 주로 사용하는 방법이다. 일상적인 상황에서는 기업이 생산한 제품과 서비스로부터 발생하는 매출로 충당해야 한다. 문 닫은 기업을 보면 마지막에 걸린 건 '돈'이다. 돈이 부족해 혹은 빌린 돈을 갚지 못해 부도 처리된다.

대우그룹은 1990년대 후반 재계 2위까지 오르며 41개 계열사를 가진 그룹이었다. 김우중 회장의 '세계는 넓고 할 일은 많다'는 말은 그 시대 젊은이들의 가슴을 뜨겁게 했다. 실제로 대우그룹은 110여 개국에 약 400개의 해외 법인을 운영하며 세계 경영에 도전했다.

그러나, 이 과정에서 내실은 다지지 않고 무리하게 확장에만 신경 써 부채가 눈덩이처럼 쌓였다. 1998년 말 약 78조 원의 부채로 부채비율이 400%를 넘었다. 엎친 데 덮친 격으로 1998년 한국은 외환 시장 위기로 IMF에 차입을 진행하며 원화 가치가 급락하고 금리가 급등했다. 외화 단기 차입금이 많던 대우는 이자 부담이 눈덩이처럼 불었다. 무리하게 기업을 인수하며 외형을 키우는 과정에 부채 비중이 커졌는데, 한국에 IMF 외환위기가 닥치자, 이 모든 것이 위기로 작용했다. 급기야 분식회계 사실마저 외부에 들통나며 김우중 회장이 기소되기도 했다. 1997~1998년 약 41조 원 규모의 분식회계가 적발되었다. 유동성 위기에 빠진 대우그룹은 결국 1999년 8월 모든 계열사가 워크아웃 대상이 되며 해체되었다.

또, 한국의 PC 대중화를 이끈 삼보 컴퓨터 이야기를 알아보자. 삼보컴퓨터에 대해 들어본 적이 있는가? 삼보컴퓨터는 1980년 설립된 기업으로 한국 최초로 개인용 컴퓨터를 개발해 캐나다로 수출하기까지 했다. 1990년대 초중반까지 국내 PC 시장에서 점유율 1위를 기록하며 1997년 매출 1조 원, 2000년에는 4조 원을 돌파하며 급성장했다.

그러나, IT 통신 분야로 사업을 확장하며 30여 개 계열사까지 늘었지만, 2005년 법정관리를 신청해 한 챕터의 기업 역사를 마무리 지었다. 삼보컴퓨터의 경영 악화 원인은 여러 가지로 회자되고 있다. 그중 첫 번째는 무리한 사업 다각화와 투자 실패로 인한 부채 누적이었다. PC 판매로 벌어들인 자금을 무선호출기, 시티폰, 초고속 인터넷, 케이블방송, 벤처투자, 소프트웨어 개발 등 계열사를 설립하며 사업을 급격히 다각화했다. 이들 신사업은 대부분 매출과 이익 실적을 내지 못해 투자금이 고스란히 부채로 남았다. 두 번째는 무리한 해외 공장 설립과 물량 위주 저가 전략으로 수익성이 악화하였다. 당시 국내 대표 전자회사인 삼성과 LG 사이에서 PC 분야에서 독보적인 위치를 점하기는 했지만, 이

내 곧 중국과 대만 등 해외 업체의 저가 공세에 맞물려 PC 가격이 원가 수준까지 하락했고 마진이 크게 줄며 수익성이 악화하였다. 이 외에도 글로벌 경쟁 심화로 OEM 사업의 한계와 대기업과의 경쟁 심화, 조직 비대화와 내부 관리 부실, 시장 포화와 외부 환경 변화 등의 이유가 있다.

기업이 무너진 이유는 지속 가능한 수익 구조를 갖추지 못했기 때문이다. 외형을 키우고 시장을 확장하는 것도 중요하지만, 그것이 내실 없는 성장, 특히 현금흐름과 수익 구조의 불균형 위에 세워진다면 위기 상황에서 가장 먼저 무너진다. 기업의 생존을 결정짓는 건 수익을 구조화하는 능력이다.

기업에서 자금 확보는 혈액 순환과 같다. 생생하고 건강하게 오래 살아남으려면 혈액 순환이 잘 돼야 한다. 이 자금을 확보하는 방법은 크게 둘로 이루어지는데, 하나는 투자, 대출 등과 같이 기업 관계자를 통해 확보하는 것이고 다른 하나는 제품과 서비스로부터 발생하는 매출이다. 전자는 사업을 확장할 때 기업이 많이 활용하고, 후자인 매출은 기업 활동의 결과로써 발생한다. 좋은 제품과 서비스를 만들어 시장에 판매하면, 소비자가 열광하는 제품을 만들면, 경쟁자보다 성능과 품질이 좋고 합리적인 가격의 제품을 만들면 결과로써 매출이 기업으로 흘러들어온다. 이는 확장을 위한 투자를 단행할 때 내부 총알로 사용할 수 있으며, 안정적인 매출은 기업 가치를 상승시켜 투자나 대출 시에도 유리하다. 또한, 예측 가능한 수익은 확장을 위한 투자 결정과 기업 운영의 안정성을 확보할 수 있다. 불안정한 수익 구조는 비즈니스 안정성을 저해하며, 고객 관계를 악순환으로 밀어 넣는다. 고객 충성도는 약해지고, 이탈률은 증가한다.

기업의 안정과 성장은 예측 가능한 수익 구조에서 나온다. 일회성 매출이 아니라 고객이 반복적으로 지갑을 여는 구조를 만들어야 한다. 아마존은 프라임(Amazon Prime)이라는 전략적 선택을 했다. 프라임은 연간 또는 월간 요금을 지불하면 빠른 배송, Prime Video, Prime Music, 독점 할인 혜택 등을 제공받는 유료 멤버십 서비스다. 처음엔 빠른 배송을 원하는 고객 니즈에서 출발했지만 점차 아마존의 핵심 수익 모델이 되었다. 프라임은 반복 수익 구조를 내장하고 있고, 예측 가능한 현금 흐름을 만들어준다. 매달 고객이 자발적으로 돈을 내고 아마존 생태계에 묶이는 셈이다.

프라임 회원은 비회원에 비해 구매 빈도와 금액이 훨씬 높다. 아마존이 공개한 자료에 따르면 프라임 회원은 평균적으로 비회원보다 2배 이상 자주 구매하고 더 많은 금액을 지출한다. 아마존은 반복 수익을 확보할 뿐 아니라 고객 충성도 강화까지 성공했다. 반복 수익 모델은 아마존의 비즈니스 확장을 가능케 한 동력이었다. 안정적이고 지속적인 현금 흐름은 물류 인프라 투자, 콘텐츠 제작, 글로벌 시장 확장 등 공격적인 전략을 시행하는 기반이 되었고, 결과적으로 세계 최대의 종합 플랫폼 기업으로 성장할 수 있었다.

지속적이고 반복적인 수익 구조를 갖추기 위해서 고객 관계를 반복적으로 설계하고, 가치가 지속해 흐르는 구조를 만들어야 한다. 이러한 반복 수익을 만들려면 고객 락인 구조 구축, 심리적 진입 장벽과 이탈 장벽 설계, 지속적인 가치 제공, 확장 가능한 구조가 수반되어야 한다. 이는 비즈니스 모델 설계 단계부터 전략적 접근이 필요하다. 다음 반복적인 매출 구조를 위한 핵심 전략과 실행 방법을 살펴보자.

첫째, **고객 생애 가치에 중점을 둬 반복 구매 구조**를 만드는 것이다. 반복 수익 구조는 한 명의 고객이 얼마나 오래, 얼마나 자주, 얼마나 많이 지불할 수 있는지를 기반으로 한다. 이를 위해 고객의 사용 흐름과 충성도, 이탈 요인을 구조적으로 분석하고, 초기 구매 이후의 재구매 경로를 설계해야 한다. 고객 데이터를 기반으로 추천, 타이밍, 가격 전략을 개인화하여 반복 수익의 가능성을 높인다. 특히, AI 추천, 리마케팅, 재방문 유도 시스템은 고객 생애 주기 전체에서 수익을 극대화하는 데 필요하다. 이와 같이, 고객 생애 가치에 중점을 둔 반복 구매 구조를 만들고 유지하기 위해서는 핵심 지표를 설정해 지속 모니터링하며 성과를 측정해 나아갈 길을 모색해야 한다.

둘째, **제품이 아니라 관계를 파는 거**다. 구독형 비즈니스 모델인 SaaS 모델과 유지보수형 서비스 등은 모두 고객과의 관계를 중심으로 설계된 구조다. 고객이 끊임없이 사용하고 의존하도록 만든 UX, 혜택, 연동 등의 요소가 반복 수익 구조를 유도한다. 가치 기반 구독 모델을 도입해 계층형 가격 전략이나 사용량 기반 청구를 활용할 수 있고, 기본과 프리미엄 등 계층별 기능 차별화를 시도해 신규 고객의 진입 장벽도 낮추고 기존 고객의 충성도를 유지할 수도 있다.

셋째, **가치의 흐름이 멈추지 않도록 구조적 락인을 설계**하는 거다. 고객이 한 번 구매하고 끝나는 게 아니라 시간이 흐를수록 새로운 가치를 느낄 수 있도록 해야 한다. 기능 추가, 업데이트, 서비스 개선, 커뮤니티와 생태계 구축 등은 고객의 재방문과 재지불을 유도하기 위해 많이 사용하는 방법이다. 고객이 스스로 떠나기 어렵게 만드는 구조도 중요하다. 콘텐츠 축적, 포인트 적립, 복잡한 이전 비용 등이 활용되고 있다. 단순한 반복을 넘어 자연스럽게 계속 쓰게 되는 구조가 본질적 경쟁력이다.

10.4 적응성과 확장성

드라마를 보던 중, 우연히 채널을 돌리다 사극 한 장면에서 손이 멈췄다. 배경은 조선이 농업 중심 사회에서 상업 사회로 전환되던 시기였다. 화면 속 주인공이 이렇게 혼잣말했다.

“세상의 변화가 이리도 빨라서야, 어떻게 살아가야 하나?”

그 짧은 한마디가 묘하게 마음에 꽂혔다. 조선 시대는 변화가 느리고 천천히 흘러가는 시대였다는, 고정관념이 있었던 것 같다. 그제야 알았다. 변화는 언제나 지금 여기에 사는 사람들에게는 낯설고 버겁고 두려운 일이라는 것을. 지금

나에게도 산업과 기업, 경영 환경은 어질어질할 정도로 빠르게 움직이고 있다. 디지털 기술과 정보 기술은 그 변화를 더욱 가속화하고 있다.

불과 20년 전, 좋아하는 가요를 벨소리로 15초 재생할 수 있어 기뻤던 순간의 생생함과 처음 셀카를 찍었을 때의 설렘이 선명하다. 그러나 이제는 실시간으로 음악을 재생하고 수천 장의 사진과 동영상이 누적되어 저장되고 있다. 20년, 인생으로 보면 긴 시간일지 몰라도, 그렇게 실감이 나게 길지는 않다. 그래서 오늘의 세상만 유독 빠르게 변하는 줄 알았다. 하지만 시대를 바꿔놓고 조선 시대의 장면을 떠올려보니 그 시대도 지금과 다르지 않을 수 있겠다 싶다.

세상에는 물건을 사고파는 사람들로 북적였고, 상업으로 돈 번 이들이 이전보다 더 당당하게 활보하고 있었으며, 글을 읽고 학문을 파던 선비는 가난에 지쳐 초가집에 머물고, 넓은 땅을 가진 대감은 수확량이 줄어드는 현실에 걱정을 늘어놓고 있었다. 왕과 귀족 중심의 사회 체계는 점점 흔들리고, 보지도 듣지도 못했던 파란 눈과 큰 코의 외국인들이 항구를 드나들며 낯선 긴장감마저 만들고 있었다.

익숙한 것이 흔들리고 낯선 것들이 몰려올 때 사람은 쉽게 동요된다. 인간에게 변화는 두렵고, 때로는 위협적이다. 본능적으로 안정적인 삶을 지향하지만, 변화는 언제나 도전과 모험을 수반하며 삶 전체에 영향을 미친다. 변화에 적응하려면 의식적인 노력이 필요하기도 하다. 새로운 현실을 받아들이기 위해 때로는 익숙함이나 특권을 내려놓는 유연함도 필요하다. 그래서 변화는 많은 사람에게 피하고 싶은 대상, 또는 삶 속에서 마주하는 불편한 장애물로 인식되곤 한다.

변화에 적응하지 못한 종은 결국 생존하지 못한다. 조선 시대 흥선대원군은 외국 문물로 인해 오랫동안 지켜온 풍습과 관습이 무너지는 게 두려워 쇄국정책을 펼쳤다. 그러나 그 선택은 조선을 더욱 고립시켰고, 결국 일제 강점기라는 대참사로 이어졌다. 역사 시간에는 그저 쇄국정책의 의의와 영향 정도만 암기하고 넘어갔는데, 성인이 된 지금, 가끔 입장 바꿔 그 상황을 다시 생각해 보게 된다.

만약 내가 그 시대, 그 자리의 흥선대원군이라면 어땠을까? 마찬가지로 쇄국정책을 펼쳤을까? 어쩌면 그는 단순히 시대를 거스르려 했던 게 아니라, 처음 마주하는 낯선 세계 앞에서 두려움을 느낀 한 개인이었을지도 모른다. 한 국가의 운명을 짊어진 수장으로서, 무엇을 선택해야 할지 몰랐을지도 모른다.

오늘날 기업과 경영진이 마주하는 현실도 크게 다르지 않다. 연신 새로운 기술이 등장하고 있다. 컴퓨터가 보급되었고, 스마트폰이 일상을 바꿨고, 4차 산업이 확산되고, 인공지능이 이제 인간의 일과 삶 영역으로 들어왔으며, 블록체인이라는 신기술이 등장했다. 어지럽다. 모두가 혁신을 이야기하지만, 정작 무엇을 어떻게 해야 할지 갈피를 잡기가 영 쉽지 않다. 이 거센 변화의 흐름 속에서 자칫 잘못된 경영의 의사결정은 기업 존폐를 가를 리스크로 번질 수 있다. 그래서 더 조심스럽고 더 소극적으로 움직이게 된다. 한 발 내딛는 것조차 신중해진다.

세상이 변한다는 사실은 피할 수 없는 진리로 받아들여야 한다. 특히 기업을 둘러싼 모든 환경은 시시때때로 끊임없이 움직이며 변하고 있다. 하루가 멀다 하고 성능이 개선된 기술이 나오고 새로운 기술이 등장하며 산업의 경쟁력을 바꾼다. 고객 또한 바뀌고 있다. 세대가 지닌 시대적 경험과 사회 배경에 따라 원하는 것, 사용하는 방식, 만족의 기준이 달라지고 있다. 어제의 고객이 더 이상의 오늘의 기준이 아니다. 경쟁 구도 또한 예외가 아니다. 전혀 다른 업종에 있던 기업이 기술과 플랫폼을 기반으로 새로운 경쟁자로 등장하고 있으며, 정치·경제적 변수는 글로벌 공급망을 뒤흔들며 시장 질서를 다시 짜고 있다.

과거에 성공한 비즈니스 모델도 시장이 바뀌면 잘 작동하지 않는다. 고정된 비즈니스 모델은 시간이 지나면 수명을 다한 거나 마찬가지다. 정치, 경제, 기술, 사회 등 모든 분야가 예측 불가능성이 높아지며 불확실성은 이제 변수가 아닌 상수가 되고 있다. 변화에 민감하고 유연한 비즈니스 모델만이 생존하고 성장할 수 있게 된다. 이제는 변화 대응력이 생존 조건이 되고 있다.

기업 변화에 잘 적응한 기업은 시장 점유율이 확대되고 수익성이 개선되는 효과를 본다. 어도비는 패키지 소프트웨어 판매 중심에서 클라우드 기반 구독 모델로 전환하며 안정적인 성장 궤도에 올라섰다. 전체 매출의 96%가 구독 기반으로 전환되며 예측 가능한 현금 흐름을 확보했다. 디즈니는 영화와 테마파크 중심의 사업 구조에서 벗어나, 자체 스트리밍 플랫폼인 Disney+를 출범시켜 디지털 콘텐츠 시장에 안착했다. 새로운 세대의 소비자와 직접 연결되는 채널을 확보하며 수익성을 크게 개선했다. 2024년 Disney+와 Hulu를 합친 구독자 수는 1억 8천 3백만 명을 돌파했다. LG화학은 석유화학 중심 사업에서 전기차 배터리로 사업 포트폴리오를 전환하며, LG에너지솔루션을 분사해 글로벌 전기차 배터리 선두 기업으로 도약했다. 글로벌 생산 능력과 기술 경쟁력 확보를 통해 미래 성장 기반을 다지는 성과를 거두었다. 이 같은 전환은 미래 성장 동력을 확보하고 기업 가치를 극대화하는 기반이 되었다. 이처럼 변화에 기민하게 적응한 기업들은 매출 확대, 수익성 개선, 고객 기반 확충 등 실질적인 성과로 그 효과를 입증하고 있다.

반면, 최초의 대중용 카메라를 출시한 코닥은 20세기 내내 사진과 필름 산업의 절대 강자로 군림했다. 1976년 미국 필름 시장 점유율 90%, 카메라 시장 점유율 85%에 달할 정도로 독보적이었다. 코닥은 카메라는 저렴하게 판매하고 필름과 사진 인화 서비스로 수익을 냈다. 필름, 인화지, 현상 화학약품 등에서 막대한 이익을 냈다.

이런 코닥은 1975년 세계 최초로 디지털 카메라를 개발했다. 그러나 해상도가 낮고 대형 장치에다, 필름 없는 사진이 시장성이 없다고 경영진은 판단했다. 당시 코닥의 핵심 수익원인 필름 사업을 잠식할 것을 우려해 디지털 카메라 상용화와 마케팅에 소극적이었다. 디지털 카메라 특허와 기술을 보유하고도 이를 적극적으로 활용하지 않았다.

그러나 1990년대 후반부터 디지털 카메라와 휴대폰 카메라가 급성장하면서 코닥의 필름 중심 사업 모델이 흔들리기 시작했다. 2004년 디지털 카메라 판매량이 필름 카메라를 추월하자 뒤늦게 코닥도 디지털 카메라를 출시했으나, 품질, 가격, 성능 면에서 소니, 캐논, 니콘 등 시장 선두 주자들과의 경쟁에 밀렸다. 결국, 2012년 파산보호를 신청하고, B2B 사업 중심으로 재편한 후, 최근은 사업을 다각화하고 있다.

필름 카메라 시장에서 혁신을 주도한 주체였지만, 그들이 차지하고 있던 주류 시장에서의 인지도에 매몰되었으며, 시장 잠식(Cannibalization)을 우려해 디지털 카메라로의 전환을 가볍게 여긴, 변화의 파괴 속도를 과소평가한 사례로 경영 교과서에 남았다.

2000년대 중반 캐나다 업체인 RIM은 블랙베리라는 업무용 스마트폰으로 시장에 진입해 B2B 영역에서 막 자리를 잡아가기 시작했다. 쿼티(QWERTY) 키보드를 장착했고 강력한 보안 기능으로 이메일과 메신저 송수신이 가능했으며, 기업과 정부, 금융권 고객을 대상으로 보안이 중요한 고객에게 폭발적 인기를 끌었다. 2008년 미국 스마트폰 시장 점유율 44.5%를 기록했고, 전 세계 가입자 수는 4,100만 명에 달했다.

그러나 2007년 애플 아이폰과 2008년 구글 안드로이드가 시장에 등장하며 스마트폰 시장 패러다임이 터치스크린과 앱 생태계로 이동하기 시작했는데, 블랙베리는 여전히 쿼티 키보드와 자체 OS를 고수하며 경쟁에서 밀렸다. 2010년 43%에서 2013년 6%로 급락했고, 2016년에는 스마트폰 자체 생산을 중단하게 되었다.

현재는 그들의 강점이었던 소프트웨어와 보안을 중심으로 사업을 재편하고 지속적인 혁신으로 성장을 추진하고 있다. 한때 블랙베리는 보안성과 키보드 기반의 사용성이라는 기술적 강점으로 B2B 시장을 선점했지만, 곧이어 등장한 터치스크린 중심의 스마트폰이라는 또 다른 기술 혁신에 민첩하게 대응하지 못해 시장에서 존재감을 잃고 말았다.

우리는 지나온 길을 뒤돌아보면 변화 현상 파악과 결과 분석이 어렵지 않다.

하지만, 현재 지금 상황에서 어떤 변화가 나타나고 있으며, 그 변화에 맞춰 우리 기업이 어디로 가야 할지 방향을 정하는 건 결코 쉬운 일이 아니다. 이는 모든 사람에게 어려운 과제다. 그럼에도 불구하고, 변화에 잘 적응하기 위해서는 어떻게 해야 할까?

먼저, **변화를 유연하게 받아들이고 적응을 잘하는 조직문화를 구축**해야 한다. 『누가 내 치즈를 옮겼을까』의 '치즈가 사라진 것을 빨리 인정하는 자가 새로운 치즈를 찾는다'는 교훈처럼, 변화를 위기가 아닌 기회로 인식하는 긍정적 프레임을 조직에 심어야 한다. 부정적 사고 대신 이 변화가 어떤 가능성을 열까라는 질문으로 접근하여 조직원들의 심리적 저항을 최소화해야 한다. 다이어트에 성공하려면 그릇 크기를 바꾸라는 것처럼 변화를 인식하고 받아들이는 물리적 환경을 만들어야 한다. 조직 내 실험과 학습을 허용하는 유연한 문화를 형성하고 적응의 확장을 위해 내부 구조를 모듈화하는 것도 좋다.

그리고, **비즈니스 모델을 정기적으로 점검**해야 한다. 비즈니스 모델이 작동하기 위해 전제하고 있는 핵심 고객, 핵심 채널, 수익 구조가 여전히 유효한지 주기적으로 체크해야 한다. 일반적으로 기업은 회계연도 기준과 연계해 1년 단위로 운영된다. 차년도 경영 계획을 수립할 때나 제품과 기술 로드맵을 점검할 때, 비즈니스 모델도 함께 검토하는 것이 바람직하다. 이때는 데이터 기반 의사결정이 중요하다. 고객 이탈률, 고객 만족도, 구매 전환율 등 핵심 지표를 기반으로 사실에 입각한 판단을 내려야 한다. 비즈니스 모델은 변화 징후를 가장 먼저 숫자로 감지할 수 있어야 하며, 이를 위해 지표 중심의 구조 설계와 정기적으로 또 수시로 점검 체계를 병행해야 한다.

변화에 대응하는 효과적인 방법은 **작은 행동부터 시작해 소규모 실행**하는 것이다. 변화 신호를 포착하면 지정한 시간 내 실행 가능한 미니 액션을 설계하여 불확실성을 줄이고 리스크를 최소화할 수 있다. 큰 그림을 한 번에 실현하려는 시도보다는 한 번에 한 걸음 원칙에 따라 지속적인 최적화와 반복 학습을 추구하는 접근이 필요하다. 변화는 일시적인 이벤트가 아니라 기업 경영 환경 속에서 끊임없이 발생하는 상수이기 때문에, 작은 성공을 축적함으로써 변화 속도를 따라잡고, 나아가 변화를 주도하는 힘을 키워야 한다.

비즈니스 모델을 설계할 때는 변화 가능성을 구조 안에 내장하는 것도 중요하다. 일회성 설계가 아니라, 반복 가능하고 개선 가능한 유기적 구조로 설계해야 하며, 고객 피드백과 시장 신호가 실시간으로 반영되는 순환형 루프를 구축해야 한다. 즉, MVP → 실험 → 학습 → 확산이라는 반복 사이클을 내장함으로써 비즈니스 모델이 스스로 학습하고 진화하는 구조로 작동하게 만들어야 한다. 이것이 변화에 민감하게 적응하고 유연하게 확장하는 성공하는 비즈니스 모델의 조건이다.

10.5 실행력을 갖춘 운영 구조

비즈니스 모델은 설계만으로 끝나서는 안 된다. 아무리 뛰어난 전략과 치밀한 구조라도 실제 조직이 움직이지 않는다면 경쟁력이 만들어지지 않는다. 비즈니스 모델은 고객에게 가치를 전달하고, 시장에서 수익을 창출하며, 내부 자원을 효과적으로 배치하는 등, 이들을 서로 연결하는 과정과 함께 조직이 움직일 때 실현된다. 기업 현장에서는 잘 짠 설계도보다 잘 돌아가는 시스템이 더 중요하다. 아무리 뛰어난 전략과 구조를 구상했다 하더라도, 조직 내부에서 제대로 실행되지 않으면 고객은 그 가치를 경험할 수 없고, 기업 역시 성과를 거둘 수 없다.

시장에서 평가받는 것은 계획이 아니라 성과이며, 성과는 움직이는 조직, 즉 작동하는 시스템에서 나온다. 기업 현장은 계획대로만 흘러가지 않는다. 수많은 변수와 예측 불가능한 상황이 반복되는 가운데, 유기적으로 대응하고 조율하며 실행해 내는 역량이 더 중요하다. 정교한 설계도도 실행되지 않으면 무용지물이며, 반대로 다소 부족한 설계라도 민첩하게 반응하고 실행하는 시스템이 뒷받침된다면 시장에서 성공할 가능성이 높아진다. 그렇기에 실행력은 비즈니스 모델을 현실로 끌어내는 요소이며, 전략의 완성은 결국 실행에 달려있다.

성공하는 기업의 비즈니스 모델은 뛰어난 실행력을 조직에 내재화하고 있다. 이들은 전략, 자원, 사람, 프로세스가 하나의 흐름으로 연결되어 작동하게 만든다. 실행이란 시키는 대로 움직이거나 정해진 대로 따르는 것이 아니다. 명확한 목표에 따라 책임을 갖고 자율적으로 움직이는 구조이다. 실행력이 강한 조직은 빠르고 유연하며 도전하고 실수를 교훈으로 전환한다. 현장에서 나타나는 크고 작은 시장의 변화를 재빠르게 읽고 대응해 시장과 고객이 반응할 수 있게 만든다.

삼성전자는 전략적 실행력을 조직 전반에 내재화한 기업으로 기술 리더십과 시장 대응 속도에서 경쟁사를 앞섰다. 특히 반도체 사업부는 단기 전략 수립보다 실시간 정보에 기반한 유연한 판단과 실행을 중시한다. 신제품 라인 전환 시 전사 차원의 자원 배분이 빠르게 이뤄지고 내부 생산 라인, 공급망, 유통 파트너가 일사불란하게 움직이는 구조를 갖췄다. 이는 피드백-조정-실행의 사이클이 작동하도록 각 현장의 팀과 실무자가 의사결정과 실행을 담당하는 시스템 덕분이다. 빠르게 실행하고 빠르게 개선하는 조직문화가 세계 최고 수준의 품질과 생산성을 만들어냈다. 실행이 강한 조직은 전략을 실현하고 전략을 진화시키는 힘까지 만들어냈다.

그렇다면 실행력을 갖춘 비즈니스 모델은 어떻게 설계해야 할까? 조직의 실행력을 높이기 위한 구조적 조건인 비즈니스 모델 전략은 다음이 필요하다.

첫째, **조직 정렬이 요구**된다. 기업의 경영 전략, 비즈니스 모델 전략, 팀 목표, 개인 업무가 하나의 방향으로 정렬돼 있어야 한다. 한 방향으로 정렬되지 않은 조직은 각각 다른 지도를 들고 움직이는 것과 같다. 전략이 현장과 연결되지 않으면 아무리 훌륭한 아이디어도 실행되지 않는다. 아마존은 고객 집착이라는 명확한 방향 아래 모든 부문이 움직인다. 조직 내 누구도 방향이 헷갈리지 않도록 고객 중심으로 전략과 운영이 정렬되어 있다.

조직의 리더는 방향을 명확히 제시해야 한다. 조직 구성원들이 무엇을 위해 일하는지, 회사는 어떤 지향점을 향해 나아가야 할지, 분명하게 이해시켜 어디로 가야 하느냐는 질문에 스스로 답할 수 있게 해야 한다. 또, 기업의 비전과 전략적 목표를 단순하고 반복적으로 커뮤니케이션해 문서로만이 아니라 매일의 업무에 녹아드는 언어로 만들어야 한다. 이처럼 방향 설정이 명확해야 구성원들이 각자의 행동을 전략적 목표와 연결 지을 수 있고, 비로소 실행은 조직의 힘을 얻게 된다.

둘째, **데이터 기반 실행과 피드백 루프**를 갖추어야 한다. 실행은 한 번으로 끝나는 게 아니라, 반복과 개선을 통해 정교해지는 과정이다. 넷플릭스는 수백 개의 추천 알고리즘을 동시에 실험하며 고객 반응 데이터를 바탕으로 지속적으로 조정하고 개선한다. 실행력을 높이기 위해선, 행동과 측정, 개선이 반복되는 루프를 만들어야 한다. 루프의 각 단계를 평가하고 측정할 때는 데이터를 기반으로 해야 한다. 데이터는 특정인의 경험이나 능력에 의존하는 구조가 아니라 객관적인 현상을 보여주며, 사업의 과거, 현재, 미래를 해석하는 밑거름 역할을 한다. 실행의 나침반이자 개선의 출발점으로 데이터를 활용해야 한다.

셋째, **책임과 권한의 균형**이다. 실행이 잘되는 조직은 현장에 권한이 있다. 중요한 의사결정이 위에서 내려오는 것이 아니라, 고객과 가장 가까운 곳에서 이뤄진다. 하지만 권한에는 반드시 책임이 따르고, 결과에 대한 명확한 평가와 보상 구조가 수반되어야 한다. 삼성은 사업부제 단위로 평가하고 있으며, 각 팀이 성과에 대해 책임지고 자율적으로 움직이도록 한다. 이러한 운영 방식은 빠른 의사결정과 실행을 가능케 하고, 현장의 기민한 움직임을 끌어냈다.

실행력이 부족한 기업은 훌륭한 자원을 기반으로 전략을 수립해도 실패할 수 있다. 잘 짜인 전략과 풍부한 자원만으로는 경쟁 우위를 만들 수 없다. 자원이 실행될 수 있도록 연결하고 조직화해야 진짜 힘이 된다. 반대로 실행력을 비즈니스 모델에 포함한 기업은 전략 이상의 결과를 만들어낸다. 자원을 단순히 나열하거나 활용하는 게 아니라, 흐름으로 연결하고, 작동 가능한 시스템으로 만든다. 전략, 조직, 지표, 문화가 유기적으로 맞물려 하나의 구조로서 움직인다. 실행 중심의 비즈니스 모델은 확장성, 수익성, 지속 가능성을 동시에 갖추며 변화와 충격에 덜 흔들리는 경쟁력을 만든다.

비즈니스 모델 전략은 설계도로서만이 아니고 운영되는 시스템으로 역할을 해야 한다. 회사 내 문서로만 존재하는 것이 아니라, 현장에서 살아 움직이고, 데이터를 기반으로 학습하며, 고객과 시장에 반응하는 형태가 되어야 한다.

표 18 성공한 비즈니스의 공통 구조

성공한 비즈니스 모델	설명	대표 사례
1. 차별화된 고객 가치 제안	고객이 진정으로 원하는 문제 해결 방식과 경험을 제공. 단순한 제품이 아닌 의미 있는 가치 중심 설계	다이슨 청소기: 고성능 흡입력과 고급 디자인으로 프리미엄 시장 구축 애플 아이팟과 아이튠즈: 곡 단위 디지털 음원 구매와 생태계 구성
2. 핵심 역량 중심의 설계	기업이 가장 잘하는 것, 남들이 따라 하기 어려운 것을 중심에 두고 비즈니스 모델을 설계	엔비디아: GPU 기술을 기반으로 CUDA 플랫폼을 통해 AI 개발자 생태계 구축 구글: 페이지 랭크 알고리즘을 기반으로 한 검색 엔진
3. 장기적인 반복 수익 구조	일회성 판매가 아닌 반복적 수익 구조를 설계해 장기 경쟁력 확보	아마존 프라임: 회원비를 받고 빠른 배송, 콘텐츠 무료 서비스 제공하며 안정적인 고객 기반을 확보

성공한 비즈니스 모델	설명	대표 사례
4. 변화에의 적응과 유연한 확장	고객과 시장의 변화를 빠르게 감지하고 구조적 전환이 가능한 설계를 내장	코닥: 필름 카메라 시장 강자로서 지배력을 지키기 위해 디지털 카메라 시장에 소극적으로 대응해 시장 지배력 상실
5. 실행력을 갖춘 비즈니스 모델 운영 구조	전략, 자원, 인력, 프로세스를 하나의 흐름으로 정렬. 빠르고 유연하게 시장 반응에 대응 가능	삼성전자: 의사결정과 실행을 실무에서 담당하며 빠르게 실행하고 개선하는 조직문화

자기진단 체크리스트 (Self-Assessment Checklist)

1. 성공한 기업들의 공통 구조인 가치 제안, 역량, 수익 구조, 적응성, 실행력을 설명할 수 있는가?
2. 우리 조직의 핵심 자원과 역량을 RBV 기준인 Value, Rareness, Inimitability, Organization으로 점검할 수 있는가?
3. 우리 비즈니스 모델은 고객의 반복 구매와 장기적 관계를 유도하는 구조인 LTV 극대화, 구독, 락인 등을 내장하고 있는가?
4. 변화하는 고객 · 기술 · 시장 환경에 적응하고 확장할 수 있도록 MVP-실험-학습-확산의 순환 구조를 운영하고 있는가?
5. 전략-조직-데이터-문화가 정렬된 실행 시스템을 구축해, 빠르고 유연한 실행력을 확보하고 있는가?

제3부 학습 요약

1) 기업 경쟁력 요소는 시대에 따라 생산 효율성 → 공급망 관리 → 마케팅·브랜드 → 기술 혁신 → 플랫폼·생태계로 진화해 왔다.
2) 경쟁력의 핵심은 차별성·지속성·재현성으로, 다르게 하고 오래 유지하며 반복 가능한 구조를 갖추어야 한다.
3) 경쟁 우위란 일시적 성공이 아니라 시장에서 지속적으로 차별적 성과를 창출하는 능력을 의미하며, 이는 상대적이고 동적인 개념이다.
4) 구조 중심 경쟁력은 확장성(Scalability)·적응성(Adaptability)·지속성(Sustainability)의 세 축 위에서 형성된다.
5) 비즈니스 모델은 자원과 활동을 연결해 가치를 창출·전달·수익화하는 구조적 설계도로, 전략과 실행을 잇는 매개 장치다.
6) 비즈니스 모델 전략은 단순한 수익 구조를 넘어 경영, 기술, 마케팅을 통합하는 메타 프레임으로, 기업이 생존을 넘어 성장과 진화를 가능하게 하는 사고 틀이다.
7) 플랫폼은 제품·서비스 중심의 선형 구조가 아니라, 참여자들의 상호작용과 네트워크 효과를 기반으로 가치가 커지는 순환 구조다.
8) 플랫폼의 핵심 요소는 참여 주체, 거버넌스, 기술 인프라, 인센티브 구조이며, 네 가지가 균형 있게 작동해야 지속 성장할 수 있다.
9) 네트워크 효과는 품질 저하, 멀티호밍, 독점 규제, AI 편향 같은 위험 요인도 동반하기 때문에, 품질 관리·투명성·공정성을 동시에 설계해야 한다.
10) 비즈니스 생태계는 개별 기업의 가치사슬을 넘어, 오케스트레이터·보완재 제공자·참여 기업·고객이 협력하며 가치를 공동 창출하는 구조다.

11) 오늘날 경쟁은 기업 대 기업이 아니라, 생태계 대 생태계의 전쟁으로 진화하고 있으며, 개방성과 협력, 공정한 가치 분배가 생태계 성공의 핵심이다.

12) 가치 제안은 고객이 자사 제품이나 서비스를 선택하는 핵심 이유이며, 기업 존재의 중심축이다.

13) 차별화는 단순한 다름이 아니라, 고객이 체감할 수 있는 독보적이고 의미 있는 가치를 설계하고 일관되게 전달하는 것이다.

14) 애플의 아이팟-아이튠즈 사례처럼, 차별화된 가치 제안은 산업의 경계를 허물고 새로운 생태계와 시장 질서를 창출한다.

15) 비즈니스 모델은 단순한 수익 구조가 아니라, 가치를 창출·전달·수익화하는 구조적 설계도다.

16) 대표적인 비즈니스 모델 유형인 제품 판매·구독·광고·플랫폼·후리미엄·면도기/면도날·D2C·라이선스·하이브리드는 기업이 가치를 시장과 연결하는 다양한 방식을 보여준다.

17) 비즈니스 모델은 고정된 청사진이 아니라, 분석-설계-실행-개선이 반복되는 순환 구조 속에서 진화한다.

18) 불확실성이 커지는 AI·디지털 시대에 경쟁력은 기술 보유 여부가 아니라, 비즈니스 모델을 얼마나 잘 설계하고 끊임없이 진화시킬 수 있는가에 달려 있다.

19) 성공한 기업들은 공통적으로 문제 인식 → 고객 이해 → 구조 설계 → 실행력의 일관된 흐름을 통해 경쟁 우위를 확보했다.

20) 핵심 역량 중심의 설계가 비즈니스 모델의 힘을 결정하며, 단순한 자원 보유가 아니라 이를 조직적으로 결합·활용하는 능력이 경쟁력을 만든다.

21) 엔비디아, 아마존, 구글처럼 자원을 구조화해 핵심 역량으로 전환한 기업이 장기적 차별성과 지속 성장을 확보할 수 있다.

22) 기업은 일회성 매출보다 반복 수익 구조를 설계해야 비즈니스 안정성과 확장성을 동시에 얻을 수 있다.

23) 환경 변화는 상수이므로, 적응성과 확장성을 내장한 순환형 비즈니스 모델이 시장 충격 속에서도 생존과 성장을 지속한다.
24) 아무리 정교한 전략과 구조라도 실행이 뒷받침되지 않으면 무용지물이며, 전략의 완성은 실행력에서 나온다.
25) 성공적인 비즈니스 모델은 설계도에 머무르지 않고, 전략-자원-사람-프로세스가 하나의 시스템으로 연결된 살아 있는 구조로 작동한다.

사고 확장 질문

1) 기업 경쟁력의 핵심이 차별성·지속성·재현성이라고 했다. 여러분이 생각하는 오늘날 기업이 가장 취약한 축은 무엇이며, 그 이유는 무엇인가?
2) 플랫폼과 생태계의 경쟁은 '기업 대 기업'이 아니라 '생태계 대 생태계'의 전쟁으로 진화한다고 했다. 그렇다면 스타트업은 어떤 방식으로 거대한 생태계 속에서 자신의 위치를 확보할 수 있을까?
3) 만약 여러분이 새롭게 AI 시대형 비즈니스 모델을 만든다면, 어떤 구조를 설계하겠는가?
4) 네트워크 효과는 강력하지만 독점 규제, 편향, 멀티호밍 리스크도 존재한다. 이 상황에서 플랫폼 기업은 '성장'과 '공정성'을 어떻게 동시에 확보해야 할까?
5) 기업 경쟁력은 전략뿐 아니라 실행에 달려 있다. 그렇다면 실행력 강화를 위한 조직 설계는 어떤 원리에 기반해야 할까?

토론 주제

「2045년, 플랫폼 전쟁 – '커넥트월드'의 분열」

2045년, 세계는 네 개의 초대형 플랫폼 생태계로 나뉘어 있었다.

- 아마존월드: 유통·클라우드·콘텐츠까지 지배하는 거대한 제국
- 텐센트스피어: 게임·금융·메신저가 하나로 얽힌 사회적 생태계
- EU-그린넷: ESG 중심의 지속가능 플랫폼, 공공·환경 데이터를 무기 삼음
- 코리아-넥스체인: 반도체·AI·로보틱스를 기반으로 한 산업 특화 플랫폼

이들 사이에는 고객을 더 오래 붙잡는 자가 최후의 승자가 되는 냉혹한 경쟁이 벌어지고 있었다. 하지만 문제는 상호 호환 불가였다. 한 플랫폼에서 산 디지털 콘텐츠는 다른 플랫폼에서 실행되지 않았고, 금융 결제조차 폐쇄적이었다. 시민들은 점점 불편함을 호소했고, 일부 스타트업은 "우리는 어느 진영에도 속하지 않는다"라며 멀티호밍 전용 솔루션을 내놓기 시작했다.

그러자 각 플랫폼은 서로를 겨냥한 규제와 견제를 강화했다. 독점의 늪에 빠질 것인가, 아니면 협력의 길을 열 것인가?

여러분이 만약 2045년 스타트업 창업자라면 어떤 길을 택하겠는가?

- 특정 생태계에 올라타 더 빠르게 확장할 것인가,
- 모든 생태계를 연결하는 중립적 브릿지가 될 것인가,
- 아니면 완전히 새로운 제5의 생태계를 만들어낼 것인가?

이 선택은 비즈니스 모델의 문제가 아니라, 플랫폼 시대 권력 지형을 다시 짜는 결정이 될 것이다.

Your most unhappy customers are your greatest source of learning.
가장 불만족한 고객이 당신이 가장 많이 배울 수 있는 원천이다.

– Bill Gates(빌 게이츠)

Plans are worthless, but planning is everything.
계획은 무가치하지만, 계획을 세우는 과정은 모든 것이다.

– Dwight D. Eisenhower(디와이트 아이젠하워)

PART

04

전략 설계와 실행

오늘날 고객은 한 가지 얼굴을 하지 않는다. 그들은 소비자이자 생산자이며, 사용자이자 평가자이고, 때로는 트렌드를 이끄는 창조자이기도 하다. 기술 발전은 이들의 역할을 다층적으로 확장시켰고, 그 변화에 기업이 따라가지 못하면 생존을 장담할 수 없다. 시장 역시 과거의 틀 안에 머물지 않는다. 경계는 흐려지고, 산업은 뒤섞이며, 플랫폼 위에 올라탄 기업들은 새로운 질서를 만들어내고 있다. 한때 시장을 지배했던 기업들조차 새로운 변화 앞에 흔들리고 있다. 변화를 감지하지 못하거나, 감지하고도 따라잡지 못한 기업들의 말로는 충분히 예상된다. 고객은 바뀌었고, 시장은 고객과 함께 빠르게 움직이고 있다. 기술은 삶의 방식은 물론 소비의 구조와 작동 원리 자체를 바꾸고 있다. 경쟁의 룰은 시시각각 달라지고 있다. 우리는 그 변화를 감지하고 따라잡을 준비가 되어 있는가?

AI 시대의 본질은 기술 진보가 아니다. 진짜 변화는 고객이 브랜드와 만나는 방식, 기업이 고객을 이해하고 대응하는 방식, 그리고 비즈니스 모델이 설계되고 작동하는 구조 전체의 전환에 있다. 오늘날 우리는 인공지능이 만드는 새로운 전환점 앞에 서 있다. 기술은 단지 효율을 높이는 수준에 머물지 않고, 시장을 다시 설계하고, 고객을 다시 정의하고, 산업을 다시 배열하는 시대. 이 흐름을 이해하지 못한 기업은 5년 뒤의 생존도 낙관할 수 없다.

제4부에서는 움직이는 시장, 바뀐 고객 구조, AI 기술의 고유한 진화 방향과 산업 저변을 바꾸는 인프라, 그리고 이러한 전환 속에서 새로운 질서를 만들어가는 기업들의 전략 구조를 함께 짚어보자.

CHAPTER 11

AI 시대의 고객 중심 전략

학습 목표 (Learning Objectives)

1. 고객 세분화에서 초개인화로 이어진 마케팅 진화 과정을 이해한다.
2. 고객을 수동적 소비자가 아닌 능동적 주체이자 공동 설계자로 바라보는 시각을 익힌다.
3. 고객 접점과 고객 여정 관리의 중요성을 설명할 수 있다.
4. 고객 이탈의 원인과 이를 예방 · 관리하기 위한 전략을 제시할 수 있다.
5. 고객 중심이 AI 시대 전략의 출발점임을 설명할 수 있다.

도입 질문 (Opening Questions)

1. 오늘날 마케팅 전략이 '대중 → 세분화 → 개인화 → 초개인화'로 변화해 온 이유는 무엇일까?
2. 고객은 왜 더 이상 단순한 구매자가 아니라 능동적 주체로 불리는가?
3. 기술 경쟁이 치열한 시대에, 고객 접점 관리가 기업 경쟁력을 좌우하는 이유는 무엇일까?
4. 고객은 왜 불만을 표현하기보다 조용히 이탈하는 걸까?
5. 'AI 시대 전략은 고객을 향해 있어야 한다'는 말은 어떤 의미일까?

11.1 고객 세분화와 초개인화

마케팅은 '누구에게, 어떤 가치를 어떻게 전달할 것인가'라는 데서 출발한다. 이 질문에 대한 해답 역시 시대에 따라 달라졌다. 한때는 전체 시장을 하나로 보고 동일한 메시지를 던지면 충분했지만, 고객 욕구가 다양해지며 시장을 세분화해야 했고, 디지털 기술은 그 세분화를 개인 단위로까지 확장시켰다. 이제 AI는 개인의 취향과 행동을 넘어, 순간의 맥락까지 읽어내며 초개인화 전략을 가능하게 만들고 있다. 이는 시장과 고객을 바라보는 관점의 변화 과정이다. 이 절에서는 대중 마케팅에서 시작해 세분화, 개인 맞춤형 마케팅, 그리고 AI 시대 초개인화로 이어지는 흐름을 살펴보며, 고객을 이해하는 방식이 어떻게 진화해 왔는지 정리한다. 변화의 맥락 속에서 마케팅 전략을 해석하고 시사점을 얻을 수 있다.

마케팅의 출발은 대중 마케팅(Mass Marketing)이었다. 이 시기에는 시장을 하나의 거대한 집단으로 보고, 평균적인 고객을 상정해 전략을 세우는 게 기본 전제였다. 정보 접근이 제한적이어서 사람들은 유사한 취향과 욕망을 가졌고, 소득 수준과 라이프스타일도 비교적 균질했다. 대량 생산·대량 소비·대중 미디어가 어우러져 기업은 하나의 메시지로 전체 시장을 겨냥할 수 있었으며, 누구에게나 무난한 제품이 성공 가능성이 높았다.

시장이 성장하고 고객 욕구가 다양화되며 세분 마케팅(Segmented Marketing) 시대가 열렸다. 기업은 더 이상 시장을 하나의 덩어리로 보지 않고, 연령·소득·지역·라이프스타일 등 기준에 따라 고객 집단을 나눈 뒤 각 세그먼트에 맞춘 제품과 메시지를 제공했다. 이 과정에서 STP[71] 전략이 대표적 방법론으로 자리 잡았다.

소비자의 취향과 생활양식이 세분화되자, 화장품 기업은 연령과 피부 타입별 브랜드 포트폴리오를 운영했고, 자동차 기업은 소득 수준과 라이프스타일에 따라 차종을 차별화했다. 매체 역시 TV, 라디오, 잡지, 전문 채널을 활용해 집단별로 다른 메시지를 전달하는 방식이 확산했다. 코카콜라는 한때 '하나의 음료=행복'이라는 대중적 메시지로 세계 시장을 장악했지만, 건강과 웰빙을 중시하는 소비자 흐름에 맞춰 제로 콜라, 비타민워터, 플랜트 베이스드 음료 등 다각화된 제품군을 선보였다. 그 결과 단일 음료 모델을 다양한 세그먼트의 욕구를 충족하는 포트폴리오 전략으로 매출 구조를 재편할 수 있었다.

디지털 기술과 모바일 확산은 개인 단위 데이터 수집과 분석을 가능하게 하며, 고객 집단을 세그먼트 단위로 나누는 방식의 유효성을 약화했다. 같은 연령과 같은 성별 집단이라도 관심사와 라이프스타일이 모두 달라졌다. 이제 기업은 소비자 한 명 한 명에게 맞춤형 경험을 제공하는 개인화 마케팅(Personalized Marketing) 시대로 접어들었다. 웹사이트·앱·소셜미디어 등 다양한 경로에서 고객의 행동, 관심사, 구매 이력, 검색 패턴이 실시간으로 수집되고, 모바일 기기를 통해 언제 어디서나 맥락 기반 분석이 가능해졌다. 이제 더 이상 '평균 고객'은 존재하지 않고, 개인별 취향과 행동에 맞춘 정밀 타기팅이 핵심 경쟁력이 되었다.

---

71 STP: Segmentation(시장 세분화), Targeting(표적 시장 선정), Positioning(포지셔닝)의 약자. 기업이 시장을 나누고, 공략할 시장을 정하며, 그 대상에게 자사 제품이나 브랜드를 어떻게 인식시키고 차별화할지를 결정하는 마케팅 전략

스포티파이는 음악 스트리밍을 넘어 데이터 기반 개인화로 시장을 사로잡았다. 사용자의 청취 이력, 재생 시간대, 선호 아티스트, 심지어 특정 곡을 끝까지 들었는지 여부까지 세밀하게 분석한다. 이를 토대로 'Discover Weekly', 'Daily Mix'와 같은 맞춤형 플레이리스트를 제공하며, 이용자는 자신이 몰랐던 취향의 음악을 발견하게 된다. 현재 전체 청취량의 절반 이상이 추천 시스템을 통해 발생하고 있으며, 이는 사용자 만족도와 서비스 충성도를 크게 높이고 있다.

특히 스포티파이는 개인화된 음악 추천을 넘어 데이터 기반 아티스트 지원과 콘텐츠 제작에도 나서고 있다. 특정 지역과 연령대에서 급부상하는 트렌드를 실시간 분석해 신인 아티스트를 발굴하거나, 공연·이벤트 기획에 데이터를 활용하는 것이다. 이처럼 초개인화 전략은 고객 경험 향상뿐 아니라, 음악 산업의 가치사슬 전체를 변화시키는 촉매제가 되고 있다.

마케팅의 역사는 곧 시장과 고객을 이해하는 방식의 진화라 할 수 있다. 대중 마케팅 시대에는 평균 고객을 가정하고 하나의 메시지로 시장 전체를 겨냥했다. 이후 세분 마케팅 시대에는 연령, 소득, 지역, 라이프스타일에 따라 시장을 쪼개어 집단별로 차별화된 전략을 펼쳤다. 디지털 기술과 데이터가 보편화되면서 기업은 집단을 넘어 개인 단위에 집중하기 시작했고, 오늘날 AI는 이를 한층 더 발전시켜 고객의 순간적 맥락까지 반영하는 초개인화를 가능하게 만들었다.

개인 맞춤형 마케팅이 데이터를 기반으로 고객 단위에 최적화된 경험을 제공했다면, AI 시대의 초개인화(Hyper-Personalization)는 한 단계 더 나아가 고객의 맥락과 순간까지 실시간으로 반영한다. 이제 단순히 과거 행동을 분석하는 데 그치지 않고, 고객이 처한 상황·위치·시간·감정 상태까지 고려해 즉각적으로 반응하는 맞춤형 전략이 가능해진 것이다.

이 시기 특징은 대규모 개인화의 실현이다. 과거에는 일부 프리미엄 고객만 누리던 맞춤 서비스가 이제는 수백만 명의 고객에게 동시에, 그리고 자동화된 방식으로 제공된다. 챗봇, 추천 엔진, 음성 비서, 생성형 AI 등이 결합해 고객과의 상호작용을 끊임없이 학습·개선하고, 그 과정에서 개별 고객의 경험은 점점 더 정밀해진다.

AI는 구매 이력, 검색 기록, 소셜 활동, 위치 정보, 생체 데이터 등 방대한 데이터를 실시간으로 처리하며, 머신러닝 알고리즘을 통해 고객의 잠재적 니즈를 예측한다. 예컨대, 온라인 쇼핑몰에서는 고객이 특정 제품을 오래 살펴본 뒤 장바구니에 담지 않고 이탈하려는 순간, AI가 맞춤 할인 쿠폰을 제시하거나 관련 상품을 추천할 수 있다. 이는 고객이 원하는 순간을 놓치지 않고 가치를 전달하는 초개인화의 모습이다.

AI 기반 초개인화는 고객 경험을 개인 단위에서 순간 단위로 확장한다. 이는 단기적으로는 클릭률, 구매 전환율과 재방문율을 높이고, 장기적으로는 고객 충성도와 생애 가치를 극대화한다. 앞으로의 마케팅 경쟁력은 얼마나 정교하게, 그리고 얼마나 즉각적으로 고객의 맥락에 반응할 수 있는가에 달려 있다고 해도 과언이 아니다.

그림 57 마케팅의 변천

이 흐름은 우리에게 중요한 교훈을 준다. 시장과 고객은 고정된 존재가 아니라 끊임없이 변화하는 대상이라는 점이다. 기술은 단순히 효율을 높이는 도구가 아니라, 고객 욕구를 새롭게 정의하고 그에 맞춘 마케팅 방식까지 바꾸어 놓는다. 따라서 마케터에게 중요한 역량은 변화의 신호를 읽고, 시장과 고객을 깊이 이해하며, 그에 맞게 전략을 재설계하는 능력이다. 고객을 이해하는 자가 시장을 선도한다. 시장과 고객의 변화를 민감하게 파악하고, 그 흐름 속에서 자신만의 전략적 관점을 세울 수 있다면, 어떤 기술 환경에서도 경쟁력을 가질 수 있다.

11.2 능동적 주체로서의 고객

오늘날 고객은 기업의 존재 이유이자, 생존과 성장을 좌우하는 중요한 주체다. 수요가 공급을 웃돌던 산업화 초기에는 소품종 대량생산과 단방향 커뮤니케이션이 일반적이었고, 고객은 기업이 정의한 기준에 따라 움직였다. 선택권은 공급자에게 있었고, 고객은 그 흐름을 따르는 수동적인 시장 참여자였다. 고객은 제품이나 서비스를 구매하는 외부 소비자, 즉 기업이 만든 상품을 수동적으로 소비하는 존재로 여겨졌다. 그러나 오늘날은 그렇지 않다. 이제 고객은 능동적으로 정보를 탐색하고, 비교하고, 질문하며 선택을 주도하는 존재가 되었다. 구매 결정 전 수십 개의 리뷰를 검색하고, 가격 비교 플랫폼을 통해 합리성을 검토하며, 유튜브 후기와 SNS 반응까지 살핀다. 또, 고객은 판매자가 내세우는 메시지보다 다른 고객의 말과 데이터를 더 신뢰한다.

다음 그림과 같이 과거 수요가 공급보다 큰 시장에서는 기업이 주도권을 쥐고 가격과 제품 방향을 결정하며 영향력을 행사했다. 그러나 생산 기술의 발달, 글로벌 경쟁 심화, 디지털 유통 채널 확대 등으로 공급 능력이 급격히 늘어나며 이제는 공급이 수요를 초과하는 구조로 전환되었다. 이러한 환경에서는 소비자가 선택권을 갖게 되고, 가격 비교와 대안 탐색이 쉬워지면서 소비자 파워가 크게 강화되었다. 이에 따라 기업은 데이터를 기반으로 소비자의 선호와 행동을 정밀하게 이해하고, 그들의 취향과 맥락에 맞춘 제품과 서비스를 제공하는 노력을 기울이고 있다.

그림 58 수요와 공급의 변화

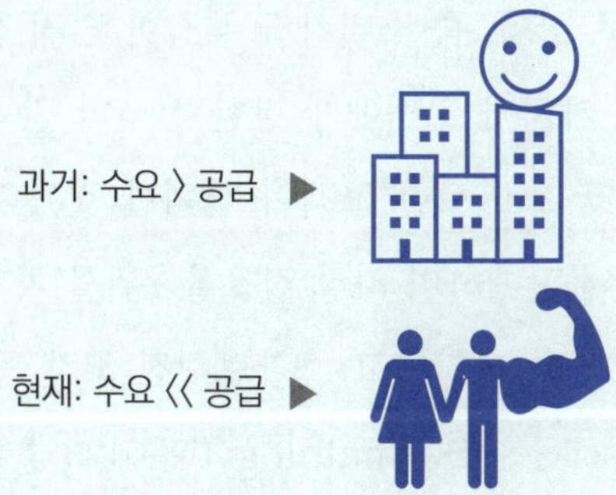

정보의 비대칭성이 해소된 시대, 고객은 때로 기업보다 더 많은 정보를 가진다. 디지털 기기, 전자 제품, 금융 서비스처럼 전문성이 요구되는 분야에서도 고객은 전문가 수준의 이해도를 갖춘다. 후기 콘텐츠를 제작하는 소비자는 또 하나의 브랜드가 되고 있다. 그들이 생산하는 리뷰 콘텐츠는 다른 고객에게 결정적인 영향을 미치기도 한다.

제임스 다이슨(Dyson)은 먼지봉투 없는 청소기를 만들겠다는 아이디어에서 청소기를 개발하기 시작했다. 기존 진공청소기의 주 수익원이 교체용 먼지봉투이던 때, 그는 먼지를 공기에서 분리하는 사이클론 원리를 적용해 필터 없이도 강력한 흡입력을 유지하는 청소기를 개발했다. 하지만 이 과정은 결코 쉽지 않았다. 5년에 걸쳐 무려 5천 번 이상의 실패를 반복하며 시간과 돈을 많이 썼다. 더구나 개발 완료 후, 시장의 문은 차갑기만 했다. 청소기 제조사들은 이 제품이 기존 수익 모델을 흔들 수 있다는 이유로 외면했고, 유통업체들조차 판매를 꺼렸다. 낯설고 불필요하고 비싸다는 이유였다.

반전은 일본에서 시작되었다. 일본에서 기술력 있는 고급 가전이라는 인식을 얻으며 인기를 끌었다. 특히 알레르기나 비염을 앓는 소비자들 사이에서 진짜로 필터를 갈지 않아도 먼지가 새지 않는다는 후기가 퍼지면서 입소문은 가속화됐다. 이 성공을 발판 삼아 영국에 재진출한 다이슨은 18개월 만에 영국에서 판매 1위 청소기 브랜드로 도약하게 된다. 다이슨 청소기의 성공은 기술만으로 이뤄진 건 아니다. 실제 사용 경험, 즉 소비자가 체감한 먼지 흡입력, 편리함, 건강에 대한 안심 같은 경험적 가치가 고객에게 강한 신뢰와 만족을 주었다. 시장이 처음에는 거부했지만, 결국 스마트한 고객이 선택한 것이다. 오늘날 연간 수백만 대의 청소기를 전 세계에 판매하며 시장 점유율 2위를 차지하고 있다.

더마코스메틱 분야 역시 까다롭고 스마트해진 고객 등장을 잘 보여준다. 더마코스메틱(Derma-cosmetic)은 Dermatology(피부과학)와 Cosmetic(화장품)의 합성어로 피부과학적 근거를 바탕으로 피부 문제 개선에 도움을 주는 기능성 화장품을 의미한다. 일반 화장품과 의약품의 중간 개념으로, 특히 민감성 피부나 특정 트러블을 가진 소비자를 대상으로 한다. 이러한 변화 속에 더마코스메틱 시장은 빠르게 성장하고 있다. 지난 10년 동안 글로벌 시장은 2~3배, 국내 시장은 약 10배 이상 확대되었다. 이는 연간 1~7% 수준에 그친 전체 화장품 시장 성장률을 훨씬 웃도는 수치다.

과거에는 화장품 선택의 주요 기준이 브랜드 인지도, 광고 모델, 패키지 디자인이었다면, 지금의 고객은 다른 기준으로 움직인다. 성분의 안정성, 원료 출처, 피부 테스트 결과, 임상 데이터까지 직접 비교하고 따져본다. 특히 피부에 민감한 소비자일수록 자신에게 맞는 성분 조합과 효능 검증을 요구하며, 제품에 대한 과학적 설명과 신뢰할 수 있는 데이터를 확인한 후에야 구매 결정을 내린다. 고객은 예뻐 보이게 해준다는 추상적 문구보다, 임상 테스트를 통해 여드름 완화 효과를 입증했다는 명확한 근거에 반응한다.

기업에 대한 소비자의 기대 역시 다양해지고 있다. 과거에는 품질이나 가격이 주요 판단 기준이었다면, 이제는 브랜드 철학, 지속 가능성, 사회적 가치까지 고려 대상이 되었다. 고객은 단지 좋은 제품을 찾는 것이 아니라, 나와 맞는 브랜드인지, 어떤 신념을 가졌는지, 그리고 어떤 문제를 해결해 주는지를 묻는다. 기준은 복잡해졌고 고객 스스로 평가의 기준을 설정하기 시작했다. 고객은 한 번의 실망에도 빠르게 등을 돌린다. 충성도는 낮아졌고 대체재는 넘쳐난다. 특히 Z세대는 한 번의 구매 경험으로 브랜드를 판단하고, 경험이 좋지 않으면 SNS에 그 후기를 공유하거나 친구에게 비추천하는 데 주저함이 없다. 까다로워진 고객은 더 영향력 있는 존재가 되었다.

고객이 까다롭다는 건 곧 스마트해졌다는 의미다. 이는 기업에 위협이 아니라 새로운 기회가 될 수 있다. 고객이 중요하게 여기는 것을 파악하고, 그 기대에 부응하는 제품과 경험을 제공한다면, 누구보다 강력한 브랜드 지지자가 되어주기 때문이다. 고객은 브랜드가 설정한 기준에 무작정 따라오지 않는다. 브랜드가 고객의 기준에 다가서야 한다. 고객은 기업의 의사결정에 영향을 미치고 피드백과 의견을 통해 제품과 서비스 개선에 직접적으로 기여하는 존재로 부상했다.

오늘날 기업은 고객의 요구와 선호를 정확히 파악하고, 이를 바탕으로 맞춤형 서비스와 개인화된 경험을 제공하는 데 집중하고 있다. 고객 자료를 수집하고 분석해 고객 만족과 충성도를 높이고, 고객생애가치를 극대화하고 있다. 기업은 고객의 만족과 충성도를 최우선 가치로 삼고, 데이터 기반의 맞춤형 서비스와 장기적 관계 구축을 통해 고객과의 상생을 추구해야 한다. 고객과의 관계는 단기적 거래를 넘어, 반복 구매와 추천, 브랜드 옹호 등 장기적이고 동반자적인 관계로 발전시켜야 한다. 고객은 구매자를 넘어, 장기적 관계 속에서 함께 가치를 창출하는 동반자이자, 기업의 성장과 혁신을 이끄는 자산이다.

11.3 공동 설계자로서 고객

과거 제품 개발은 기업 내부 영역이었다. 연구소가 기획하고, 개발팀이 설계하고, 마케팅팀이 시장에 내놓은 후에야 비로소 고객이 등장했다. 전통적인 신제품 개발 프로세스인 Stage-Gate 방식에서 고객은 말 그대로 최종 평가자였고 제품은 내부 논리로 완성한 결과물이다.

지금은 어떠한가? 달라졌다. 그 방식이 더 이상 통하지 않는다. 제품을 다 만든 뒤 고객 반응을 보는 방식은 위험하다. 시장은 더 빨라졌고, 기술과 트렌드는 실시간으로 변하며, 유사한 경쟁 제품이 동시에 쏟아진다. 변화 주기가 짧아진 지금, 다 만들고 나서 평가받겠다는 접근은 치명적인 오류로 작용할 수 있다. 제품을 개발하는 데 수개월에서 수년 걸리는 사이, 고객의 취향은 계속 바뀌고, 경쟁자가 먼저 출시해 시장을 선점하거나, 아예 새로운 진입자가 들어와 시장 물줄기를 바꾸기도 한다. 이제는 제품 설계 단계부터 고객 반응을 감지하고, 초기부터 이를 반영하는 전략이 필요하다. 완성 후 검증이 아니라, 설계 초반부터 시장과 호흡하며 반응을 감지하는 접근이 필요하다.

이러한 변화는 제품 개발 방법에도 반영되고 있다. 린 스타트업(Lean Startup),

디자인 씽킹(Design Thinking), 애자일(Agile) 같은 방식은 공통 메시지를 갖는다: "제품 개발은 시장과 사용자와 함께해야 한다". 제품은 가설을 세우고, 빠르게 실험하고, 피드백 받아 반복하며 개선하는 과정에서 탄생해야 한다. 고객의 불편, 행동, 요구, 피드백이 곧 제품 설계의 재료가 되는 거다. 고객은 더 이상 평가자가 아니라 개발의 출발이자 핵심 재료로 공동 설계자인 셈이다.

또한, 오늘날 고객은 자기 삶과 맥락에 적합한 솔루션을 원한다. 제품 성공은 완성도보다 적합성에 있어, 기술이 아무리 뛰어나도 고객의 실제 문제를 해결하지 못하면 외면당한다. 그래서 고객을 제품 설계 과정에 참여시키는 방향도 증가하고 있다. 좋다, 나쁘다를 평가하는 게 아니라 이게 필요하다, 이런 방식이 낫다를 말해주는 공동 설계자로 참여시키는 거다. 제품은 고객과 함께 설계되고 시장의 언어로 검증받고 있다.

고객은 기획 회의에 없는 사람처럼 보이지만, 가장 현실적인 인사이트를 가진 사람이다. 실제로 여러 기업은 고객을 공동 설계자로 초대해 성공적인 결과를 만들어내고 있다. 고객은 제품과 서비스를 함께 설계하고 기획 단계부터 피드백을 제공하며 브랜드의 철학과 방향에도 영향을 미치는 공동 설계자로 진화하고 있다.

레고(LEGO)는 한때 디지털 게임과 모바일 콘텐츠에 밀려 성장 정체를 겪고 있었다. 기존처럼 완성된 세트를 일방적으로 출시하는 방식은 점점 고객의 관심을 끌지 못했다. 이 위기를 기회로 바꾼 것이 바로 고객 참여형 설계 플랫폼인 레고 아이디어스(LEGO Ideas) 플랫폼이었다. 레고 아이디어스는 팬들이 직접 창작 레고 모델을 온라인에 등록하고 전 세계 사용자들이 이를 평가하고 투표하는 시스템이다. 일정 기준을 넘으면 레고 본사가 정식 제품화를 검토한다. 스타워즈 시리즈의 우주선, 세사미 스트리트, NASA 우주선 세트 등이 이를 통해 탄생한 인기 제품이다. 이 구조는 시장 조사를 넘어선 실시간 수요 예측이며 충성도 높은 고객 커뮤니티를 제품 기획 단계로 끌어들이는 구조적 전환이었다. 고객은 레고의 제품을 선택하는 소비자가 아니라 제품의 일부를 함께 만든 제작자가 된 것이다.

그림 59 레고 아이디어스

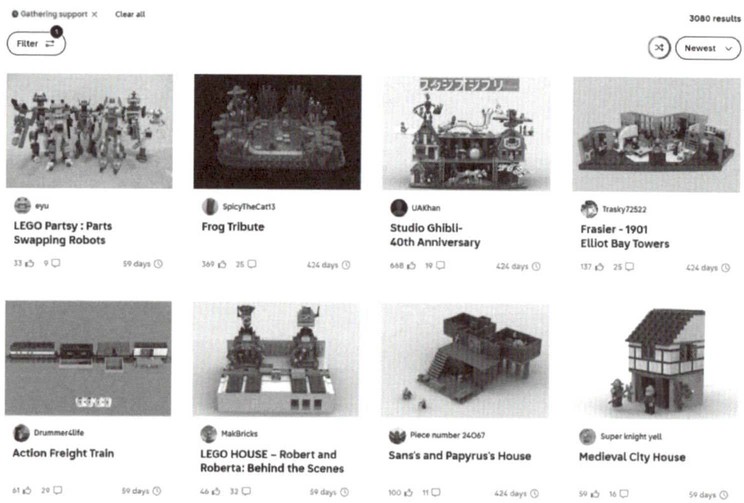

출처: https://ideas.lego.com

미국의 온라인 티셔츠 브랜드 스레드리스(Threadless)는 고객 참여형 비즈니스 모델의 원조 격이다. 스레드리스는 티셔츠 회사인데 일반 회사들처럼 디자이너를 직접 고용하지 않는다. 티셔츠 디자인을 공모하여 사용자들의 투표로 최종 디자인을 선정하고 결과에 따라 생산과 판매가 이루어진다. 선정된 디자이너는 수익 일부를 보상으로 받고 고객은 자신이 선택한 디자인을 실제 제품으로 구매하게 된다. 스레드리스는 생산자와 소비자의 경계를 허물고 디자인부터 판매까지 전 과정에 고객이 의사결정에 참여하는 모델을 구축했다. 이는 커뮤니티 기반의 가치 설계 구조로, 고객은 브랜드가 시장에 무엇을 내놓을지 직접 결정하는 기획 파트너다.

그림 60 스레드리스

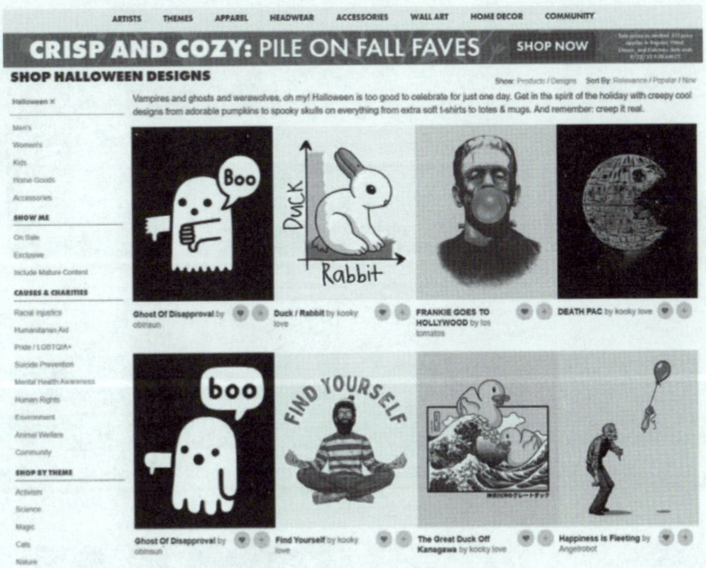

출처: https://www.threadless.com

한국의 크라우드펀딩 플랫폼인 와디즈(Wadiz) 역시 고객을 공동 설계자로 참여시키고 있다. 전통적인 유통 모델에서는 기업이 제품을 완성한 후 시장에 내놓으면, 고객은 그것을 구매하거나 외면함으로써 평가에 간접적으로 참여했다. 그러나 와디즈는 이 과정을 거꾸로 뒤집었다. 제품이 완성되기 전, 고객의 반응과 피드백이 기획에 반영되는 구조를 만든 거다.

창작자나 스타트업은 와디즈에 아이디어나 프로토타입 수준의 제품을 공개하고, 일반 소비자들은 이를 후원함으로써 제품의 출시 여부에 직접적인 영향을 미친다. 고객은 기획 단계의 의사결정자로 참여하되, 돈만 내는 게 아니라, 제품 방향 수정을 제안하고 피드백을 제공하며 때로는 브랜드 정체성 형성까지 기여하고 있다.

그림 61 와디즈 펀딩

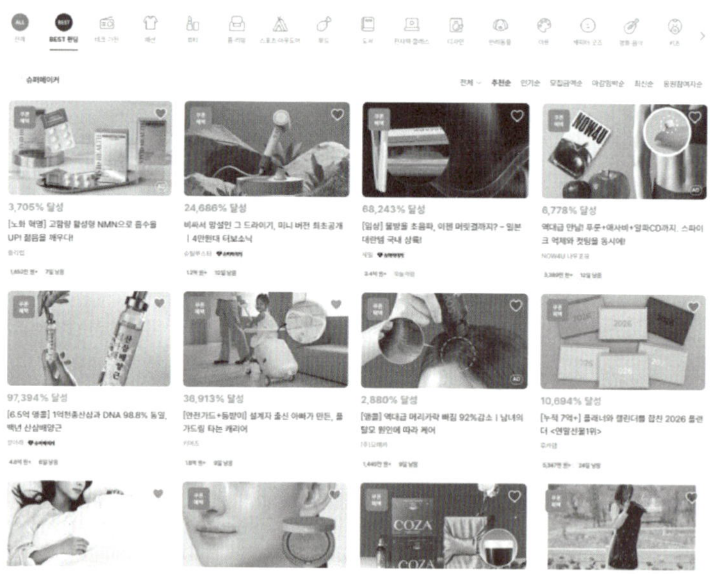

출처: https://www.wadiz.kr

와디즈는 지금까지 누적 7만 건 이상의 펀딩 프로젝트를 통해 약 1조 3천억 원의 거래액을 기록했으며, 약 400만 명 이상의 참여자가 관여하고 있다. 일부 프로젝트는 후속 투자를 유치하고, 대형 유통 채널에 입점하거나 자체 브랜드로 성장하기도 했다. 이는 기업과 고객이 함께 설계하고 실험하는 새로운 시장 구조를 보여준다. 기획-피드백-설계-출시의 전 과정이 고객과 함께 움직이는 것이다.

고객을 공동 설계자로 참여시키는 활동은 고객의 목소리를 진지하게 반영하려는 조직의 태도와 시스템 기반이 갖춰져 있어야 한다. 많은 기업이 다른 이가 하니까 우리도 해야 한다며 피드백을 수집하지만, 실제 제품 개선이나 전략 설계에 활용하는 정도는 천양지차다. 오픈서베이(2024) 조사에 따르면, 기업 내 VOC 수집은 약 74%에 달하지만, 실제 제품/서비스에 반영하는 비중은 약 55% 수준에 이른다. 고객 의견 중 절반을 살짝 웃도는 비율만이 기업에서 활용되고 있다.

진정한 고객 중심 조직은 고객 피드백을 기획 단계의 자원으로 간주한다. 이를 위해서는 피드백 수집뿐 아니라 데이터 기반 분석과 빠른 반영 체계가 조직에 갖춰져 있어야 한다. 또한, 고객 제안과 의견을 실행 가능하도록 설계하는 조직문화와 리더십이 병행되어야 한다. 고객의 목소리를 제품과 서비스의 초기 설계, 전략 기획, 운영 개선에 실질적으로 반영할 수 있는 시스템과 조직적 의지가 필요하다는 것이다. 오늘날 진정한 고객 중심 조직은 고객을 평가자로 두지 않고 그들을 같은 책상에 앉힌다.

고객이 설계 과정에 참여하면 기업과 고객의 관계는 소비를 넘어 공동 창조로 확장된다. 자신이 제안한 아이디어가 제품화되는 경험은 소비자에게 깊은 소속감과 자부심을 준다. 이는 자발적인 브랜드 콘텐츠 생산, 입소문, 충성도 강화로 이어진다.

이제 고객 없이 제품은 설계될 수 없다. 고객은 시장 외부의 반응 주체가 아니라 함께 움직이는 설계 파트너다. 고객 경험 위에 기업 전략이 세워져야 하며, 그 출발점은 고객 참여다. 브랜드가 고객을 설득하기보다, 고객과 함께 설계하는 구조를 마련해야 한다. 그것이 진짜 고객 중심 전략이다.

11.4 고객 접점 관리

1980~90년대, 기술은 기업의 핵심 차별화 자산이었다. 반도체, 통신, 인터넷, 소프트웨어 등 기술 혁신이 산업 패러다임을 바꾸던 시기, 기업은 기술 그 자체로 경쟁 우위를 창출할 수 있었다. 어떤 기술을 보유했는가가 곧 기업의 위상과 직결되었고, 기술 확보는 곧 시장 선점 전략의 핵심이었다. 기업들은 앞다투어 R&D 센터를 설립하고 유능한 엔지니어를 영입했으며, 기술력 중심의 기업 이미지를 구축하는 데 집중했다.

그러나 오늘날 기술은 더 이상 특정 기업의 독점 자원이 아니다. 기술은 이제 범용 자원이 되어 가고 있고, 디지털 전환이 가속화되면서 대부분 산업에서 공통으로 요구되는 기본 인프라로 자리 잡아 가고 있다. 인공지능, 빅데이터, 클라우드, 사물인터넷 등은 과거에 비해 비교적 쉽게 접근할 수 있는 기술 자산이고, 기술 자체만으로 차별화가 어려운 시대가 되었다. 경쟁의 무게추는 어떤 기술을 보유했는가에서 그 기술을 어떻게 활용하고 고객에게 어떤 경험으로 연결하는가로 옮겨가고 있다.

기술이 아무리 뛰어나도, 고객이 그것을 경험하는 지점이 매끄럽지 못하거나 불편하면 시장은 반응하지 않는다. 일본 기업들의 사례는 이를 단적으로 보여준다. 세계 최고의 전자 기술력을 보유한 소니, 샤프, 도시바, 파나소닉은 2000년대 초반까지 기술로 세계 시장을 주도했다. 세계 최초의 제품을 다수 탄생시킬 만큼 기술 혁신에서 두각을 나타냈다. 고도화된 기술력을 바탕으로 혁신 제품을 연이어 선보이며 세계 시장을 주도했다. 이들 기업은 스펙 중심의 제품 설계로 기술의 완성도를 경쟁력으로 내세웠고, 1980~2000년대 기술이 산업의 핵심 자산이던 시기에 높이 평가받았다. 그러나, 2020년대에는 세계 하이테크 시장에서 일본 브랜드를 접하기가 어려워졌다. 실제로 일본 하이테크 수출 점유율은 2000년 25.5%에서 2020년 3~4% 수준으로 급감했고, 세계 시장 1위 품목 수도 2000년 21개에서 2020년에는 7개로 줄어들었다. 이러한 하락에는 여러 복합적인 요인이 작용했을 것이다. 그중에서 일반 소비자 대상 제품의 경우, 사용자 경험과 인터페이스 설계, 글로벌 플랫폼 연동 등 고객 접점에 대한 감각이 상대적으로 미흡했던 점이 주요 원인으로 지적된다.

소니는 세계 최초 휴대용 음악 기기인 '워크맨'을 통해 오디오 기기의 대중화를 이끌었다. 이후 2000년대 초반에는 HDD(하드디스크 드라이브) 기반 MP3 플레이어 '네트워크 워크맨'을 선보이며 다시 한번 시장 선점을 노렸다. 이 제품은 애플 1세대 아이팟보다 앞서 출시되었지만, 사용자 경험 측면에서 한계를 드러냈다. 소니는 자체 음원 포맷인 ATRAC3만을 지원해, 사용자가 직접 MP3 파일을 ATRAC3로 변환해야 하는 번거로움이 있었다. 이는 일반 사용자에게 높은 진입 장벽으로 작용하며 UX에서 큰 마이너스 요인이 되었다. 게다가 인터페이스 역시 당시 대중적인 버튼 방식에 머물러 별다른 차별점을 제공하지 못했다. 반면 애플의 아이팟은 직관적인 UI인 클릭휠을 도입하며 사용자 편의성과 감성적 경험을 동시에 제공함으로써, 소비자의 관심이 아이팟으로 몰렸다. 소니의 네트워크 워크맨은 하드웨어는 완성도가 높았지만, 고객 관점에서의 접근성과 경험 설계가 부족한 제품으로 평가되었다.

그림 62 소니 워크맨과 네트워크 워크맨

출처: https://manuals.plus

샤프(Sharp) 역시 한때 세계에서 가장 앞선 디스플레이 기술을 자랑했다. 세계 최초로 LCD 계산기(1973)와 컬러 LCD TV(1988)를 상용화했다. 2000년대 들어서는 기술이 곧 시장 경쟁력이라는 공학 중심 사고를 바탕으로 고해상도 대형 LCD 패널 양산 기술을 주도하며 업계를 선도했다. 일본에 세계 최대 규모의 일괄 생산 체제를 갖춘 LCD 공장을 세우며 기술과 제조 공정에서 독보적 경쟁력을 과시했다. 그러나 시장 흐름은 기술만으로 설명되지 않았다. 사용자 경험 설계, 디자인 트렌드 반영, 글로벌 플랫폼 연동 등 고객 중심 사고의 부재는 큰 약점으로 작용했다. 너무 많은 기능을 탑재했지만 사용법 설명이 부족하다는 평가가 이어졌고, 제품 간 UI 디자인 일관성이 부족하여 소비자는 혼란을 경험했다. 또, 글로벌 시장을 타깃으로 한 제품은 지역별 소비자들이 사용하는 연결 기기나 소프트웨어 제공에 유연하게 대응하지 못했다. 여기에 더해 고비용 구조, 글로벌 공급망 전략 실패, 특정 기업 의존도 등의 복합적인 요인이 겹치며 경영난에 빠졌다. 결국 샤프는 2016년 대만의 폭스콘(Hon Hai Precision)에 인수되며 대표 기술기업의 상징성을 내려놓았다.

기술 선도는 분명한 경쟁력이지만, 사용자와의 접점 설계에 실패한 기업은 시장에서 도태될 수 있다. 뛰어난 기술이 있다고 해도 그 기술을 고객이 어떻게 경험하고 받아들이는가에 따라 시장 반응은 달라진다. 일본 전자 기업들의 사례는 기술 그 자체보다 그것을 어디에, 어떻게 활용하는가가 더 중요한지 보여준다.

오늘날 시장은 기술 자체가 아닌, 기술이 활용되는 접점의 고객 경험에 반응한다. 아무리 뛰어난 기술을 적용해도, 고객이 그것을 경험하는 순간이 불편하거나 매끄럽지 않으면 시장은 움직이지 않는다. 동일한 음질과 성능을 가진 오디오 기기라 해도, 앱 연동이 간편하고 재생 화면이 직관적인 제품이 선택받는다. 동일한 스마트폰이라도 카메라 기능을 어떻게 구성했는지보다, SNS 이미지 업로드가 얼마나 쉬운지가 더 중요한 선택 기준이 되기도 한다. 기술보다 인터페이스, 기능보다 경험, 성능보다 연결, 이것이 오늘날 시장의 리듬이다.

이러한 변화의 중심에 '고객 접점(Customer Touchpoint)'이 있다. 고객 접점은 고객이 브랜드나 제품, 서비스를 경험하는 모든 순간과 채널을 의미한다. 오프라인 매장, 웹사이트, 모바일 앱, 소셜 미디어, 검색 엔진, 고객센터, 이메일 뉴스 레터까지, 고객과 브랜드가 만나는 지점은 갈수록 다양해지고 있다. 그리고 이 접점이 바로 시장을 움직이는 촉매가 되고 있다.

고객 접점은 시장을 움직이는 트리거다. 뛰어난 기술은 좋은 성능을 만들지만, 접점에서 고객을 매료시킨 기술은 잘 팔리는 기술이 된다. 우리가 추구하는 목표는 더 많은 상품을 더 좋은 조건에서 더 잘 팔리는 구조를 만드는 것인지 않은가. 그래서 필요한 건 잘 팔리는 기술이다. 기술은 엔진이고, 접점은 페달이며, 고객과 기업은 운전자다. 엔진 성능은 기술력을 보여주는 중요한 요소이지만, 시장을 움직이는 건 운전자의 발끝이고, 그 연결 고리가 바로 고객 접점이다. 이 접점에서 브랜드의 가치가 실현되고, 제품이 해석되며, 고객이 최종 결정을 내린다. 그 경험이 만족스러우면 고객은 브랜드에 반응하고, 실망스러우면 조용히 이탈한다.

11.5 고객 여정 관리

고객 여정(Customer Journey)은 한 고객이 특정 브랜드나 제품과 처음 접촉한 순간부터 구매, 사용, 그리고 구매 후 경험에 이르기까지 거치는 전 과정을 의미한다. 이는 단순히 구매라는 한 시점을 관리하는 것이 아니라, 고객이 브랜드와 맺는 모든 접점과 그 사이의 경험 흐름을 총체적으로 관리하는 접근이다. 전통적인 고객 관리가 판매에 집중했다면, 고객 여정 관리는 경험 설계와 관계 유지에 중점을 둔다. 일반적으로 고객 여정은 다음의 6단계로 구분하고 있다.

첫째, **인지(Awareness) 단계**는 고객이 브랜드나 제품의 존재를 처음 접하는 시점이다. 광고, SNS, 검색, 혹은 지인의 추천 등 다양한 경로를 통해 브랜드와의 첫 만남이 이루어지며, 이 단계에서 형성되는 첫인상은 이후 여정 전체에 중요한 영향을 미친다. 기업은 이 시기에 자사의 존재감을 분명히 드러내고, 고객에게 신뢰와 호기심을 불러일으키는 메시지를 전달해야 한다.

둘째, **고려(Consideration) 단계**에서는 고객이 문제 해결이나 욕구 충족을 위해 해당 브랜드를 진지하게 검토하기 시작한다. 경쟁 제품과의 비교, 온라인 리뷰와 사용자 후기를 탐색하는 활동이 활발히 일어나며, 고객은 자신의 선택이

옳은지 끊임없이 검증한다. 따라서 기업은 차별화된 가치 제안과 풍부한 정보 제공을 통해 고객의 의사결정 과정에서 신뢰를 확보하는 것이 핵심이다.

셋째, **평가**(Evaluation) **단계**는 고려 단계보다 한층 더 깊이 들어가 최종 결정을 향해 선택지를 좁혀가는 과정이다. 고객은 리뷰와 사용 후기를 확인하고, 전문가의 평가나 사용자 경험을 참고하며, 세부적인 조건들을 체계적으로 비교한다. 이 단계에서 기업은 객관적인 증거와 긍정적인 사례를 제시함으로써 고객의 의사결정에 확실한 설득력을 제공해야 한다.

넷째, **구매**(Purchase) **단계**는 고객이 최종 결정을 내려 실제로 제품이나 서비스를 구입하는 시점이다. 구매 과정은 단순한 거래가 아니라, 고객과 브랜드의 관계가 본격적으로 시작되는 중요한 순간이다. 따라서 결제 편리성, 매끄러운 사용자 경험, 신속한 서비스 제공 등은 고객의 만족도를 결정짓는 요소로 작용한다.

다섯째, **사용**(Experience) **단계**는 고객이 직접 제품이나 서비스를 활용하면서 기대와 현실을 비교하는 구간이다. 이 단계에서 고객의 만족 여부가 드러나며, 긍정적인 경험은 충성으로 이어지는 반면 부정적인 경험은 이탈의 원인이 된다. 따라서 기업은 세심한 사용자 경험 설계와 사후 지원을 통해 고객의 불편을 최소화하고 가치를 극대화해야 한다.

여섯째, **구매 후**(Post-Purchase) **단계**는 고객이 제품 사용 이후 경험을 평가하고, 브랜드와 장기적인 관계를 이어갈지를 결정하는 단계다. 긍정적 경험을 한 고객은 재구매와 충성도를 통해 관계를 강화하고, 나아가 주변에 브랜드를 추천하는 옹호자가 된다. 반대로 부정적 경험은 고객 이탈로 이어질 수 있으므로, 기업은 사후 관리와 지속적인 관계 강화 전략을 통해 고객 경험을 선순환 구조로 만들어야 한다.

그림 63 고객 여정 지도

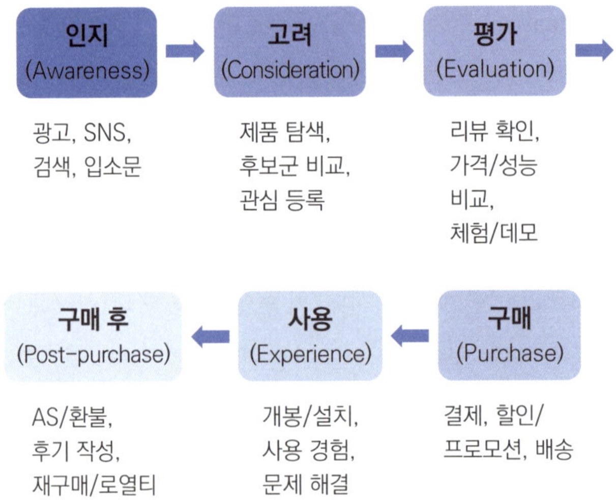

디지털 전환과 다채널 환경의 확산은 고객 여정을 더 이상 단선적 흐름이 아닌 순환적·복합적 경로로 바꾸고 있다. 고객은 구매 이후에도 지속해서 브랜드와 상호작용하며, 새로운 정보나 다른 고객의 경험을 통해 다시 여정의 앞 단계로 돌아갈 수 있다. 고객 여정 관리를 효과적으로 수행하기 위해서는 세 가지 요소가 중요하다.

(1) 터치포인트(Touchpoint) 관리

고객 여정에서 터치포인트란 고객이 브랜드와 접촉하는 모든 순간을 의미한다. 이는 광고를 처음 접했을 때부터 웹사이트 방문, 모바일 앱 사용, 오프라인 매장 방문, 고객센터 상담, 소셜미디어 상호작용까지 다양하다. 기업이 인식하든 못하든 고객은 이러한 접점에서 브랜드를 평가하고 경험을 축적한다. 따라서 터치포인트는 단순한 접촉 지점이 아니라, 브랜드 인식과 충성도 형성에 직접적인 영향을 미치는 중요한 순간이다.

효과적인 터치포인트 관리는 각 접점에서 고객이 어떤 기대를 갖는지, 어떤 불편을 느끼는지를 면밀히 분석하는 것에서 출발한다. 예를 들어, 온라인 광고에서는 정보 전달의 명확성과 신뢰감이 중요하며, 오프라인 매장에서는 직원 응대와 매장 분위기가 경험을 좌우한다. 각 접점이 제 역할을 충분히 하지 못하면 전체 고객 여정이 단절되거나 왜곡된다.

기업은 접점을 동일하게 관리할 필요가 있다. 고객센터에서의 작은 불만이 브랜드 전반에 대한 신뢰 하락으로 이어질 수 있고, 반대로 SNS에서의 긍정적인 상호작용 하나가 충성 고객을 만드는 계기가 될 수 있다. 터치포인트를 전략적 자산으로 바라보는 시각이 필요하다.

(2) 옴니채널 통합

오늘날 고객은 특정 채널에 국한되지 않고, 온라인과 오프라인을 자유롭게 넘나들며 브랜드와 상호작용한다. 예컨대 온라인에서 상품을 탐색한 후 모바일 앱으로 구매하고, 오프라인 매장에서 픽업하는 방식이 일반적이다. 이 과정에서 채널 간 경험이 매끄럽게 이어지지 않으면 고객은 불편함을 느낀다.

옴니채널 통합의 본질은 일관성과 연계성이다. 고객은 어느 채널을 통해 접속하든 동일한 정보, 가격, 프로모션, 서비스 품질을 기대한다. 만약 웹사이트와 모바일 앱의 가격이 다르거나, 온라인에서 진행한 예약이 오프라인 매장과 연동되지 않는다면 고객은 혼란과 불신을 경험한다. 따라서 채널 간 데이터를 실시간으로 공유하고, 고객 프로필과 행동 이력이 모든 접점에서 동일하게 반영되도록 설계해야 한다.

또한 옴니채널 전략은 고객 중심 사고를 내재화하는 과정이다. 각 채널이 경쟁적으로 운영되는 것이 아니라, 하나의 통합된 고객 경험을 제공하기 위한 협력적 운영 체계가 필요하다. 이를 통해 고객은 어디서든 동일한 브랜드 경험을 하게 되고, 기업은 충성도와 재구매율을 높일 수 있다.

(3) 감정 곡선 분석

고객 여정의 또 다른 핵심은 감정 곡선을 이해하는 것이다. 고객은 브랜드와의 접촉 과정에서 항상 긍정적인 감정만을 느끼지 않는다. 탐색 단계에서는 기대와 호기심이 있지만, 결제 단계에서는 불안과 번거로움이 발생할 수 있고, 배송 지연이나 불친절한 상담은 실망으로 이어진다. 이러한 감정의 흐름을 시각화해 분석하면 고객 경험의 고비와 전환점을 보다 명확하게 파악할 수 있다.

감정 곡선 분석은 고객 설문, VOC, 후기 분석, 행동 데이터 등을 기반으로 한다. 예를 들어, 고객이 모바일 앱 사용 중 특정 단계에서 이탈률이 높다면, 해당 지점에서 불편이나 부정적 감정이 발생했음을 의미한다. 또 후기나 SNS 언급에서 반복적으로 등장하는 불만 키워드를 분석하면, 고객 여정에서 개선해야 할 문제 지점을 구체적으로 파악할 수 있다.

궁극적으로 감정 곡선 분석은 고객 경험을 숫자 데이터에서 정서 데이터로 확장하는 역할을 한다. 고객의 감정이 긍정적으로 유지되면 충성도와 추천 의향이 크게 높아지며, 부정적 감정이 방치되면 이탈과 부정적 구전으로 이어진다. 따라서 기업은 데이터를 수집하는 데서 멈추지 않고, 고객 감정을 세밀하게 읽어내고 이를 개선해 설계에 반영해야 한다.

AI 시대의 고객 여정 관리는 과거보다 훨씬 정교하고 실시간성을 띤다. 예측 분석을 통해 고객의 다음 행동을 사전에 예측하고, 개인화 알고리즘으로 각 고객에게 맞춘 제안과 혜택을 제공한다. 또한 챗봇과 가상비서, 업무 자동화를 활용해 상담·문의·추천 등 반복적 여정 단계를 자동화할 수 있다. 예를 들어, 이커머스 플랫폼은 장바구니에 담긴 상품을 기반으로 맞춤 쿠폰을 발송하거나, 이탈 위험 고객에게 사전 리마인드 메시지를 전송한다.

고객 여정 관리는 특정 부서의 책임에 국한되지 않는다. R&D, 생산, 물류, 고객지원, IT 등 전사적 기능이 유기적으로 협력해야만 고객 경험의 흐름을 온전히 설계할 수 있다. 이는 운영 효율을 개선하는 차원이 아니라, 고객이 브랜드와의 모든 접점에서 일관된 가치를 체감하고, 몰입하며, 장기적인 신뢰 관계를 맺도록 만드는 과정이다. 더 나아가 AI와 데이터 기술은 고객의 행동과 감정을 실시간으로 포착하고, 예측하며, 맞춤형 경험을 제공하는 기반이 된다. 고객 여정 관리의 궁극적인 목표는 효율이 아니라 관계이며, 이를 통해 기업은 새로운 경쟁 우위를 구축하고 지속 가능한 성장을 이룰 수 있다.

11.6 이탈 고객 관리

현업에서 B2B 고객사를 관리하던 시절, 연간 20여 개 고객사의 60~70개 프로젝트를 운영했다. 프로젝트가 많으니 그만큼 사건 사고도 잦다. 고객사로 나간 샘플에 오류가 있거나, 전달해야 할 데이터를 빠뜨렸거나, 내부 커뮤니케이션 오류로 대응이 원활하지 못한 일이 수시로 발생했다. 그럴 때마다 한 고객은 임원에게 직접 항의 메일을 보내 문제를 공식화하는데, 이메일이 도착한 날은 아침부터 내부는 벌집 쑤신 듯 바빠진다. 이슈를 수습하기 위해 여러 부서의 움직임이 빨라지고, 문제와 원인을 파악하고 업무 프로세스나 시스템 개선을 논의하는 등 고객 대응 체계도 한층 강화한다. 아이러니하게도 이런 시끄러운 고객 덕분에 조직의 서비스 품질이 개선되곤 했다.

하지만 연말에 전체 프로젝트를 정리하다 보면 이상한 점을 발견한다. 어떤 고객사와는 커뮤니케이션이 수개월 단절된 채, 조용히 사라진 고객이 있다는 거다. 불만도 피드백도 없던 고객이었는데, 상황을 확인하면 다른 솔루션을 쓰기로 결정했다는 것이다. 무엇이 불편했는지, 왜 다른 솔루션을 선택했는지 그 이유를 알리지 않았다. 이유가 무엇이든 이런 경우 소 잃고 외양간 고치는 격으로 고객 대응 최적 시점을 놓쳐 다시 진입하려면 이전의 3~5배 노력을 들여야 한다. 시끄러운 불만보다 더 무서운 건 아무 흔적도 남기지 않는 무관심의 침묵이다.

thinkJar의 연구에 따르면, 이탈 고객 26명 중 25명(96%)이 아무런 피드백 없이 조용히 떠난다고 한다. 하버드 비즈니스 스쿨 또한 조용한 이탈 고객은 상호작용을 거의 하지 않으며 공식적으로 해지나 불만 표출 없이 서비스를 이용하지 않는 경향이 있음을 밝혔다.

왜 고객은 이렇게 조용히 떠나는 걸까?

고객은 다양한 이유로 기업이 인지하지 못하는 사이 조용한 이탈을 선택한다. 자신이 불만을 기업에 전달해도 개선될 거라는 신뢰가 없을 때, 굳이 의견을 내지 않고 조용히 떠나는데, 이전 피드백에 반응이 없었거나 말해도 변하지 않을 거라는 기대 포기로 인한다. 혹은, 불편 접수 절차가 복잡하거나 시간과 노력이 많이 들 경우, 고객은 굳이 의견을 남기지 않는데, 클릭 몇 번이면 경쟁 브랜드로 이동할 수 있는 시대에 복잡한 과정을 거쳐 불만을 전달하는 게 감정적, 시간적 손해로 느껴지기 때문이다. 그리고, 시장에 유사한 대체재가 많아 다른 서비스로 쉽게 이동할 수 있는 환경에서도 불만을 굳이 표출하지 않는 현상이 두드러지는데, 서비스에 대한 애착이나 충성도가 낮고, 기업과의 관계가 약한 고객일수록 자신의 의견을 전달할 동기가 부족해 침묵 속에 이탈하는 경향이 짙다.

그렇다면 기업이 고객 이탈 징후를 미리 파악해 대응하기 위해서는, 즉 조용한 이탈을 막기 위해 무엇을 어떻게 해야 할까?

첫째, **고객 행동 데이터 모니터링**이 필요하다. 구매 주기, 구매 빈도, 서비스 이용 패턴, 접속 간격 등 이탈 전 나타나는 변화를 민감하게 포착해야 한다. 예측 지표를 사전에 정의하고 실시간 대시보드로 모니터링해야 한다. 이탈은 갑작스럽게 일어나지 않는다. 사전 징후가 분명히 있다. 고객 이탈 가능성을 나타내는 핵심 지표를 정의한 뒤 정기적으로 점검해 이상 징후를 포착하고 대응해야 한다. 최근은 AI 머신러닝 분석 도구를 도입해 수많은 행동 데이터 중 평소 패턴과 다른 이상 징후를 자동으로 감지해 조기에 이탈 징후를 파악해 막고 있다.

둘째, **적극적인 맞춤형 커뮤니케이션 전략**이 요구된다. 고객 개개인의 관심사, 구매 이력, 반응 패턴에 기반한 맞춤형 메시지와 혜택은 고객 주의를 다시 기업 쪽으로 돌리게 한다. 고객 데이터를 바탕으로 고객군을 정의하고 각 그룹에 특화된 메시지를 구성할 수 있다. 예컨대, 최근 30일간 구매 이력이 없는 VIP 고객에게는 재구매 유도용 특별 쿠폰을 발송하는 식이다. 또, 고객 행동에 따라 자동으로 발송되는 커뮤니케이션 시나리오를 설계할 수 있다. 장바구니 이탈, 사이트 미방문 7일 경과, 특정 카테고리 클릭 등에 따라 자동으로 이메일, 알림톡, SMS 등을 발송하는 워크플로우를 구축하면 적절한 타이밍에 고객에게 맞춤형 메시지를 전달할 수 있다.

셋째, **피드백 채널을 다양화하고 간소화**해야 한다. 불만이나 의견을 쉽게 전달할 수 있도록 모바일, 웹, 챗봇 등 다양한 채널을 마련하고, 절차를 간단하게 만들어야 한다. 복잡한 고객센터 절차나 불필요한 챗봇 UX는 고객 입을 닫게 만든다. 고객이 불편 없이 의견을 남길 수 있도록 경로를 제공해야 한다.

넷째, 고객 경험을 개선하고 선제적으로 문제 해결을 시도하는 것도 한 방법이다. 정기적인 설문조사를 통해 서비스 품질, 사용 편의성, 고객 지원 등 전반적인 고객 경험을 지속해서 개선하는 거다. 자주 발생하는 문제나 불편을 미리 파악해 선제적으로 대응하면 조용한 이탈을 줄이는 데 도움이 된다.

끝으로, **이탈 고객을 사후 분석하고 재접촉하는 전략**도 가능하다. 어떤 지점에서 이탈했는지, 어떤 경험이 실망을 유발했는지 분석해 리텐션 캠페인, 맞춤형 혜택, 사후 인터뷰 등을 통해 관계 회복을 시도할 수 있다. 이탈 고객 내용은 개선을 위한 기준으로 활용할 수 있다.

지금은 고객 응대를 넘어 고객 감응 시대라 말한다. 고객이 떠난 후에 묻는 말보다, 떠나기 전에 먼저 건네는 질문이 중요하다. 대부분 기업은 고객이 아무 말도 하지 않으면 문제없다고 착각한다. 이는 말하지 않은 것이지 불만이 없다는 의미는 아니다. 불만은 여전히 기대가 있다는 신호다. 그러나 무관심은 관계의 종료다. 불만은 대응할 수 있지만 무관심은 회복이 어렵다. 대개의 고객은 말하는 대신 조용히 문을 닫고 떠난다. 고객이 떠날 이유를 제거해야 한다.

11.7 고객 경험 관리

한때 브랜드는 말로써 세상을 움직였다. '고객이 최우선입니다', '세상에 없던 혁신', '당신의 삶을 바꿉니다' 같은 메시지는 광고, 브로슈어, 미디어 인터뷰를 통해 소비자에게 전파되었고, 곧 브랜드 정체성이자 신뢰 기반이었다. 하지만 지금은 어떨까? 고객은 더 이상 브랜드가 하는 말을 곧이곧대로 믿지 않는다.

소비자는 하루 수백에서 수천 개의 브랜드 메시지에 노출되며, 광고 피로와 정보 과잉 속에 살아간다. 최고, 혁신, 프리미엄 같은 비슷한 표현이 반복되며 브랜드 언어의 희소성과 설득력이 갈수록 낮아지고 있다. 이러한 변화는 데이터로도 입증된다. 닐슨의 2021년 글로벌 광고 신뢰도 조사에 따르면, 소비자의 88%는 브랜드의 공식 메시지보다 지인의 추천이나 타인의 사용 후기를 더 신뢰한다고 응답했다. 특히 Z세대는 평균 3~5개의 리뷰를 참고한 후 구매 결정을 내리는 것으로 조사되었다.

2015년 어느 날, 편의점에서 놀라운 장면을 목격했다. 초등학교 2학년 남자아이 서너 명이 누가 먼저 불닭볶음면을 다 먹는지 내기 게임을 하고 있었다. 매운맛에 손으로 혀를 부채질하며, 라면 한 입, 음료수 한 입을 번갈아 가며 먹고 있었다. 그 시절 아이들 사이에 유행하던 게임이라고 했다. 나 역시 호기심에 친구들과 도전했는데 서너 젓가락 만에 도저히 먹지 못하고 포기했을 만큼 매웠다. 그러다 누군가 검색으로 치즈를 얹고 전자레인지에 돌려 먹는 방법을 찾은 후 겨우 먹을 수 있었다. 놀라운 건, 평소 매운 음식을 즐기는 한국 식문화에서 불닭볶음면은 고통스러울 정도로 매운맛인데, 이걸 초등학생들이 스스로 도전하며 놀이처럼 소비하고 있다는 사실이었다.

그로부터 십여 년이 지난 오늘날, 이 라면은 한 기업의 위상을 완전히 바꿔놓았다. 불닭볶음면을 출시한 삼양식품은 해외 매출 비중이 80%에 이를 만큼, 내수기업에서 글로벌 식품 브랜드로 도약했다. 2025년 80여 개국에 수출하며 누적 판매량 40억 개를 돌파했고, 이 여세는 SNS를 통해 아직도 이어지고 있다. 유튜브와 틱톡에서는 불닭볶음면 챌린지 영상이 전 세계로 퍼지며, 소비자들이 자발적으로 콘텐츠를 생성하고 확산시키는 현상이 계속되고 있다. 삼양은 이를 기반으로 팬덤 마케팅과 디지털 중심의 소통 전략을 강화해 나가고 있다. 불닭볶음면의 세계적인 인기에는 물론 독특하고도 강렬한 매운맛이라는 제품 자체의 힘도 있지만, SNS라는 연결 고리를 활용해 소비자 참여와 문화적 놀이로 진화시킨 전략이 더해졌기에 가능한 일이었다. 그 모습을 보며, 오늘날의 기업인으로서 진지한 질문을 던지게 된다. '브랜드는 이제 어떤 방식으로 소비자와 관계를 맺어야 하는가?'

기업-브랜드-소비자 관계에서 또 하나 중요한 변화는 신뢰의 주체가 분산되었다는 점이다. 과거에는 브랜드와 미디어가 정보를 전달하는 권위 있는 주체였다면, 이제는 크리에이터, 인플루언서, 블로거, SNS 후기, 지인 네트워크 등 다양한 채널이 신뢰를 형성한다. 정보의 단방향이고 수직적인 구조가 양방향 소통의 수평적 공유와 경험 기반 커뮤니케이션으로 대체되고 있다.

이러한 흐름 속에서 브랜드 메시지 전달 방식 역시 달라져 왔다. 1990년대 중반 삼성전자는 휴대폰 산업의 후발주자로 진입했지만, 피처폰에서 스마트폰으로의 전환이라는 산업 격변기에서도 유일하게 살아남아, 현재 글로벌 휴대폰 시장에서 점유율 1~2위를 다투는 기업으로 자리매김했다. 이들의 지속적인 생존과 성장은 기술력뿐 아니라, 시대에 맞춰 변화해 온 브랜드 메시지 전달 방식에서도 찾을 수 있다.

애니콜로 대표되는 피처폰 시대, 기술력과 품질 안정성을 핵심 가치로 내세웠다. '한국인이 가장 사랑하는 휴대폰'이라는 슬로건으로, 신뢰성과 기능 중심의 메시지를 전달했으며, TV, 신문, 라디오 등 전통 미디어를 중심으로 유명인 모델(연예인, 스포츠 스타)을 활용해 최초, 최고를 강조하는 방식으로 브랜드 이미지를 구축해 나갔다.

2010년 6월, 갤럭시 브랜드 런칭을 기점으로 시작된 스마트폰 시대에는 메시지의 중심이 프리미엄과 혁신으로 이동했다. 이때는 감성적 스토리텔링을 접목한 글로벌 캠페인을 유튜브 같은 디지털 채널을 통해 전개하며 소비자와의 정서적 연결을 강화했다. 'Do What You Can't' 메시지로 기술이 사용자 일상에 주는 변화와 가능성에 주목했다.

2020년 이후, AI가 산업의 핵심으로 떠오르며 다시 한번 브랜드 메시지를 진화시키고 있다. '나만의 갤럭시'를 키워드로 개인화된 경험과 연결 중심의 가치를 강조하고 있으며, 지속 가능성과 ESG 메시지를 반복해 전하고 있다. 또, 전통 광고보다는 사용자 리뷰와 크리에이터 협업 콘텐츠가 중심이 되어 SNS 기반의 커뮤니케이션 구조로 전환하였고, 소비자와의 공동 서사를 중심으로 한 브랜드 관계를 구축하고 있다. 기술 → 감성 → 경험 → 연결로의 브랜드 메시지는 시장 흐름과 소비자 기대 변화에 맞춰 진화하고 있다.

오늘날 고객은 말이 아닌 경험을 선택한다. 브랜드가 아무리 감동적인 메시지를 외쳐도, 그 말이 체감되지 않으면 고객은 움직이지 않는다. 중요한 건 고객이 실제로 겪은 것이다. 경험은 브랜드에 대한 신뢰를 만드는 실체이자 고객이 다시 돌아오는 이유다.

제품 품질이 아무리 우수해도 배송 속도가 느리거나, 앱 사용이 불편하거나, 고객센터 응대가 미흡하면 좋은 기억으로 남지 않는다. 고객은 제품 하나가 아닌, 상품을 둘러싼 모든 과정을 하나의 경험으로 인식한다. 반대로, 제품에 문제가 있더라도 사후 대응이 빠르고 진정성 있는 태도가 느껴지면 오히려 긍정적인 인상을 남기기도 한다. 고객은 상품이 아닌 경험을 선택하기 때문이다. 어떤 경험이었냐가 고객의 다음 선택을 결정한다.

고객이 기대한 것보다 조금 더 감동적인 경험을 제공하는 순간, 서비스는 기능에서 감정으로 전환되고, 브랜드는 로고에서 기억이 된다. 이처럼 오늘날 고객 경험은 상품이나 서비스 자체를 뛰어넘는 가치로 부상했으며, 만족을 위한 것이 아닌, 시장에서 선택받기 위한 경쟁력이다. 제품 기능과 가격은 경쟁사가 쉽게 복제할 수 있지만 경험은 따라 하기 어렵기 때문이다. 고객 경험은 UX나 디자인 차원을 넘어, 고객 여정 전반에서 체감되는 감정의 총합이다. 제품 정보 탐색, 평가와 구매 결정, 결제와 배송, 후기, AS 응대까지, 브랜드와 고객이 만나는 모든 접점에서 인상이 결정된다. 동일한 제품이라도 어떤 브랜드를 통해 어떻게 경험했느냐에 따라 고객의 재구매, 추천, 충성도는 전혀 다르게 나타난다.

실제로 차별화된 고객 경험 설계로 급성장한 기업들이 있다. 쿠팡(Coupang)은 로켓배송과 자체 물류망을 기반으로 고객 주문부터 배송까지 불편함 없는 경험을 제공하며 빠르고 확실한 쇼핑을 일상화했고, 토스(toss, 비바리퍼블리카)는 복잡한 금융 서비스를 직관적이고 단순한 사용자 경험으로 전환해, 사용자가 어렵지 않게 모바일 금융을 할 수 있다는 믿음을 제공했다. 또, 배달의민족(우아한형제들)은 창의적 UI와 지속적인 피드백을 반영해 편리한 음식 주문 경험을 제공하며 시장을 주도했다. 이들 기업 모두 기능뿐 아니라 경험에서 경쟁력을 만들었다.

말은 브랜드가 만들지만 신뢰는 고객이 만든다. 고객은 더 이상 브랜드 메시지를 읽지 않고 브랜드를 겪는다. 그 경험은 다른 고객의 선택에 영향을 미친다. 브랜드가 스스로 말하는 시대는 끝났다. 이제는 경험이 말하고 고객이 시장을 움직인다. 고객을 최우선으로 생각한다고 말하지만, AS 접속은 느리고 상담이 불친절하다면, 고객은 진정성을 신뢰하지 않는다. 지속 가능성을 강조하면서 여전히 일회용 포장재를 과하게 사용하는 브랜드는 오히려 역효과를 낳는다. 메시지는 선언일뿐, 신뢰는 행동에서 비롯된다. 그리고 이 행동의 사실 여부 역시 더 이상 브랜드가 증명하는 것이 아니다. 고객이 증명한다. 고객은 브랜드 메시지보다 실제 사용자의 후기, 영상, 블로그 포스팅을 더 신뢰하며, 자기 경험을 기반으로 또 다른 소비자에게 영향을 미친다. 브랜드는 말하는 존재가 아니라 검증받는 존재가 된 것이다.

특히 위기 상황에서 브랜드의 진면목이 드러난다. 품질 논란, 사회적 이슈, 고객 컴플레인에 어떻게 대응하느냐에 따라, 브랜드에 대한 평가가 달라진다. 평소 메시지가 아무리 아름다워도 위기 대응이 미숙하면 그간 쌓아온 이미지는 한순간에 무너질 수 있다. 반면, 위기 상황에서 신뢰를 지키는 브랜드는 그 이후 더 강력한 지지를 얻는다. 메시지는 언제든 말할 수 있지만, 신뢰는 평소의 경험과 위기 대응을 통해 축적된다.

이렇게 기업과 소비자의 관계가 달라지는 AI 시대, 중요한 건 메시지 설계보다 경험 설계다. 고객은 브랜드가 어떤 언어로 자신을 포장하는지보다, 브랜드와의 접점에서 어떤 경험을 했는지를 기억한다. 불닭볶음면은 SNS에서 매운맛 도전 챌린지를 유행시키며, 소비자가 직접 참여하고 공유하는 놀이 문화를 만들었다. 브랜드가 전하는 메시지보다 내가 친구들과 함께 먹으며, 얼마나 재미있었는지가 강한 인상으로 남는다.

브랜드는 이제 혼자 말하는 존재가 아니라, 고객과 함께 만들어지는 관계적 존재다. 고객은 브랜드를 평가하는 소비자이자, 함께 경험을 만드는 참여자다. 신뢰는 설득이 아니라, 체험의 결과다. 브랜드는 더 이상 광고 속 문장이 아니라, 고객이 경험한 순간으로 정의된다. 즉, 언어적 메시지보다 소비자가 직접 체험하고 느끼는 경험이 브랜드 인식과 충성도에 더 큰 영향을 미친다. 경험 설계가 곧 브랜드의 미래 경쟁력인 이유다.

오늘날 고객은 좋은 제품이 아니라 좋았던 경험을 찾아 선택한다. 기억에 남는 경험이야말로 브랜드를 각인시키는 열쇠다. 기억은 감정의 흔적이고, 감정은 브랜드를 떠나거나 남게 만드는 결정적 요인이다. 경험을 설계하는 일이 중요해지고 있다. 고객이 다시 찾고 기억할 수 있는 구조를 설계해 작동시켜야 한다. 경험은 고객을 붙잡아 두고, 경험은 선택을 이끈다.

11.8 고객 중심 전략

비즈니스는 구조로 설계되어야 한다. 앞서 우리는 전략을 움직이는 기반이 구조이며, 그 구조의 출발점이 비즈니스 모델이 될 수 있음을 살펴보았다. 아무리 탁월한 전략도, 그것을 현실에서 작동시키는 구조가 없다면 조직은 움직일 수 없다. 바로 이 지점에서 비즈니스 모델 전략의 중요성이 드러난다. 하지만 여기서 한 걸음 더 나아가야 한다. 비즈니스 모델 전략을 수립할 때, 우리는 한 가지 더 질문해야 한다.

구조는 누구를 위해 존재하는가?

답은 명확하다. '고객'이다. 아무리 혁신적인 전략도, 아무리 정교한 구조도, 고객이 반응하지 않으면 의미가 없다. 하지만 우리는 종종 이 원칙을 잊는다. 시장 점유율 확대, 경쟁사 분석, 성장 목표 설정 등 전략과 계획은 존재하지만, 그 출발점에 고객이 빠진 경우가 많다. 혹은 고객을 포함하더라도 영혼 없는 구호처럼 과거를 반복하기도 한다. 이전 기업은 시장을 고정된 공간으로 여겼다. 스마트폰 시장, 자동차 시장, 음반 시장, 화장품 시장처럼 산업 경계를 기준으로 시장을 정의하고, 그 안에서 경쟁하는 전략을 짜는 게 일반적이었다. 그러니 고객을 이미 충분히 알고 있다고 믿는다. 고객은 낯설거나 새로운 존재가 아니며 당연한 대상으로 생각한다. 결국 변화하는 고객을 제때 감지하려는 민감한 촉수를 잃어간다.

한때 음악 시장은 음반 판매를 중심으로 돌아갔다. CD, 카세트테이프, LP 같은 실물 상품을 소유하는 것이 음악 소비의 기본이었다. 기업들은 더 많은 음반을 판매하기 위해 앨범 제작, 오프라인 유통, 마케팅 활동에 막대한 자원을 투입했다. 그러나 고객 행동은 변하기 시작했다. 디지털 기술과 인터넷의 보급으로, 물리적인 음반을 소유하는 것보다 언제 어디서든 원하는 음악을 듣는 접근성이 더 중요해졌다. 개별 음반을 구매하는 대신, 클릭 한 번으로 수백만 곡에 접근하는 스트리밍 구독 서비스로 이동했다. 이처럼 기술 발전은 소비자의 음악 소비 방식을 근본적으로 바꿔 놓았다. 현재 글로벌 음악 시장의 65% 이상은 스트리밍이 차지하고 있으며, CD 판매 비중은 10%에도 미치지 못한다.

헬스케어 시장도 마찬가지다. 과거 건강 관리는 병원을 중심으로 이루어져, 환자가 이상 증세를 느끼면 병원을 방문하고, 의료 서비스는 치료를 중심으로 제공되었다. 그러나 현대인의 라이프스타일과 인식 변화는 새로운 흐름을 만들어내고 있다. 이제 사람들은 병이 생긴 뒤 치료받는 게 아니라, 질병 예방과 일상적 건강 관리를 원한다. 이 흐름 속에서 스마트 워치는 심박수, 수면 패턴, 혈중 산소 포화도, 운동, 식단, 스트레스 관리까지 가능한 맞춤형 헬스 기기로 자리 잡았다. 병원에 가지 않고도 일상에서 자신의 건강을 모니터링하고 관리할 수 있게 된 거다. 헬스케어는 치료 중심 산업에서, 예방과 관리 중심의 웰니스 라이프스타일 시장으로 빠르게 전환되고 있다.

이처럼 AI 시대 시장은 고객이 가는 방향과 수요의 흐름을 따라 움직인다. 기술 발전과 사람들의 인식 변화가 맞물려 새로운 흐름을 만들어내고 있다. 고객의 관심이 어디로 향하는가, 어떤 방향으로 행동이 이동하는가, 이 흐름이 곧 시장을 규정한다. 공급이 수요를 초과한 현시점에는 아무리 뛰어난 제품과 서비스를 내놓아도 고객이 반응하지 않으면 시장은 형성되지 않는다. 이제 시장은 기회가 아니라 문제 해결에서 열린다. 고객 문제를 정확히 읽고 그 문제를 해결하는 가치 제안(Value Proposition)을 제시할 수 있어야 비로소 시장이 열린다. 반대로, 고객이 외면하는 제품과 서비스는 자연스럽게 도태된다. 특히 변화 속도가 빠른 시대에는 더더욱 그렇다. 고객 없는 시장 전략은 존재하지 않는다.

'시장 = 고객 흐름'의 관점에서 보면, 고객 중심 전략은 어떤 산업에 속해 있는가가 아니라, '고객은 지금 어디로 움직이고 있는가?'라고 물으며 시작해야 한다. 이전의 산업 중심 사고로는 변하는 시장을 따라가기에 벅차다. 고정된 산업 구조와 경쟁 구도 안에서만 해답을 찾기 때문이다. AI 시대 시장은 빠르게 바뀌는 고객 니즈, 흐릿해진 산업 경계, 융합되는 기술 속에서 유기적으로 움직이고 있다. 프레임 안에서 기존 이론과 경험을 아무리 적용해 산업과 경쟁 구도를 분석해도 명쾌한 답이 나오지 않는 이유다. 시장은 기업의 계획대로 존재하는 게 아니라, 고객의 행동과 수요 변화 속에서 유동적으로 생성되고 재편된다.

AI 시대 전략은 고객을 향해 설계되어야 하고 전략이 성공하기 위해서는 실행할 수 있는 구조가 함께 마련되어야 한다. 그리고 그 구조는 고객 흐름 위에 세워져야 한다. 즉, 비즈니스 전략은 고객을 향해, 고객을 위해, 고객의 흐름 위에 있어야 한다. 고객을 제대로 모르거나 외면한 채 전개한 전략은 실패하고, 고객 흐름 위에 설계된 전략은 시장에서 살아남는다. 고객은 지금 어디로 움직이고 있는가, 그 흐름 위에서 우리는 무엇을 설계할 것인가를 묻는 게 전략의 출발점이 되어야 한다. 시장은 고정된 공간이 아니라 고객의 움직임으로 만들어지는 살아있는 흐름이다. 고객 흐름을 외면한 전략은 시장에서 길을 잃기 마련이다.

자기진단 체크리스트 (Self-Assessment Checklist)

1. 우리 조직의 마케팅은 여전히 세분화된 집단 중심인가, 아니면 개인 단위 고객까지 반영하고 있는가?
2. 고객을 수동적 구매자가 아닌, 제품/서비스 설계 과정에 참여하는 파트너로 대하고 있는가?
3. 우리 기업의 주요 고객 접점은 어디이며, 그 접점에서의 경험은 일관되고 매끄러운가?
4. 조용히 떠나는 고객의 징후를 데이터 기반으로 모니터링하고 있는가?
5. 현재의 전략과 비즈니스 모델은 산업 기준이 아닌 고객 흐름 위에서 설계되어 있는가?

CHAPTER 12

AI 협업과 조직 실행력

학습 목표 (Learning Objectives)

1. 실행력이 강한 조직의 특징을 설명하고, 전략과 운영 일체화와 실행-학습-개선의 순환 구조의 필요성을 이해한다.
2. 민첩성, 유연성, 탄력성의 세 원리를 통해 불확실한 환경에 대응하는 방법을 학습한다.
3. 데이터 기반 의사결정과 AI 의사결정 프로세스의 단계와 차이를 설명할 수 있다.
4. 디지털 친화적 문화가 어떻게 조직의 전환을 뒷받침하는지 이해한다.
5. AI 시대 인재 전략과 협업 모델, 그리고 AI 윤리 및 책임 경영이 조직의 지속가능성과 신뢰 확보에 미치는 영향을 분석할 수 있다.

도입 질문 (Opening Questions)

1. 왜 전략과 운영이 분리된 조직은 실행력에서 한계를 드러낼까?
2. 불확실성이 상수가 된 환경에서 조직이 동시에 민첩성 · 유연성 · 탄력성을 가져야 하는 이유는 무엇인가?
3. 데이터 기반 의사결정과 AI 기반 의사결정은 어떤 점에서 다르며, 어떻게 연결되는가?
4. AI 시대의 인재는 어떤 역량을 갖추어야 하며, 협업과 윤리적 판단은 왜 미래 경쟁력의 핵심 조건인가?

12.1 실행력 강한 조직

실행이 강한 조직은 전략과 운영을 따로 보지 않는다. 아무리 정교한 전략이라도 일상적 운영 안으로 녹아들지 않으면 힘을 잃는다. 따라서 전략을 운영 원칙, 절차, 행동 규범까지 일관되게 반영하고, 효율성과 유연성의 균형을 유지하는 것이 필요하다. 동시에 환경 변화의 신호를 읽어내는 능력이 요구된다. 데이터 속에 숨어 있는 신호를 포착해야 기회를 선점할 수 있으며, 이를 위한 AI 기반 분석과 시뮬레이션이 점점 더 중요해진다.

이러한 전략-운영 통합은 유연한 조직 구조와 프로세스와도 맞물린다. 권한 위임, 정보 공유, 애자일(Agile) 방식, 크로스펑셔널 팀 운영 등은 변화 속도를 따라잡기 위한 방안이다. 여기에 '운영-학습-개선'의 순환 구조가 정착되면 조직은 위기를 빠르게 흡수하고 회복 탄력성을 갖출 수 있다. 즉 실행력은 내부 체계를 단단히 하면서도 외부 변화에 민첩하게 적응하는 양면적 역량이다.

전략과 운영을 통합해 환경 대응 역량을 강화하는 방법을 살펴보자.

먼저, **전략과 운영의 일체화**이다.

전략이 아무리 정교해도 그것이 일상적인 조직 운영 속에 녹아들지 않으면 실행력은 금세 약해진다. Kaplan과 Norton은 이를 '전략-실행 간극(Strategy-Execution Gap)'이라 지적하며, 전략이 조직의 운영 원칙, 프로세스와 성과 지표로 연결될 때 비로소 실행력이 발휘된다고 설명한다. 따라서 전략을 운영 원칙, 절차, 행동 규범까지 일관되게 반영하고, 효율성과 유연성을 유지해야 한다. 지나치게 표준화된 절차와 규칙은 예측 가능한 상황에서는 안정성을 주지만, 빠르게 변하는 환경에서는 대응 속도를 떨어뜨린다. 반대로 지나친 유연성은 방향을 잃게 하고, 조직 전체의 실행력을 분산시킨다. 실행이 강한 조직은 두 요소를 절묘하게 조율하여, 빠르면서도 흔들리지 않는 운영 구조를 만든다.

그리고, **신호를 읽는 능력**이다.

이를 갖추어야 변화하는 환경에 대응할 수 있다. 환경 변화의 전조는 데이터 속에 숨어 있으며, 이를 적시에 포착하는 조직이 기회를 선점한다. 이를 위해 AI 기반 분석과 시뮬레이션이 중요한 역할을 한다. 이는 Teece가 말한 동적 역량(Dynamic Capabilities), 즉 환경을 감지(sensing)하고 기회를 포착(seizing)하며 자원을 재구성(reconfiguring)하는 능력과도 직접적으로 연결된다. 전통적으로는 PEST 분석, 경쟁사 동향 모니터링, 고객 행동 분석 등을 통해 외부 변화에 대응했지만, AI 시대에는 이 과정이 더욱 정교해졌다. 내부 운영 데이터와 외부 시장 데이터를 통합 분석하고, AI 예측 모델과 시뮬레이션을 활용해 다양한 시나리오를 검토할 수 있다. 이러한 체계는 사후 대응을 넘어, 선제적으로 위험을 완화하고 새로운 시장 진입 타이밍을 포착하게 해준다.

또, **조직 구조와 프로세스의 유연한 설계**이다.

가변 예산, 프로젝트 기반 인력 운용, 크로스펑셔널 팀과 애자일(Agile) 방식은 변화에 빠르게 적응하는 운영 모델이다. Hrebiniak은 실행력의 본질이 명확한 책임, 권한 위임, 자원 집중에서 나온다고 강조하며, 지나친 중앙집중적 의사결정은 실행력을 약화시킨다고 보았다. 특히, 권한 위임과 정보 공유는 의사결정 속도를 높인다. 모든 결정을 상부에서 승인받는 방식은 안정적일 수 있으나, 변화의 속도가 빠른 상황에서는 병목을 만들 뿐이다. 실행이 강한 조직은 누가 결정할 수 있는지의 범위를 넓히고, 현장에 권한을 부여해 즉각적인 대응을 가능하게 한다.

끝으로, **운영-학습-개선의 순환 구조**이다.

일회성 프로젝트가 아니라 시장 변화에 따라 운영 방식을 재검토하고, 실행 과정에서 얻은 피드백을 신속히 반영하며, 다음 변화에 대비하는 과정을 끊임없이 반복해야 한다. 이러한 순환이 잘 작동하는 조직은 위기 상황에서도 빠르게 회복하고, 위기를 기회로 전환하는 회복 탄력성을 갖춘다. Senge가 제시한 학습하는 조직(Learning Organization)의 원리와도 일맥상통한다. 즉, 학습을 조직의 피드백 시스템으로 내재화할 때 장기적 실행력이 강화된다. AI와 데이터 분석이 뒷받침되는 환경에서는 이러한 순환 속도가 더욱 빨라져, 실행과 환경 대응이 하나의 유기적 흐름으로 작동한다.

많은 조직이 전략 실행에 실패하는 이유는 다양하다. 실행력이 부족하거나 방향이 불분명하거나, 자원이 분산되어 힘이 흐트러지기 때문이다. 실행력이 강한 조직이 되기 위해서는 다음이 필요하다.

첫째, **명확한 방향 설정**

방향 설정의 첫걸음은 목표를 구체적으로 정의하는 것이다. 시장 점유율 확대가 아니라, 향후 12개월 내 20~30대 여성 고객군에서 15%의 시장 점유율 달성처럼 시간과 범위, 측정 지표를 포함해야 한다. 목표는 SMART 기준[72]에 맞춰 설계해야 하며, 이를 조직 전반에 일관되게 공유해야 한다.

더 나아가 오늘날 목표는 고정된 지침이 아니라 변화하는 시장 상황에 따라 조정 가능한 살아 있는 지침이어야 한다. 고정된 표지판이 아니라, 조정 가능한 유연한 지침이어야 한다. AI 기반 데이터 분석, 실시간 시장 피드백, 고객 행동 변화를 반영해 주기적으로 재검토하는 목표 업데이트 루프가 필요하다.

둘째, **자원의 선택과 집중**

방향이 정해졌다면, 그 방향에 맞춰 자원을 재배치해야 한다. 자원에는 인력, 예산, 기술, 시간 등이 포함된다. 실행력 강한 조직은 핵심 영역을 식별하고, 여기에 자원을 집중한다. 모든 프로젝트에 조금씩 나누어주는 평등 배분은 성과를 극대화하지 못한다.

자원 배분은 우선순위 매트릭스를 활용해 설계할 수 있다. 중요도와 긴급도를 기준으로 1순위 과제를 선정하고, 나머지는 과감히 축소하거나 폐기한다. 여

72 SMART: 목표 설정 원칙을 설명하는 약자로, Specific(구체적), Measurable(측정 가능), Achievable(달성 가능), Relevant(관련성 있는), Time-bound(기한이 있는)를 의미. 명확하고 실행 가능한 목표를 수립하기 위한 기준으로 활용

기서 중요한 건 하지 않을 일을 명확히 정하는 것이다. 불필요한 프로젝트와 활동은 자원 누수를 초래해 실행에 필요한 힘을 빼앗는다.

셋째, **방향과 자원의 선순환 구조**

조직 실행이 일회성 성과에 머물지 않고 지속적으로 강화되기 위해서는 방향 설정과 자원 배분이 순환 구조로 연결되어야 한다. 즉, 실행 결과를 성과 지표로 확인하는 데 그치지 않고, 이를 다시 전략적 목표와 자원 배분에 반영하는 체계가 필요하다.

특히 AI와 데이터 분석은 선순환 구조 가속에 유용하다. 과거에는 성과 측정과 피드백 반영에 시간이 오래 걸렸지만, 오늘날에는 실시간 데이터 수집과 분석이 가능하다. 고객 행동 데이터, 시장 반응, 내부 운영 성과를 AI 모델로 분석하면, 어떤 영역에 자원을 더 투입해야 하는지, 어떤 목표를 수정해야 하는지 빠르게 도출할 수 있다. 조직은 선제적으로 자원을 이동시키고 목표를 재조정하는 능동적 실행 체계를 구축할 수 있다.

많은 조직의 전략 실행은 시간이 지날수록 힘이 약해진다. 초기에는 강력한 리더십, 명확한 목표, 집중된 자원 덕분에 성과를 내지만, 환경 변화와 내부 피로 누적, 우선순위 변화로 실행력이 서서히 떨어진다. 변화 주기가 짧은 시대에는 한 번의 성공보다 지속 가능한 실행력이 경쟁 우위를 만든다. 언제든 전략을 실현할 수 있는 체력을 유지해야 한다. 지속 가능한 실행력을 위한 조건을 살펴보자.

첫째, **문화적 내재화**

실행력이 몇몇 뛰어난 인물이나 일시적인 캠페인에 의존한다면, 그 힘은 곧 사라진다. 반면, 실행이 조직의 문화로 내재화되면, 구성원들은 리더의 지시 없이도 자율적으로 움직인다. 아마존의 'Day 1' 문화처럼 늘 초기의 긴장감과 속도를 유지하는 가치관, 토요타의 '카이젠'처럼 개선을 습관화하는 행동 규범이 그 예다.

둘째, **학습과 피드백 구조**

실행 과정에서 나오는 성과와 실패 데이터를 체계적으로 수집하고 분석해, 이를 다음 실행에 반영하는 구조가 필요하다. 린 스타트업이나 애자일 방식이 빠르게 확산된 이유도 여기에 있다. 실행은 한 번의 완벽함이 아니라, 반복적인 실험과 개선 속에서 완성된다.

셋째, **성과와 보상의 정렬**

많은 조직이 단기 성과에만 보상을 집중하면서 장기적 실행 동력을 잃는다. 반대로 장기성과에만 의존하면 구성원들이 즉각적인 동기부여를 잃는다. 지속 가능한 실행력은 단기와 장기 성과의 균형을 잡고, 실행 과정에 기여한 개인과 팀이 정당하게 인정받는 구조에서 비롯된다.

실행력이 강한 조직은 위기 상황에서도 흔들리지 않고 빠르게 회복하며, 새로운 기회를 선제적으로 포착한다. 전략과 실행이 분리된 것이 아니라, 상호 순환하며 하나의 유기적 시스템을 이룰 때 비로소 지속 가능한 경쟁 우위가 가능해진다. 실행은 전략의 종속 변수나 후속 단계가 아니라, 전략을 살아 움직이게 하고 기업의 미래를 만들어 가는 동력으로 자리 잡아야 한다.

AI 시대에는 실행력 유지 방식도 달라져야 한다. 실행력 강한 조직은 다음 표와 같이 전략과 운영을 긴밀히 일체화하고, 환경 변화를 민감하게 감지하며, 유연한 구조와 학습·개선의 순환을 통해 지속적으로 발전하고, 명확한 방향 설정과 자원 집중, 문화적 내재화와 성과와 보상의 정렬을 통해 실행력을 안정적으로 유지한다.

표 19 실행력 강한 조직의 전략과 운영

실행력 강한 조직의 전략	운영 방법
환경 대응 역량 강화	• 전략과 운영의 일체화 • 신호를 읽는 능력 • 조직 구조와 프로세스의 유연한 설계 • 운영-학습-개선의 순환 구조
실행력 강한 조직 구축	• 명확한 방향 설정 • 자원의 선택과 집중 • 방향과 자원의 선순환 구조
지속 가능한 실행력	• 문화적 내재화 • 학습과 피드백 구조 • 성과와 보상의 정렬

12.2 조직 운영과 환경 대응

오늘날 기업은 기술 혁신, 규제 변화, 글로벌 공급망 리스크, 고객 행동 변화 등 수많은 외부 요인에 직면하고 있다. 특히 디지털 전환과 AI의 확산은 산업 구조와 경쟁 규칙을 빠르게 바꾸고 있으며, 지정학적 갈등이나 팬데믹과 같은 불확실성은 예측 불가능한 충격을 가져온다. 이러한 변화는 기업의 외부 환경에 그치지 않고, 조직 내부의 의사결정 구조, 운영 프로세스, 자원 배분 방식에까지 직접적인 영향을 미친다.

환경 적합성 이론(Contingency Theory)은 조직이 상황적 요인에 따라 구조와 관리 방식을 유연하게 조정해야 한다고 강조한다. 즉, 모든 상황에 적용되는 최적의 조직 구조는 존재하지 않으며, 환경의 불확실성과 복잡성 수준에 따라 각기 다른 운영 방식이 요구된다. 이러한 관점은 오늘날 불확실성이 일상화된 경영 환경에서 더욱 설득력을 얻고 있다.

Tushman과 O'Reilly는 양손잡이 조직(Ambidextrous Organization) 개념을 제시하며, 기업이 급격한 환경 변화 속에 생존하고 성장하기 위해서는 기존 사업의 효율성을 유지하면서 동시에 새로운 기회를 탐색하는 이중적 역량이 필요하다고 강조한다. 기존 제품과 서비스의 운영을 안정적으로 관리하는 한편, 혁신적 사업 영역에서는 실험과 학습을 장려하는 별도의 구조를 마련해야 한다는 것이다. 이러한 양손잡이 조직론은 오늘날 불확실성이 크고 혁신 속도가 빠른 디지털 시대에 특히 유효하며, 단일한 운영 모델로는 급변하는 시장에 효과적으로 대응하기 어렵다는 점을 뒷받침한다.

Doz와 Kosonen은 전략적 민첩성(Strategic Agility) 개념을 통해, 급변하는 환경에서 기업이 생존하기 위해 필요한 역량을 강조했다. 이들은 기업이 지속적으로 경쟁우위를 확보하려면 기존 자원의 활용을 넘어, 환경 변화에 따라 자원과 역량을 신속하게 재배치하고 의사결정 구조를 유연하게 조정해야 한다고 주장한다. 전략적 민첩성은 변화 징후를 읽어내는 통찰력, 자원의 우선순위를 재설정하는 능력, 그리고 조직 전반에 걸쳐 이를 실행으로 연결하는 리더십의 결합으로 정의된다. 이러한 관점은 디지털 전환과 글로벌 불확실성이 확대되는 오늘날, 고정된 전략이나 경직된 운영 모델로는 시장 변화를 따라잡을 수 없음을 보여준다.

오늘날 기업의 환경 대응은 외부 적응 문제일 뿐 아니라, 조직 내부 운영 방식과 긴밀히 연결된다. 변화의 속도와 강도가 높아질수록, 조직은 의사결정 속도를 끌어올리고 자원을 신속하게 재배치하는 역량을 확보해야 한다. 따라서 어떻게 전략을 실행할 것인가라는 질문은 곧 어떻게 운영 구조를 환경 변화에 맞게 설계할 것인가로 직결된다.

오늘날 조직 운영에서 환경 대응은 의사결정 속도의 문제가 아니다. 불확실성이 일상화된 경영 환경에서는 신속히 움직이는 민첩성, 구조와 자원을 재구성하는 유연성, 그리고 위기 이후 빠르게 회복하고 성장하는 탄력성이 요구된다. 세 가지 요소는 조직이 변화에 적응하고 기회를 선점하기 위해 갖추어야 할 상호 보완적 역량이다. 각 의미를 살펴보자.

첫째, **민첩성(Agility)**

급변하는 경영 환경 속에서 민첩성은 조직 운영의 중요한 원칙이다. 민첩성은 빠른 속도로 움직이는 것을 넘어, 환경 변화를 신속히 감지하고 의사결정과 실행을 연결하는 능력을 의미한다. Eisenhardt & Martin은 동적 역량(Dynamic Capabilities) 개념을 통해 민첩성이 전략적 경쟁 우위를 만드는 핵심이라고 설명한다. 즉, 환경의 불확실성이 커질수록 조직은 새로운 기회를 감지(sensing)하고, 이를 빠르게 포착(seizing)하며, 자원을 재배치(reconfiguring)하는 과정을 민첩하게 수행해야 한다는 것이다. 이는 지속 가능한 성과 창출을 위한 운영 역량이다.

둘째, **유연성(Flexibility)**

민첩성이 속도에 초점을 맞춘다면, 유연성은 구조적 적응력에 방점을 둔다. 불확실성이 높은 환경에서 고정된 절차와 경직된 구조는 대응의 걸림돌이다. 조직은 인력, 자본, 기술 같은 자원을 상황에 따라 신속하게 재배치하는 유연성을 갖추어야 한다. Volberda는 급격한 경쟁 환경에서 조직이 생존하려면 경직된 관료제 구조를 넘어서는 유연한 조직 형태가 필요하다고 강조했다. 그는 조직이 변화와 보존의 균형을 유지하면서 자원과 프로세스를 신속히 재배치할 수 있어야 하며, 이를 위해 관리자의 통제와 구조적 설계가 환경의 불확실성에 맞게 조응해야 한다고 설명한다. 즉, 불확실성이 높을수록 조직은 다양한 시나리오에 대비할 수 있는 구조적 적응력을 갖추어야 하며, 이를 통해 예측 불가능한 변화 속에서도 활력을 유지할 수 있다는 것이다.

셋째, **탄력성(Resilience)**

환경 대응에서 중요한 건 위기를 잘 피하는 것 못지않게, 위기 이후 얼마나 빨리 회복하고 다시 도약할 수 있느냐이다. 이를 가능하게 하는 게 탄력성이다. Taleb은 충격을 견디는 수준을 넘어, 충격을 통해 더 강해지는 안티프래질(Antifragile, 반(反)깨짐성) 개념을 제시한다. 이는 위기 속에서도 학습하고 개선하여 장기적으로 더 강한 조직으로 성장하는 능력을 뜻한다. 실제로 회복 탄력성이 높은 조직은 위기를 손실 관리가 아니라 새로운 기회로 전환하며, 경쟁자보다 앞서 시장을 재편한다. 오늘날 조직 운영에서 탄력성은 생존을 넘어 성장을 가능하게 하는 조건이다.

계속해 AI 시대 환경 대응 방식을 아래에서 살펴보자.

첫째, **실시간 시장 감지**

AI는 환경 변화를 거의 실시간에 가깝게 탐지할 수 있는 도구를 제공한다. 전통적인 방식에서는 정기 보고서, 시장 조사, 경쟁사 분석 등에 의존했기 때문에 시차가 발생할 수밖에 없었다. 하지만 오늘날은 소셜미디어 데이터, 온라인 검색 트렌드, 뉴스 및 정책 변화 등을 AI가 자동으로 수집·분석함으로써 다양한 신호를 포착할 수 있다. 이러한 실시간 감지는 시장 변화의 초기 단계를 인식해 선제적 대응을 가능하게 한다.

이를 통해 고객 관심사 변화나 규제 리스크를 조기에 알아차리고, 신제품 기획이나 마케팅 전략을 사전에 조정할 수 있다. 예컨대 소비자들이 특정 키워드에 대한 검색 빈도를 늘린다는 건 수요 증가를 암시하며, 이는 경쟁사보다 빠르게 시장 진입을 결정하는 근거가 된다. 즉, 실시간 시장 감지는 AI 시대 조직 운영의 환경 레이더로 작동하며 경쟁 우위를 만들어낸다.

둘째, **고객 행동 예측과 공급망 시뮬레이션**

AI 기반 분석은 고객 행동을 단순히 기록하는 데서 나아가, 미래 행동을 예측하는 단계로 발전하고 있다. 고객의 구매 이력, 클릭 패턴, 리뷰와 피드백 데이터를 분석하면 특정 고객군이 언제, 어떤 상황에서, 무엇을 필요로 할지 높은 확률로 예측할 수 있다. 이는 맞춤형 마케팅, 제품 추천, 가격 전략에 즉각 반영될 수 있으며, 고객 경험을 개인화하는 동력이다.

또한 공급망 관리에서도 AI의 역할은 크다. 글로벌 공급망은 원자재 가격 변동, 운송 지연, 지정학적 리스크 등 수많은 불확실성에 노출되어 있다. AI는 과거 데이터와 현재 시장 신호를 결합해 다양한 시뮬레이션을 실행하고, 가장 안정적인 조달·생산·배송 시나리오를 제시한다. 기업은 이를 통해 재고 부족이나 비용 급등 같은 위험을 미리 차단하고, 변화에 따른 대응 시나리오를 준비할 수 있다. 고객 예측과 공급망 시뮬레이션은 서로 연결되어 수요와 공급의 균형을 더 정밀하게 맞추는 기반을 제공한다.

셋째, **리스크 조기 탐지와 선제 대응**

환경 변화 대응에 중요한 것은 위기를 얼마나 빨리 인식하고 피해를 최소화할 수 있느냐다. AI는 방대한 비정형 데이터를 분석해 잠재적 위험 신호를 조기에 찾아내는 데 강점이 있다. 사이버 공격의 징후, 소비자 불만의 급증, 특정 지역의 물류 병목 현상 등이 표면에 드러나기 전 데이터 속에서 신호로 나타나며, 이를 AI가 먼저 경고할 수 있다.

이러한 조기 탐지는 대응 속도를 획기적으로 높인다. 문제가 본격화되기 전에 대응책을 마련하면 비용은 줄고 고객 신뢰는 유지할 수 있다. 더 나아가 위기 상황을 기회로 전환할 가능성도 생긴다. 예를 들어 경쟁사가 동일한 위험에 노출되어 어려움을 겪을 때, 선제적 대응을 한 기업은 시장 신뢰를 확보하며 경쟁우위를 넓힐 수 있다. 따라서 리스크 조기 탐지와 대응 체계는 AI 시대 환경 대응의 중요 축이다.

이어지는 체크리스트를 통해 환경 변화에 효과적으로 대응하는 역량을 갖추고 있는지 진단해 보자. 민첩성, 유연성, 탄력성, 데이터 기반 대응, 전략적 정렬 등 핵심 역량이 조직에 내재하여 있는지 확인하게 해준다. 체크리스트를 통해 객관적으로 강점과 취약점을 파악해, 조직이 어디에서 발목 잡히고 있는지, 어떤 부분을 우선으로 개선해야 하는지 확인할 수 있다. 또한 평가 과정은 구성원 간의 인식 차이를 좁히고 공통된 문제의식을 만드는 계기를 제공한다.

또, 평가 결과는 실행 계획 수립에 활용할 수 있다. 점수가 낮게 나온 영역은 개선 과제로 설정하거나, 자원과 노력을 집중해야 할 우선순위를 정하는 데 참고할 수 있다. 반대로 점수가 높게 나온 영역은 경쟁력이자 차별화 포인트로 강화할 수 있다. 실행력과 환경 대응 역량을 고도화하기 위한 기준으로 활용할 수 있다.

환경 변화의 신호를 누구보다 먼저 읽고, 대응 속도를 높이며, 위기를 기회로 전환하는 과정은 곧 새로운 시장과 성장 기회를 선점하는 전략적 활동이다. 환경 대응은 경쟁 우위를 만들어내는 주도적 선택이 된다. 민첩성, 유연성, 탄력성을 내재화한 조직은 변화에 흔들리지 않고 변화를 성장의 발판으로 활용한다.

표 20 조직 운영과 환경 대응 체크리스트

영역	점검 질문	평가[73]
민첩성 (Agility)	① 환경 변화를 빠르게 감지하고 실행으로 전환하는 프로세스를 갖추고 있는가?	
	② 의사결정이 상부 승인에만 의존하지 않고, 현장에서 신속히 내려질 수 있는가?	
	③ 짧은 주기의 실행–검토–개선 루프(Agile 방식)가 운영 전반에 적용되고 있는가?	
유연성 (Flexibility)	④ 변화 상황에 따라 인력 · 자금 · 자원을 재배치할 수 있는 구조를 갖추고 있는가?	
	⑤ 부서 간 장벽을 넘어 협업할 수 있는 크로스펑셔널 팀이 운영되고 있는가?	
	⑥ 표준화된 절차가 새로운 상황에서도 조정 가능하도록 설계되어 있는가?	

73 예/아니오 또는 1~5점 척도

영역	점검 질문	평가[73]
탄력성 (Resilience)	⑦ 위기 상황에서 빠르게 회복할 수 있는 대응 체계와 매뉴얼을 보유하고 있는가?	
	⑧ 실패나 위기를 학습 기회로 전환하는 문화가 조직에 자리 잡고 있는가?	
	⑨ 위기 이후 운영 방식을 개선하고 장기적 경쟁력을 강화한 경험이 있는가?	
AI 기반 대응 역량 (AI-driven capability)	⑩ 시장 · 고객 · 경쟁사 신호를 AI와 데이터 분석으로 실시간 탐지하고 있는가?	
	⑪ 고객 행동 예측이나 공급망 시뮬레이션을 위한 시스템을 보유하고 있는가?	
	⑫ 잠재적 리스크(사이버 위협, 공급망 병목, 소비자 불만 증가 등)를 조기 탐지할 수 있는가?	
전략적 정렬 (Alignment)	⑬ 환경 대응 활동이 조직의 전략 목표와 정합성을 유지하고 있는가?	
	⑭ 자원이 전략적 우선순위에 따라 집중 배분되고 있는가?	
	⑮ 실행-환경 대응-학습이 선순환 구조로 작동하고 있는가?	
총합		

12.3 AI 의사결정 프로세스

오늘날 기업은 더 이상 경험과 직관만으로 중요한 결정을 내릴 수 없다. 시장 변동 속도는 과거보다 훨씬 빨라졌고, 고객 행동은 세분화와 다변화를 거듭하며 예측하기 어려워졌다. 여기에 경쟁 구도는 복잡하게 얽혀 있으며, 의사결정 하나가 비즈니스 성과에 큰 파급을 미치기도 한다. 이런 환경에서 데이터 기반 의사결정이 기업 생존에 요구된다.

데이터 기반 의사결정은 여러 단계가 유기적으로 연결된 순환 구조로 작동한다. 첫 단계는 **데이터 수집**으로, ERP와 CRM 같은 내부 시스템뿐 아니라 운영 데이터, 시장 조사, 경쟁사 분석, IoT 센서, SNS 활동 등 다양한 출처에서 자료를 모은다. 그러나 많은 데이터 확보만으로는 의미가 없다. 수집된 데이터는 표준화와 정제 과정을 거쳐, **중복 제거와 데이터 품질 검증**으로 통합된 형태로 관리되어야 한다. 이때 데이터 웨어하우스나 데이터 레이크 같은 인프라가 활용된다. 다음 단계는 **분석과 실행**이다. 정제된 데이터를 통계적 기법, 머신러닝, 비즈니스 인텔리전스(BI) 도구를 활용해 패턴과 상관관계를 찾아내고, 이를 시각화하여 이해관계자들이 쉽게 해석할 수 있도록 한다. 분석 결과를 실제 전략과 실행 계획에 반영하는 것이다. 실행 이후에는 **성과를 모니터링**하고, **피드백을 다음 의사결정 사이클에 반영**해야 한다.

즉, 데이터 기반 의사결정은 수집-정제-분석-실행-평가의 흐름이 반복적으로 이어져야만 조직 내에서 실질적인 가치와 경쟁력을 만들어낸다. 아래 그림의 데이터 기반 의사결정을 위해 갖춰야 할 역량을 살펴보자.

그림 64 데이터 기반 의사결정을 위한 기업 역량

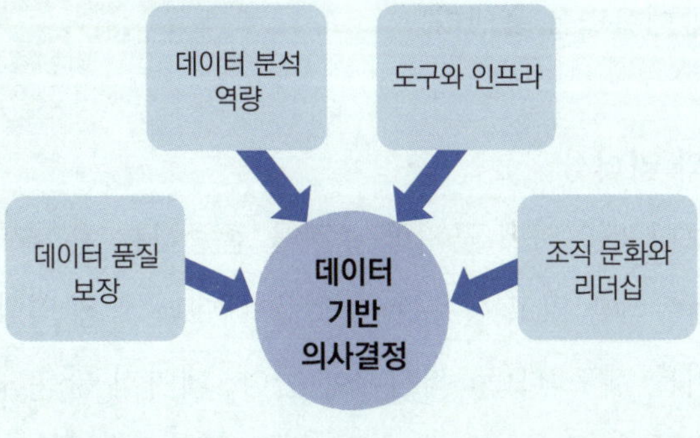

(1) 데이터 품질 보장

아무리 고도화된 분석 기법을 활용하더라도 데이터가 부정확하거나 불완전하다면, 도출된 결과 역시 왜곡될 수밖에 없다. 따라서 정확성, 완전성, 시의성은 기본 조건이며, 이를 위해 표준화된 데이터 관리 체계와 엄격한 데이터 품질 관리 프로세스가 뒷받침되어야 한다. 그때그때 상황이나 시대적 요구에 알맞음을 뜻하는 시의성은 빠르게 변화하는 시장 환경에서 의사결정의 적시성을 확보하는 요인이다.

(2) 데이터를 해석할 수 있는 분석 역량

AI와 머신러닝 모델을 설계해 적용하며 결과를 비즈니스 맥락에서 해석할 수 있어야 한다. 분석 결과가 현장의 전략이나 실행으로 연결되지 않으면, 데이터 활용은 실험에 머물 뿐이다. 데이터 과학자의 전문성과 현업 담당자의 비즈니스 감각을 결합해 의미 있는 인사이트를 도출하는 역량이 요구된다.

(3) 도구와 인프라

이는 데이터 기반 의사결정을 가속한다. 클라우드 환경은 대규모 데이터를 신속히 저장 및 처리하며, 비즈니스 인텔리전스 플랫폼과 시각화 도구는 결과를 직관적으로 해석하게 돕는다. 이러한 기술적 기반은 데이터 활용의 범위와 속도를 확장하며 조직 대응력을 높인다.

(4) 조직문화와 리더십

경험과 직관보다 데이터에 근거한 주장을 존중하는 문화가 정착해야 하며, 구성원 모두가 데이터를 읽고 활용할 수 있는 데이터 활용 역량을 가져야 한다. 또한 리더십은 이를 제도적으로 지원해야 한다. 데이터 활용 규범을 정립하고, 권한과 책임을 명확히 배분하며, 보안 관리 체계를 구축해야 데이터 기반 의사결정이 조직에 뿌리내릴 수 있다. 이는 기술의 문제가 아니라, 사람·문화·제도까지 아우르는 종합적 시스템이다.

조직은 이 기반 위에서 데이터 활용을 한층 고도화해, AI를 통해 더욱 신속하고 정밀한 의사결정 체계를 구축할 수 있다. AI 기반 의사결정은 문제 정의에서 실행과 피드백까지 전 과정을 기술로 최적화한다. 전통적인 데이터 기반 의사결정이 과거 데이터를 분석하고 판단하는 수준이었다면, AI 의사결정은 실시간 데이터와 고도화된 알고리즘을 활용하여 더 빠르고, 더 정밀하며, 더 큰 규모의 판단을 가능하게 한다. AI 기반 의사결정 프로세스를 아래에서 살펴보자.

그림 65 AI 의사결정 프로세스

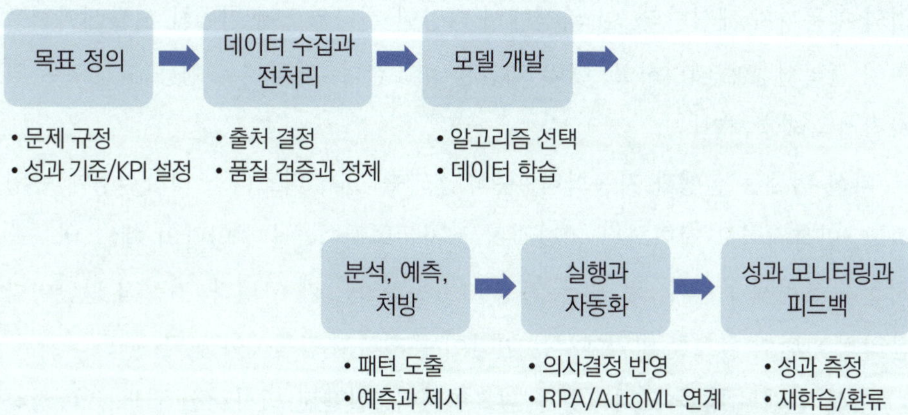

첫 번째 단계는 **목표 정의**다. 해결해야 할 문제를 명확히 규정하고, 성과 기준과 KPI를 설정하는 과정이다. 목표가 구체적이고 측정 가능해야 이후 단계에서 수집할 데이터와 설계할 모델이 올바른 방향을 갖게 된다. 불분명한 목표는 분석의 초점을 흐리고, 실행 과정에서 성과를 평가할 기준을 잃게 한다.

두 번째는 **데이터 수집과 전처리**다. 필요한 데이터의 종류와 출처를 결정하고, 품질을 검증한 뒤 분석 가능한 형태로 가공한다. ERP, CRM, IoT 센서, 소셜미디어 데이터 등 다양한 출처의 데이터가 활용될 수 있지만, 품질이 확보되지 않으면 결과 역시 신뢰할 수 없다. 이 단계에서는 표준화, 중복 제거, 오류 수정 같은 데이터 정제 절차가 필요하다.

세 번째는 **모델 개발**이다. 머신러닝, 딥러닝, 생성형 AI 등 상황에 적합한 모델을 선정하고 학습 데이터를 구성한다. 이 과정에서 알고리즘의 특성과 문제 유형이 일치해야 하며, 학습 데이터 범위와 균형도 중요하다. 잘못된 모델 선택이나 편향된 데이터는 잘못된 결정을 반복하게 만들기 때문에, 모델 설계와 검증은 AI 의사결정 프로세스의 성패를 좌우한다.

네 번째는 **분석, 예측, 처방**이다. 기존 데이터 기반 의사결정이 주로 과거와 현재를 분석했다면, AI는 한 걸음 더 나아가 미래를 예측하고, 특정 상황에서 최적의 행동까지 제시한다. 이 과정에서 다양한 시나리오에 기반한 시뮬레이션을 통해 불확실성에 대비하고, 여러 대안을 비교한다. 해석에서 행동 지침으로 의사결정을 확장시킨다.

다섯 번째는 **실행과 자동화**다. 분석 결과를 실제 비즈니스 의사결정에 반영하고, 반복적이고 정형화된 의사결정은 자동화한다. 이때 인간의 개입 비율을 적절히 조정해야 한다. 즉, 모든 과정을 자동화하는 게 아니라, 전략적 판단이나 윤리적 판단이 필요한 영역에서는 인간이 통제하고 감독해야 한다.

여섯 번째는 **성과 모니터링과 피드백**이다. 실행된 의사결정 결과를 측정하고, 이를 다시 모델 재학습과 데이터 개선에 반영한다. 이 과정이 정착되면 조직은 단발적인 의사결정이 아니라, 학습하고 진화하는 순환 구조를 갖는다. AI 의사결정은 결과가 다음 단계의 출발점으로 이어지는 구조적 학습 시스템이다.

AI 시대의 경쟁력은 데이터의 양만이 아니라, 그 데이터를 얼마나 빠르고 정밀하게 활용하는가에 달려 있다. 많은 데이터를 보유하고도 제대로 활용하지 못하는 조직은 경쟁에서 뒤처지고, 데이터 흐름을 실시간으로 포착해 의사결정에 즉시 반영하는 조직은 시장 불확실성을 기회로 전환한다. 그렇기에 기업은 기술적 역량뿐 아니라 데이터 활용 문화와 의사결정 거버넌스까지 함께 설계해야 한다.

이처럼 AI 의사결정 프로세스는 목표 정의에서 피드백까지의 전 과정을 포함하는 하나의 순환 체계다. 전통적인 데이터 기반 의사결정과 달리 AI는 속도, 정밀도, 자동화, 그리고 규모 측면에서 차별성을 지니며, 이는 조직의 실행력과 경쟁 우위를 강화하는 원천이다. 기업은 AI 기술 도입에 그치지 않고, 이를 일관된 의사결정 프로세스로 내재화하는 전략적 노력이 필요하다.

데이터 기반 의사결정은 기업이 새로운 성장을 지속할 수 있는 실행 기반의 문화적 혁신이다. 경험과 직관의 과거 방식에서 벗어나, 데이터와 AI가 제공하는 속도와 정밀성을 의사결정 체계 속에 내재화할 때 조직은 흔들림 없는 경쟁 우위를 확보한다. 이는 단기적 성과를 넘어 장기적 지속 가능성을 뒷받침하는 새로운 경영 패러다임의 시작이다.

12.4 디지털 친화적 문화 구축

디지털 전환은 조직의 사고방식과 행동 양식을 바꾸는 문화적 전환이다. 새로운 AI/데이터 시스템을 도입해도, 그것이 조직문화에 스며들지 못하면 변화는 일시적인 프로젝트로 끝난다. 기술을 빠르게 도입해도 문화가 이를 뒷받침하지 못하면 경쟁 우위를 유지할 수 없다. 디지털 친화적 문화는 데이터 중심 사고, 민첩성과 적응력, 협업과 개방성, 그리고 실험과 학습 문화의 특성을 갖는다.

데이터 중심 사고는 디지털 친화적 문화의 출발점으로, 모든 가설과 주장을 데이터로 검증하고 사실 기반으로 설득하는 습관을 의미한다. 오늘날 복잡성과 불확실성이 커진 환경에서 데이터 없는 의사결정은 위험하다. 데이터는 과거의 기록이자 현재의 신호이며 미래를 예측하는 나침반이 되어야 한다. 그리고, **민첩성**은 변화의 신호를 빠르게 포착해 즉각 방향을 전환하는 능력이고, **적응력**은 새로운 환경을 기회로 삼아 실행 방식을 유연하게 바꾸는 역량이다. 이 두 가지 태도가 내재되면 변화는 학습 계기가 되고 위기는 성장 동력이 된다. 또, **협업과 개방성**은 부서 간 장벽을 허물고, 데이터와 아이디어를 공동의 자원으로 만든다. 외부 파트너와의 오픈 이노베이션은 가능성을 빠르게 현실로 전환한다. 끝으로, **실험과 학습**의 문화는 작은 실패를 교훈으로 바꾸어 지속적 성장을 이끈다. 즉, 디지털 친화적 조직은 변화와 불확실성을 두려워하지 않고, 이를 기회로 활용하는 것이다.

디지털 친화적 문화는 우연히 형성되거나 자연스럽게 생겨나지 않는다. 디지털 친화적 문화 구축 방안을 살펴보자.

첫째, **리더십과 제도적 뒷받침**이 필요하다. 경영진과 리더십이 방향성을 분명히 제시하고, 변화의 필요성을 조직 구성원에게 끊임없이 설득해야 한다. 리더가 스스로 새로운 기술을 활용하고, 데이터 기반으로 의사결정을 내리며, 협업 도구를 적극적으로 쓰는 모습은 구성원에게 메시지를 보낸다. 말보다 행동으로 보여주는 리더십이 문화 변화를 가능하게 하는 출발점이다.

그리고, 제도적 뒷받침이 병행되지 않으면, 변화는 선언에 머물고 실행으로 이어지지 않는다. 모든 구성원이 데이터를 쉽게 접근할 수 있도록 권한과 시스템을 마련하고, 부서 간 협업을 촉진하는 디지털 플랫폼을 제공해야 한다. 또한 AI와 데이터 활용 교육을 정기적으로 제공하여 구성원 개개인의 역량을 높여야 한다. 성과 평가 지표에도 디지털 역량과 활용 성과를 반영해야 구성원이 변화의 방향에 몰입할 수 있다. 내부 커뮤니케이션 또한 투명하게 운영하여 변화의 성과와 필요성이 공유될 때 문화 정착은 한층 가속된다.

둘째, **내부 저항 극복**을 위한 방안이 마련되어야 한다. 조직문화 변화를 추진할 때 반드시 맞닥뜨리게 되는 과제가 바로 저항이다. 사람들은 익숙한 방식이 흔들릴 때 불안감을 느끼며, 자신의 역할 변화에 두려움을 갖는다. 기술 격차 또한 중요한 저항 요인이다. 새로운 툴과 시스템에 익숙하지 않은 구성원은 소외감을 느끼고, 이는 곧 변화에 대한 반발로 이어진다. 따라서 저항은 실패가 아니라, 변화를 추진하는 과정에서 나타나는 자연스러운 현상으로 이해해야 한다.

이 저항을 효과적으로 다루기 위해서는 단계별 대응 전략이 필요하다. 충격-저항-탐색-몰입의 변화 수용 곡선을 고려하여, 초기에는 안전한 탐색 환경을 마련해야 한다. 구성원들이 자유롭게 질문하고 실험하도록 분위기를 조성하고, 작은 성공 사례를 빠르게 도출해 신뢰를 쌓는 것이 중요하다. 이후 단계에서는 변화가 불가피하다는 메시지를 명확히 전달하고, 새로운 시스템이 가져올 구체적 이점을 지속적으로 강조해야 한다. 이렇게 점진적이고 체계적인 대응을 통해 조직은 변화 저항을 자연스럽게 흡수하며 조직문화 변화를 가속할 수 있다.

셋째, **구성원의 역량 강화가 뒷받침**되어야 한다. 재학습은 새로운 기술 환경에서 요구되는 전혀 다른 역량을 학습하는 과정이며, 역량 강화는 기존의 역할을 더 잘 수행하기 위한 심화 학습이다. 조직은 두 가지 체계를 동시에 운영해야만 빠른 기술 변화를 따라잡을 수 있다. 이를 위해 정기적인 교육과 실습 프로그램을 마련하고, 현업과 연계된 학습 기회를 제공해야 한다.

또한 부서 간 인재 순환은 신선한 아이디어를 조직 내부로 불어넣는 효과적인 방법이다. 서로 다른 부서에서 쌓은 경험을 교차 학습함으로써 새로운 시각과 창의적 문제 해결 능력이 길러진다. 더 나아가 외부 인재와의 교류나 업계 네트워크 참여는 최신 트렌드와 혁신 아이디어를 빠르게 흡수하는 통로가 된다. 이러한 학습과 교류가 정착될 때 조직은 기술 변화 속에서 유연하게 적응하며, 조직문화는 기술을 따라가는 수준을 넘어 지속적으로 진화하는 체질로 바뀐다.

넷째, **선순환 구조를 구축해야 한다.** 기술, 프로세스, 사람, 그리고 문화가 서로 영향을 주고받으며 발전해야 한다. 새로운 기술이 도입되면 프로세스가 개선되고, 개선된 프로세스는 다시 구성원의 행동과 태도에 변화를 만들어낸다. 변화된 행동은 조직문화로 정착하며, 이는 다시 기술 도입과 활용을 촉진하는 긍정적 순환을 형성한다.

이러한 순환이 안정적으로 작동하기 시작하면, 디지털 전환은 특정 프로젝트나 캠페인에 머물지 않고, 조직의 체질이 되고 일상 방식으로 자리 잡는다. 즉, 변화는 일회성 이벤트가 아니라 기업의 지속 가능한 운영 원리로 내재화된다. 디지털 친화적 문화가 정착된 조직은 끊임없는 변화 속에서도 불안해하지 않고, 오히려 변화를 성장의 기회로 삼으며 미래의 경쟁 우위를 선도한다.

디지털 친화적 문화는 데이터 중심 사고, 민첩성과 적응력, 협업과 개방성, 실험과 학습의 태도가 조직 전반에 스며들어야만 문화로 자리 잡는다. 여기에 리더십의 모범, 제도적 지원, 저항을 극복하는 전략, 재학습과 역량 강화 체계가 함께 작동할 때 변화는 일시적 이벤트가 아닌 조직의 DNA로 내재된다. 이는 기업이 불확실성과 변화를 기회로 전환하는 체질을 갖추게 한다.

이러한 문화가 정착되면 조직은 장기적 경쟁 우위를 확보할 수 있다. 기술 변화가 아무리 빨라도, 디지털 친화적 문화가 갖춰진 조직은 새로운 도구를 빠르게 받아들이고 이를 비즈니스 가치 창출로 연결할 수 있다. 즉 기술이 문화를 이끌기도 하지만, 문화가 기술을 활용하는 방식과 성과를 결정하기도 한다. 기업의 디지털 전환 전략에서 문화 구축은 필수 요소다.

12.5 인재 전략과 협업 모델

인간과 기술의 관계는 산업 발전의 궤적 속에서 꾸준히 변화해 왔다. 산업혁명 이전, 인간의 노동은 대부분 육체적 힘과 수작업에 의존했다. 18세기 증기기관과 방직기가 등장하며, 기술은 노동을 대체하는 기계로서 역할을 시작했다. 이 시기의 협업은 인간이 기계를 조종하고, 기계는 물리적 생산력을 확대하는 구조였다. 20세기 중반 전기와 자동화 기술의 확산은 협업 방식을 한 단계 발전시켰다. 컨베이어 벨트, 산업용 로봇, 자동 제어 장치가 도입되면서 기술은 인간의 속도와 정밀성을 대폭 향상시켰다. 그러나 여전히 인간이 설계·관리·결정을 담당하고, 기술은 지시받은 일을 수행했다.

디지털 혁명 이후, 컴퓨터와 인터넷은 데이터 기반 의사결정을 가능하게 만들었다. 기술은 수행자를 넘어, 방대한 정보를 정리하고 분석해 의사결정을 지원하는 조력자가 되었다. 그러나 AI 이전까지의 협업은 인간이 결정권자이고 기술은 보조자라는 구조를 크게 벗어나지 않았다. AI의 등장은 이 관계에 질적 전환을 가져왔다. 기계는 더 이상 지시를 받는 수동적 도구가 아니라, 스스로 데이터를 학습하고 패턴을 인식하며, 일부 영역에서는 인간보다 더 빠르고 정확한 판단을 내리는 주체적 협력자가 되었다. 이는 인간과 기술의 관계를 '명령-수행'에서 '상호 피드백'으로 재정의하게 만들고 있다.

AI-인간 협업 유형은 학계에서는 인간과 자동화 시스템의 상호작용을 의사결정 권한의 분배와 자동화 수준을 중심으로 설명해 왔다. 여기서 파생된 개념이 자율주행, 금융, 의료 등 안전이 중요한 분야에 널리 쓰인다. 최근 산업 현장에서는 인간-AI 분업형, 실시간 융합형, 다중 AI 조율형이 등장해 협업 방식을 설명한다.

본 교재에서 제시하는 유형은 학술적 논의와 산업적 메타포를 결합한 응용적 체계다. 권한이 누구에게 있는가, 자동화 수준은 어디까지 허용되는가, 작업 흐름은 분업·융합·조율 중 어떤 방식인가라는 기준을 토대로 분류하여, 학문적 토대 위에 실무 적용까지 이해할 수 있도록 하였다. AI와 인간이 어떻게 역할을 나누고 함께 일할 것인가라는 질문에 체계적이고 실천적인 답을 제공한다.

AI 시대의 협업 유형은 다음과 같이 나눌 수 있다.

- **보조형(Co-pilot/Assistive)**: 인간이 주도권을 쥐고 AI가 이를 보조하는 가장 기본적인 형태다. 최종 판단은 전적으로 사람에게 있으며, AI는 아이디어 발산, 초안 작성, 요약이나 번역, 오류 탐지와 같은 작업에서 도움을 준다.

예컨대 리포트 초안을 작성할 때 AI가 구조를 잡아주거나 참고 자료를 정리해주면, 사용자는 이를 검토하고 수정해 완성도를 높인다. 이 방식은 효율성을 높이면서도 학습과 책임의 주체는 인간에게 있다는 점에서 학습자나 초기 사용자에게 적합하다.

- **인간 개입형(HITL: Human-in-the-Loop):** AI가 제안이나 결과를 내놓더라도 중요한 단계마다 인간의 승인이 필요한 구조다. 즉 AI가 분류, 추천, 초기 판독 등에서 후보안을 제시하면, 사람은 이를 평가하고 필요시 수정한다. 이는 특히 잘못된 의사결정이 치명적인 영역에서 유용하다. 데이터 전처리를 AI가 자동으로 수행하더라도, 어떤 모델을 적용할지와 성과 지표 설정은 반드시 인간이 직접 검토해야 한다.
- **AI 개입형(AITL: AI-in-the-Loop):** 사람이 프로젝트를 주도하면서 세부적인 반복 작업이나 관리 업무를 AI에 맡기는 형태다. 인간은 전체 흐름을 설계하고 품질을 책임지며, AI는 회의록 자동 요약, 실험 로그 정리, 참고문헌 포맷팅 같은 실무를 처리한다. 예를 들어 종합 설계 프로젝트에서 인간은 실험 설계와 분석을 담당하고, AI는 데이터를 정리해 시각화하는 보조 역할을 수행하는 식이다.
- **인간 감독형(HOTL: Human-on-the-Loop):** AI가 자율적으로 실행을 이어가되, 사람이 모니터링을 하다가 이상이 발생하면 개입하는 방식이다. 평소에는 AI가 가격 조정이나 재고 관리, 트래픽 분배 같은 업무를 처리하지만, 비정상적인 상황에서는 인간이 개입해 수정한다. 혹은 AI가 실시간으로 광고 캠페인을 조정하는 동안 KPI를 모니터링하며, 특정 임계치를 넘어설 때 개입하는 경우이다.
- **완전자동 + 사후감사 모델:** 운영 단계에서 인간의 개입이 없고, 사전 설계된 규칙과 감사 체계에 따라 AI가 독자적으로 일을 수행한다. 사람은 운영 전 단계에서 규칙과 가이드라인을 설정하고, 사후에 성능이나 편향을 정기

적으로 점검한다. 예를 들어 스팸 필터링이나 사기 탐지 시스템은 실시간으로 AI가 전담 처리하고, 사용자는 정기적인 성능 리포트와 감사 절차를 통해 품질을 관리한다.

- **센타우르(Centaur) 분업형:** 인간과 AI가 서로의 강점을 살려 역할을 나누는 방식이다. 사람은 전략적 사고와 맥락 판단을 담당하고, AI는 대안 생성, 패턴 탐지, 시뮬레이션과 같은 계산 및 분석적 작업을 맡는다. 예컨대 창업 아이디어를 기획하고 시장 포지셔닝을 설계하면, AI는 시장 규모 추정이나 가격 민감도 분석을 통해 실행 가능성을 보완하는 식이다.
- **사이보그(Cyborg) 융합형:** 인간과 AI가 실시간으로 협력하며 하나의 작업 흐름을 공유하는 형태다. 사람의 작업이 AI를 통해 즉각적으로 보완되며 공동 창작이 이루어진다. 보고서를 작성하면서 AI가 근거 자료를 삽입하거나 표와 도식을 자동으로 생성해주는 방식이 대표적이다. PPT 발표 자료를 만들며 AI가 즉시 레이아웃과 시각 자료를 제안하는 경우가 이에 해당한다.
- **멀티에이전트 오케스트레이션(Orchestration):** 여러 AI 에이전트를 사람이 지휘하면서 특정 파이프라인을 완성하는 구조다. 한 에이전트가 자료를 수집하면, 다른 에이전트는 이를 분석하고 또 다른 에이전트는 초안을 작성하는 식으로 이어지며, 인간은 전체 과정을 조율하고 최종 승인 역할을 맡는다. 예를 들어 논문을 준비할 때, AI 하나는 관련 논문을 크롤링[74]하고 다른 AI는 핵심을 요약하고 도표화하며, 최종적으로 작성된 초안을 인간이 검토 및 수정하는 식으로 활용할 수 있다.

74 크롤링(Crawling): 소프트웨어 등이 웹을 돌아다니며 유용한 정보를 찾아 특정 데이터베이스로 수집해 오는 작업 혹은 기술

표 21 AI-인간 협업 유형과 각 역할

유형	특징	인간 역할	AI 역할
보조형	인간 주도, AI는 아이디어·초안 보조	최종 판단, 수정·검토	아이디어 발산, 요약·번역, 초안 작성
인간 개입형	AI 결과 제시, 중요한 단계마다 인간 승인 필수	모델 선택, 지표 설정, 최종 승인	후보안 제시, 분류·추천·판독
AI 개입형	인간이 주도, 세부 반복 작업은 AI 담당	프로젝트 설계, 품질 책임	회의록 요약, 로그 정리, 문헌 포맷팅
인간 감독형	AI가 연속 실행, 인간은 모니터링하여 이상 시 개입	모니터링, 임계치 관리	자율 실행(가격 조정·재고 관리)
완전자동 + 사후 감사 모델	운영 중 인간 개입 없음, 사전 규칙 설계, 사후 감사	규칙·가이드라인 설계, 성능 감사	상시 자동화, 대량·반복 의사결정
센타우르 분업형	인간·AI가 강점에 따라 역할 분리	전략·맥락 판단, 창의적 기획	대안 탐색, 시뮬레이션, 패턴 분석
사이보그 융합형	인간과 AI가 실시간 공동 작업	책임·방향 설정, 최종 조정	문장·코드·디자인 실시간 개선
멀티에이전트 오케스트레이션	여러 AI를 인간이 지휘·조율	전체 파이프라인 설계, 최종 승인	단계별 전문 수행(수집-분석-작성)

위의 협업 유형은 인간과 AI가 상황과 맥락에 따라 어떤 구조가 더 적합한가를 보여준다. 위험이 큰 의사결정일수록 인간의 개입과 감독이 강화되고, 반복적이고 표준화된 과업일수록 AI의 자율성이 확대된다. 또한 전략적이고 창의적 판단은 인간이 맡고, 계산과 패턴 탐지 같은 영역은 AI가 담당할 때 시너지가 극대화된다. 유형 이해는 앞으로의 산업과 학습 현장에서 어떤 방식으로 AI와 협업해야 최고의 성과를 낼 수 있는지 가늠하는 지침이다.

특히 의사결정의 탐색-분석-결정-실행-피드백 각 단계에서 어떤 주체가 주도권을 가질지 명확히 설계해야 한다. AI는 방대한 데이터를 빠르게 탐색하고 패턴을 분석하는 데 강점을 갖지만, 최종적으로 어떤 선택을 할지, 그 선택이 조직의 가치와 전략에 부합하는지는 인간이 판단해야 한다. 실행 단계에서는 반복적이고 표준화된 작업을 AI에 위임할 수 있지만, 돌발 상황이나 예외 처리에는 인간의 개입이 필요하다. 피드백 단계에서도 성과를 단순히 수치로 해석하는 데 그치지 않고, 결과를 조직의 학습과 개선으로 연결하는 건 역시 인간의 역할이다. 단계별로 AI와 인간의 역할을 명확히 구분하고 설계해야 하며, 이는 책임성과 효율성을 동시에 확보하는 기반이다.

AI 기술의 비약적 발전과 디지털 전환의 가속은 인재의 개념과 기준을 바꾸고 있다. 과거에는 한 분야의 전문성을 오랫동안 갈고닦아 안정적으로 성과를 내는 인재가 각광받았다. 그러나 오늘날의 환경은 더 이상 단일 역량만으로 생존을 보장하지 않는다. 자동화와 인공지능이 반복적이고 표준화된 업무를 대체하는 속도가 빨라지면서, 인간이 기여할 수 있는 영역은 창의적 문제 해결, 전략적 의사결정, 복잡한 협업 등 고차원적 활동으로 이동하고 있다.

전통 산업 시대의 인재는 경험과 숙련도를 바탕으로 정해진 절차를 정확하게 수행하는 데 강점이었다면, AI 시대의 인재는 기술과 인문학, 분석과 창의성을 동시에 갖춘 융합형 역량을 요구받는다. 단일 역량으로는 경쟁력을 유지하기 어렵고, 기술 변화에 맞춰 지속적으로 배우고, 기존 지식을 바탕으로 새로운 기술을 습득하는 학습 민첩성이 중요한 역량으로 부상했다. AI 시대 인재의 핵심 역량은 다섯 가지로 요약할 수 있다.

첫째, **데이터 활용 역량(Data Literacy)**

데이터 활용 역량은 AI 시대 인재에게 요구되는 기초적이면서도 핵심적인 능력이다. 이는 숫자와 그래프 읽는 수준을 넘어, 데이터가 어떻게 수집·정제·분석되는지의 과정을 이해하고, 그 속에서 드러나는 의미와 한계를 해석할 수 있는 능력을 포함한다. 데이터를 비판적으로 바라볼 수 있어야 하며, 데이터가 의사결정에 미치는 영향과 잠재적 왜곡 가능성까지 고려해야 한다.

기업 현장에서 데이터 활용 역량은 곧 실행력과 직결된다. 마케팅 담당자는 고객 데이터를 분석해 세분화와 개인화 전략을 세울 수 있어야 하고, 엔지니어는 운영 데이터에서 패턴을 찾아 시스템을 개선할 수 있어야 한다. 또한 데이터 역량을 갖춘 인재는 AI가 도출한 결과를 무비판적으로 받아들이지 않고, 근거와 맥락을 점검하여 올바른 의사결정을 이끌어낼 수 있다. 이는 데이터 중심 시대의 기본이자, 모든 직무에 걸쳐 요구되는 보편적 역량이 될 것이다.

둘째, **AI 이해와 활용 역량(AI Fluency)**

AI 이해와 활용은 특정 기술 직무에 국한되지 않고, 모든 인재에게 요구되는 역량이 될 것이다. AI Fluency는 툴 사용을 넘어, AI의 원리와 구조를 이해하고 어떤 문제에 적합하게 적용할 수 있는지 판단하는 능력을 의미한다. AI의 강점과 한계를 동시에 이해하는 것은 필수며, 결과를 맹목적으로 수용하지 않고 상황에 맞게 보완하거나 조정할 수 있어야 한다.

실무에서 이 역량은 다양한 형태로 발휘된다. 기획자는 프롬프트 엔지니어링을 통해 생성형 AI가 원하는 답을 내도록 조율하고, 데이터 과학자는 자동화된 머신러닝 도구를 활용해 분석 효율을 높인다. 더 나아가 AI 결과를 시각화하거나 보고서에 반영해 의사결정권자를 설득하는 것도 AI 활용 역량의 일부다. AI Fluency를 가진 인재는 문제 해결의 파트너로서 AI를 적극적으로 다룬다.

셋째, **창의적 문제 해결력(Creative Problem-Solving)**

AI 시대에도 여전히 인간만이 발휘할 수 있는 고유한 강점은 창의적 문제 해결력이다. AI는 주어진 데이터와 알고리즘을 바탕으로 답을 생성하지만, 문제를 새롭게 정의하고 맥락에 맞는 해법을 설계하는 일은 인간의 영역이다. 창의적 문제 해결력이란 기존의 공식을 그대로 따르지 않고, 여러 대안을 결합하거나 새로운 시각을 도입해 참신한 해결책을 만들어내는 능력이다.

실제 업무에서는 AI가 생성한 여러 대안 중 맥락적으로 가장 적합한 선택을 하고, 부족한 부분을 창의적으로 보완해야 한다. 예컨대 AI를 활용해 시장 데이터를 분석할 수 있지만, 어떤 고객 세그먼트를 공략할지, 어떤 가치를 차별화할지는 창의적 통찰이 필요하다. AI가 만들어낸 가능성을 재구성해 새로운 가치를 창출하는 힘이 창의적 문제 해결력이다.

넷째, **협업과 커뮤니케이션 역량(Collaboration & Communication)**

AI 시대의 협업은 동료 간의 협력에 국한되지 않는다. 인간-AI 간 협업, 그리고 부서와 전문 영역을 넘어서는 크로스펑셔널 협력이 핵심이다. 협업 역량이란 서로 다른 배경을 가진 사람들과 AI가 생성한 정보를 공유하고, 이를 효과적으로 해석하고 통합해 합의된 결과를 도출하는 능력이다.

이 과정에서 커뮤니케이션이 협업의 질을 좌우한다. 데이터와 분석 결과를 나열하는 것이 아니라, 의사결정자가 쉽게 이해할 수 있도록 스토리텔링하는 역량이 필요하다. AI가 제시한 복잡한 모델 결과를 팀원들과 소통 가능한 언어로 전환하는 능력 역시 중요하다. 협업과 커뮤니케이션 역량은 개인이 조직 내에서 고립되지 않고 AI와 동료를 연결하는 다리 역할을 가능하게 한다.

끝으로, **윤리적 판단과 책임성(Ethical Judgment & Responsibility)**

AI 시대 인재에게는 윤리적 판단력과 책임감이 그 어느 때보다 중요하다. AI는 데이터 편향을 그대로 학습할 수 있으며, 차별적 의사결정이나 사회적 불신을 초래할 위험이 있다. AI를 활용하는 사람은 항상 윤리적 기준을 고려하고, 데이터와 모델의 한계를 인식하며, 결과에 책임지는 태도를 가져야 한다.

신용평가, 채용, 의료 진단 같은 민감한 분야에서는 편향된 데이터가 치명적인 불평등을 낳을 수 있다. 윤리적 판단은 고객의 프라이버시를 보호하고, 의사결정의 공정성을 유지하며, 투명한 과정을 통해 신뢰를 구축한다. 이러한 맥락에서 윤리적 판단과 책임성은 조직 차원의 리스크를 줄이는 동시에, 개인이 AI 시대에 신뢰받는 전문가로 성장하는 자질이다.

AI 시대의 인재 전략과 협업 모델을 살펴보면, 핵심은 인간과 AI가 서로의 강점을 어떻게 결합할 것인가다. AI는 데이터 처리와 패턴 탐지, 반복적 과업에서 탁월한 능력을 발휘하지만, 문제 정의, 맥락적 판단, 윤리적 책임과 같은 영역은 여전히 인간의 몫이다. 따라서 협업은 인간과 AI의 비교 우위를 따지는 경쟁이 아니라, 서로의 차별적 강점을 연결해 더 나은 결과를 만들어내는 과정이다.

이를 위해 인재는 데이터 리터러시, AI 활용 역량, 창의적 문제 해결력, 협업·커뮤니케이션 능력, 윤리적 책임의 역량을 갖추고, 조직은 교육 인프라 제공, 협업·실험 문화 조성, 윤리적 거버넌스 확립 기반을 마련해야 한다. 개인의 노력과 조직의 지원이 함께 작동할 때, 인간과 AI의 협업은 생산성 향상을 넘어 새로운 경쟁 우위로 이어진다.

AI 시대의 협업 전략이 주는 교훈은 기술은 도구이자 동반자일 뿐, 가치 극대화는 결국 인간의 통찰과 책임 있는 선택이라는 것이다. 미래 인재는 AI를 잘 쓰는 사람이 아니라, AI와 함께 더 큰 가치를 창출하는 사람이다. 이것이 곧 미래 인재가 경쟁력을 유지하고 조직이 지속 가능한 성장을 이루는 길이다.

12.6 AI 윤리와 책임 경영

AI 활용이 급격히 확산되면서 윤리적 문제는 부차적인 이슈가 아니라 기업 경영의 중요한 과제가 되고 있다. 데이터 편향이 불공정한 결과를 낳거나, 프라이버시 침해가 사회적 논란으로 이어지며, 설명 불가능한 블랙박스형 AI는 신뢰를 약화시킨다. 이러한 문제는 기업의 사회적 신뢰와 브랜드 가치에 직결된다. 단기적으로는 효율성과 비용 절감 효과를 얻을 수 있더라도, 윤리적 기준이 결여된 AI는 결국 규제 강화와 소비자 불신을 불러 장기적 지속 가능성을 위협하게 된다. AI 윤리는 선택이 아니라, 책임 있는 경영과 지속 가능한 성장을 위한 필수 조건이다.

AI 윤리 논의의 출발점은 기본 원칙을 분명히 이해하는 것이다. 이러한 원칙은 사회적 신뢰와 지속 가능성을 보장하는 방향으로 작동하게 만든다. AI는 인간 사회의 다양한 영역에 깊숙이 침투하고 있으며, 이 과정에서 발생하는 위험을 예방하기 위한 기준이 필요한데, 아래에서 자세히 살펴보자.

첫째, **투명성**(Transparency)은 AI 윤리의 토대라 할 수 있다. AI가 어떤 데이터를 기반으로 어떤 과정을 거쳐 결과를 도출했는지 이해해야 조직과 사회가 신뢰를 가질 수 있다. 설명 가능한 AI는 규제 준수와 경영진 설득, 그리고 고객 신뢰 확보까지 직결된다.

둘째, **공정성(Fairness)**은 데이터와 알고리즘에 숨어 있는 편향을 제거해 차별을 방지하는 것이다. 학습 데이터의 불균형이나 왜곡된 설계는 특정 집단에 불리한 결과를 낳을 수 있으며, 이는 사회적 불평등을 심화시킨다. 따라서 기업은 데이터 수집 단계부터 다양성과 대표성을 확보하고, 결과를 지속적으로 점검해 공정성을 확보해야 한다.

셋째, **책임성(Accountability)**은 AI가 내린 판단이 아무리 정교하더라도, 그 결과에 대한 최종 책임은 인간에게 있다는 것이다. 기업과 경영진은 AI가 그렇게 결정했다는 이유로 책임을 회피할 수 없으며, 오히려 AI를 활용한 만큼 더 큰 수준의 관리와 감독 의무를 져야 한다. 이는 이해관계자와 사회 전반에 신뢰를 주기 위한 경영 조건이다.

넷째, **프라이버시 보호(Privacy)** 역시 AI 시대 중요한 과제다. 데이터 활용은 AI의 성능을 결정하는 중요한 자원이지만, 고객 동의 없는 수집이나 과도한 감시는 장기적으로 신뢰를 무너뜨린다. 따라서 기업은 데이터 활용과 개인정보 보호 사이의 균형을 정교하게 설계해야 하며, 투명한 정책과 관리 체계를 통해 고객이 안심할 수 있는 환경을 제공해야 한다. 이는 기업 경쟁력이자 지속 가능한 성장의 기반이 된다.

마지막으로, **안전성(Safety)과 신뢰성(Reliability)**은 AI가 실제 운영 환경에서 위험을 최소화하고 안정적으로 작동하도록 한다. 자율주행차, 금융 거래, 의료 진단과 같이 사회적 파급력이 큰 분야에서 안전성과 신뢰성은 윤리적 선택이자 생존 조건이다. 기업은 기술적 테스트와 리스크 관리 체계를 통해 AI가 예측 불가능한 상황에서도 안정적으로 작동하도록 관리해야 한다.

이상의 투명성, 공정성, 책임성, 프라이버시 보호, 안전성과 신뢰성 원칙은 AI 시대 기업의 사회적 신뢰와 지속 가능성을 결정짓는 기준이다. 이 원칙이 조직 내에서 제도와 문화로 정착될 때, AI는 책임 있는 경영과 장기적 경쟁력을 보장하는 기반이 된다. AI 윤리와 책임 경영은 더 이상 규제를 준수하기 위한 소극적 과제가 아니다. 기업이 AI를 어떻게 설계하고 운영하느냐는 사회적 신뢰와 브랜드 가치, 나아가 장기적인 성장 가능성을 좌우한다. 단기적으로는 효율성과 생산성을 높일 수 있어도, 윤리적 기준을 무시한 AI 활용은 결국 규제 강화와 소비자 불신을 불러오며 기업의 지속 가능성을 위협한다. AI 윤리는 경영 전략의 선택지가 아니라 미래 경쟁 우위 조건으로 인식되어야 한다.

신뢰할 수 있는 AI를 구축하는 기업이 불확실성과 변화가 큰 시장에서 장기적 지속 가능성을 확보할 수 있다. 윤리적 원칙을 실제 조직의 제도와 프로세스에 녹여낼 때, AI는 새로운 신뢰 자산이 된다. 이는 기업 내부의 운영 효율을 넘어 외부 이해관계자와의 관계, 사회적 평판까지 직결되는 문제다. AI 시대의 경영자는 기술적 혁신과 함께 윤리적 책임을 병행해야 한다. 기술이 발전할수록 인간의 가치와 판단이 더욱 중요해지며, 책임 있는 선택을 내리는 기업이 미래 기회를 선점할 수 있다. AI 시대의 책임 있는 선택이 곧 기업의 미래를 결정한다.

자기진단 체크리스트 (Self-Assessment Checklist)

1. 우리 조직은 전략-운영 일체화와 실행-학습-개선의 선순환 구조를 갖추고 있는가?
2. 환경 대응에서 민첩성 · 유연성 · 탄력성을 균형 있게 발휘할 수 있는 체계를 운영하고 있는가?
3. 데이터 기반 의사결정과 AI 의사결정 프로세스를 실제 업무에 적용하고, 투명성과 책임성을 확보하고 있는가?
4. 디지털 친화적 문화인 데이터 중심, 협업, 실험과 학습이 구성원 행동과 제도에 내재해 있는가?
5. 인재 전략과 AI 협업 모델, AI 윤리 체계를 통해 우리 조직이 장기적 신뢰와 지속 가능성을 확보하고 있는가?

CHAPTER 13

글로벌 확장과 협업 전략

학습 목표 (Learning Objectives)

1. 오픈 이노베이션이 글로벌 확장에서 가지는 전략적 의미를 설명할 수 있다.
2. AI 시대의 다양한 글로벌 협력 모델인 플랫폼 기반, 데이터 컨소시엄, 혁신 허브를 구분하고 특징을 이해한다.
3. 협력 성과를 재무적 · 혁신적 · 조직적 · 관계적 차원에서 종합적으로 측정하고, 지속 가능성 요인을 파악한다.
4. 현지 생태계 분석과 Localization, Glocalization 적응 전략을 수립하고, ESG와 회복탄력성을 내재화한 운영 모델을 설계한다.

도입 질문 (Opening Questions)

1. 과거의 폐쇄형 혁신과 가치사슬 중심 협력 모델이 왜 AI 시대 글로벌 경쟁에서 한계를 드러내는가?
2. 협력의 성과를 재무적 성과만이 아니라 조직 · 관계적 가치까지 포함해 측정해야 하는 이유는 무엇일까?
3. 오늘날 글로벌 네트워크는 물리적 공급망이 아니라, 데이터 · 플랫폼 · 산업 융합 기반의 가치 연결망이라고 할 수 있는 이유는 무엇인가?
4. 글로벌 진출에서 현지화(Localization)를 넘어 글로컬라이제이션(Glocalization) 전략이 필요한 배경은 무엇인가?

13.1 오픈 이노베이션

2000년대 이전 기업 혁신은 대부분 폐쇄형 혁신(Closed Innovation)에 기반해 기업 내부 연구소와 전담 인력이 중심이 되어 진행되었다. 대부분의 기술 개발과 아이디어 창출을 내부에서 진행하며, 성과 역시 조직 울타리 안에서 활용했다. 이는 일정 규모 이상의 자본과 인력을 보유한 기업에 유리했으며, 막대한 비용과 긴 개발 시간, 실패 위험을 기업이 온전히 감당해야 하는 구조였다.

그러나 기술 변화 속도가 빨라지고, 시장의 예측 가능성이 낮아진 오늘날에는 한계를 드러냈고, 기업이 필요한 지식과 기술을 내부에서 확보하는 건 비효율적이며 때로는 위험하기까지 하다. 특히, 기술 주기가 짧아지고 고객 요구가 다변화된 오늘날은 이 방식만으로는 빠른 시장 대응이 어렵다. 디지털 기술이 전 산업으로 파급되며 외부의 지식, 아이디어, 역량을 얼마나 신속하게 끌어올 수 있는지가 경쟁력을 좌우하게 되었다. 따라서 글로벌 차원에서의 오픈 이노베이션은 선택이 아닌 필수 전략으로 자리 잡고 있다.

오픈 이노베이션(Open Innovation)은 헨리 체스브로(Henry Chesbrough)가 다음 그림과 같이 **내외부 아이디어와 기술을 개방적으로 활용하여 혁신을 가속화하고, 창출된 가치를 다양한 경로를 통해 시장에 확산하는 접근**으로 정의했다. 핵심은 개방성, 상호성, 그리고 네트워크 기반의 협력이다. 오픈 이노베이션은 크게 외부의 아이디어를 내부 혁신에 흡수하는 인바운드(Inbound) 방식과, 내부의 지식과 기술을 외부 파트너에게 개방하는 아웃바운드(Outbound) 방식으로 구분된다. 오픈 이노베이션의 전략적 가치는 크게 세 가지로 정리할 수 있다.

그림 66 폐쇄형 혁신과 개방형 혁신 모델

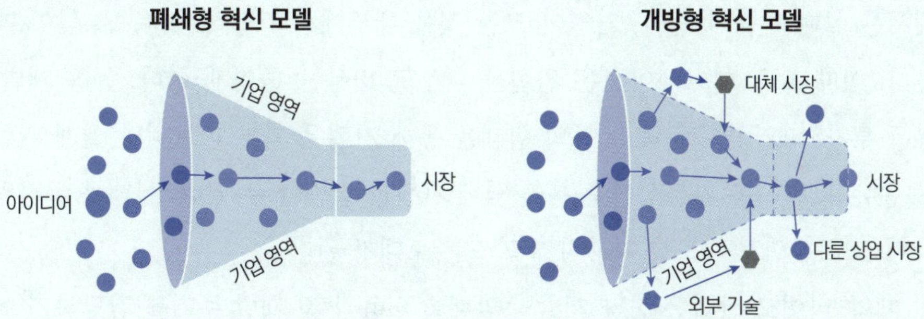

출처: 메디칼타임즈

첫째, **혁신 속도와 유연성 강화**

혁신의 주기는 점점 짧아지고 있다. 과거에는 새로운 기술이나 제품이 시장에 안착하기까지 수년이 걸렸지만, 오늘날에는 몇 개월 혹은 몇 주 만에도 새로운 서비스가 등장해 기존 시장 질서를 뒤흔들고 있다. 이런 환경에서 기업이 내부 역량만으로 모든 혁신을 따라잡는 건 사실상 불가능하다. 오픈 이노베이션 전략은 기업이 스타트업, 대학, 연구소, 고객 커뮤니티 같은 외부 자원을 활용해 혁신 속도를 높이고, 끊임없이 변하는 요구에 신속하게 적응할 수 있게 돕는다. 이를 통해 시장 출시 기간을 단축하고, 초기 고객 반응을 빠르게 제품 개선에 반영하는 유연성을 확보할 수 있다.

구글은 인공지능, 자율주행, 헬스케어 등 다양한 영역에서 수많은 스타트업을 인수하거나 협력하며 혁신의 속도를 높였다. 삼성전자의 C-Lab Outside 역시 스타트업을 육성하며 아이디어를 빠르게 흡수해 상용화 가능성을 실험하는 프로그램이다. 이런 방식은 대기업이 내부 관료적 절차에 갇히지 않고, 외부의 민첩성을 빌려 혁신의 흐름에 합류하도록 한다. 혁신 속도와 유연성은 기업이 시장 변화를 선도하고 불확실성 속에서 생존할 수 있는 경쟁력이 된다.

둘째, **리스크 분산과 비용 효율성**

R&D는 본질적으로 불확실성이 큰 활동이다. 특히 신기술이나 신사업 분야에서는 실패 확률이 높아, 기업이 모든 것을 내부에서 감당하기에는 부담이 따른다. 이때 오픈 이노베이션은 위험을 나누고 비용을 줄이게 한다. 공동 개발, 공동 투자, 파일럿 프로젝트 등의 형태를 통해 기업은 외부 파트너와 실패 위험을 공유하고, 성공 가능성이 높은 영역에 자원을 집중할 수 있다. 실패를 두려워하지 않고 실험적 시도를 가능하게 만드는 토대가 된다.

제약·바이오 산업은 신약 개발의 막대한 비용과 긴 개발 주기를 감당하기 어려워, 제약사들이 대학 연구소, 바이오 스타트업, 벤처캐피털과 긴밀히 협력하고 있다. 신약 후보 물질 단계에서부터 외부 파트너와 리스크를 나누어 검증을 진행하기 때문에, 기업은 성공 확률이 높은 프로젝트에만 집중 투자할 수 있다. IT 분야에서도 비슷한 양상이 나타난다. 기업이 초기 단계에서 모든 기술을 자체 개발하기보다, 유망 스타트업에 전략적 투자를 단행해 성과가 검증되면 본격적으로 스케일업하는 방식이다. 이런 구조는 자원 낭비를 줄이고, 불확실성이 높은 신기술 시장에서의 실패 리스크를 효과적으로 관리하는 데 기여한다.

셋째, **시장 확대와 생태계 확장**

오픈 이노베이션은 기술이나 아이디어 확보 수준을 넘어, 시장과 생태계 확장 효과를 만든다. 기업은 스타트업이나 외부 파트너와의 협업으로 기존 접근하기 어려웠던 고객군이나 지역 시장에 빠르게 진입할 수 있다. 외부 파트너의 현지 네트워크와 전문성을 활용함으로써, 새로운 시장에 대한 학습 비용을 줄이고 현지화 속도도 높일 수 있다. 이는 글로벌 확장 과정에서 다리 역할을 하며, 기업의 성장 궤적을 한층 가속화한다.

장기적으로 오픈 이노베이션은 기업 생태계 자체를 확장시키는 결과를 낳는다. 애플은 전 세계 수많은 개발자와 스타트업이 참여하는 앱스토어 생태계를 통해 플랫폼 기업으로 거듭났다. 마찬가지로 글로벌 제조 기업들은 스타트업, 연구기관, 정부기관 등과 연결된 오픈 이노베이션 허브를 구축해 자사 중심의 생태계를 확대하고 있다. 이는 제품 판매 이상의 지속 가능한 성장 모델을 만들어내며, 기업의 경쟁력은 개별 역량이 아니라 얼마나 강력하고 넓은 생태계를 구축했는가로 평가받게 된다.

AI 시대의 오픈 이노베이션은 기업의 글로벌 확장 전략과 긴밀히 맞물려 있다. 글로벌 시장은 복잡하고 불확실성이 크기 때문에 어느 한 기업이 단독으로 진입하기 점점 어려워지고 있다. 협력 네트워크를 중심으로 한 개방형 전략은 기업이 리스크를 분산하고 새로운 기회를 빠르게 포착하게 한다. 오픈 이노베이션은 연결의 힘을 통해 기업의 성장과 생존을 뒷받침한다.

오픈 이노베이션은 기술 혁신뿐 아니라 기업 내부의 조직문화와 리더십, 그리고 파트너십을 운영하는 역량까지 요구한다. 외부 아이디어를 수용하고 협력 관계를 장기적으로 유지하기 위해서는 수평적 의사소통, 개방적 사고방식, 신뢰 기반의 협력 문화가 뒷받침되어야 한다. 기업은 기술과 자본만이 아니라 문화적·조직적 준비 수준을 함께 갖추어야 한다. 오픈 이노베이션이 만들어내는 연결망이 기업의 미래를 좌우하는 자산으로 글로벌 시장에서 지속 가능한 경쟁력을 창출하는 토대가 될 것이다.

13.2 글로벌 협력 모델과 실행

전통적으로 기업 간 협력은 완제품 제조사나 산업 내 핵심 기업을 중심으로 구성된 가치사슬 구조에 의존해 왔다. 토요타의 자동차 부품 생태계와 삼성 반도체의 공급망처럼, 중심 기업이 기술과 품질 기준을 설정하고 협력사들은 이를 충족시키는 형태로 움직였다. 이러한 구조는 장기 계약과 안정적인 거래를 기반으로, 중앙집중식 의사결정과 명확한 위계질서를 특징으로 했다. 협력사 간 관계는 고정적이고 변화가 필요할 때도 중심 기업의 전략 변화가 선행돼야 했다.

오늘날 외부 협력 모델은 다양하다. 전략적 제휴(Strategic Alliance)는 서로 다른 기업의 보완적 역량을 결합해 장기적인 시너지를 추구하는 방식이다. 공동개발(Co-development)은 기술과 제품을 함께 설계하고 상용화까지 이끄는 형태이며, 라이선싱(Licensing)은 지식재산권(IP)을 공유하거나 활용해 개발 속도와 시장 진입 속도를 높인다. 조인트벤처(Joint Venture)는 공동 출자와 운영을 통해 새로운 사업 기회를 창출하며, 오픈 플랫폼(Open Platform)은 API, 데이터, 기술을 개방해 생태계를 확장한다. 최근 주목받는 AI와 데이터 공유 협력 모델은 데이터셋을 공동 구축하고 활용해 알고리즘 성능과 효율성을 높인다.

AI 시대에 외부 협력 모델이 달라지고 있다. 완제품을 중심으로 한 폐쇄형 클러스터에서 벗어나, 데이터·알고리즘·서비스 모듈을 기반으로 한 네트워크형 구조가 확산하고 있다. AI 플랫폼, API, 클라우드 서비스 등은 특정 기업의 경계를 넘어 다양한 주체들이 쉽게 접속하고 활용하는 인프라를 제공한다. 이로 인해 협력의 경계는 훨씬 유연해지고, 다양한 규모와 성격의 기업, 심지어 개인 개발자나 연구 집단까지도 생태계의 일원으로 참여할 수 있다. 이전의 폐쇄적인 기업 주도형에서 벗어나, 데이터와 플랫폼을 매개로 한 개방 및 분산형 구조로 변화하고 있다.

실행 방식도 차이를 보인다. 과거의 외부 협력은 중심 기업이 설계한 틀 안에서 운영되는 중앙집중형 구조였다면, 이제는 참여 주체가 상호 간에 데이터를 공유하고 프로젝트 단위로 빠르게 결합하고 해체하는 개방 분산형 구조가 보편화되고 있다. 계약 관계 역시 장기 고정에서 단기 유연으로 바뀌었으며, 기술 공유 범위도 핵심 지식 일부만 제한적으로 제공하던 방식에서 오픈소스와 API 기반 개방으로 확대되었다. AI 시대의 글로벌 협력 모델은 다음과 같다.

첫째, **플랫폼 기반 파트너십**

플랫폼 기반 파트너십은 AI 시대 보편적인 협력 모델로, 특정 기업이 보유한 AI나 데이터 플랫폼을 외부에 개방해 다양한 참여자가 새로운 가치를 창출하도록 지원하는 구조다. 과거에는 기술을 소유하는 것 자체가 경쟁력이었다면, 오늘날에는 플랫폼을 개방하고 생태계를 조성해 더 많은 참여자가 들어올수록 경쟁력이 강화된다. 즉, 개별 기업이 가진 기술과 데이터를 외부에 열어놓음으로써 외부 개발자와 스타트업이 추가적 혁신을 일으키는 장을 마련한다.

대표적인 사례가 OpenAI의 API 생태계다. GPT API를 활용한 수많은 스타트업들이 고객지원, 콘텐츠 생성, 교육, 헬스케어 등 다양한 서비스로 확장하고 있다. 이는 플랫폼 기업이 직접 모든 산업을 커버하지 않더라도, 외부 플레이어가 자신들의 기술 자산을 기반으로 새로운 시장을 만들도록 유도한다. 이러한 파트너십은 네트워크 효과를 강화하고, 플랫폼 기업은 기술 중심성을 유지하면서도 외부 혁신을 내부 성장으로 흡수할 수 있다. 플랫폼 기반 협력은 기업의 확장을 단일 기업의 자원에 한정하지 않고, 생태계 전체의 성장 동력으로 전환시키는 전략적 도구다.

둘째, **데이터 협력 컨소시엄**

데이터 협력 컨소시엄은 여러 기업과 기관이 데이터를 공유 및 결합해 AI 학습의 효율성과 성능을 높이는 방식이다. AI 성능은 학습 데이터의 규모와 다양성에 좌우되는데, 개별 기업이 모든 데이터를 독점적으로 수집하기는 어렵다. 따라서 경쟁사 간에도 제한적 데이터 공유나 상호 교환이 늘고 있으며, 산업별 데이터 연합이 빠르게 형성되고 있다. 이는 데이터가 곧 산업의 공공재적 자원으로 인식되기 시작했음을 보여준다.

가장 활발히 확산되는 영역은 헬스케어와 모빌리티다. 헬스케어 분야에서는 병원, 제약사, 정부 기관이 협력해 환자 데이터를 통합 분석함으로써 신약 개발 속도를 높이고 정밀의료를 구현한다. 모빌리티 산업에서는 자동차 제조사, 통신사, 지도 플랫폼 기업이 주행 데이터를 공유해 자율주행 기술을 고도화한다. 이런 컨소시엄은 기업 간 단순한 협력을 넘어, 산업 전체의 혁신 수준을 끌어올리는 공동 인프라로 작용한다. 동시에 데이터 표준화, 개인정보 보호, 보안 문제를 해결하기 위한 규제와 윤리적 협력도 뒤따라야 한다.

셋째, **하이브리드 혁신 허브**

하이브리드 혁신 허브는 대기업, 스타트업, 학계, 정부 기관 등이 하나의 네트워크 안에서 실험과 상용화를 동시에 진행하는 새로운 협력 구조다. 이는 연구-실험-검증-사업화가 통합된 혁신 클러스터를 만드는 방식이다. 각 주체는 서로 다른 강점을 지니고 있는데, 대기업은 자본과 시장 접근성을, 스타트업은 민첩성과 창의성을, 학계는 연구 역량을, 정부는 제도적 지원을 제공한다. 이들이 유기적으로 연결되면, 혁신은 단일 주체가 할 수 없는 속도와 규모로 가속된다.

대표적 예로 싱가포르의 AI 허브, 독일의 인더스트리 4.0 테스트베드, 현대자동차의 현대 크래들(CRADLE)과 같은 오픈 이노베이션 센터가 있다. 이곳에서는 신기술을 실험하는 동시에, 시장에서의 상용화 가능성까지 검증해 바로 적용하도록 한다. 기업은 리스크를 줄이고 빠른 피드백을 얻으며, 정부와 학계는 국가 경쟁력 강화 성과를 거둘 수 있다. 이러한 허브 모델은 지역 기반 혁신 생태계를 글로벌 네트워크와 연결하며 AI 시대 협력 모델로 자리 잡아가고 있다.

협력 모델을 선택할 때는 몇 가지 전략적 고려가 필요하다. 우선 **목표와 범위를 명확히** 해야 한다. 단기적인 혁신을 목표로 할 것인지, 장기적인 생태계 구축을 지향할 것인지에 따라 접근 방식이 달라진다. **파트너 역량 평가**도 필수다. 기술력, 자원, 시장 접근성 등을 종합적으로 판단해야 하며, 위험 요소인 지식재산권 유출, 과도한 의존, 문화적 불일치 가능성도 사전에 분석해야 한다. 또한 **계약과 거버넌스 구조**를 통해 권리, 의무, 성과 배분을 명확히 정의해야 협력 과정에서의 갈등을 최소화할 수 있다.

AI 시대의 글로벌 협력은 속도 경쟁을 넘어, 어떻게 실행하고 어떤 신뢰를 구축하는가에 달려 있다. 디지털 플랫폼과 AI 기반 분석은 파트너 연결을 가속하고 리스크를 사전에 관리하게 하지만, 그 자체가 성공을 보장하지는 않는다. 장기적인 비전과 신뢰를 기반으로 기술·데이터·네트워크를 결합한 하이브리드형 협력 모델 구축은 지속 가능한 경쟁력의 핵심이다.

특히 외부 협력의 무게중심은 제품 생산에서 문제 해결로 옮겨가고 있다. 기업은 더 이상 자신이 속한 가치사슬 내부에 머물러 있을 수 없으며, 여러 가치 네트워크에 동시에 참여해 혁신의 속도와 범위를 확장해야 한다. 이를 뒷받침하기 위해서는 개방형 기술 정책, 데이터 표준화, 윤리적 데이터 사용 원칙과 같은 새로운 규범이 필요하다. AI 시대의 협력은 연결의 폭과 실행의 깊이가 성패를 좌우하며, 이는 기업의 글로벌 확장과 장기적 생존 전략을 결정짓는 핵심이 될 것이다.

13.3 글로벌 시장 진출과 적응 전략

글로벌 시장은 더 이상 일부 대기업만의 무대가 아니다. 기술과 물류 인프라, 디지털 플랫폼의 발달은 중소기업과 스타트업에게도 해외 진출의 문을 열어주었다. 그러나 무작정 해외에 발을 내딛는 것은 위험하다. 각 기업이 처한 상황, 목표 시장의 특성, 보유 역량에 따라 진출 전략은 달라져야 하며, 올바른 전략 선택이 성공을 좌우한다.

글로벌 진출 전략에는 여러 유형이 존재한다. 가장 단순한 방식은 **직접 수출**이다. 자사 제품을 해외 바이어나 고객에게 직접 판매하는 방식으로, 투자 부담이 적고 초기 리스크를 낮출 수 있다. 다만, 현지 유통망 확보와 브랜드 통제력에서 한계를 느낄 수 있다. **간접 수출**은 무역상이나 중간 유통업체를 활용하는 방식으로, 시장 진입 속도가 빠르고 운영 부담이 적지만, 시장 정보와 고객 피드백을 직접적으로 얻기 어렵다. **라이선싱과 프랜차이징**은 자사의 지식재산권이나 브랜드를 현지 기업이 사용하도록 허용하는 방식이다. 적은 투자로 빠른 시장 확장이 가능하지만, 품질과 서비스 일관성을 유지하기 어려운 제약이 있다.

합작투자는 현지 파트너와 지분을 나누어 회사를 설립하는 형태로, 현지 네트워크와 규제 적응력을 활용할 수 있지만 경영권 분쟁이나 이익 배분 문제로 갈등이 생기기도 한다. M&A(인수합병)는 필요한 시장, 기술, 자원을 단숨에 확보할 수 있지만, 인수 후 조직문화 통합 과정에서 상당한 리스크가 발생한다. 반면 **해외직접 투자**는 현지에 신규 시설과 조직을 설립하는 방식으로 완전한 통제권을 가질 수 있으나, 초기 투자비와 위험이 크다.

글로벌 진출 전략은 유형의 선택에서 끝나지 않는다. 어느 시장에 어떻게 진입할지는 시장 요인, 기업 내부 요인, 외부 환경 요인, 사회문화적 적합성과 리스크 허용 수준까지 종합적으로 고려해야 한다.

- 시장 요인: 규모, 성장성, 경쟁 강도, 규제 장벽 등
- 기업 내부 요인: 자본력, 브랜드 인지도, 운영·기술 역량 등
- 외부 환경 요인: 정치·경제 안정성, 환율 변동, 무역 정책 등
- 사회문화적 적합성: 언어, 소비자 행동, 비즈니스 관습 등
- 리스크 허용 수준: 시장 불확실성, 정치규제 리스크, 재무적 위험 등

많은 기업이 단일 전략보다 단계적 혹은 혼합형 접근을 택한다. 예를 들어 초기에는 수출로 시장 반응을 살핀 뒤, 합작투자를 거쳐 단독 투자를 진행하는 식이다. 스타벅스는 일부 국가에서 직영 모델로 시작했다가 라이선스 형태로 전환하며 현지 적응력을 높였고, 넷플릭스는 글로벌 콘텐츠 전략을 통해 국가별 맞춤형 오리지널 제작으로 성장 속도를 높였다.

글로벌 진출 전략은 한 번 선택하면 끝나는 고정된 해답이 아니라, 시장 신호와 환경 변화에 따라 지속적으로 재평가하고 전환하는 유연한 선택지여야 한다. 전략 실행 이후에는 성과를 측정하고, 현지 반응과 시장 데이터를 기반으로 전략을 개선하는 피드백 루프를 구축해야 한다. 이러한 순환 구조가 있어야 글로벌 시장에서 지속 가능한 성장을 이룰 수 있다.

글로벌 시장 진출의 첫 관문은 전략 유형의 선택이지만, 그 이후의 성패는 현지 적응력에 달려 있다. 제품을 수출하거나 매장을 열었다고 해서 성공이 보장되지는 않는다. 현지 경제와 산업 구조, 정치·법률 환경, 문화·사회적 요소까지 깊이 이해하고, 그 속에서 지속 가능한 관계망을 구축해야 비로소 시장에 뿌리내릴 수 있다.

현지 생태계를 분석할 때는 다음을 고려해야 한다. 우선 정치·법률 환경이다. 투자 규제, 노동법, 세제, 환경 규제, 무역 협정 등은 사업 운영의 기본 틀을 규정한다. 경제·산업 구조도 살펴야 한다. 주요 산업 클러스터와 공급망 구조, 경쟁사 네트워크를 이해하면 진입 전략과 자원 배분 방향이 명확해진다. 여기에 문화·사회적 요소 역시 간과할 수 없다. 소비자의 가치관, 라이프스타일, 의사소통 방식은 제품 기획부터 마케팅 메시지까지 전 과정에 영향을 준다. 기술·인프라 환경은 디지털 서비스의 활용 가능성, 물류·유통망의 효율, 결제 시스템의 편의성 등을 결정하며, 최근에는 환경·지속가능성 요구가 점점 강해져 ESG 기준과 친환경 소비 트렌드도 전략 설계의 필수 요소가 되고 있다.

이러한 분석을 토대로 현지 적응 전략을 세워야 한다. 가장 먼저 고려할 것은 제품·서비스의 현지화(Localization)다. 현지의 취향, 사용 습관, 규격·인증 요건을 반영하고, 언어·디자인·포장·UX/UI까지 세부적으로 조정해야 한다. 마케팅과 브랜딩의 현지화도 중요하다. 광고 메시지와 콘텐츠는 현지 문화 코드에 맞아야 하며, 소비자 심리와 미디어 사용 패턴을 반영해야 효과를 발휘한다. 채널과 유통 구조 최적화에서는 글로벌 유통망과 현지 유통망 중 어떤 구조를 활용할지, 온라인과 오프라인의 비중을 어떻게 조정할지를 결정한다. 인적 자원 측면에서는 현지 인재 채용과 역량 개발, 본사와 현지 조직 간 권한 배분이 장기 성과를 좌우한다.

현지 생태계에 빠르게 적응하기 위해서는 현지 파트너십과 네트워크를 적극 활용하는 것이 효과적이다. 정부·지자체, 산업 단체, 현지 기업과의 협력을 통해 시장 접근 속도를 높일 수 있으며, 공동 마케팅이나 공동 연구개발, 공급망 협력 등도 가능하다. 파트너를 선정할 때는 단기 이익보다 신뢰성, 시장 영향력, 장기적 비전의 일치 여부를 기준으로 삼아야 한다.

적응 과정에서의 리스크 관리도 필수다. 정치적·법적·사회적 위험을 사전에 식별하고, 시장 변화와 고객 반응에 따라 전략을 신속하게 조정해야 한다. 데이터 기반으로 현지 성과를 측정하고 개선하는 피드백 루프를 구축하면, 변화를 기회로 전환할 수 있다. 그러나, 글로벌 시장에서 성공하는 기업은 현지화에만 머무르지 않는다. 글로벌 브랜드의 정체성과 현지 요구를 결합한 'Glocalization' 전략을 실행한다. 현지 고객과 파트너가 신뢰하는 관계를 꾸준히 구축하고, 시장의 변화를 민감하게 감지해 전략을 업데이트하는 것, 그것이 지속 가능한 글로벌 성장을 위한 진정한 적응이다.

글로벌 시장 진입은 출발선에 불과하다. 진입에 성공했다고 해서 장기적인 생존이 보장되지는 않는다. 시장 환경은 끊임없이 변하고, 정치·경제적 변수는 예측하기 어렵다. 따라서 글로벌 사업을 안정적으로 유지하고 성장시키기 위해서는 지속 가능한 운영 모델을 갖추어야 한다.

글로벌 운영의 최종 목적은 시장을 넓히는 확장이 아니다. 더 중요한 것은 변화무쌍한 환경 속에서도 사업을 안정적으로 유지하고, 그 과정에서 새로운 가치 창출을 이어가는 것이다. 눈앞의 매출이나 단기 성과에 집착하는 기업은 일시적 성공은 얻을 수 있어도, 신뢰와 관계를 잃으면 곧 경쟁에서 밀려난다. 반대로 장기적 신뢰와 안정성을 축적하는 기업은 위기 속에서도 파트너와 고객의 지지를 얻으며 새로운 기회를 만들어낸다. 글로벌 무대에서 살아남고 성장하는 길은 단기 성과가 아니라, 장기적 가치와 관계 자산을 꾸준히 축적하는 데 있다.

지속 가능한 운영 모델을 구축하기 위해서는 다음 요소들을 고려해야 한다.

- **글로벌 거버넌스 구축:** 본사와 현지 조직 간의 역할과 의사결정 권한을 나누고, 표준화와 현지화를 균형 있게 반영한 운영 체계를 마련해야 한다. 지

나친 본사 중심 운영은 현지의 자율성을 약화시키고, 반대로 현지 독립성이 과도하면 브랜드 일관성과 운영 효율성이 흔들릴 수 있다.

- **재무적 지속 가능성:** 안정적인 현금 흐름을 유지하려면 수익원을 다변화하고, 환율 변동과 세제 변화에 유연하게 대응하는 재무 관리 체계를 구축해야 한다. 특정 국가나 사업에 과도하게 의존하면, 하나의 변수가 전체 사업을 위협할 수 있다.
- **공급망과 운영 효율성:** 글로벌 공급망을 다변화하고, 일부 핵심 부품이나 원재료는 현지에서 조달하거나 생산 비중을 확대함으로써 리스크를 분산해야 한다. 이를 통해 지정학적 긴장, 팬데믹, 기후 변화 등 예측 불가능한 사건에 대비할 수 있다.
- **ESG와 사회적 책임:** 환경(E) 측면에서는 친환경 생산과 탄소배출 감축, 재생에너지 활용을 강화하고, 사회(S) 측면에서는 현지 고용 창출, 지역사회 기여, 인권·노동 기준 준수를 실천해야 한다. 지배구조(G)에서는 투명한 경영과 윤리 준수, 규제 대응 체계를 확립해야 글로벌 신뢰를 얻을 수 있다.
- **디지털 전환:** 이는 글로벌 운영의 효율성을 극대화한다. AI와 데이터 분석을 기반으로 의사결정을 고도화하고, 디지털 플랫폼을 통해 글로벌 사업 현황을 실시간으로 모니터링할 수 있다. 온라인과 오프라인 채널을 통합 관리하는 옴니채널 전략은 지역별 판매와 고객 경험을 일관되게 유지하는 데 도움이 된다.
- **리스크 관리와 회복탄력성:** 지정학적 리스크, 공급망 붕괴, 팬데믹 같은 돌발 상황에 대비한 시나리오를 준비하고, 위기 상황에서도 핵심 사업이 중단되지 않도록 사업 지속 계획을 수립해야 한다.
- **성과 측정과 지속적 개선:** 이는 모든 과정을 뒷받침하는 것이다. 글로벌 KPI와 현지 KPI를 통합 관리하고, 정기적인 성과 리뷰와 피드백을 통해 운영 모델을 계속 개선해야 한다. 시장, 기술, 환경이 변할 때마다 유연하게 대응할 수 있는 조직 역량이 진정한 지속 가능성을 보장한다.

자기진단 체크리스트 (Self-Assessment Checklist)

1. 우리 조직은 외부 스타트업 · 연구소 · 파트너와의 오픈 이노베이션 체계를 전략적으로 운영하고 있는가?
2. 협력 성과를 매출이나 비용뿐 아니라 혁신 · 조직 학습 · 파트너 관계까지 균형 있게 측정하고 있는가?
3. 현지 시장에서 정치 · 경제 · 문화 · 사회적 요소를 고려한 적응 전략을 실행하고 있는가?
4. ESG, 회복탄력성, 리스크 관리가 글로벌 운영 모델 속에 내재화되어 있는가?

제4부 학습 요약

1) 마케팅은 대중 마케팅 → 세분 마케팅 → 개인화 → AI 기반 초개인화로 진화해 왔다.
2) 오늘날 고객은 단순한 소비자가 아니라, 정보를 탐색하고 비교하며 선택을 주도하는 능동적 주체다.
3) 고객은 품질과 가격뿐 아니라, 브랜드 철학, 지속가능성, 사회적 가치까지 평가 기준으로 삼는다.
4) 기업은 이제 고객을 최종 평가자가 아니라, 제품·서비스의 공동 설계자(Co-designer)로 참여시켜야 한다.
5) 성공 기업들은 고객의 목소리를 피드백 차원을 넘어 제품 기획과 전략 설계의 자원으로 활용한다.
6) 뛰어난 기술 자체가 아니라, 고객 접점에서의 경험 설계가 시장 반응과 성공을 좌우한다.
7) 고객 여정은 단선적 흐름이 아니라, 순환적·복합적 경로로 관리되어야 하며, AI는 이를 실시간으로 최적화한다.
8) 고객 이탈은 대부분 조용히 일어나므로, 이를 방지하기 위해서는 행동 데이터 모니터링과 선제적 대응이 필요하다.
9) 오늘날 고객은 브랜드가 말하는 메시지가 아니라, 자신이 직접 겪은 경험을 통해 신뢰와 충성도를 결정한다.
10) 비즈니스 모델 전략은 산업 구조가 아니라 고객의 흐름 위에서 설계될 때 진정한 경쟁력을 발휘한다.

11) 실행이 강한 조직은 전략과 운영을 분리하지 않고, 일상적 절차와 규범 속에 전략을 녹여낸다.

12) 전략-실행 간극을 줄이려면 방향성과 자원의 집중을 명확히 하고, 이를 순환 구조로 연결해야 한다.

13) 민첩성, 유연성, 탄력성은 오늘날 조직 운영의 세 축이다.

14) 환경 대응은 단순한 적응이 아니라, 변화 신호를 선제적으로 감지하고 기회로 전환하는 전략적 활동이다.

15) AI와 데이터는 실시간 감지, 고객 행동 예측, 공급망 시뮬레이션을 통해 운영을 사후 대응에서 선제 대응으로 전환시킨다.

16) 데이터 기반 의사결정은 경험과 직관을 넘어, 수집-분석-실행-피드백의 순환 구조를 통해 전략을 정교화한다.

17) AI 의사결정 프로세스는 목표 정의에서 실행·피드백까지 이어지는 순환 체계로, 속도와 정밀성을 강화한다.

18) 디지털 친화적 문화는 데이터 중심 사고, 민첩성·적응력, 협업과 개방성, 실험과 학습 태도를 조직 DNA로 내재화하는 과정이다.

19) AI 시대 인재는 데이터 활용 역량, AI 활용 역량, 창의적 문제 해결, 협업과 소통, 윤리적 책임성을 동시에 갖추어야 한다.

20) AI 윤리의 투명성, 공정성, 책임성, 프라이버시 보호, 안전성은 책임 경영과 장기적 경쟁 우위를 보장하는 기준이다.

21) 오늘날 혁신은 외부 지식과 아이디어를 적극적으로 흡수하는 오픈 이노베이션이 필수 전략으로 자리 잡았다.

22) 오픈 이노베이션은 혁신 속도와 유연성 강화, 리스크 분산과 비용 절감, 시장과 생태계 확장에 전략적 가치를 제공한다.

23) 글로벌 협력 모델은 전략적 제휴, 공동개발, 라이선싱, 조인트벤처, 오픈 플랫폼 등으로 다양화되었으며, AI 시대에는 데이터·플랫폼 기반의 개방형·분산형 구

조가 확산되고 있다.

24) 플랫폼 파트너십, 데이터 협력 컨소시엄, 하이브리드 혁신 허브는 AI 시대의 새로운 협력 방식이다.

25) 현지 생태계 적응은 정치 · 경제 · 문화 · 기술 환경을 종합적으로 이해하고 Glocalization 전략으로 실행해야 성공할 수 있다.

26) 글로벌 확장은 단기 성과보다 장기적 신뢰와 관계 자산의 축적이 성패를 좌우하는 지속 가능한 성장 전략이다.

사고 확장 질문

1) 고객은 이제 단순한 소비자가 아니라 공동 설계자(Co-designer)라고 했다. 여러분이라면 고객을 제품과 서비스 설계에 참여시키기 위해 어떤 방식을 활용하겠는가?

2) AI와 데이터가 운영을 '사후 대응'에서 '선제 대응'으로 전환시킨다고 했다. 그렇다면 데이터 기반 의사결정은 경험과 직관을 완전히 대체할 수 있을까, 아니면 보완적 관계에 머물까?

3) 디지털 친화적 조직문화는 단순 기술 도입이 아니라 사람들의 태도와 학습 방식을 바꿔야 한다. 이를 촉진할 수 있는 강력한 제도나 리더십 방식은 무엇이라고 생각하는가?

4) 오픈 이노베이션은 스타트업과 대기업 모두에게 필요하다. 그러나 협력 과정에서 지식 유출·권력 불균형 같은 문제가 생긴다. 이 갈등을 해결하기 위한 현실적 장치는 무엇일까?

5) 글로벌 확장은 현지 생태계 적응이라고 했다. 여러분이 만약 해외 진출 기업의 CEO라면, 정치·문화·기술 중 어떤 요소를 가장 먼저 고려하겠는가?

토론 주제

「2045년, 글로벌 AI 연합 회의 - 신뢰를 둘러싼 전쟁」

2045년, 싱가포르의 한 초고층 빌딩에서는 전 세계 AI 기업과 정부 대표들이 모인 '글로벌 신뢰 연합(Global Trust Alliance)' 회의가 열렸다.

이 회의의 목적은 하나, 데이터와 AI 알고리즘을 어느 수준까지 공유할 것인가였다.

미국 대표는 "혁신 속도를 위해 데이터 개방이 필수"라고 주장했다.

유럽 대표는 "프라이버시와 윤리가 우선"이라며 강경히 맞섰다.

중국 대표는 "국가 안보와 기술 주권"을 내세우며 자국 내 데이터만 사용하겠다고 선언했다.

한편, 한국 기업 대표가 발언권을 얻었다.

"우리는 자본도, 시장 규모도 크지 않습니다. 그러나 개방과 협력 없이는 AI 생태계가 지속 불가능합니다. 데이터를 벽 안에 가두면 모두가 패자가 됩니다. 진정한 경쟁력은 신뢰와 연결에서 나옵니다."

순간 회의장은 술렁였다. 신뢰와 협력, 그리고 개방의 가치는 누구도 부정할 수 없었기 때문이다. 하지만 각국은 여전히 계산기를 두드리며 고민에 빠졌다.

질문:

여러분이라면 2045년 글로벌 신뢰 연합의 전략가라면 어떤 선택을 내리겠는가?

완전 개방으로 혁신 속도를 극대화할 것인가,

부분적 공유로 균형을 맞출 것인가,

국가별 독자 노선을 고수할 것인가?

이 선택은 미래 글로벌 질서와 신뢰의 구조를 결정할 것이다.

In real life, strategy is actually very straightforward. You pick a general direction and implement like hell.
현실에서 전략은 사실 매우 단순하다. 대략적인 방향을 정하고, 죽을 힘을 다해 실행하라.

- Jack Welch(잭 웰치)

The best way to predict the future is to create it.
미래를 예측하는 가장 좋은 방법은 미래를 창조하는 것이다.

- Peter Drucker(피터 드러커)

PART

05

미래 생존과 지속 가능한 전략

CHAPTER 14 미래 혁신과 산업 재편 전략

다가올 미래는 우리에게 과거의 연장이 아니라 다른 무대의 시작을 알리고 있다. 기술은 하루가 다르게 진보하고, 기후 위기와 지정학적 불안이 전 세계를 흔들며, 사회적 가치와 규범은 끊임없이 새롭게 정의되고 있다. 이 거대한 변화의 파도 앞에서 우리는 두 가지 질문을 던져야 한다.

"과연 우리는 살아남을 수 있는가?"

"그 생존이 버티는 것을 넘어 지속 가능한 성장을 보장할 수 있는가?"

생존은 당장의 위협에 대응하는 힘이다. 공급망 충격, 시장 불확실성, 예기치 못한 기술 전환 같은 상황에서 무너지지 않고 조직과 개인을 지켜내는 것이 생존이다. 하지만 생존만으로는 부족하다. 오늘을 버티는 데 급급하다 보면 내일을 준비할 수 없기 때문이다. 반대로 지속 가능성만을 강조한다면, 눈앞의 현실적 위기를 헤쳐 나갈 힘을 잃게 된다. 우리가 찾아야 하는 길은 생존과 지속 가능성을 동시에 껴안는 균형이다.

앞선 장들에서 우리는 기술 진화가 시장을 어떻게 바꾸는지, 고객과 조직, 그리고 글로벌 협력이 어떤 의미를 갖는지 살펴보았다. 이 논의는 한 가지 결론으로 모인다. "변화 속에서 살아남고, 더 나아가 책임 있게 성장할 수 있는가?"라는 질문이다.

제5부는 생존을 위한 전략적 대응, 그리고 장기적으로 지속 가능한 경영을 위한 철학과 실천 과제를 탐색한다. 이 장은 학문적 지식을 넘어 스스로를 돌아보는 계기가 되기를 바란다. 나의 리더십은 미래를 준비하는 방향과 맞닿아 있는가? 내가 속한 조직은 변화에 적응할 준비가 되어 있는가? 그리고 개인으로서 나는 평생 학습과 자기 혁신을 게을리하지 않고 있는가?

미래는 준비된 자의 것이다. 살아남는 것에서 멈추지 않고, 책임과 가치를 품은 지속 가능한 전략을 세우는 자가 다음 세대의 주인공이 될 것이다. 이제 그 길을 모색해 나가야 한다.

CHAPTER 14

미래 혁신과 산업 재편 전략

학습 목표 (Learning Objectives)

1. 파괴적 혁신의 본질과 그것이 산업 · 시장 · 고객 가치 체계를 재편하는 과정을 설명할 수 있다.
2. 기존 기업과 신생 기업이 각각 직면한 생존 과제를 비교 · 분석할 수 있다.
3. 융합 생태계가 신산업 창출로 이어지는 메커니즘을 이해하고 전략적 함의를 도출할 수 있다.
4. 지속가능성과 책임 있는 AI 경영이 미래 기업 경쟁력의 핵심임을 설명할 수 있다.
5. 미래 리더십의 주요 자질과 개인 · 조직 차원의 실천 과제를 제시할 수 있다.

도입 질문 (Opening Questions)

1. 왜 오늘날의 파괴적 혁신은 과거보다 빠르고 강력한가?
2. 기존 기업과 신생 기업은 어떻게 다른 출발점에서 생존을 모색하는가?
3. 산업 경계가 무너지고 융합 생태계가 확산될 때, 주도 기업은 어떻게 탄생하는가?
4. AI 활용은 ESG와 어떻게 연결될 수 있는가?
5. 미래 리더십은 전통적 권위형 리더십과 무엇이 다른가?

14.1 파괴적 혁신과 기업의 전략

오늘날의 산업 환경은 과거에 비해 빠르고 강력한 파괴적 혁신이 연이어 발생하고 있다. 인공지능과 바이오 기술, 에너지 전환과 같은 기술 진보는 물론, 고령화와 기후 위기 같은 사회 변화, 그리고 글로벌 정치·경제 질서의 불안정성이 맞물리면서 혁신의 주기는 짧아지고 그 파급력은 한층 거세졌다. 이러한 격동 속에서 기업은 살아남기 위해, 파괴적 혁신의 흐름을 뒤따르며 생존을 모색할지, 아니면 이를 주도하며 새로운 질서를 창출하는 개척자가 될지 방향을 정해야 한다.

하버드 경영대학원의 크리스텐슨 교수는 『The Innovator's Dilemma』에서 파괴적 혁신(Disruptive Innovation) 이론을 제시했다. 그는 혁신을 기존 시장의 성능을 개선하는 지속적 혁신과, 처음에는 낮은 성능과 단순한 구조로 출발하지만 점차 성능을 개선하며 기존 강자를 무너뜨리는 파괴적 혁신으로 구분했다. 파괴적 혁신은 초기에는 소규모 틈새시장에서 가격 경쟁력이나 접근성으로 소비자를 끌어들이지만, 기술 발전과 시장 확장을 통해 결국 주류 시장을 장악하게 된다는 점에서 차별성을 가진다.

파괴적 혁신은 초기에는 주류 시장의 요구를 충족시키지 못하므로 기존 강자(incumbent) 기업들이 무시하거나 외면하지만, 상대적으로 단순하고 저렴하여 새로운 소비자층이나 저가 시장에서 빠르게 확산된다. 그리고, 시간이 지나면서 성능과 품질이 개선되어 기존 고객층까지 흡수하며 산업 전체를 뒤흔든다. 개인용 컴퓨터(PC), 디지털 카메라, 스트리밍 서비스 등이 기존 주류 제품과 시장을 대체하며 파괴적 혁신의 전형을 보여주었다.

파괴적 혁신 이론은 오늘날 산업에 중요한 통찰을 제공한다. 특히 인공지능, 바이오 기술, 재생에너지 같은 신기술은 초기에는 제한적 기능과 불완전성을 보이지만, 빠른 발전 속도를 통해 기존 산업 질서를 바꿔놓고 있다. 기업 입장에서는 단기적 수익성만을 고려해 새로운 기술을 무시할 경우, 예상보다 빨리 주류 시장이 재편되는 상황을 맞을 수 있다. 따라서 파괴적 혁신 이론은 불확실성과 급변이 일상화된 오늘날 환경에서, 기업이 지속 가능한 성장과 생존 전략을 모색하는 데 시사점을 제공한다. 파괴적 혁신은 기술적 진보 자체보다도 고객 가치의 재정의와 시장 규칙의 전환, 나아가 산업 구조의 근본적 재편에서 비롯된다. 즉, 파괴적 혁신은 기술을 매개로 하지만 그 본질은 가치 창출과 전달 방식의 혁명에 있다.

앞으로는 혁신의 파도가 더 빈번해지고 강력해질 것이다. 인공지능은 산업 전반에 학습과 자동화의 논리를 확산시키고, 로봇은 노동 구조와 생산 방식을 바꾸며, 친환경 기술은 에너지 전환과 지속가능한 경제 질서를 요구한다. 이러한 신기술들은 단일 산업을 바꾸는 데 그치지 않고, 산업 간 경계를 허물고 새로운 생태계를 형성하며 기업이 직면한 경쟁 구도를 완전히 뒤바꿀 것이다. 따라서 기업은 파괴적 혁신을 단발적 사건이 아니라 상시적 환경으로 받아들이고 이에 적합한 전략과 조직적 대응 체계를 갖추어야 한다.

혁신은 더 이상 예외적 사건이 아니라 일상적 환경이 되었으며, 기술·시장·고객 변화가 동시에 맞물리며 속도와 강도가 가속되고 있다. 기업이 어떤 마인드와 전략을 갖추느냐에 따라 미래의 생존과 몰락이 갈리게 된다. 불확실하고 변화가 큰 시대를 주도하기 위해서는 다음의 기업 마인드셋을 가져야 한다.

먼저, **과거의 성공 공식을 과감히 버릴 수 있는 용기**다.

많은 기업이 과거 성과를 지탱해온 비즈니스 모델이나 운영 방식을 집착처럼 붙잡지만, 바로 그 성공이 미래에는 발목을 잡는 걸림돌이 되기도 한다. 혁신을 주도하는 기업은 기존 방식을 고집하기보다, 스스로를 먼저 해체하고 재구성하는 결단력을 보여준다.

그리고, **실험과 실패를 허용하는 조직문화**가 필요하다.

파괴적 혁신은 예측 불가능하고, 정답이 없는 영역에서 시작된다. 이때 실패를 억제하는 조직은 새로운 시도를 하지 못해 혁신의 기회를 잃는다. 반대로 실패를 빠르게 경험하고 학습하는 기업은 시장보다 한발 앞서 변화를 실험하며 다음 성장의 기회를 발견한다.

또, **고객 가치 중심 사고**다.

기술 자체의 우위성보다 고객 문제를 해결하고 새로운 경험을 제공할 때 진정한 혁신으로 이어진다. 고객의 생활 속에 새로운 기술을 어떤 방식으로 녹여내느냐가 승패를 가른다. 기업은 고객이 무엇을 필요로 하고, 무엇을 불편해하는가에 혁신 활동의 기준을 두어야 한다. 이는 전략 수립과 실행 전 단계에서 일관되게 유지되어야 할 관점이다.

그리고, **장기적 비전과 단기적 민첩성** 사이의 균형을 확보해야 한다.

파괴적 혁신의 속도는 빠르기 때문에 즉각적인 대응과 실험이 필요하지만, 방향성이 불분명하면 변화에 끌려다니며 소모적 경쟁에 머무를 수 있다. 반대로 장기적 비전만 강조하면 당장의 시장 요구를 놓치고 실행력이 떨어질 위험이 있다. 성공적인 기업은 단기적 시장 변화에 기민하게 대응하면서도, 동시에 미래를 향한 분명한 비전을 유지함으로써 빠르게 움직이되 흔들리지 않는 전략적 균형을 만든다.

파괴적 혁신을 주도하기 위한 기업의 전략을 이어서 살펴보자.

(1) 틈새시장 공략

파괴적 혁신을 주도하기 위해서는 기존 주류 시장이 아닌 틈새와 비소비 영역을 먼저 공략하는 전략이 필요하다. 초기에는 시장 규모가 작고 수익성도 낮아 보이지만, 단순성과 저비용, 접근성을 무기로 새로운 고객층을 빠르게 흡수할 수 있다. 이 과정에서 기존 강자가 무시한 수요를 충족시키며 입지를 다지고, 기술이 성숙함에 따라 점차 성능을 개선하고 범위를 확장해 주류 시장으로 진입할 수 있다. 작은 틈새에서 시작한 시도가 산업 전체의 판도를 뒤흔드는 파괴적 혁신으로 이어진다.

(2) 별도 조직이나 사업부 신설

파괴적 혁신은 초기에는 단순성, 저비용, 접근성을 무기로 기존 강자가 외면한 틈새시장을 공략하며 빠르게 입지를 다진다. 이후 기술이 고도화되면 성능과 품질을 개선해 주류 시장으로 확장하고, 기존 고객층까지 흡수하면서 산업의 판도를 바꾼다. 그러나 이러한 혁신은 기존 조직의 성과 논리 안에서는 추진하기 어려우므로, 독립적인 조직이나 스핀오프[75] 형태로 별도의 사업을 운영해 자유로운 실험과 성장을 가능하게 해야 한다. 특히 파괴적 혁신은 실패 가능성이 높기 때문에 작은 단위의 실험을 반복하고 빠르게 학습하는 문화가 필수며, 실패를 학습 자산으로 삼아 민첩하게 전략을 수정하는 운영 모델이 뒷받침되어야 비로소 기업은 불확실성을 기회로 전환할 수 있다.

(3) 단순성, 저비용, 접근성에 초점

파괴적 혁신은 초기 단계에서 고성능을 제공하기보다는 단순성, 저비용, 접근성을 무기로 새로운 시장에 진입한다. 이 전략은 기존 강자가 외면한 고객층을 끌어들이며 빠르게 기반을 마련한다. 이후 기술이 고도화되면 점진적으로 품질과 성능을 개선해 주류 시장으로 확장하고, 기존 고객층까지 흡수하며 산업 판도를 뒤흔드는 변화를 끌어낸다.

파괴적 혁신은 특정 산업이나 시기에만 나타나는 사건이 아니라, 모든 기업이 상시적으로 마주하는 환경으로 자리 잡고 있다. 기술 발전 속도가 기하급수적으로 빨라지고, 시장과 고객의 기대치가 끊임없이 재편되는 오늘날, 혁신은 피할 수 없는 현실이다. 따라서 기업이 변화를 뒤따르는 수동적 생존자가 될 것인지, 아니면 변화를 기회로 삼아 새로운 질서를 주도하는 개척자가 될 것인지 선택해야 한다.

---

75 스핀오프(spin-off): 기업의 경쟁력을 강화하기 위해 다각화된 기업이 한 사업을 독립적인 주체로 만드는 회사 분할을 뜻함

미래를 지배하는 기업은 변화를 읽고 스스로를 먼저 혁신하는 기업이다. 고객 가치 중심의 사고, 실패를 두려워하지 않는 조직문화, 데이터 기반의 의사결정, 시나리오 플래닝 같은 전략적 준비가 모여야만 파괴적 혁신의 시대를 선도할 수 있다. 기업이 이러한 기반을 갖추었을 때, 파괴적 혁신은 위협이 아니라 새로운 성장의 발판으로 전환되며, 미래 생존을 넘어 지속 가능한 번영으로 이어지게 된다.

14.2 혁신 지속과 생존 보장

기존 기업과 신생 기업은 출발점부터 뚜렷한 차이를 가진다. 기존 기업은 자본과 브랜드, 풍부한 인프라를 기반으로 안정적인 위치를 확보하고 있지만, 관료적 절차와 기존 시스템으로 인해 변화를 빠르게 수용하지 못하는 경우가 많다. 반면 신생 기업은 민첩성과 혁신성, 새로운 사고로 무장해 시장의 틈새를 빠르게 파고들지만, 자본과 네트워크가 부족하고 성장 과정에서 불확실성을 감당해야 하는 한계를 지닌다. 즉, 한쪽은 규모의 무게에 발목 잡히고, 다른 한쪽은 자원의 부족으로 발목 잡힌다.

그러나 이러한 차이에도 불구하고 두 집단은 공통된 도전에 직면한다. 바로 끊임없이 변화하는 시장 속에서 어떻게 혁신을 지속하며 생존을 보장할 것인가의 문제다. 기존 기업은 관성의 굴레를 깨고 새로운 기회를 발굴해야 하며, 신생 기업은 불안정한 기반을 넘어 지속 가능한 성장 모델을 구축해야 한다. 기업의 나이와 규모는 생존의 절대 조건이 될 수 없으며, 변화에 얼마나 유연하게 적응하고 실행하는가가 향후 생존과 번영을 좌우한다.

기존 기업이 직면한 큰 과제는 **관성의 극복**이다. 오랫동안 쌓아온 성공 방정식과 운영 방식은 단기적으로 안정성을 제공하지만, 급격히 변하는 시장에서는 오히려 발목 잡는 요인이다. 제품·서비스 라인의 단순한 개선에 머무르지 않고, 비즈니스 모델 자체를 재정의하거나 조직의 역할 구조를 재편하는 수준의 변화가 요구된다. 효율성을 높이는 차원을 넘어, 기존의 틀을 흔들고 새롭게 설계하는 과감한 혁신을 필요로 한다.

또한 기존 기업은 **현재와 미래의 균형**이라는 과제를 안고 있다. 안정적인 수익 기반을 유지하는 동시에 새로운 성장 동력을 모색하는 이중적 요구 속에서, 자원을 어떻게 배분하고 우선순위를 정할지 전략적 선택이다. 이 과정에서 단기적 성과에 집착하면 미래 기회를 잃고, 반대로 미래에만 집중하면 현재의 기반마저 흔들릴 수 있다. 따라서 과거와 미래를 연결하는 전략적 다리 역할을 수행하며, 현금흐름을 보장하는 동시에 신사업 실험을 병행하는 체계를 갖추어야 한다.

세 번째 과제는 **조직의 사고방식 전환**이다. 대규모 기업일수록 위험을 회피하고 실패를 최소화하려는 문화가 강하게 자리 잡지만, 이는 변화 속도가 빠른 시대에 치명적인 제약으로 작용한다. 이제는 완벽을 추구하기보다 빠른 시도와 학습, 그리고 작은 실패를 반복하며 개선해야 한다. 혁신을 뒷받침하는 조직문화는 위계적 구조를 완화하고, 다양한 부서와 외부 파트너가 함께 실험하는 개방적 태도에서 비롯된다.

마지막으로, **기술을 통한 경쟁력 재구성**을 중요한 과제로 삼아야 한다. 최신 기술 도입이 아니라, 데이터와 인공지능을 활용해 의사결정 구조를 고도화하고, 생산·물류·마케팅 전반의 운영 방식을 다시 설계하는 과정이 필요하다. 디지털 전환을 하나의 프로젝트로 끝내는 게 아니라, 기업 전체의 운영 철학과 가치 창출 방식에 내재화해야 한다. 기술 기반의 경쟁력 재구성 없이는 시장의 변화를 따라잡기 어렵고, 점진적인 쇠퇴로 이어질 수밖에 없다.

기존 기업이 변화하는 산업 환경에서 생존을 위해 직면한 과제를 살펴본 데 이어, 신생 기업이 마주하는 과제를 분석해 보자.

신생 기업의 첫 번째 과제는 **스케일업(scale-up)**이다. 초기에는 창의적 아이디어와 민첩성을 무기로 시장에 진입할 수 있지만, 장기적으로 생존하기 위해서는 빠른 성장을 뒷받침할 자본과 네트워크를 확보해야 한다. 투자 유치, 파트너십 확대, 글로벌 시장 진출과 같은 전략이 필요한 이유다. 스케일업에 성공하지 못한 스타트업은 일정 규모 이상으로 성장하지 못하고 경쟁 속에서 쉽게 사라질 위험에 놓인다.

두 번째 과제는 **지속가능한 비즈니스 모델 정립**이다. 많은 신생 기업은 초기 아이디어나 기술적 차별성에 의존해 시장의 관심을 끌 수 있지만, 시간이 지남에 따라 수익 구조와 운영 체계를 안정적으로 설계하지 못하면 생존하기 어렵다. 따라서 장기적 관점에서 반복 가능한 수익 모델을 구축하고, 이를 뒷받침할 운영 프로세스를 갖추는 것이 중요하다. 이는 단순히 매출을 늘리는 것이 아니라, 변동성이 큰 환경에서도 흔들리지 않는 경제적 기반을 마련하는 과정이다.

세 번째 과제는 **시장 신뢰 확보**다. 고객은 아직 검증되지 않은 신생 기업을 쉽게 신뢰하지 않으며, 파트너와 투자자 역시 안정성을 요구한다. 따라서 브랜드 인지도를 높이고, 고객 경험을 통해 신뢰를 쌓아가는 과정은 스타트업의 성장과 직결된다. 이는 단기적인 마케팅 활동이 아니라, 제품과 서비스 품질, 고객 대응 태도, 투명한 경영 방식 등을 통해 장기간에 걸쳐 형성되는 자산이다.

마지막으로 **규제와 제도적 환경에 대한 민첩한 대응**이 필요하다. 새로운 산업과 기술을 선도하다 보면 제도가 마련되지 않았거나 불확실한 영역에 놓이는 경우가 많다. 규제 변화에 무방비로 노출되면 사업 기회 자체가 위협받을 수 있으므로, 초기부터 제도 환경을 모니터링하고 전문가 네트워크를 활용하며, 때로는 제도 형성 과정에 적극 참여하는 전략적 태도가 요구된다. 이러한 대응력은 새로운 시장 질서를 선도할 기회를 제공하기도 한다.

기존 기업과 신생 기업은 각기 다른 과제를 안고 있지만, 지속적으로 변화하는 AI 시대 시장에서 살아남기 위해 반드시 공유해야 하는 공통된 전략 조건이 있다.

첫 번째 조건은 **고객 중심 혁신**이다. 기업의 규모와 무관하게 생존의 출발점은 고객의 문제를 해결하는 데 있다. 기술과 자본이 풍부한 기존 기업이라도 고객 요구를 놓치면 빠르게 도태될 수 있으며, 반대로 자원이 부족한 신생 기업도 고객 불편을 정확히 파악해 새로운 경험을 제공하면 시장의 신뢰를 얻을 수 있다. 기업의 혁신 활동은 고객의 가치와 필요를 기준으로 설계되어야 한다.

두 번째는 **생태계 참여**다. 오늘날 경쟁은 개별 기업 단위에서 이루어지지 않는다. 기술, 인프라, 파트너십이 긴밀히 연결된 생태계 속에서 기회가 창출되고 가치가 확장된다. 기존 기업은 스타트업과 협력하여 새로운 혁신을 흡수할 수 있고, 신생 기업은 대기업이나 플랫폼과 손잡음으로써 성장의 발판을 마련할 수 있다. 협력 네트워크에 어떻게 참여하고 기여하는가가 미래 경쟁력이 된다.

세 번째는 **리스크 관리**다. 불확실성이 상수가 된 환경에서 기업은 위기를 피할 수 없지만, 그 영향은 대비 여부에 따라 달라진다. 잠재 위험을 조기에 감지하고 대응 전략을 준비하면 위기를 기회로 전환할 수 있다. 이는 불확실성을 조직의 학습과 성장을 촉진하는 자산으로 전환하는 과정이다.

마지막, **책임 있는 성장**이다. ESG 경영, 윤리적 AI 활용, 투명한 데이터 처리와 같은 사회적 신뢰 확보는 선택이 아니라 필수다. 고객과 사회는 기업이 사회적 가치와 책임도 어떻게 실천하는지를 평가한다. 책임 있는 성장은 장기적 생존과 지속적 성과 창출을 위한 안정적인 기반이 되며, 기업의 미래 경쟁력을 좌우하는 중요한 요건으로 자리 잡고 있다.

기업 규모와 연혁은 생존의 절대 조건이 되지 않는다. 과거에는 자본과 인프라를 갖춘 대기업이 안정성을 보장받았고, 기민한 신생 기업은 틈새를 노려 성장하는 방식으로 역할이 구분되었다. 그러나 오늘날에는 변화 속도에 맞추어 얼마나 빠르게 혁신 역량을 확보하고 실행으로 옮기는지가 생존 기준이다. 규모와 나이가 아니라 적응력과 실행력이 AI 시대 경쟁력을 결정한다.

따라서 기존 기업은 오래된 성공 공식과 관성의 굴레를 깨고 스스로를 재창조해야 하며, 신생 기업은 초기 성장의 불안정성을 넘어 지속 가능한 기반을 마련해야 한다. 두 집단의 과제는 다르지만, 공통적으로 요구되는 것은 끊임없는 혁신을 통한 적응이다. 이를 실천하지 못하는 기업은 변화의 파도에 밀려날 수밖에 없으며, 반대로 체화한 기업은 불확실한 미래에도 주도적 위치를 차지할 수 있다.

14.3 융합 생태계와 신산업 창출

오늘날 산업의 경계는 빠르게 무너지고 있다. 과거에는 제조, 금융, 유통, IT 등으로 뚜렷하게 구분되던 영역이 디지털 기술과 인공지능, 사물인터넷, 바이오, 에너지 전환과 같은 새로운 동력에 의해 교차하며 융합 산업을 만들어내고 있다. 이는 협력 차원을 넘어 가치사슬 전체가 재편되는 흐름으로 이어지며, 기존 산업 질서를 흔드는 동시에 새로운 성장 기회를 낳고 있다.

융합 생태계의 본질은 서로 다른 산업이 협력하는 수준을 넘어선다. 이는 데이터와 플랫폼, 그리고 고객 경험을 중심으로 가치사슬 전체가 새롭게 짜이는 과정이다. 개별 기업의 경쟁력이 제품이나 기술력에 있던 과거와 달리, 오늘날에는 누가 데이터를 연결하고 플랫폼을 구축하며 고객 경험을 통합적으로 설계하느냐가 판도를 바꾼다. 즉, 융합은 다양한 자원이 서로 교차하며 기존 시장의 경계를 재정의하는 과정이자 새로운 가치 창출의 토대가 된다.

이런 변화 속에서 경쟁의 무게 중심은 점차 개별 기업에서 생태계 단위로 이동하고 있다. 오케스트레이터라 불리는 주도 기업은 핵심 플랫폼을 설계하고 방향을 제시하며, 보완재 제공자와 파트너는 그 틀 안에서 연결되어 가치를 더한다. 고객 또한 생태계에 적극적으로 참여하며 경험을 완성하는 역할을 맡는다.

이처럼 다양한 주체가 맞물려 하나의 네트워크로 작동하면, 단일 기업이 결코 만들어낼 수 없는 새로운 산업과 시장이 창출된다.

그렇다면 이러한 융합의 흐름은 어떤 조건 아래 신산업 창출로 발전할 수 있을까?

첫 번째 조건은 **개방적 협력과 신뢰 기반 네트워크**다. 신산업은 특정 기업의 독점적 노력으로 만들어지지 않는다. 기존 기업, 스타트업, 정부, 학계, 고객 등 다양한 이해관계자가 서로를 신뢰하며 협력할 때 비로소 생태계 전체가 성장한다. 파트너십을 통해 위험을 분산시키고, 신뢰를 기반으로 데이터를 공유하며, 공동의 목표를 향해 나아가는 과정에서 새로운 산업은 뿌리를 내리고 확장된다. 개방과 신뢰는 신산업 창출을 지탱하는 토대다.

두 번째 조건은 **데이터 공유와 상호 운용성 확보**이다. 융합 생태계에서 중요한 자원은 데이터이며, 데이터가 원활히 연결될 때 비로소 새로운 가치가 창출된다. 그러나 기업 간 데이터가 단절되거나 호환되지 않으면 생태계는 파편화되고, 시장은 성장 동력을 잃는다. 공통된 표준과 프로토콜, 안전한 데이터 교환 메커니즘으로 데이터가 자유롭게 순환하는 환경 조성이 신산업 확산을 돕는다.

세 번째 조건은 **고객 중심의 통합 경험 설계**다. 기술과 산업이 아무리 융합되더라도 고객이 느끼는 가치가 단절되면 힘을 잃는다. 전기차 충전, 결제, 내비게이션, 차량 관리가 하나의 매끄러운 여정으로 제공될 때 고객은 새로운 경험을 혁신으로 받아들인다. 즉, 융합의 성공 여부는 기술 그 자체가 아니라 고객 여정 전반을 유기적으로 연결하여, 통합된 가치를 제공하는 것에 달려 있다.

신산업 창출의 마지막 조건은 **규제와 제도의 정립**이다. 아무리 혁신적인 기술이 등장해도 관련 법과 제도가 뒷받침되지 않으면 시장 확산은 제한적이다. 전기차, 디지털 헬스케어, 핀테크 산업의 성장 과정도 규제 완화와 새로운 표준 제정이 중요한 전환점이 되었다. 따라서 정부와 기업은 기술 발전 속도에 맞추어 제도적 틀을 유연하게 설계하고, 새로운 산업 질서에 걸맞은 규범을 마련해야 한다.

융합 생태계의 확산은 기존 기업에게 다음과 같은 시사점을 던진다. 안정적인 기반을 갖춘 만큼 내부 효율을 높이는 데 집중하기 쉽지만, 그것만으로는 빠르게 변화하는 환경에서 장기적인 성장을 보장하기 어렵다. 기존 기업은 자신이 속한 산업의 울타리 안에서만 경쟁하기보다, 다른 산업과 교차하는 지점을 탐색해 새로운 성장 기회를 찾아야 한다. 자동차 기업이 금융·에너지와 연결해 전기차 생태계를 확장하거나, 유통 기업이 IT와 협력해 스마트 물류를 구축하는 사례는 이러한 교차 전략의 필요성을 보여준다. 신생 기업에게 융합 생태계는 생존과 성장의 기회가 된다. 제한된 자원만으로 단독 생존을 꾀하기보다 특정 기술이나 서비스 역량을 무기로 생태계 일부로 진입해 틈새 시장을 공략할 수 있다. 초기에는 보완적 역할을 수행하더라도 점차 생태계 내에서 영향력을 확대하고 새로운 가치사슬의 일부로 자리매김할 수 있다. 신생 기업에게 중요한 것은 생태계 속에서 자신이 어떤 역할을 차지하고 어떻게 확장할 수 있는지를 전략적으로 설계하는 것이다.

기존 기업이든 신생 기업이든 모두에게 필요한 것은 개방적 사고와 협력적 태도다. 더 이상 폐쇄적인 경쟁 구도로는 시장에서 생존하기 어렵다. 다양한 이해관계자와 연결되어 데이터를 공유하고, 공동의 가치를 창출하며, 협력 속에서 혁신을 가속하는 접근이 요구된다. 융합 생태계의 중심에 설 수 있는 기업은 자원을 많이 가진 기업이 아니라, 개방성과 협력을 통해 새로운 규칙을 만들어가는 기업이다.

앞으로의 산업은 융합 생태계 속에서 다양한 주체가 서로 연결되고 협력하며 만들어내는 집단적 가치 창출이 성장 원천이 될 것이다. 한 기업의 혁신이 다른 기업과 고객, 파트너에게 파급되며 산업 전반의 구조와 규칙을 재편하고, 그 과정에서 새로운 시장과 산업이 탄생한다.

기업의 미래는 이제 자신이 쌓아온 경계 안에서 얼마나 잘 버티는가가 아니라, 경계를 얼마나 과감하게 허물고 새로운 생태계로 확장하는가에 달려 있다.

경계를 고수하는 기업은 변화 속에서 점차 도태되지만, 경계를 넘어 연결과 협력을 주도하는 기업은 신산업의 주인공이 된다. 융합 생태계는 불확실한 미래 속에서 기업이 새로운 성장 논리를 확보하고 지속 가능한 경쟁 우위를 만들어가는 한 무대다.

14.4 책임 있는 AI 경영

AI는 기업 경쟁력의 핵심 동력으로 자리 잡고 있지만, 무분별한 적용은 심각한 사회적 부작용을 낳을 수 있다. 데이터 편향은 차별적 결과를 만들어내고, 개인정보 침해는 고객 신뢰를 무너뜨리며, 자동화의 확산은 일자리 구조를 급격히 변화시킨다. 여기에 더해 고성능 연산을 요구하는 AI는 막대한 에너지를 소모하여 환경 문제까지 야기한다. 이런 부정적 영향은 사회적 논란에 그치지 않고, 기업의 브랜드 가치와 시장 내 입지, 나아가 생존 가능성에 직접적인 영향을 미친다.

AI를 활용하는 기업은 기술적 성과만을 좇는 접근을 지양하고, 지속가능성과 책임을 경영의 원칙으로 삼아야 한다. 신뢰받는 기업이 되기 위해서는 투명한 알고리즘 운영, 개인정보 보호, 공정한 데이터 활용, 그리고 환경적 책임까지 고려하는 통합적 시각이 필요하다. 장기적 생존은 기술 속도가 아니라, 사회적 신뢰와 책임을 기반으로 한 지속가능한 AI 경영 위에서 가능하다.

지속가능성과 AI의 관계를 이해하기 위해서는 ESG, 즉 환경(Environment), 사회(Social), 지배구조(Governance)와 AI가 어떻게 맞물리는지를 살펴볼 필요가 있다. 환경 측면에서는 AI 연산에 막대한 에너지 소모가 탄소 배출을 증가시키는 반면, 동시에 에너지 효율 알고리즘 개발과 친환경 데이터 센터 도입을 통해 환경 부담을 줄일 수 있다. 사회적 측면에서는 알고리즘 편향이 차별과 불평등을 심화시킬 수 있지만, 올바른 데이터 관리와 프라이버시 보호, 그리고 노동자 재교육 프로그램을 통해 사회적 가치를 확대할 수 있다. 지배구조 측면도 마찬가지다. 불투명한 AI 운영은 기업의 책임 회피와 불신을 낳을 수 있으나, 투명한 거버넌스 체계와 명확한 책임 구조를 마련하면 이해관계자의 신뢰를 강화할 수 있다.

AI는 ESG를 위협할 수도, 강화할 수도 있는 양날의 검이다. 같은 기술이라도 어떻게 설계하고 운영하느냐에 따라 부정적 파급력이 될 수도 있고, 지속가능한 미래를 앞당기는 동력이 될 수도 있다. 기업은 AI를 ESG의 가치와 원칙을 실현하는 수단으로도 활용해야 한다. 이 선택은 사회적 책임 이행을 넘어, 장기적 경쟁력 확보와 투자자·고객의 신뢰 유지라는 실질적 생존 과제로 이어진다.

책임 있는 AI 경영을 실천하기 위해 기업이 해야 할 일은 먼저, **AI 윤리 가이드라인의 수립**이다. 이는 내부 규범과 교육, 검증 체계를 포괄하는 구체적 운영 원칙이어야 한다. 조직 구성원 모두가 AI 활용의 원칙과 한계를 이해하고, 이를 실제 업무에 반영할 수 있어야 한다. 가이드라인은 기업 내부의 나침반 역할을 하며, 외부 이해관계자에게도 신뢰를 주는 기준점이 된다.

둘째, **기술적 대안**을 마련하는 것이 필요하다. AI가 사회와 환경에 긍정적 기여를 하려면 기술 설계 단계부터 책임성이 반영되어야 한다. 에너지 효율적 모델을 개발하여 환경 부담을 줄이고, 프라이버시 보호 기술로 고객 데이터를 안전하게 관리하며, 설명 가능한 AI를 활용해 의사결정 과정을 설명하도록 하는 것이다. 이러한 기술적 노력은 윤리 경영의 기반이자, 장기적으로 기업 경쟁력을 강화하는 자산이다.

셋째, **조직적 대안**도 중요하다. 기업 내부에 AI 윤리 위원회를 설치하거나, 외부 이해관계자와의 협력 구조를 마련함으로써 AI 활용에 대한 거버넌스를 확보할 수 있다. 이는 기업 혼자만의 판단이 아니라 다양한 관점을 반영해 의사결정의 책임성과 공정성을 높이는 과정이다. 내부 구성원, 고객, 전문가, 규제 기관이 함께 참여하는 구조는 AI 경영의 신뢰성과 투명성을 높여주는 장치이다.

마지막으로, **사회적 대안**이 병행되어야 한다. AI 확산은 일자리 구조를 변화시키고 지역사회에 새로운 도전을 안긴다. 따라서 기업은 효율성을 추구하는 데 그치지 않고, 일자리 전환을 지원하고 새로운 기술 교육을 제공하며, 지역사회 발전에 기여하는 활동을 실천해야 한다. 이러한 사회적 책임은 기업이 단기적 성과를 넘어 지속 가능한 성장을 이어가는 데 필수적이며, AI 시대에 신뢰받는 기업으로 자리매김하는 토대다.

책임 있는 AI 경영은 이미 글로벌 기업들의 과제로 자리 잡았다. 마이크로소프트와 구글 같은 글로벌 기업들은 AI 윤리 원칙을 수립하고, 투명성과 공정성을 확보하기 위한 가이드라인을 공개적으로 운영하고 있다. 국내 삼성과 네이버 등 또한 AI 연구개발 단계에서부터 윤리적 기준을 반영하며, 글로벌 시장에서의 신뢰 확보를 중요한 전략 요소로 삼고 있다. 이는 이미지 제고를 위한 선언적 활동이 아니라, 실제 비즈니스 운영 전반에 윤리적 기준을 제도화하는 움직임으로 확산되고 있다.

이와 더불어 ESG 평가 지표에서도 AI 활용 방식이 중요한 항목으로 반영되고 있다. 알고리즘의 편향 관리, 개인정보 보호, 에너지 효율적 데이터 센터 운영 등은 투자자와 소비자가 기업을 평가하는 중요한 기준이 되고 있다. 기업은 책임 있는 AI 경영을 단기적 비용으로 볼 것이 아니라, 브랜드 가치 강화, 투자 유치, 장기적 생존 가능성을 높이는 자산으로 인식해야 한다. 책임 경영을 실천하는 기업이 불확실한 미래 환경에서 사회적 신뢰를 확보하며 지속 가능한 성장을 이어갈 수 있다.

AI 시대의 경쟁력은 새로운 기술을 얼마나 빨리 도입하느냐에 의해 결정되지 않는다. 그 기술을 어떻게 책임 있게 활용하느냐, 그리고 그 과정에서 사회적 신뢰를 얼마나 확보하느냐에 달려 있다. 무분별한 AI 활용은 단기적 성과를 가져올지 몰라도, 데이터 편향이나 개인정보 침해, 에너지 낭비와 같은 문제를 야기해 장기적으로는 기업 생존을 위협한다. 따라서 기술 속도보다 중요한 것은 사회와 고객이 안심할 수 있는 신뢰 기반의 운영이다.

지속가능성과 책임은 미래의 필수 생존 전략이다. 기업이 책임 있는 AI 경영을 실천할 때, 투자자와 소비자에게 신뢰를 주는 경쟁 우위로 전환된다. 사회적 신뢰를 축적하는 기업이 불확실한 환경 속에서도 안정적으로 성장할 수 있으며, 나아가 새로운 시장과 산업을 선도할 자격을 얻게 된다. 지속가능한 AI 활용은 미래를 준비하는 기업의 중요한 전략 자산이다.

14.5 미래 리더십

AI와 융합 생태계가 주도하는 시대에는 새로운 리더십이 요구된다. 미래 리더는 조직 내부를 넘어 외부 이해관계자와도 협력하며, 신뢰를 바탕으로 다양한 주체를 연결할 수 있어야 한다. 또한 불확실한 상황에서도 방향성을 제시하고, 빠르게 배우고 적응하는 능력을 갖추어야 한다. 미래 리더십은 조직 관리 능력을 넘어, 기술과 사람, 그리고 가치를 조율하며 지속가능한 성장을 이끌어가는 역량에 있다.

혁신과 불확실성이 일상화된 오늘날, 전통적인 명령과 통제 중심의 리더십은 효과적으로 작동하기 어렵다. 과거에는 명확한 목표와 비교적 예측 가능한 환경에서 강력한 지휘와 관리가 조직 성과를 담보했지만, 지금은 변화 속도가 그 어떤 시대보다 빠르고 복잡하다. 권위적인 방식으로는 조직 구성원의 창의성과 민첩성을 이끌어낼 수 없으며, 변화 대응력을 약화시킬 위험이 크다.

미래 리더에게 요구되는 역량을 알아보자.

(1) 비전 제시 능력

불확실성과 변동성이 상시화된 시대일수록 구성원들은 명확한 방향성을 필요로 한다. 단기적 성과에만 집착하는 리더십은 혼란을 키우며, 장기적 관점에서 기업과 조직이 나아갈 길을 제시하는 리더가 신뢰를 얻는다. 비전은 불확실한 상황에서도 조직이 일관된 목표를 향해 움직이도록 만든다.

(2) 학습과 적응력

이는 끊임없이 변하는 환경에서 리더가 살아남는 조건이다. AI와 디지털 기술의 진화 속도는 그 누구도 완벽히 예측할 수 없으며, 과거의 성공 방정식은 곧 한계다. 리더는 실패를 두려워하기보다 이를 학습 기회로 삼고, 변화에 맞추어 자신과 조직을 유연하게 조정할 수 있어야 한다. 빠른 학습과 적응을 통해 끊임없이 진화하는 리더만이 조직을 미래로 이끌어갈 수 있다.

(3) 포용적 협력

기업은 다양한 이해관계자와 협력을 통해 새로운 가치를 창출할 수 있다. 미래 리더는 조직 내부의 다양성을 존중할 뿐 아니라, 스타트업, 파트너 기업, 정부, 학계 등 외부 주체와도 적극적으로 협력할 수 있어야 한다. 이러한 포용적 리더십은 생태계를 주도하는 힘이자, 위기 상황에서도 신뢰를 기반으로 연대하는 자산이다.

(4) 윤리적 책임감

AI 시대 리더십에서 빠질 수 없는 자질이다. 기술은 엄청난 기회를 제공하지만 동시에 편향, 불평등, 개인정보 침해, 환경 부담과 같은 부작용을 낳을 수 있다. 이에 대해 눈을 감는 리더는 단기 성과를 낼지 모르나, 종국에는 사회적 신뢰를 잃게 된다. 반대로 윤리적 책임을 강조하고 이를 경영 원칙으로 삼은 리더는 기업의 지속가능성과 장기적 경쟁력을 동시에 확보할 수 있다.

미래 리더에게 요구되는 자질이 효과를 발휘하기 위해서는 뒷받침하는 조직 구조와 문화가 함께 변해야 한다. 이제 시선을 조직과 개인 차원으로 옮겨 실천 과제를 알아보자.

조직 차원의 첫 번째 과제는 **신뢰 기반의 문화 조성**이다. 변화와 불확실성이 큰 시대에 혁신을 지속하기 위해서는 구성원들이 실패를 두려워하지 않고 새로운 시도를 할 수 있는 환경이 있어야 한다. 위계적 통제와 성과 압박만으로는 창의성을 끌어낼 수 없으며, 오히려 조직을 경직시킨다. 반대로 실패를 학습 기회로 인정하고, 부서 간 협업을 장려하는 개방적 문화를 조성하면 구성원들은 자율성과 책임감을 바탕으로 새로운 가치를 창출할 수 있다.

두 번째 과제는 **AI와 사람의 협력 운영 모델 구축**이다. AI가 인간 역할을 대체하는 것이 아니라, 기술은 도구이고 사람은 설계자라는 원칙이 확립되어야 한다. 이를 위해 기업은 업무 프로세스를 재설계하고, AI가 반복적이고 정량적인 영역을 담당하고 사람은 전략적 판단과 창의적 문제 해결에 집중하게 해야 한다. 이는 조직 효율성을 높이며 구성원의 역량을 확장하는 기회를 제공한다.

마지막으로 **사회적 책임 강화**가 요구된다. 기업은 이윤 창출뿐 아니라, ESG 실천과 지역사회 기여, 투명한 의사결정 체계로 이해관계자의 신뢰를 얻어야 한다. 단기적으로는 비용처럼 보일 수 있으나, 장기적으로는 브랜드 가치와 지속 가능한 경쟁력의 기반이 된다. 조직이 책임 있는 사회 구성원으로서 역할을 다할 때, 내부적으로 구성원의 자부심을 높이고 외부적으로 지속적인 성장을 뒷받침할 수 있다.

개인에게 중요한 과제는 **지속적인 학습과 역량 재설계**다. 기술 발전 속도가 빠른 만큼 과거에 익힌 지식과 기술은 금세 한계를 드러낸다. 평생 학습을 전제로 삼아야 하며, 특히 데이터 리터러시와 디지털 이해력 같은 역량은 필수다. 더불어 기계가 대신할 수 없는 창의적 문제 해결 능력, 비판적 사고, 융합적 사고와 같은 역량을 꾸준히 확장해 나가야 한다. 이러한 학습과 재설계를 통해 개인은 변화하는 시장에서도 스스로 경쟁력을 유지할 수 있다.

또한 **자기 리더십(Self-Leadership)**은 불확실한 환경에서 중요해지고 있다. 조직이나 사회가 제시하는 안정된 경로를 그대로 따르는 시대는 지나갔다. 각자가 스스로 목표를 설정하고, 방향을 선택하며, 실행에 책임지는 태도가 필요하다. 자기 리더십을 갖춘 개인은 흔들림 속에서도 중심을 잃지 않고, 상황의 변화를 기회로 전환할 수 있다. 미래를 준비하는 개인은 끊임없이 배우고, 동시에 스스로를 이끌어가는 두 축을 균형 있게 발전시켜야 한다.

미래는 준비된 리더와 실천하는 조직에게 기회가 온다. 불확실성과 파괴적 변화가 일상이 된 시대에는 방향을 제시하고 책임을 다하는 리더, 그 리더십을 뒷받침하는 조직문화와 제도가 함께 작동할 때 변화에도 흔들리지 않고 성장할 수 있다. 미래 경쟁력은 개인과 조직이 함께 만들어내는 조화 속에서 탄생한다.

AI 시대를 살아가는 기업과 개인은 기술을 넘어 가치와 책임, 실천으로 승부해야 한다. 기술은 누구나 접근할 수 있고, 자본과 자원도 점점 평준화되는 시대에 진정한 차별화는 어떤 가치를 추구하고 어떻게 실천하느냐에 달려 있다. 투명성과 공정성, 사회적 신뢰를 기반으로 한 실천은 단기 성과를 넘어 지속가능한 미래를 열어간다.

끝으로, 독자들에게 하는 제안은 스스로 실천 계획을 점검해 보는 것이다. 지금 내 리더십은 미래를 준비하는 방향과 맞닿아 있는가, 조직은 변화에 적응할 준비가 되어 있는가, 그리고 개인은 학습과 자기 혁신을 멈추지 않고 있는가를 묻는 것이다. 이러한 성찰과 다짐이 쌓일 때, 우리는 AI 시대의 전환기를 위협이 아니라 기회로 맞이할 수 있다.

자기진단 체크리스트 (Self-Assessment Checklist)

1. 우리 기업은 파괴적 혁신을 위협이 아닌 성장 기회로 전환할 준비가 되어 있는가?
2. 파괴적 혁신을 주도하기 위한 방안을 이해하였으며 추진할 수 있는가?
3. 우리의 전략은 개별 경쟁이 아니라 플랫폼 · 생태계 참여를 중심으로 설계되어 있는가?
3. AI와 데이터 활용에서 투명성 · 공정성 · 책임성을 확보하는 윤리적 가이드라인을 갖추고 있는가?
4. 개인적으로 나는 미래 리더십의 자질인 비전, 학습과 적응력, 포용, 윤리 역량을 개발하기 위해 어떤 실천을 하고 있는가?

제5부 학습 요약

1) 파괴적 혁신은 신기술의 등장이 아니라, 고객 가치와 시장 규칙, 산업 구조의 근본적 재편에서 비롯된다.
2) 혁신은 단발적 사건이 아니라 상시적 환경이며, 기업은 이를 위협이 아닌 기회로 받아들여야 한다.
3) 기존 기업은 과거 성공 공식을 버리고 관성과 기존 시스템의 굴레를 극복해야 한다.
4) 신생 기업은 초기 민첩성을 넘어 스케일업과 지속 가능한 수익 모델 확보라는 과제를 풀어야 한다.
5) 산업 경쟁력의 무게 중심은 개별 기업에서 융합 생태계와 플랫폼 협력 네트워크로 이동하고 있다.
6) 신산업 창출은 기술 그 자체가 아니라, 데이터 공유·표준화·고객 경험의 통합 설계에서 가능해진다.
7) AI는 효율을 높이는 도구일 뿐 아니라, ESG와 책임 있는 경영을 실현하는 촉매제가 된다.
8) 파괴적 혁신을 주도하기 위해 틈새시장 공략, 별도 조직이나 사업부 신설, 단순성·저비용·접근성에 초점을 둔 전략을 취할 수 있다.
9) 미래 리더십은 비전 제시, 빠른 학습과 적응력, 포용적 협력, 윤리적 책임을 통해 불확실성을 기회로 전환한다.
10) 미래 경쟁력은 기술·조직·사회적 책임을 통합적으로 관리하며, 변화 속에서 스스로를 재창조하는 힘에서 나온다.

사고 확장 질문

1) 만약 당신이 CEO라면, 기존 사업의 안정성과 신사업 탐색 중 어느 쪽에 더 많은 자원을 배분하겠는가? 왜 그렇게 하려는가?

2) AI 활용에서 '효율 극대화'와 '사회적 신뢰 확보'가 충돌할 경우, 어떤 선택을 우선시해야 할까?

3) 융합 생태계 속에서 우리 기업은 오케스트레이터(주도자)가 될 수 있는가, 아니면 보완재 제공자로 남을 것인가?

토론 주제

「2045년, 서울 글로벌 포럼 - 생존자들의 대화」

2045년, 서울 코엑스에서 세계적인 <미래 생존 포럼>이 열렸다. 무대에는 세 부류의 기업 리더들이 나란히 앉아 있었다.

첫 번째는 100년 넘게 이어져 온 전통 제조 대기업의 CEO였다. 그는 과거의 성공 방정식을 스스로 해체하고, 데이터·AI·친환경 기술을 통합한 스마트 지속 가능 공장을 운영하며 다시 부활한 경험을 공유했다.

"우리는 과거의 자산에 안주하지 않았습니다. 공장을 허물고, 새로 지었죠. 덕분에 살아남을 수 있었습니다."

두 번째는 10년 전 작은 스타트업에서 출발해 세계적인 플랫폼으로 성장한 창업자였다. 그는 네트워크 효과와 오픈 이노베이션을 무기로, 금융·헬스케어·교육을 잇는 융합 생태계를 만들어냈다.

"우리는 혼자서는 아무것도 할 수 없었습니다. 데이터와 파트너십이 없었다면, 지금 여기 있지도 않았을 겁니다."

세 번째는 AI 윤리 위원회 대표였다. 그는 과거 무분별한 AI 남용이 사회적 갈등과 환경 위기를 초래했던 역사를 상기시키며 이렇게 말했다.

"신뢰 없는 기술은 결국 무너집니다. 책임 없는 성장도 오래가지 못합니다. 투명성과 공정성이야말로 미래 생존의 진짜 전략입니다."

포럼의 마지막 세션에서, 사회자가 당신에게 질문을 던졌다.

"이제 남은 질문은 이것입니다. 여러분이라면 미래의 리더십을 어떤 모습으로 설계하시겠습니까?

빠른 실험을 두려워하지 않는 개척자?

협력과 신뢰로 생태계를 이끄는 조정자?

아니면 사회적 책임을 우선하는 가치 리더?"

잠시 침묵했다. 하지만 각자의 마음속에는 이미 답이 피어나고 있다.

미래는 예측하는 자의 것이 아니라, 실천하는 자의 것이었기 때문이다.

맺음말 - 미래를 설계하는 리더에게

10년 뒤 모습을 상상해 본 적 있나요?

어떤 일을 하고 있을지, 어떤 조직을 이끌고 있을지, 혹은 어떤 선택을 통해 지금과는 다른 삶을 살고 있을지 말입니다. 미래는 멀리 있는 것 같지만, 사실 하루하루 내딛는 작은 발걸음 위에 차곡차곡 쌓여 만들어집니다.

우리는 지금 거대한 변화의 소용돌이에 서 있습니다. 기술 진보는 눈부시게 빠르고, 사회와 산업의 경계는 끊임없이 흔들립니다. 그 속에서 길 잃은 듯 혼란스러움을 느끼는 건 당연합니다. 리더라고 예외가 아닙니다. 리더는 더 크게, 더 무겁게 그 혼란을 마주해야 하는 자리이기도 합니다. 하지만 혼란 속에서 한 발 앞으로 내딛는 도전과 용기가 미래 모습을 바꾼다는 것을, 저는 믿습니다. 방향을 정확히 다 알지 못해도, 새로운 길을 찾아 나서는 그 움직임이 다음 세대를 위한 발자국이 되고, 많은 사람에게 길잡이가 됩니다.

대학 강단에서 학생들을 지도하며 지식의 습득과 활용에는 세 단계가 있음을 깨달았습니다. 첫 번째는 지식 습득입니다. 기존 정리된 지식을 배우고 암기하며, 그 의미를 이성적으로 이해하는 과정입니다. 교과서를 통해 기본 개념을 익히고, 시험을 통해 확인하는 방식처럼, 우리가 대학 시절까지 접해온 학습 방식이죠. 이 단계는 기초를 다지고 사고의 토대를 마련하는 역할을 합니다. 이때는 정답을 잘 찾는 이가 좋은 결괏값을 얻죠.

두 번째는 현장 응용입니다. 주어진 지식을 현장에 맞게 수정·보완하며 활용하는 단계입니다. 산업 현장은 수많은 변수가 존재하기에, 이론으로 설명되지 않는 순간이 많습니다. 그럴 때 지식을 유연하게 조정해 현실 문제를 풀어나가는 힘이 필요합니다. 이 과정에서 우리는 상황을 해석하고 해결책을 설계하는 실질적 문제 해결자로 성장하게 됩니다. 이제는 정답이 아닌 답을 잘 찾는 연습이 필요합니다. 현재 환경에서 최적의 답안을 제시하고 답임을 증명하는 과정인 거죠.

세 번째는 지식 창조입니다. 기존 지식을 기반으로 새로운 상황에서 스스로 답을 만드는 과정입니다. 새로운 상황에서 마주하는 불확실성과 돌발 변수가 기존 이론만으로 해결되지 않기에, 기존의 틀을 깨고 새로운 해석과 방법으로 접근해야 합니다. 그렇게 탄생한 새로운 지식과 통찰은 문제 해결을 넘어, 산업과 사회의 방향을 바꾸는 힘이 됩니다. 다음 세대에게 앞선 이의 발자국을 참고해 걸어가면 다음 목적지에 도달할 수 있음을 보여주는 것이죠. 새 길을 만드는 과정은 외롭고 고독한 자기와의 싸움을 동반하기도 합니다.

이 책은 새롭게 펼쳐지는 4차 산업 시대와 성큼 다가온 AI 시대에 독자 여러분이 기업 현장에서 답을 찾을 때 든든한 동반자가 되기를 바라며 집필하였습니다. 나아가 산업 현장에서 창의적인 해결안을 내고 새로운 길을 개척해 나가는 발판이 되기를 바랍니다.

미래는 기다려주지 않습니다. 분명한 것은 준비한 자에게 기회가 열린다는 사실입니다. 변화의 시기에 기회는 우연히 오는 듯 보이지만 도전하는 자를 찾아옵니다. 한 걸음 내딛는 순간부터 미래는 달라지기 시작합니다. 노력과 도전을 꾸준히 쌓은 사람이 다가오는 기회의 문을 열 수 있습니다. 이 글을 읽고 있는 당신은 이미 그 길 위에 서 있습니다. 그 선택의 주인공은 다름 아닌 당신이니까요.

앞으로 당신이 만들어갈 도전과 성취를 진심으로 응원합니다.

내일을 설계하는 당신에게, 저자 정진선 드림

참고문헌

Adner, R. (2017). Ecosystem as structure: An actionable construct for strategy. Journal of management, 43(1), 39-58.

Amit, R., & Zott, C. (2001). Value creation in e-business. Strategic management journal, 22(6-7), 493-520.

Anderson, J. C., Narus, J. A., & Van Rossum, W. (2006). Customer value propositions in business markets. Harvard business review, 84(3), 90.

Andrews, K. R., & David, D. K. (1987). The concept of corporate strategy (Vol. 3). Homewood, IL: Irwin.

Armbrust, M., Fox, A., Griffith, R., Joseph, A. D., Katz, R. H., Konwinski, A., ... & Zaharia, M. (2009). Above the clouds: A berkeley view of cloud computing.

Arthur, W. B. (1996). Increasing Returns and the New World of Business. Harvard Business Review, July-August.

Baden-Fuller, C., & Haefliger, S. (2013). Business models and technological innovation. Long range planning, 46(6), 419-426.

Barney, J. (1991). Firm resources and sustained competitive advantage. Journal of management, 17(1), 99-120.

Bass, B. M., & Riggio, R. E. (2006). Transformational leadership. Psychology press.

Baum, J. A., & Amburgey, T. L. (2017). Organizational ecology. The Blackwell companion to organizations, 304-326.

Bossidy, L., Charan, R., & Burck, C. (2004). Execution: The discipline of getting things done. Afp Exchange, 24(1), 26-29.

Brynjolfsson, E., & McAfee, A. (2014). The second machine age: Work, progress, and prosperity in a time of brilliant technologies. WW Norton & company.

Burns, T., & Stalker, G. M. (1994). The management of innovation. Oxford University Press.

Casadesus-Masanell, R., & Ricart, J. E. (2010). From strategy to business models and onto tactics. Long range planning, 43(2-3), 195-215.

Chandler, A. D. (1962). Strategy and structure: Chapters in the history of the industrial empire. Cambridge Mass, 5(1), 12-48.

Chesbrough, H. (2007). Business model innovation: it's not just about technology anymore. Strategy & leadership, 35(6), 12-17.

Chesbrough, H. W. (2003). Open innovation: The new imperative for creating and profiting from technology. Harvard Business Press.

Christensen, C. (1997). The innovator's dilemma. Harvard Business School Press, Cambridge, Mass, 13.

Christensen, C. M., Raynor, M. E., & McDonald, R. (2015). What is disruptive innovation?. Harvard business review, 5(5), 2017.

Christensen, C. M., McDonald, R., Altman, E. J., & Palmer, J. E. (2018). Disruptive innovation: An intellectual history and directions for future research. Journal of management studies, 55(7), 1043-1078.

Prahalad, C. K., & Hamel, G. (2009). The core competence of the corporation. In Knowledge and strategy (pp. 41-59). Routledge.

Davenport, T. H. (2006). Competing on analytics. Harvard business review, 84(1), 98.

Day, G. S. (2000). Managing market relationships. Journal of the academy of marketing science, 28(1), 24-30.

Doz, L. Y. & Kosonen M. (2010). Embedding Strategic Agility: A Leadership Agenda for Accelerating Business Model Renewal. Long Range Planning 43(s 2-3):370-382.

Eccles, R. G., Ioannou, I., & Serafeim, G. (2014). The impact of corporate sustainability on organizational processes and performance. Management science, 60(11), 2835-2857.

Eisenhardt, K. M., & Martin, J. A. (2017). Dynamic capabilities: what are they?. The SMS Blackwell handbook of organizational capabilities, 341-363.

Evans, D. S. (2003). The antitrust economics of multi-sided platform markets. Yale J. on Reg., 20, 325.

Floridi, L., & Cowls, J. (2022). A unified framework of five principles for AI in society. Machine learning and the city: Applications in architecture and urban design, 535-545.

Foss, N. J., & Saebi, T. (2017). Fifteen years of research on business model innovation: How far have we come, and where should we go?. Journal of management, 43(1), 200-227.

Gawer, A., & Cusumano, M. A. (2014). Industry platforms and ecosystem innovation. Journal of product innovation management, 31(3), 417-433.

Hagendorff, T. (2020). The ethics of AI ethics: An evaluation of guidelines. Minds and machines, 30(1), 99-120.

Hamal, G., & Prahalad, C. K. (1994). Competing for the Future. Harvard Business School Press, Cambridge, Mass.

Hamel, G., & Prahalad, C. K. (1990). The core competence of the corporation. Harvard business review, 68(3), 79-91.

Heifetz, R. A., Grashow, A., & Linsky, M. (2009). The practice of adaptive leadership: Tools and tactics for changing your organization and the world. Harvard business press.

Herbiniak, L. (2005). Making Strategy Work: Leading Effective Execution and Change. Pearson.

Hillman, A. J., Withers, M. C., & Collins, B. J. (2009). Resource dependence theory: A review. Journal of management, 35(6), 1404-1427.

Iansiti, M., & Levien, R. (2004). Keystones and dominators: Framing operating and technology strategy in a business ecosystem. Harvard Business School, Boston, 3(1-82).

Jacobides, M. G., Cennamo, C., & Gawer, A. (2018). Towards a theory of ecosystems. Strategic management journal, 39(8), 2255-2276.

Jobin, A., Ienca, M., & Vayena, E. (2019). The global landscape of AI ethics guidelines. Nature machine intelligence, 1(9), 389-399.

Johnson, M. W., Christensen, C. M., & Kagermann, H. (2008). Reinventing your business model. Harvard business review, 86(12), 50-59.

Jordan, M. I., & Mitchell, T. M. (2015). Machine learning: Trends, perspectives, and prospects. Science, 349(6245), 255-260.

Jung, J., & Lee, H. (2021). Customer-Resource Relationship of Business Model Innovation: Case Study for Amazon. com. J. Korea Technol. Innov. Soc, 24, 1053-1081.

Kaplan, A., & Haenlein, M. (2020). Rulers of the world, unite! The challenges and opportunities of artificial intelligence. Business horizons, 63(1), 37-50.

Kaplan, R. S., & Norton, D. P. (1996). The Balanced Scorecard. Harvard Business School Press, Boston, MA.

Katz, M. L., & Shapiro, C. (1985). Network externalities, competition, and compatibility. The American economic review, 75(3), 424-440.

Kumar, V., & Reinartz, W. (2016). Creating enduring customer value.

Journal of marketing, 80(6), 36-68.

Lee, H., & Jung, J. (2023). Customer-Resource Relationships in the Continuous Business Model Innovation of Technology Companies: Google Cases. Sustainability, 16(1), 257.

Lee, J., Bagheri, B., & Kao, H. A. (2015). A cyber-physical systems architecture for industry 4.0-based manufacturing systems. Manufacturing letters, 3, 18-23.

Lemon, K. N., & Verhoef, P. C. (2016). Understanding customer experience throughout the customer journey. Journal of marketing, 80(6), 69-96.

Levitt, T. (1980). Marketing success through differentiation-of anything (pp. 83-91). Boston: Graduate School of Business Administration, Harvard University.

Magretta, J. (2002, May). Why business models matter.

McCarthy, J. (1956). The inversion of functions defined by Turing machines. Automata studies, 34, 177-181.

Meyer, C., & Schwager, A. (2007). Understanding customer experience. Harvard Business Publishing, Boston, MA.

Moore, J. F. (1993). Predators and prey: a new ecology of competition. Harvard business review, 71(3), 75-86.

Osterwalder, A., & Pigneur, Y. (2010). Business model generation: a handbook for visionaries, game changers, and challengers. John Wiley & Sons.

Parker, G. G., Van Alstyne, M. W., & Choudary, S. P. (2016). Platform revolution: How networked markets are transforming the economy and how to make them work for you. WW Norton & Company.

Pine, B. J., & Gilmore, J. H. (2013). The experience economy: past, present and future. In Handbook on the experience economy (pp. 21-44). Edward Elgar Publishing.

Porter, M. E. (1979). How competitive forces shape strategy. In Readings in strategic management (pp. 133-143). London: Macmillan Education UK.

Porter, M. E. (1997). Competitive strategy. Measuring business excellence, 1(2), 12-17.

Porter, M. E. (2008). The five competitive forces that shape strategy. Harvard business review, 86(1), 78.

Prahalad, C. K., & Ramaswamy, V. (2004). The future of competition: Co-creating unique value with customers. Harvard Business Press.

Rochet, J., & Tirole, J. (2003). Platform competition in two-sided markets. Journal of the European Economic Association. rchss. sinica. edu.

Schilling, M. A. (2008). Strategic management of technological innovation (Vol. 2). New York: McGraw-Hill/Irwin.

Schmitt, B. (1999). Experiential marketing. Journal of marketing management, 15, 53-67.

Schwab, K. (2017). The fourth industrial revolution. Crown Publ. Group, New York.

Senge, P. M. (1996). Leading learning organizations. Training & development, 50(12), 36-37.

Smith, W. R. (1956). Product differentiation and market segmentation as alternative marketing strategies. Journal of marketing, 21(1), 3-8.

Stahl, B. C. (2021). Artificial intelligence for a better future: an ecosystem perspective on the ethics of AI and emerging digital technologies (p. 124). Springer Nature.

Taleb, N. N. (2012). Antifragile: Things that gain from disorder. Penguin UK.

Teece, D. J. (2010). Business models, business strategy and innovation. Long range planning, 43(2-3), 172-194.

Teece, D. J., Pisano, G., & Shuen, A. (1997). Dynamic capabilities and strategic management. Strategic management journal, 18(7), 509-533.

Tushman, M. L., & O'Reilly III, C. A. (1996). Ambidextrous organizations: Managing evolutionary and revolutionary change. California management review, 38(4), 8-29.

Van Norren, D. E. (2023). The ethics of artificial intelligence, UNESCO and the African Ubuntu perspective. Journal of Information, Communication and Ethics in Society, 21(1), 112-128.

Vaswani, A., Shazeer, N., Parmar, N., Uszkoreit, J., Jones, L., Gomez, A. N., ... & Polosukhin, I. (2017). Attention is all you need. Advances in neural information processing systems, 30.

Volberda, H. W. (1996). Toward the flexible form: How to remain vital in hypercompetitive environments. Organization science, 7(4), 359-374.

Wernerfelt, B. (1984). A resource-based view of the firm. Strategic management journal, 5(2), 171-180.

Zhu, F., & Iansiti, M. (2019). Why Some Platforms Thrives... and Others Don't What Alibaba, Tencent, and Uber teach us about networks that flourish. The five characteristics that make the difference. Harvard business review, 97(1), 118-125.

Zott, C., Amit, R., & Massa, L. (2011). The business model: recent developments and future research. Journal of management, 37(4), 1019-1042.

배재권(2020). 4차 산업혁명과 스마트 비즈니스. 박영사.

윤영진, 표동진, 황재진(2021). 쉽게 배우는 4차 산업혁명 시대의 최신 기술 트렌드. 박영사.

임달호(2021). 글로벌경영. 법문사.

차훈상, 홍일유(2021). 디지털 기업을 위한 경영정보시스템. 법문사.

https://ko.wikipedia.org/wiki/피들러의_상황리더십_이론

https://hbr.org/2017/11/executives-fail-to-execute-strategy-because-theyre-too-internally-focused

AI 시대, 비즈니스 전략

초판발행 2026년 2월 20일

지은이 정진선
펴낸이 안종만 · 안상준

편 집 김다혜
기획/마케팅 장규식
표지디자인 BEN STORY
제 작 고철민 · 김원표

펴낸곳 (주)박영사
서울특별시 금천구 가산디지털2로 53, 210호(가산동, 한라시그마밸리)
등록 1959. 3. 11. 제300-1959-1호(倫)
전 화 02)733-6771
f a x 02)736-4818
e-mail pys@pybook.co.kr
homepage www.pybook.co.kr
ISBN 979-11-303-9758-0 93320

정 가 30,000원